Johannes Merkel
Spielen, Erzählen, Phantasieren

Johannes Merkel

Spielen, Erzählen, Phantasieren

Die Sprache der inneren Welt

Verlag Antje Kunstmann

You may say I am a dreamer, but I'm not the only one

Inhaltsverzeichnis

Das zerrissene Bild

Die Innen- und Außenseite des Bewußtseins

Warum beginnt ein Kind die vertraute Welt zu verlassen, die es mit seinen Sinnen sehen, hören, fühlen, betasten und schmecken kann, und überläßt sich einer vage über Spielgegenstände angedeuteten Vorstellung? Warum geben wir selbst als Erwachsene diese Kinderbeschäftigung nicht auf? Warum bereitet es uns solche Lust, von Ereignissen zu erzählen, die unsere festgefügte alltägliche Welt durcheinanderbringen und die Helden unserer Geschichten in bedrohliche Situationen verstricken? Warum sehen wir ihnen so gelassen zu, wie sie sich darin abmühen, und sind gespannt, ob und wie sie sich aus der Schlinge ziehen? Warum malen wir uns noch als Erwachsene, die mit beiden Beinen auf dem Boden der Realität stehen möchten, in Tagträumen fiktive Welten aus, die uns nichts einbringen und nur von nützlicheren Beschäftigungen abhalten? Was also treibt uns dazu, zu spielen, zu erzählen und zu phantasieren?

Die gängigen Antworten lauten: Spielen erlaubt uns zu tun, was wir in »Wirklichkeit« noch nicht beherrschen. Im Erzählen teilen wir unsere persönlichen Erfahrungen mit oder geben weiter, was wir von anderen erfahren haben. Und phantasierend schaffen wir fiktive Welten, indem wir Erlebnisse zu neuen, überraschenden Mustern kombinieren. Ich halte diese Antworten für vordergründig und hoffe zu zeigen, daß Spielen, Erzählen und Phantasieren nicht ausreichend verstanden werden können, solange man nicht berücksichtigt, daß sie die zentrale Erfahrung menschlicher Bewußtwerdung zu verarbeiten suchen: die Unvereinbarkeit von sozialer Außenwelt und individueller psychischer Innenwelt.

Die Entstehung von Bewußtsein

Mit dem Stichwort »Bewußtsein« handle ich mir allerdings eine Begrifflichkeit ein, die mehr zu verwirren droht, als sie erklärt. Für jeden seiner selbst bewußten Menschen ist es eine unzweifelhafte Tatsache, daß er Bewußtsein hat. Sobald wir aber darüber nachdenken, worin es besteht, ob es in physiologischen Funktionen lokalisierbar ist, oder welche Bedeutung es überhaupt für die menschliche Lebenstätigkeit hat, geraten wir ins Schleudern. Irgendwie möchten wir annehmen, die Tatsache unseres Bewußtseins müsse mit der Komplexität unserer Gehirntätigkeit zusammenhängen. Aber trotz aller Fortschritte der Neurologie und der Gehirnforschung ist diese selbstverständliche Gegebenheit jeder menschlichen Erfahrung nicht aufzuklären gewesen. Es ist alles andere als ausgemacht, daß die Leistungsfähigkeit unseres zentralen Nervensystems vom Vorhandensein eines Bewußtseins abhängt. »Von den Hirnforschern wird seit langem betont, daß es keinen triftigen Grund dafür gibt, daß kompetentes Reiz-Reaktions-Verhalten Bewußtsein erfordert, wie auch nicht dafür, daß es Bewußtsein überhaupt geben müßte« (Seitelberger 1994, S. 29). Ja die Existenz dessen, was wir Bewußtsein nennen, läßt sich noch nicht einmal »objektiv« nachweisen. »Bewußtsein fällt somit aus der Kategorie der streng naturwissenschaftlich untersuchbaren und definierbaren Objekte heraus« (ebd.).

Es muß sich demnach um eine subjektive Befindlichkeit handeln, die sich wie andere psychische Gegebenheiten nur der menschlichen Innenwahrnehmung erschließt. Aber auch wenn wir diese Voraussetzung akzeptieren, geht das Verwirrspiel weiter, wird Bewußtsein als psychische Eigenschaft doch wiederum in zwei recht unterschiedlichen Bedeutungen gebraucht: Einmal bezeichnet es das menschliche Wachbewußtsein, das sich erst mit dem Spracherwerb entwickelt, das sich also mit dem dritten Lebensjahr allmählich ausbildet. Dieses seiner selbst bewußte Ich taucht sozusagen am Beginn des Lebens als winzige Insel aus dem Meer des Unbewußten auf, kann sich zwar verbreitern und konsolidieren, dennoch brechen im Laufe des Lebens auch immer wieder ganze Landstriche ins Meer zurück, nämlich jene ursprünglich bewußt gemachten Erfahrungen, die wir nicht wahrhaben wollen und deshalb verdrängen. Bewußtsein in diesem Sinne ist gleichbebedeutend mit Wachbewußtsein.

Andererseits aber haben wir schon im vorsprachlichen Leben Wahrnehmungen gemacht, Empfindungen gehabt und beides irgendwie gespeichert, die jedoch, weil sie in unserer vorsprachlichen Existenz gemacht wurden, dem wachen Bewußtsein unzugänglich bleiben müssen, aber nach Ausweis der Tiefenpsychologie ständig in das wachbewußte Fühlen, Denken und Verhalten hineinspielen. Dieser erweiterte Begriff des Bewußtseins umfaßt also auch die unbewußten Persönlichkeitsanteile. Ich werde allerdings, um eine einfache sprachliche Unterscheidung zu treffen, dann vom »Gewahrsein« des vorsprachlichen Kindes sprechen und damit »Bewußtsein« auf die wache Wahrnehmung und Verarbeitung beschränken.

Das Auftreten wacher Bewußtheit hat eine einschneidende und folgenreiche Konsequenz: Sobald sich mit wachsender Sprachfähigkeit ein Mensch seiner Existenz bewußt zu werden beginnt, erfährt er sich als zerrissen in ein Innen und ein Außen. Die Abgrenzung eines eigenen inneren Universums von den Eindrücken, die unsere Sinne von der umgebenden äußeren Welt liefern, ist eine so selbstverständliche Tatsache unseres Lebens und von allem Anfang an mit unserer Bewußtwerdung verbunden, daß wir kaum in die Verlegenheit kommen, darüber nachzudenken. Jede Wahrnehmung, die uns bewußt wird, ordnen wir automatisch entweder der äußeren oder der inneren Welt zu, glauben wir spontan danach unterscheiden zu können, ob sich die Aufmerksamkeit nach außen oder nach innen wendet, ob wir die uns umgebende Welt betrachten oder uns in uns selbst zurückziehen und über sie nachdenken, Erinnerungen aufrufen oder uns in Träumen verlieren. Aber diese Selbstverständlichkeit ist erst durch lange und wohl auch schmerzhafte Gewöhnung erworben. Wir müssen dazu einen kurzen Blick auf die Entstehung menschlicher Bewußtwerdung werfen.

Alles, was wir über das Gewahrsein des ungeborenen Menschenkinds wissen oder rekonstruieren können, legt die Feststellung nahe, daß seine Selbstwahrnehmung noch kein Außen und Innen kennt, einfach deshalb, weil seine körperliche Existenz eine solche Unterscheidung kaum zuläßt. Eingeschlossen und geborgen im mütterlichen Organismus, von ihm genährt und versorgt, ist es wohl in der Lage, vielfältige und differenzierte Wahrnehmungen zu machen, dürfte sie aber kaum nach äußeren oder inneren Reizquellen unterscheiden. Alle seine Wahrnehmungen, gleichgültig, ob sie »exterozeptiv« über die Sinnesorgane gemacht werden, »propriozeptiv« die körpereigenen Vorgänge registrieren oder, wofür manche Beobachtungen sprechen, ihm auf außersinnlichem Wege zugänglich werden, dürften die gleiche Qualität besitzen, als Ereignisse in einem einheitlichen Feld erscheinen und sich damit zu jener »Einheitswirklichkeit« zusammenfügen, die Erich Neumann dem »pleromatischen« Bewußtsein am Beginn des menschlichen Lebens zuspricht (Neumann 1984).

Nach der Geburt wird der Säugling seiner körperlichen Eigenexistenz unter anderem dadurch gewahr, daß er die unterschiedlichen Sinneseindrücke registriert, die bei der Eigenberührung im Gegensatz zur Berührung von körperfremden Objekten entstehen. Wenn er die Hand in den Mund schiebt, kann er die Reizung auf der Mundschleimhaut und zugleich auf der Oberfläche der Finger wahrnehmen. Beim Tatschen ins mütterliche Gesicht sind es nur die Tastzellen der Finger, die gereizt werden, beim Lutschen am Bauklötzchen nur die Mundschleimhaut. Im Ultraschall ist zu beobachten, wie Ungeborene die Wände der Leibeshöhle abtasten, sich an der pulsierenden Nabelschnur festhalten, an den eigenen Fingern saugen. Vielleicht lernt das Kind auch schon in diesem Stadium andeutungsweise die verschiedenen Wahrnehmungsweisen zu unterscheiden und bekommt darüber eine erste, unsichere Vorstellung seiner Körpergrenzen.

Die Geburt ist ein Augenblick dramatischer Veränderungen: Getrennt vom versorgenden mütterlichen Organismus, muß das Neugeborene innerhalb weniger Minuten seinen Stoffwechsel umstellen, sich über die Atmung selbst mit Sauerstoff versorgen, seinen Wärmehaushalt regulieren, seinen Kreislauf umstellen und ist auf

Nahrung angewiesen, die ihm von außen zugeführt wird. Es findet sich nun – worin Otto Rank die Ursache des »Geburtstraumas« sah – plötzlich aus dem »Paradies« des Mutterleibs vertrieben. Es ist unter den Psychologen, die sich mit dieser frühen Lebenszeit beschäftigen, umstritten, in welcher Weise und wann sich das Kind der schmerzlichen Trennung vom mütterlichen Organismus gewahr wird. Nach psychoanalytischer Auffassung erfährt sich der hungernde Säugling als von der Mutter getrennt und verschieden und verfällt im Zustand des Gestilltseins wieder der Illusion, in symbiotischer Einheit mit ihr zu leben. Margret Mahler schloß deshalb aus ihren Beobachtungen, das Neugeborene lebe zunächst noch in einem Zustand der vollständigen »Symbiose« mit der Mutter und löse sich erst phasenweise in einer »psychischen Geburt« daraus ab (Mahler 1988). Die neuere beobachtende Säuglingsforschung stellt dieses Konzept eher in Frage und spricht dem Säugling ein sehr frühes Gewahrsein seiner Eigenexistenz zu, aber die Stufen wachsenden »Selbstempfindens«, wie sie Daniel Stern formuliert (Stern 1992), beinhalten ebenfalls, daß die Wahrnehmung, ein eigener, von der Außenwelt getrennter Organismus zu sein, nicht von allem Anfang an vorhanden ist, sondern sich erst nach und nach einstellt. Die von dieser Forschungsrichtung beobachteten »Interaktionen« zwischen Mutter und Kind lassen sich als Versuch verstehen, die mit der Geburt verlorene Einheit über die kommunikative Rückbindung wiederherzustellen. Letzten Endes führen beide Varianten zum gleichen Ergebnis: daß der mütterliche Organismus, der einmal zum Kind gehörte, zu einem betastbaren, hörbaren und sichtbaren Außen geworden ist, eine Wahrnehmung, die das Kind zwingt, die Grenze zwischen sich und der umgebenden Welt zu ziehen, seine Erfahrungen in eine Außenwelt, die sich immer mehr über die Mutter hinaus erweitern wird, und eine Innenwelt aufzuspalten, die sich aller sinnlichen Registrierung entzieht. Das Gewahrwerden und die Verarbeitung des schmerzlichen Getrenntseins von der versorgenden Mutter bleiben die ganze Säuglingszeit über das zentrale Thema der kindlichen Selbstvergewisserung.

Die Wahrnehmung seiner körperlichen Eigenexistenz führt zu

einem »Körperbewußtsein«, das uns angesichts unseres sprachlich dominierten Wachbewußtseins fremd erscheinen muß, weil es eben noch nicht »bewußt« erfahren werden kann. Aber alle früheren Bewußtseinsstufen (hier gebrauche ich nun den Begriff doch in seinem übergeordneten Sinn) leben in uns weiter, und man kann sich diese Weise, in der Welt zu sein, an den Augenblicken klarmachen, in denen unser denkendes Bewußtsein zurücktritt und die ganze Aufmerksamkeit in einer körperlichen Tätigkeit aufgeht. Intensives Tanzen könnte als Beispiel dienen, bei dem sich der Tanzende in der Bewegung verliert und alles andere vollständig aus dem Bewußtseinsradius schwindet. Der Erwachsene, der seine körperliche Existenz immer wieder als Gegenüber erfährt, empfindet Kleinkinder deshalb als drollig und anziehend, weil sie noch ganz in ihren körperlichen Aktivitäten aufgehen, davon wie berauscht wirken. Man könnte auch sagen: Alles, was das Kind in diesem Stadium ist, ist es mit und durch seinen Körper. »Das Kind identifiziert sich mit dem neu im Bewußtsein auftauchenden Körper, mit seinen Empfindungen und Emotionen, und allmählich lernt es, diese vom materiellen Kosmos im allgemeinen zu unterscheiden« (Wilber 1990, S. 42).

Irgendwann im Laufe des zweiten Lebensjahrs wird das Kind dann fasziniert sein Spiegelbild beobachten. Es wird die Arme hochreißen und verwundert feststellen, daß auch das Spiegelbild die Arme hochreißt, die Zunge herausstrecken und staunen, daß ihm sein Ebenbild auch das auf der Stelle nachmacht. Der Blick in den Spiegel erlaubt ihm, den eigenen Körper zum ersten Mal von außen zu betrachten, und das heißt, das Bewußtsein der eigenen Existenz von ihm abzulösen und eine »Instanz« zu errichten, die dem Körper gegenübertreten und sich von ihm absetzen kann. Zur gleichen Zeit hat es zu sprechen begonnen, und bald wird es »ich« sagen können und darüber allmählich ein Bewußtsein entwickeln, das seine Wahrnehmungen in ähnlicher Weise zu reflektieren versteht, wie ihm das Spiegelglas sein Ebenbild zurückwirft.

Innenwelt und Außenwelt

Mit der Aufrichtung eines bewußten Ichs spaltet sich die Wahrnehmung endgültig und unwiderruflich in zwei entgegengesetzte Bereiche. »Nur für unser Ich-Bewußtsein gibt es eine objektive, uns als
Subjekt gegenüberstehende Welt, nur für dieses Ich-Bewußtsein
eine Subjektivität innerer Prozesse« (Neumann 1995, S. 124). Von
jetzt an erfährt das Kind seine Welt als zerrissen in ein Innen und
ein Außen, sortiert es alle Wahrnehmung danach, ob sie auf äußere
oder innere »Reizquellen« zurückgehen. Sogar körperliche Empfindungen, und insbesondere die unangenehmen, wie zum Beispiel
Schmerzen, werden von der eigenen Person abgespalten und als
von außen auferlegt registriert.

Kinder sperren sich allerdings noch lange dagegen, diese Unterscheidung zu akzeptieren, und es dauert viele Jahre, ehe sie die
beiden Erfahrungsbereiche, an den kulturell verbindlichen Grenz-
linien gemessen, »richtig« zu unterscheiden vermögen. Sie werden
mühsam lernen müssen, daß Gefühle, so heftig sie auch sein mögen, von andern nicht geteilt werden. Sie werden Träume noch lange nicht als Produkte ihrer inneren Vorstellung verstehen, die andern
unzugänglich bleiben. Und sie werden erst nach und nach begreifen, daß sie andere an Phantasien und Erinnerungen nur dann teil-
haben lassen können, wenn diese in die Mitteilungsweisen gekleidet
werden, die der Kommunikation unserer inneren Welt dienen, eben
jenen, von denen ich in diesem Buch sprechen möchte. Die dafür
benötigten Verständigungsweisen, Strukturen und Zeichensysteme
werden sie in einem über Jahre gehenden Lernprozeß übernehmen,
sie werden die »Sprache der inneren Welt« zu gebrauchen lernen, sie
spielend ausdrücken, sie in Erzählungen mitteilen und sie tagträumend in eine dem Wachbewußtsein zugängliche Gestalt bringen.

Aber auch für den sozialisierten Erwachsenen ist die Unterscheidung zwischen der eigenen Innenwelt und der »objektiven« Außenwelt nicht ein für allemal getroffen. Es ist die Wahrnehmung unserer Sinnesorgane, die uns die umgebende Welt als sichere und
verläßliche Gewißheit erscheinen läßt und die den Maßstab setzt,

nach dem wir beurteilen, was zur äußeren und was zur inneren Welt gehört, und doch beruht sie, was schon eine einfache Überlegung zeigen kann, auf einem durchschaubaren Trugschluß: Nicht nur, daß unsere Sinnesorgane ja nur den Ausschnitt der »objektiven« Wirklichkeit erfassen können, den sie ihrer physiologischen Arbeitsweise nach registrieren, und daß wir nur einen winzigen Bruchteil der Informationen zu verarbeiten vermögen, die sie uns liefern. Wir bearbeiten sie auch noch nach den Maßstäben innerer Vorlagen: »Das Hirn wählt Eingaben aus und modifiziert sie. Wir errichten ›Modelle‹ oder Darstellungen der Welt aufgrund unserer vergangenen Erfahrung. Deshalb können wir unsere Wahrnehmung entsprechend vergangener Erfahrungen, Erwartungen und Bedürfnisse einstimmen. (...) Unsere Erfahrung stellt darum einen interaktiven Vorgang zwischen Außenwelt und dem ständig überarbeiteten Modell unserer Kategorien dar. Wir können Eingaben auswählen, uns auf passende Eingaben einstellen, kategorisieren und schließlich unsere Wahrnehmung aus diesen und aus unseren vergangenen Erfahrungen, Assoziationen, Gedanken und Gefühlsverfassungen zusammensetzen« (Ornstein 1988, S. 173). Es ist der Rahmen, den unsere innere Welt setzt, durch den wir die äußere Welt erblicken.

Schon die Funktionsweise der Sinneswahrnehmung läßt die Selbstsicherheit, mit der wir die »subjektive« Innensicht der uns umgebenden »objektiven« Welt gegenüberstellen, als brüchig erscheinen. Immer wieder stoßen wir darauf, daß andere diese Grenze zwischen den »Tatsachen« und ihrer Beurteilung anders ziehen, und wir finden uns meist nur widerstrebend bereit, unsere Sicht auf die äußeren Gegebenheiten zu ändern. Die Unterscheidung von Innen und Außen scheint keine feste, ein für allemal erworbene Größe zu sein; offenbar bleibt die Trennlinie zwischen diesen beiden Bereichen unserer Erfahrung im Fluß und muß in ständiger Bemühung immer wieder neu gezogen werden, um mit den Gegebenheiten der Umwelt zurechtzukommen. Mehr als von einer Bemühung ließe sich vielleicht richtiger von einem unablässigen Kampf reden, fällt es doch sichtlich schwer, diese Spaltung anzuerkennen und durchzuhalten.

Dramatische Ausmaße nimmt die Unfähigkeit, zwischen dem

eigenen Innern und der umgebenden Welt zu unterscheiden, bei psychischen Störungen an, die sich in der einen oder anderen Weise auf dieser Linie anordnen lassen. Ganz generell kann man sagen, daß der Neurotiker die Regeln seiner äußeren Situation nach innen verlegt, sie deshalb zwanghaft auch mit seinem Denken und Fühlen bestätigen muß, während der Psychotiker innere Wahrnehmungen mit der sichtbaren, hörbaren und fühlbaren Außenwelt verwechselt, was in ihm lebt, als reale Außenwelt halluziniert.

Der durchschnittlich sozialisierte »Normale« mag im großen und ganzen in der Lage sein, diese beiden Seiten seiner Erfahrung einigermaßen ins Gleichgewicht zu bringen, sich in seinem sozialen Leben an die gesellschaftlichen Normen und Machtverhältnisse anzupassen und sich zugleich immer wieder in seine innere Welt zurückzuziehen, ihr Raum zu lassen und sie auszugestalten. Dennoch erfährt auch er die Notwendigkeit, die Genze zwischen Innen und Außen ständig zu ziehen und zu beachten, als Belastung, die in ihm die »bleibende Sehnsucht« (Neumann 1980, S. 16) erzeugt, wieder in die ursprüngliche »Einheitswirklichkeit« zurückzukehren, die als tiefe unbewußte Erinnnerung in ihm lebendig ist und nach den Worten Erich Neumanns auch dann »als Fundament unserer Existenz« erhalten bleibt, »wenn unser (...) selbständig gewordenes Selbstbewußtsein sein ›wissenschaftlich objektives Weltbild‹ entworfen hat« (Neumann 1980, S. 36). Diese Rückkehr in eine einheitliche und ganzheitliche Erfahrung kann durch den Rückzug von der äußeren Welt und die Konzentration auf die menschliche Innenwelt erreicht werden als »religiöse Erfahrung der Ekstase« (Neumann 1980, S. 53) oder, allgemeiner gesprochen, über veränderte Bewußtseinszustände, die, allerdings auf einer bewußten und damit »höheren« Stufe, in die dem Wachbewußtsein sonst verschlossene Welt der frühen Erfahrung zurückführen. Eine andere Weise, die Spaltung unserer Bewußtseinstätigkeit in ein Innen und ein Außen vorübergehend aufzuheben, ermöglicht die schöpferische Tätigkeit. Anders als der mystische Weg zieht sie sich nicht aus den Bezügen der gegenständlichen und der sozialen Umwelt zurück, sondern sucht die Außenwelt mit den inneren Gegebenheiten in Einklang zu bringen.

Der schöpferische Prozeß

Spielen, Erzählen und Phantasieren zählen zu den »kreativen« menschlichen Fähigkeiten; ich ziehe es allerdings vor, von einem »schöpferischen« Vermögen zu reden. Kreativität meint im eingeschliffenen Sprachgebrauch die assoziative und überraschende Kombination gespeicherter Vorstellungen, mit dem Begriff des »Schöpferischen« verbindet sich sehr viel mehr. Am deutlichsten scheint mir diese erweiterte Bedeutung in der Beschreibung des »schöpferischen Prozesses« zum Ausdruck zu kommen, wie ihn Erich Neumann am Beispiel des großen Kunstwerks erläutert und mit der »Ursprungsgeschichte des Bewußtseins« in Zusammenhang gestellt hat. Ziel aller künstlerischen Aktivität ist demnach »die Wiederherstellung der Lebensganzheit«, die der Mensch am Beginn seiner Existenz erfahren habe, denn in der »großen Erfahrung« des Kunstwerks überschreite er »die Eingeschränktheit seines eigenen Bewußtseins und seines Ichs«. Anders als in der mystischen Erfahrung, die individuell erlebt wird und eine »direkte Erfahrung des einzelnen von der Einheitswirklichkeit« vermittelt, läßt das Kunstwerk »eine neue, zwischen den Partialwelten von Innen und Außen existierende dritte Welt entstehen« (Neumann 1995, S. 146), »die ihrem Wesen nach Züge der Einheitswirklichkeit besitzt« (Neumann 1995, S. 87). Weil alles Künstlerische nicht jene ursprüngliche und ganzheitliche Erfahrung wiedergibt, sondern sie über ein Drittes vermittelt und Gestalt werden läßt, und das heißt, sie in den gesellschaftlich etablierten und akzeptierten Formsprachen zur Darstellung bringt, kann sie nur in symbolischer Gestalt erscheinen, kann sich darüber aber mitteilen und gesellschaftliche Anerkennung erfahren, kann beide Seiten der menschlichen Erfahrung zusammenfügen und die Spaltung vorübergehend außer Kraft setzen. »In der Einmaligkeit jedes großen Kunstwerks – und zwar nicht nur im Prozeß des Schaffens, sondern auch in dem seiner echten Rezeption – wird die Spaltung unserer Bewußtseinswirklichkeit aufgehoben. Wir erfahren im Kunstwerk die Weltausgedehntheit der Psyche ebenso wie das Seelische des Welthaften, die Weltseele« (Neumann 1995, S. 88).

Die Konzeption des Schöpferischen, die Neumann am Beispiel der »großen Erfahrung« des Kunstwerks entwickelt, trifft aber nicht nur für Menschen zu, die als Kunstschaffende tätig sind. Neumann selbst betont, »von Natur aus« sei jeder Mensch schöpferisch (Neumann 1995, S. 107), und das ist es auch, was Beuys mit dem berühmten Satz meinte, jeder Mensch sei ein Künstler. Das heißt, jeder kennt schöpferische Momente, die ihn mit tiefer Befriedigung erfüllen, weil sie für diesen Moment den Zwiespalt zwischen der inneren Erfahrung und der Wahrnehmung der äußeren gegenständlichen und sozialen Welt aufzuheben vermögen. Am augenfälligsten ist das an Kindern zu beobachten, wenn sie sich beim Spielen, beim Malen, Modellieren oder ähnlichen Aktivitäten vollständig zu verlieren scheinen. Die Hingabe an diese Tätigkeiten und die Ausgeglichenheit, die sie erzeugen, möchte ich darauf zurückführen, daß in der Gestaltung des äußeren Materials unbewußte innere Gestalten und Bilder durchzuscheinen beginnen, daß die Aktivität einen Sinn erhält, der weit über die geschickte »kreative« Veränderung des vorgefundenen Materials hinausgeht. Es ist die gleiche Erfahrung, die der Künstler in dem Augenblick macht, wo die Form plötzlich stimmt, weil im sinnnlichen Material durchsichtig wird, wovon er zu reden sucht, weil die Doppelbödigkeit erreicht wird, die ein Kunstwerk ausmacht. Diese Doppelbödigkeit kennzeichnet aber überhaupt jede schöpferische Tätigkeit: Die Gegebenheiten der äußeren Welt, die das sinnliche Material liefern, werden so angeordnet und umgeformt, daß durch die gefundene Form hindurch die unbewußten Erfahrungen wahrnehmbar werden, sich das Unbewußte im Gewand der sinnlichen und sozialen Erfahrung darstellen darf.

Was ich hier ausklammere, ist die Frage, ob und wie weit solche »privaten« Produktionen Außenstehende ansprechen, ob sie sich und ihre inneren Wahrnehmungen darin wiedererkennen und ausgedrückt finden. Ich klammere damit jede Bewertung künstlerischer Qualität aus, die sich ja letzten Endes danach bemessen läßt, ob und wie weit sich zahlreiche Menschen und ganze Epochen in einer künstlerischen Produktion wiederfinden, sie als adäquaten Ausdruck ihrer ganz individuellen Innenwelt erkennen können. Privatere Schöpfungen mögen das nur für wenige Menschen leisten oder auch nur für den Produzierenden selbst. Vielen Gebilden und Verhaltensweisen, die für ihre Urheber durchaus diese Funktion des Schöpferischen haben, in denen sie ihr Inneres nach außen kehren und zum Ausdruck bringen können, haftet deshalb etwas Skurriles, für Außenstehende kaum Nachvollziehbares an.

Spielen, Erzählen und Phantasieren als Formsprache der inneren Welt

Es geht mir, wenn ich im folgenden von der Bedeutung und Entstehung des Spielens, Erzählens und Phantasierens rede, ja auch nicht um einzelne gelungene Beispiele, sondern um die grundsätzlichen Formelemente, aus denen sie sich aufbauen. Was sich an jeder einzelnen schöpferischen Gestaltung feststellen läßt, die eine Verbindung zwischen menschlicher Innenwelt und erlebter Außenwelt herzustellen sucht, gilt ebenso für die formalen Verfahren, in denen sie sich realisiert. Die kollektiven Formsprachen selbst, die sich dafür in menschlichen Gesellschaften entwickeln, sind, ihren Techniken und Verfahrensweisen nach und unabhängig von einzelnen »Inhalten«, auf die symbolische Vereinigung dieser beiden menschlichen Erfahrungsbereiche gerichtet.

Auf die Gegenstände bezogen, die ich behandeln werde, heißt das, daß ich Spielen, Erzählen und Phantasieren als Formsprachen betrachte, die die menschliche Innenwahrnehmung in »symbolischer Übertragung« der zwischenmenschlichen Verständigung zugänglich machen. Sie stellen insofern nur einen Ausschnitt aus dem reichen Repertoire schöpferischer Formen dar und leisten für die spielerische und sprachliche Gestaltung, was die bildende Kunst für die visuelle und die Musik für die auditive Wahrnehmung leisten. Während es aber kaum zu übersehen ist, daß van Gogh provenzalische Landschaften nicht einfach abgelichtet hat, sondern sie malend in seine eigenen inneren Landschaften verwandelte, während sich aus den musikalischen Grundelementen von Rhythmus und Klang Gebilde aufbauen, die keiner unmittelbaren gesellschaftlichen Erfahrung entsprechen, scheinen Spielen und Erzählen sowie die darauf aufbauenden darstellenden Künste viel unmittelbarer den Stoff des gesellschaftlichen Lebens wiederzugeben. In diese Richtung laufen die eingangs erwähnten gängigen Antworten. Die Nähe zur Welt des sozialen Umgangs verführt dazu, im Spielen ausschließlich die Welt des Gegenständlichen und des Gesellschaftlichen nachgebildet zu sehen, im Erzählen ein Verfahren zu erblicken, menschliche Handlungsweisen festzuhalten und weiterzugeben, Phantasieren auf das Erfinden und Durchspielen neuer Verhaltensweisen zu begrenzen. Es ist diesen Formen viel schwerer anzusehen, daß sie ihr Material bearbeiten und umgestalten, um unsere innere Verfassung und unsere unbewußten Bilder zur Geltung zu bringen.

Es mag zweitens überraschen, daß ich Erzählen mit Spiel und Phantasie in einem Atemzug nenne. Zwar ist es seit Piagets Beobachtungen und seit Wygotskis bahnbrechenden Bemerkungen ein vertrauter Gedanke, Spiel habe eine innere Vorstellung zur Vorlage und Phantasieren lasse sich andererseits als Spielen mit Vorstellungen verstehen. Das Erzählen, mit dem man sich vor allem unter linguistischen oder literaturwissenschaftlichen Vorzeichen beschäftigt hat, fällt aber im allgemeinen aus diesem Zusammenhang heraus. Ich werde zu zeigen versuchen, daß es seinen formalen Verfahren nach zwischen dem Spiel und der reinen Phantasietätigkeit anzusiedeln ist, und daß die formalen Ähnlichkeiten darauf beruhen, daß Erzählen für die menschliche Bewußtseinstätigkeit eine vergleichbare Funktion erfüllt wie Spiel und Phantasie.

Wenn ich die Entstehung dieser Fähigkeiten im Verlauf der Kindheit nachzuzeichnen versuche, dann geht es mir nicht darum, eine Entwicklungsgeschichte kindlichen Spielens, Erzählens und Phantasierens zu schreiben oder gar festzulegen, welche »Kompetenzen« ein Kind in welcher Alterphase erworben haben sollte. Ich hoffe vielmehr zeigen zu können, wie unzuverlässig Phasenfolgen in diesem Bereich bleiben müssen. Es geht mir darum, daß sich sowohl die innere Verwandtschaft dieser Formsprachen wie die Bedeutung, die sie für unsere Lebenstätigkeit haben, am Punkt ihres Entstehens und ihrer Ausformung am sinnfälligsten zeigen und nachvollziehen lassen. Ich werde mich vor allem in dieser Absicht ausführlich damit beschäftigen, wie sich kindliches Spielen ausbildet, wie Kinder zu erzählen beginnen und wie sich ihre Phantasien von äußeren Anstößen lösen, um sie immer besser zu befähigen, diese Formsprachen der inneren Welt zu beherrschen und ihre inneren Wahrnehmungen mitteilbar zu machen.

Der Tapetenvogel in der leeren Hand

*Vom Sinn des Spiels und warum Kinder
zu spielen beginnen*

Eines Tages greift Jean Piagets Tochter Jeannette, nach den Aufzeichnungen ihres Vaters damals ein Jahr, einen Monat und 20 Tage alt, »an die Tapete ihres Zimmers in der Ecke, wo ein Vogel gemalt ist. Dann schließt sie ihre Hand so, als hielte sie den Vogel drin, und geht auf die Mutter zu: ›Schau‹ (sie öffnet die Hand und tut so, als gäbe sie ihr den Vogel) – ›Was bringst du mir?‹ – ›Einen Vogel‹. Im Alter von zwei Jahren und acht Monaten macht sie das gleiche Spiel mit einer Blume auf der Tapete, dann mit einem Sonnenstrahl, den sie zu transportieren vortäuscht: Sie bietet dann ›ein bißchen Licht‹ an« (Piaget 1975, S. 158).

Das Rätsel Spiel

Wir brauchen nicht zu fragen, was Jeannette tut: Sie spielt. Aber was ist Spiel? Woran erkennen wir, ob eine Handlung ernst gemeint oder »nur« gespielt ist? Worin besteht das Vergnügen, das alles Spielen bereitet? Welchen Sinn haben diese zwecklosen Beschäftigungen für unsere Lebenstätigkeit? Und wenn es um die Anfänge kindlicher Spieltätigkeit geht: Wie kommt ein Kind dazu, statt zielgerichteter Handlungen den gleichen Tätigkeiten einen fremden und unangemessenen Sinn zu unterlegen? Was verführt also beispielsweise Jeannette dazu, einen gemalten Vogel von der Tapete zu holen? Die Gewißheit, mit der wir wir spontan und fraglos wissen, wann gespielt wird, steht in merkwürdigem Gegensatz zur Schwierigkeit, begrifflich zu fassen, was es mit dem Spiel und dem Spielen auf sich hat.

Versuchen wir uns in der wissenschaftlichen und philosophischen Literatur kundig zu machen, riskieren wir einige Verwirrung. Nicht daß es an Begründungen und Theorien fehlen würde. Abgesehen von vereinzelten Vorläufern setzten die Bemühungen, die Natur und die Funktion des Spiels zu ergründen, gegen Ende des 18. Jahrhunderts und mit dem Aufkommen einer Gesellschaft ein, die die »Spielsucht« ihrer Mitglieder zurückzudrängen und in nützliche Bahnen zu lenken suchte. Im 19. Jahrhundert wurde dann in zahlreichen Spieltheorien die evolutionäre oder soziale Funktion des Spiels zu bestimmen versucht, während man sich im 20. Jahrhundert vor allem mit dem Spielen im Kindesalter beschäftigte. Allein schon die inflationäre Zahl theoretischer Entwürfe weist darauf hin, daß Spielen dem wissenschaftlichen Denken ein beunruhigendes Thema geblieben ist.

Warum bereitet diese einfache und so selbstverständliche Lebensäußerung der philosophischen und wissenschaftlichen Betrachtung so viel Kopfzerbrechen? Eine Aussage über das Wesen des Spiels kann uns vielleicht schon die schiere Tatsache liefern, daß es sich einer begrifflichen Eingrenzung so hartnäckig zu widersetzen scheint. In seiner Sprunghaftigkeit, ziellosen Offenheit und Unvorhersehbarkeit erscheint Spielen wie ein Gegenpol zum systematischen Denken, das Erscheinungen nach Ursachen und Wirkungen zu erklären und sie in klaren und überschaubaren Begriffen zu erfassen sucht. Die schillernde Offenheit und Unbestimmtheit zeigt sich auch an der Breite dessen, was in unserem Sprachgebrauch unter »Spiel« und »spielerisch« gefaßt werden kann: Es reicht, um nur einige Beispiele zu nennen, vom Kinderspiel über Schauspiel und Liebesspiel bis zum schillernden Farbenspiel. Selbst wenn man die eher übertragenen Verwendungen beiseite läßt, wie etwa das Spiel, das zwei ineinandergreifende Zahnräder haben, bleiben zu viele unterschiedliche Erscheinungen übrig, die sich kaum zu einer einheitlichen Begriffsbestimmung zusammenfügen lassen. Genau das aber versuchten die Spieltheorien in immer neuen Anläufen. In der Logik kategorialen Denkens konnte es nur eine einzige und umfassend gültige Ursache für alle Erscheinungen des Spielerischen geben, die es herauszufinden und zu begründen galt. Da sich jede Konzeption auf einen etwas anderen Ausschnitt dessen bezog, was unter Spiel verstanden werden kann, mußten zwangsläufig gegensätzliche und einander widersprechende Theorien formuliert werden und jene unübersichtliche Diskussion ergeben, die die wissenschaftliche Beschäftigung mit dem Spiel kennzeichnet. Es ist, als würden mit jeder begrifflichen Bestimmung der lockere Beziehungsreichtum und die emotionale Befriedigung, die sich damit verbinden, zerstört. Oder in den Worten Johan Huizingas: »Dies letzte Element, der ›Witz‹ des Spiels, widerstrebt jeder Analyse, jeder logischen Interpretation« (Huizinga 1944, S. 4).

Demnach läge es schon in der Natur des Spiels, daß es mit begrifflichen Erklärungen nicht vollständig aufzulösen ist, und auch diese Feststellung kann uns eine wesentliche Eigenschaft näherbringen. Daß stets ein unaufklärbarer Rest übrig bleibt, weist darauf hin, daß alles Spielen im Unbewußten wurzelt, daß es mit dem Unbewußten die Vieldeutigkeit und den offenen Beziehungsreichtum teilt, daß es, ähnlich wie der Traum, deutungsbedürftig ist und allen Deutungen zum Trotz doch immer vieldeutig bleibt. Jede theoretische Formulierung dessen, was Spiel ausmacht, wie es entsteht, welche Funktion es in unserem Leben hat, wird immer wieder an eine Grenze stoßen, die nicht mehr zu überschreiten ist, die eine vollständige Aufhellung verhindert. Oder einfacher ausgedrückt: Was Spielen letzten Endes ausmacht, erfaßt man wohl am besten beim Spielen.

Der Versuch, jede Erscheinung des Spiels in eine einheitliche Definition zu zwingen, führt in den meisten Spieltheorien dazu, eine für das Verständnis menschlichen Spielens wesentliche Unterscheidung zu verwischen: die zwischen dem körperlichem Bewegungsspiel auf der einen und dem stellvertretenden spielerischen Nachstellen auf der anderen Seite, eine Unterscheidung, die von Piaget als »sensomotorisches Übungsspiel« im Gegensatz zum »Symbolspiel« getroffen wird. Mit den höheren Säugetieren teilen wir die spielerische Bewegungslust, in der wir ererbte und erlernte Bewe-

gungsabläufe ohne eine zielgerichtete Absicht ausführen, das ziellose Herumtollen, die lustvolle Erfahrung der körperlichen Fähigkeiten, ohne damit etwas bewirken zu wollen. So spielen kleine Kat-
zen unentwegt mit einem Wollknäuel, und jeder ihrer Bewegungen
ist das Vergnügen anzusehen, die aus nichts anderem besteht als der
Lust, sich in der Bewegung zu erfahren, sich den arteigenen Bewe-
gungsmustern zu überlassen.

Allerdings zeigt sich schon bei diesen einfachen körperlichen
Spielen die Grenze, die menschliches Spiel vom Spiel höherer Tiere
trennt: Beim Menschen wird fast von allem Anfang an diese sogenannte »Funktionslust« (Karl Bühler 1918) »symbolisch« überformt.
Das ausgewachsene Tier scheint sich in seinen körperlichen Funktionen zu kennen und verliert im allgemeinen das Interesse zu spielen.
Den Menschen dagegen begleitet das Spiel durch das ganze Leben.
Schon in die ersten spielerischen Bewegungen mischen sich symbolische Andeutungen und anders als bei den meisten Tieren wird er
auch als ausgewachsener und sozial gereifter Mensch nicht aufhören
zu spielen, und nun werden seine Spiele vollständig mit symbolischen Bedeutungen aufgeladen sein: Tanzend leben wir eben nicht
nur unsere körperlichen Bewegungsimpulse aus, sondern folgen zugleich einem kulturell geformten und erlernten Bewegungsablauf,
mit dem wir einen symbolischen Ausdruck verbinden. Oder wir beachten Fußball spielend Regeln, in denen sich Verhaltensweisen unserer auf Wettbewerb und Leistung gegründeten Gesellschaft darstellen. Kein spielendes Tier aber verbindet mit dem spielerischen
Verhalten einen »übertragenen« Sinn. Menschen jedoch bilden im
Spiel symbolische Darstellungen, menschliches Spiel ist fast von allem Anfang an und eben, wie wir sehen werden, auch schon in jenem Stadium, dem Piaget das »Übungsspiel« zurechnet, zumindest
im Ansatz »Symbolspiel«. Die fehlende Unterscheidung zwischen
tierischem Körperspiel und der sich beim Menschen darauf aufbauenden symbolischen Überformung verursacht die begriffliche
Unschärfe vieler theoretischer Erörterungen des Spiels. Eben weil er
spielend symbolische Abbildungen formt, begleitet Spielen den
Menschen durch das gesamte Leben. Ich werde im folgenden die

Ansicht vertreten, daß er in diesem Selbstausdruck in ähnlicher Weise sich selbst in seiner inneren Natur erfährt und, um lebensfähig zu sein, erfahren muß, wie das herumtollende Katzenbaby sein körperliches Dasein in der Bewegung erfährt. In diesem Sinne möchte ich Schillers berühmten Satz verstehen: »Der Mensch spielt nur, wo er in voller Bedeutung des Wortes Mensch ist, und er ist nur da ganz Mensch, wo er spielt« (Schiller 1950, S. 291).

Der heimliche Zweck der Zwecklosigkeit

In der »Ästhetischen Erziehung des Menschengeschlechts«, der dieser Satz entnommen ist, entwickelt Schiller den Grundgedanken, das Spiel schaffe dem Menschen ein »Reich der Freiheit«, entbinde ihn vorübergehend von den Zwecksetzungen und Zwängen, die ihm das »Reich der Notwendigkeit« aufnötigte. Man kann diesen Gedankengang, auch wenn er dabei vereinfacht werden muß, in uns geläufigere Vorstellungen übersetzen: Die Notwendigkeit steht dann für die sozialen und materiellen Lebensbedingungen, denen wir unterworfen sind, während uns die mit dem Spiel gegebene Freiheit ermöglicht, unsere subjektiven Antriebe zur Geltung zu bringen, indem wir sie im Reich der ästhetischen Formen Gestalt werden lassen; indem sie also keine reines Wunschbild bleiben, sondern in einer materiellen Formsprache zur Anschauung gebracht werden, in eben jenem luftigen Reich des »schönen Scheins«, das mehr ist als Illusion, da es sich in der gesellschaftlichen Sphäre der Kunst vergegenständlicht. Es kann sich aber für Schiller nur verwirklichen, wo es von allen gesellschaftlichen Zwecken frei gehalten bleibt. Nahezu alle nach Schiller formulierten Spieltheorien übernehmen diese äußere »Zwecklosigkeit« des Spiels, um sie fast im selben Atemzug wieder zurückzunehmen, indem sie einen geheimen Nutzen vermuten, der sich sozusagen hinter dem Rücken des Spielenden realisiere und ihn letzten Endes befähige, sich in seiner Umwelt angemessener und effektiver zu behaupten.

Hinter den Versuchen, den »Lebenswert« (Groos 1975) menschlichen Spielens zu bestimmen, verbirgt sich eine mit dem Aufkommen der industriellen Produktionsweise grundsätzlich gewandelte Einstellung zum Spiel: Spiel wurde zunehmend als eine dem Ernst des Erwachsenenlebens unangemessene Betätigung betrachtet und aus dem Verhaltensrepertoire des sozialisierten Erwachsenen ausgegliedert. Wir wissen, daß bis zum Anbruch des industriellen Zeitalters auch Erwachsene einen guten Teil ihrer Zeit spielten, statt »industriösen« Beschäftigungen nachzugehen, wie das dann die Aufklärungspädagogen von ihnen verlangten. In der gesellschaftlichen Auffassung, die sich Ende des 18. Jahrhunderts in den bürgerlichen Schichten herausbildete und sich im Laufe des 19. Jahrhunderts als herrschende Auffassung durchsetzte, wurde der Wert menschlichen Lebens an seiner produktiven Leistung gemessen, wurde der Mensch nur noch als »Homo faber«, das Werkzeuge schaffende Tier, gesehen. Spielen wurde dem arbeitsfähigen Erwachsenen nur noch insoweit zugestanden, als es seiner Arbeitsfähigkeit förderlich war. Der gleichen Logik folgend wurde Spielen der Kindheit zugeordnet, ja, ihr geradezu verordnet. Spielen wurde nun zur eigentlichen Bestimmung der historisch neuen Lebensphase der Kindheit. Nur in Kindheit und Jugend, als Vorlauf und Trainingsphase für das »eigentliche« Leben, wurde dem Menschen zugestanden, auch ein »Homo ludens« zu sein,

Zugleich änderte sich der Charakter des Spielens: Es wurde – auch das eine historische Neuheit – über vorgefertigte Spielzeuge in die erwünschten Bahnen gelenkt, und die im Spiel geweckte Phantasie, von den Aufklärungspädagogen noch als Ablenkung von ernsthaften Tätigkeiten gefürchtet, wurde nun von Eltern und Pädagogen zunehmend als ein Pfund geschätzt, mit dem das Kind in seiner beruflichen Zukunft wuchern sollte. Waren Spiel und Spielzeug zunächst nur in den bürgerlichen Kinderstuben gelitten und gefördert, verallgemeinerte sich mit dem Ende des 19. Jahrhunderts diese Vorstellung und führte einerseits zu einer immer stärkeren Pädagogisierung des Spielens, andererseits zu einer speziellen »Kinderkultur« mit einem ausgedehnten Marktangebot, wie es uns heute selbstverständlich scheint.

Diese Wertschätzung des kindlichen Spiels hatte aber immer den künftigen Nutzen im Auge. Denn auch wenn die Begrifflichkeiten, die heute den Wert spielerischen Umgangs für das ernste Leben begründen, erst sehr viel später geprägt und zur klingenden Münze wurden, erfolgte die gesellschaftliche und pädagogische Indienstnahme des Spiels schon mit dem 19. Jahrhundert: Angesichts sich vervielfachender Produktionsverfahren und immer komplizierterer Organisationsstrukturen erwiesen sich spielerisches Verhalten, bewegliche Vorstellungsfähigkeit und »divergentes Denken« bald als »Problemlösungsstrategien«, die sich in bestimmten Bereichen als der rationalen Kalkulation überlegen zeigten. Die aus dem Spielverhalten erwachsende »Kreativität« wurde als Faktor der Produktionssteigerung ins Reich der »Notwendigkeit« eingemeindet: Der Mensch sollte nun spielen, um Werkzeuge zu schaffen. Damit aber wurde die allgemeinste und grundlegende Voraussetzung allen Spielens, wurde Schillers »Reich der Freiheit« gesellschaftlichen Zielsetzungen unterworfen.

Spielen und Kultur

Die Nutzbarmachung des Spiels für die industrielle Produktivität ist historisch eine Erscheinung der modernen kapitalistisch produzierenden Gesellschaften. In den vorangegangenen Gesellschaften stehen soziale und individuelle Formen des Spiels der menschlichen Arbeit als gleichberechtigte Lebensäußerung gegenüber, zumindest für die gesellschaftliche Schicht, die der lästigen Arbeit enthoben war. Aber auch in der allgemeinen Lebensauffassung stellte die Notwendigkeit zu arbeiten eher eine unerfreuliche Unterbrechung spielerischer Betätigung dar, und erst recht wurde das Spiel nicht als Beschäftigung einer gesonderten Lebensphase der Kindheit verstanden, sondern es umfaßte alle Lebensalter und sozialen Schichten. Es war deshalb auch das Studium der kulturellen Ausprägungen menschlichen Spielens, das den Kulturwissenschaftler Johan Huizinga eine Auffassung menschlichen Spielens formulieren ließ, die von der allseits behaupteten heimlichen Nützlichkeit abwich.

Huizinga sieht menschliches Spielen als die Triebkraft an, aus der alle Kultur entspringt, und das heißt, er sieht den Menschen als einen lebenslangen Spieler. Statt zu fragen, warum und wozu gespielt wird, sucht er die Formen des Spielens zu beschreiben, die in den religiösen Riten, den gemeinschaftlichen Festen und den individuellen kulturellen Schöpfungen Gestalt gewinnen. Wer die kulturellen Erscheinungen menschlicher Gemeinschaften betrachte, schreibt er, »findet das Spiel in der Kultur als eine gegebene Größe vor, die vor der Kultur selbst da ist und sie von Anbeginn an bis zu der Phase, die er selbst erlebt, begleitete und durchzieht« (Huizinga 1944, S. 6). Er verwirft die Ausrichtung der klassischen Spieltheorien, die »von der Voraussetzung ausgehen, Spiel werde etwas anderem wegen betrieben, es diene irgendeiner biologischen Zweckmäßigkeit« (Huizinga 1944, S. 3). Seinen Zweck finde es in sich selbst, in seinem Selbstausdruck, der kein weiteres Motiv und keine Begründung benötigt, auf nichts anderes zurückzuführen ist. »Im Spiel haben wir es vielmehr mit einer für jedermann ohne weiteres erkennbaren, unbedingt primären Lebenskategorie zu tun, mit einer Ganzheit, wenn es je etwas gibt, das diesen Namen verdient« (Huizinga 1944, S. 5).

Diese Eigenschaften des Spiels realisieren sich über drei »Hauptkennzeichen«, die für Huizinga das Spiel auszeichnen: Es sei erstens frei, bewege sich außerhalb der Sphäre des »gewöhnlichen« oder »eigentlichen« Lebens. »Schon das kleine Kind weiß genau, daß es ›bloß so tut‹, daß alles ›bloß zum Spaß‹ ist.« Zweitens stehe es außerhalb des Prozesses der unmittelbaren Befriedigung von Notwendigkeiten und Begierden, ja, es unterbricht diesen Prozeß. Und schließlich: »Das Spiel sondert sich ab vom gewöhnlichen Leben durch seinen Platz und seine Dauer. Seine Abgeschlossenheit und seine Begrenztheit sind sein drittes Kennzeichen« (Huizinga 1975, S. 145 f.). Spiel realisiert sich also gerade dadurch, daß es sich von der materiellen Selbsterhaltung ausgrenzt, einen Bezirk schafft, in dem die Gesetze der physischen Reproduktion ihre Gültigkeit verlieren, in dem sich das Reich des »schönen Scheins« gegenüber allen Notwendigkeiten behauptet.

Diese von Huizinga quer durch Kulturen und Epochen verfolgte

Charakteristik menschlichen Spiels legt nahe, nach ihrer Funktion im menschlichen Lebensprozeß zu fragen: Weshalb suchen Menschen sich im fiktiven symbolischen Spiel einen eigenen, ihrer materiellen Lebenswelt entgegengesetzten Bereich zu schaffen? Huizingas Antwort fällt etwas undeutlich aus: »Es ist eine sinnvolle Funktion. Im Spiel ›spielt‹ etwas mit, was über den unmittelbaren Drang nach Lebensbehauptung hinausgeht und in die Lebensbetätigung einen Sinn hineinlegt. Jedes Spiel bedeutet etwas« (Huizinga 1944, S. 2).

Unter dem Blickwinkel der Erfahrung, die sich mit der menschlichen Bewußtwerdung verknüpft, läßt sich eine Bestimmung des Spiels formulieren, die die Sinnhaftigkeit zweckfreien Spielens genauer zu erfassen erlaubt. Ich kann nun nämlich sagen, es seien die Wahrnehmungen und Bilder der menschlichen Innenwelt, die im Spiel Gestalt gewinnen und sich nur im freien, von der sozialen Welt abgegrenzten Spielraum entfalten, die anders als spielend nicht ausgedrückt und zur Anschauung gebracht werden können. Indem sie Gestalt annehmen, überwinden sie die Kluft, die alle innere Wahrnehmung von der Außenwelt trennt, gewinnen eine greifbare, sichtbare und mitteilbare Form. Was versteckt und verborgen im Innenraum lebt, darf im Spielraum ins Tageslicht treten, darf in einem abgegrenzten Bereich angeschaut und anerkannt werden. Die im Spiel geschaffene Vergegenständlichung der inneren Welt mag nur eine ganz individuelle Bedeutung haben oder sich zu komplexen Kunstwerken ausformen, in denen Gruppen und Gesellschaften ihre inneren Bilder wiedererkennen, es mag sich um die repräsentativen Gruppenspiele einer ganzen sozialen Schicht handeln oder um das spontane und improvisierte Spiel eines Kinds, der Sinn bleibt der gleiche: für den flüchtigen Moment des Spiels den bedrückenden Zwiespalt zwischen individueller Innenwelt und sozialer Außenwelt zu überbrücken und aufzuheben.

Auch diese Bestimmung soll und wird die schillernde Vielfalt dessen, was wir Spiel nennen, nicht auf einen gemeinsamen Nenner zwingen, und sie schließt nicht aus, daß Spielen auch anderen Zielen dient, dem Bedürfnis zum Beispiel, sich spielend als Teil einer

Gemeinschaft zu fühlen, über das Spiel soziale Anerkennung zu gewinnen, die eigene Leistungsfähigkeit zu beweisen, in phantasievollen Alternativen zu denken und vieles mehr. Kein Spiel aber erschöpft sich in diesen Zielsetzungen, sondern knüpft immer wieder an das tiefe menschliche Bedürfnis an, im abgesicherten Schonraum des Spiels die eigene Innenwahrnehmung gestalten zu können und darüber die Bilder und Impulse der menschlichen Innenwelt in Szene zu setzen.

Die Entstehung symbolischer Repräsentation nach Piaget

Daß jedes Spiel von einem inneren Vorstellungsbild ausgeht, das sich in der symbolischen Sprache des Spiels realisiert, wird auch von Jean Piaget vorausgesetzt, der die Entwicklung kindlichen Spielens unter den Gesichtspunkten zu erforschen suchte, ab wann sich innere Vorstellungen ausbilden und mit welchen Verfahren sie zu einer Spielhandlung führen. Es ging Piaget allerdings um mehr als das Spiel, sein Interesse richtete sich darauf zu verstehen, wie das Kind lernt, Umwelterfahrungen festzuhalten und zu verarbeiten und darüber kognitive Strukturen zu erwerben, die ihm eine immer genauere Erkenntnis und Handlungsfähigkeit in und gegenüber dieser Umwelt ermöglichen.

Piaget wendet das gleiche Prinzip auf die Erklärung des Spielens an, das er in der kognitiven Verarbeitung von Sinneswahrnehmungen am Werk sieht und das er der Biologie entlehnte. Dort dient es dazu, zu beschreiben, wie lebende Organismen neu auftretende Umweltreize verarbeiten, indem sie sie zunächst in bereits gespeicherte Muster einzugliedern versuchen – Piaget nennt es »assimilieren« – oder, sofern die Verwendung der vorhandenen Muster kein akzeptales Ergebnis zeitigt, ein neues, angemesseneres Muster entwickeln, sich also an die neuen Gegebenheiten »akkommodieren«.

Um eine verläßliche empirische Grundlage für seine Aussagen zu erhalten, beobachtete er über Jahre hinweg das Verhalten seiner eigenen Kinder, stellte sie vor experimentelle Aufgaben, protokollierte ihre Reaktionen und verarbeitete sie zu einer Theorie der Entwicklung menschlicher Intelligenz. Dabei erfaßte er mit akribischer Genauigkeit auch die ersten für ihn erkennbaren Spielhandlungen und brachte die vielen aufschlußreichen und sehr anschaulichen Beispiele kindlichen Spielens zusammen, aus denen er in seiner Abhandlung »Nachahmung, Spiel und Traum« eine Theorie der Entwicklung kindlichen Spielens ableitet. Sein Interesse richtete sich dabei, wie der französische Originaltitel *La formation du symbole chez l'enfant* sehr viel genauer ausdrückt, auf die Frage, ab wann und in welchen Formen das heranwachsende Kind die wahrgenommene Welt in seiner Vorstellung symbolisch ersetzen und abbilden kann. Es sind diese Überlegungen zur Entstehung symbolischer Darstellung, die uns dazu verhelfen können, genauer zu verstehen, wie sich innere Vorstellungen im Spielraum realisieren.

Wie kommen Kinder in der Sicht Piagets dazu, mit dem Einsetzen der ersten Spielakte »Bereiche, die ursächlich und pragmatisch nichts miteinander gemein haben, zu verbinden, Beziehungen zwischen Ordnungen herzustellen, die völlig unterschiedlich sind« (Kaplan 1979, S. 222)? Piagets Antwort lautet, das spielende Kind benutze eingeübte Handlungsmuster, um damit Handlungen auszuführen, die es nur in seiner Vorstellung ausführen könne. Das Kind erfahre zunächst die gegenständliche Welt noch ausschließlich über »sensomotorisches« Handeln: Damit ist gemeint, daß sich die wiederholten sinnlichen Wahrnehmungen mit den an den Gegenständen vorgenommenen motorischen Handlungen verbinden, sich durch die Wiederholung einschleifen und »sensomotorische Schemata« bilden, die nach Bedarf abgerufen und wiederholt werden können. Über die sensomotorische Aktivität entstehe allmählich ein inneres Abbild dieser Handlungen. Piaget hat es über die Vorstellung erschlossen, die sich ein Kind von einem Gegenstand machen kann, sobald er aus dem Wahrnehmungsfeld verschwunden ist, und er nennt diese innere figurative Ersetzung deshalb das »konstante Objekt«, meint damit aber eigentlich die Vorstellungen, die sich das Kind von den am Gegenstand ausgeführten Handlungen zu machen fähig ist. Jede einzelne Erfahrung mit dem gleichen Gegenstand erscheine dem Kind zunächst als Eigenschaft eines gesonderten Gegenstands, erst allmählich würden im Verlauf der sensomotorischen Entwicklung die Einzelerfahrungen zu einem einheitlichen Bild integriert, und dieses Bild bleibe schließlich auch ohne seine sinnliche Wahrnehmung verfügbar. Spielhandlungen können sich nun Piaget zufolge aus zwei Gründen erst dort bilden, wo die »Objektkonstanz« erreicht ist: Erstens muß überhaupt eine innere Vorstellung vorhanden sein, die nach seiner Konzeption erst über die Verinnerlichung der sensomotorischen Handlungen ermöglicht wird. Zweitens muß die sensomotorische Handlung, die stellvertretend für die gemeinte Vorstellung ausgeführt wird, selbst erst sicher verankert sein, ehe sie eine andere Handlung stellvertretend darstellen kann. Das Kind, das gerade mühsam gelernt hat, einen vollen Löffel zum Mund zu balancieren, wird erst einige Zeit den leeren Löffel zum Mund führen, bis ihm die exakte Koordination von Wahrnehmung und motorischem Einsatz in Fleisch und Blut übergegangen ist. Diese Verhaltensweise bezeichnet Piaget als »Übungsspiel«.

Erst wo dieses Handlungsmuster sicher beherrscht wird, kann es stellvertretend auf einen anderen Handlungszusammenhang übertragen werden. Damit hat sich das Kind die Möglichkeit erworben, vorgestellte Handlungen »symbolisch« auszuführen, es hat die Stufe des »Symbolspiels« erreicht. Dazu ein Beispiel, das gleichfalls dem Beobachtungsmaterial entnommen ist, das er Jeannette verdankt: Sie hat ein Wäschestück entdeckt, das sie an die Fransen ihres Kopfkissens erinnert und mit dem sie daraufhin Einschlafen spielt. »Man kann hier nicht mehr sagen, daß das Schema durch seinen üblichen Auslöser ausgelöst worden wäre, und man muß im Gegenteil zugeben, daß diese Objekte einfach als Ersatz für das Kopfkissen dienen, Ersatz, der zum Symbol wird durch die das Schlafen simulierenden Verhaltenweisen« (Piaget 1975, S. 129). Symbolisches Spiel ist demnach Piaget zufolge erst von dem Zeitpunkt an möglich, zu dem eine ausreichend stabile innere Vorstellungsfähigkeit entwikkelt ist, die ermöglicht, Handlungen zu imaginieren. Alles symbolische Spiel setzt eine vorgestellte Handlung voraus, die im Spielakt am stellvertretenden Spielgegenstand ausgeführt wird.

34

Anders als bei der sprachlichen Bezeichnung, die ihm nur eine festgelegte Reihe willkürlich und sozial festgelegter Zeichen zur Auswahl stellt, sucht sich der Spieler selbst die Handlungen und Gegenstände aus, die sich ihm für die stellvertretende Darstellung seiner inneren Bilder am ehesten anbieten. Solange die sinnlichen Eigenschaften der stellvertretenden Handlung an die damit gemeinte anklingen, eignet sie sich zur Darstellung. Oder um das klassische Beispiel zu bemühen, das noch Wygotski verwendet hat und das aus unseren Kinderspielen verschwunden ist: Die Bewegungen des Reitens lassen sich mit dem Steckenpferd zwischen den Beinen (oder eben auch ohne) simulieren, ein Blatt Papier sperrt sich dagegen, geritten zu werden. Das Reiten selbst oder jede andere Tätigkeit, die wir spielerisch nachstellen, folgt einem Aktivitätsmuster, das, will ich es als Reiten kenntlich machen, beachtet werden muß, es verlangt ein regelhaftes Verhalten. Schon aus den einfachen Spielen läßt sich als vorläufige und formale Bestimmung des Spiels festhalten: Ich spiele, sobald ich die Regeln der gemeinten Aktivität auf eine davon abweichende Handlungsweise übertrage. Eben weil sie vermittelte Darstellung ist, vermag die symbolische Spielhandlung die subjektiven inneren Bilder genauer zu repräsentieren als jede sprachliche Bezeichnung, und es sei hier über Piaget hinausgehend angemerkt, daß das nicht nur für das noch kaum der Sprache mächtige Kind gilt, sondern auch für den sprachversierten Erwachsenen, der deshalb immer wieder ins Spielen verfällt, wo innere Vorstellungen mitgeteilt werden sollen. Denn »das symbolische Bild macht den bezeichneten Gegenstand in einem Grade präsent und aktuell, den das verbale Zeichen niemals erreichen wird, da das Symbolobjekt ein wirkliches Substitut des bezeichneten Gegenstandes ist« (Piaget 1975, S. 215).

Zwei Feststellungen werden in Piagets Erklärung, wie sich die kindliche Spielsymbolik bildet, miteinander verknüpft: daß nämlich erstens jedem Spielakt eine innere bildliche Vorstellung zugrunde liege, die spielend nachgebildet werde, und daß zweitens dieses innere Bild auf Wahrnehmungen zurückzuführen sei, die in der Außenwelt gemacht und gespeichert wurden. Fragt man weiter, wie die innere Vorstellung, die hinter dem Spielverhalten steht, zustande komme, erhält man zur Auskunft, sie entstehe aufgrund »verzögerter Nachahmung«. Es wären also sinnliche Eindrücke, die festgehalten würden und deren gespeichertes Abbild die Vorlage für die Spielaktivität stellten. »Wir haben also eine Situation, in der Spielsymbole nichts als Reproduktionen von Bildern sind, die schon vorher durch die abbildende, akkommodative Tätigkeit der Nachahmung produziert wurden« (Sutton-Smith 1973, S. 117). Die Verbindung dieser beiden Konzepte ist allerdings nicht zwingend. Sofern innere Vorstellungen auf andere Weise als über »verzögerte Nachahmung« zustande kämen, könnten sie in der gleichen Weise als Vorlage für symbolisches Spiel dienen, ohne daß sich an der Beschreibung der Symbolbildung etwas ändern müßte.

Lassen wir die von Piaget vorausgesetzte Entstehung des inneren Bildes dahingestellt und halten uns erst einmal an die Feststellung, daß allen Spielakten ein inneres Vorstellungsbild zugrunde liegt, dann können uns Piagets Kategorien erklären, in welchem Verhältnis das innere Abbild zur spielerischen Handlung steht. Die Übertragung des ursprünglichen Handlungsmusters kann ja nur erfolgen, indem die Regelhaftigkeit der gemeinten auf die Spielhandlung übertragen wird. Um ihren Tapetenvogel zu verschenken, muß Jeannette ihre hohle Hand halten, als ob sie den Vogel bergen würde. Je länger und komplexer die Spielhandlungen werden, desto verwickelter wird sich das Beziehungsgeflecht zwischen den inneren Vorlagen, den Spieltätigkeiten und den Spielgegenständen gestalten.

Piaget betrachtet Spiel als ein Verfahren, mit dem die »objektiven« Gegebenheiten der Außenwelt den subjektiven Ansprüchen des Ichs unterworfen werden, bei dem die gegenwärtige sinnliche Erfahrung an die inneren Vorstellungen angepaßt, bei dem also der »Primat der Vorstellung über die reine Handlung« (Piaget 1975, S. 159) sichergestellt wird. Ich kann deshalb ohne Rücksicht auf die Herkunft der im Spiel realisierten Vorstellungen feststellen: Spielen ermöglicht, individuelle innere Vorstellungen in die Sprache der äußeren, sozialen und gegenständlichen Umwelt zu »übersetzen«, sie darstellbar, für andere anschaulich und mitteilbar zu machen. Wenn wir nun die konsequente Abgrenzung gegen das »äußere« Leben und seine Notwendigkeiten, die örtliche und zeitliche Ausgrenzung des Spiels aus dem »normalen« Leben hinzunehmen, die Huizinga zur Bedingung der Spielbarkeit macht, dann kann ich sagen: Der Raum der spielerischen und kulturellen Schöpfung, der sich aus dem gesellschaftlichen Lebensraum ausgrenzt, ist der menschliche Innenraum, der im Spiel und den davon abgeleiteten kulturellen Gestaltungen sichtbare, greifbare und kommunizierbare Gestalt gewinnt.

Nur ein Vorspiel der Intelligenz?

Damit gehen wir aber weit über die Rolle hinaus, die Piaget dem Spiel zuschreibt. Sieht man nämlich vom »Regelspiel« ab, das er späteren Entwicklungsstufen zuordnet, schränkt Piaget symbolisches Spielen auf eine begrenzte Phase kindlicher Entwicklung ein. Das Spiel ist in seiner Perspektive nur ein Zwischenspiel zwischen dem Wissen, das durch die konkrete Handlung erworben wird und das er als »sensomotorische Intelligenz« bezeichnet, und der kategorialen begrifflichen Verarbeitung der Erfahrung: Es erlaubt dem Kind, Handlungen, die es realitätsgerecht noch nicht auszuführen (an die es sich noch nicht zu »akkommodieren«) vermag, über die stellvertretende symbolische Darstellung zu bewältigen (also diese Handlung an seine Möglichkeiten zu »assimilieren«). Piaget lehnt es zwar in seiner Auseinandersetzung mit der Spieltheorie von Groos ab, im kindlichen Spielen eine Vorübung für das spätere Leben zu sehen. »Weit davon entfernt, der Vorübung zu dienen, drückt das Symbol im Gegenteil im wesentlichen die aktuelle kindliche Wirklichkeit aus« (Piaget 1975, S. 199). Indem er das Spiel jedoch als eine Vorform der kognitiven Verarbeitung der Sinneswahrnehmung erklärt, wird es zu einer vorübergehenden Erscheinung der Entwicklung, wird als Übergangsphänomen der Kindheit zugewiesen, das mit der Ausbildung angemessenerer Formen der Repräsentation »überwunden« wird. »In diesem Sinne wird nur so lange symbolisch gespielt, so lan-

ge das Kind sich noch nicht erfolgreich an die reale Welt akkommodieren kann« (Bretherton 1984, S. 4).

Spiel kann in dieser Sicht keine selbständige Lebensäußerung
darstellen, die gleichberechtigt neben dem tätigen Eingriff in und
der Bearbeitung der materiellen Umwelt steht, wie die Erscheinungen menschlicher Kultur es Huizinga nahelegten, oder die, wie ich
es formulieren möchte, ein eigenständiges Ausdrucksmedium für
die Wahrnehmungen der psychischen Innenwelt zur Verfügung
stellt, sondern Spiel bleibt ausschließlich auf die materielle Außenwelt bezogen und wird unter dem Gesichtspunkt betrachtet, ob und
wie weit es dem Spielenden ermöglicht, die Strukturen der Außenwelt zu erfassen und auf sie einzuwirken. Es stellt eine noch unvollständige und letzten Endes unangemessene Weise der Verarbeitung
dar, die mit wachsender kognitiver Durchdringung der sinnlichen
Wahrnehmungen überwunden werden muß.

Aus dieser Perspektive muß spielerisches Verhalten notwendigerweise als vorläufige und behelfsmäßige Weise des Erkennens erscheinen, die nur angesichts der unvollkommenen Strukturen kindlicher Kognition brauchbar ist und ausgedient hat, wo sich die
kognitiven Strukturen voll ausgebildet haben. »Warum aber gibt es
eine Assimilation der Wirklichkeit an das Ich, statt daß die ganze
Welt von Anfang an an das logische Denken assimiliert wird?« fragt
Piaget und antwortet: »Ganz einfach deshalb, weil dieses Denken
beim kleinen Kind noch nicht elaboriert ist und weil es während
der Elaboration weit davon entfernt bleibt, die Anforderungen des
täglichen Lebens zu erfüllen« (Piaget 1975, S. 213). Piagets Auffassung
des Spiels bewegt sich damit doch wieder in den Bahnen, die die
Gesellschaft des 19. Jahrhunderts vorgezeichnet hatte und die in den
Spieltheorien dieser Epoche ausformuliert wurden: Spielen bleibt
letzten Endes dem »ernsten« und »wirklichen« Leben untergeordnet, der versteckte Nutzwert des Spielens und die Zuordnung von
Spiel zu Kindheit setzen sich auf diese Weise doch wieder durch.

Auch diese für Piaget selbstverständliche Vorannahme ist ebenso
zurückzunehmen wie die fraglose Herleitung der inneren Vorstellung aus verzögerter Nachahmung. Wenn wir den nur auf Kinder

ausgerichteten Blickwinkel aufgeben, dann stellt sich die Frage, wie Kinder beginnen, Spielsymbole zu bilden, wie sie damit umgehen und was sie damit ausdrücken, nicht nur als ein Problem der Entwicklungstheorie. Indem wir das Spiel als eine allgemein menschliche und nicht nur als eine Eigenart des Kindes betrachten, dürfen wir annehmen, daß die Symbolbildung des erwachsenen Spielers in gleichen oder doch vergleichbaren Bahnen verläuft. Die Beziehungen zwischen dem mit der Spielhandlung gemeinten Ablauf und der Ausführung der Spielhandlung werden auch beim Erwachsenen noch in den in früher Kindheit gelernten Bahnen verlaufen. Die kindliche Spielsymbolik kennzeichnet also zugleich das Spielverhalten und die Symbolbildung des Erwachsenen und läßt Rückschlüsse auf jene Prozesse zu, die zu künstlerischen oder literarischen Schöpfungen führen und die alle aus einem spielerischen Umgang mit Assoziationen, Erinnerungen, Phantasien hervorgehen und darüber die innere Welt des Künstlers in eine anerkannte und mitteilbare Gestalt bringen. Wir brechen damit Piagets Einengung des Spiels auf eine Phase kindlicher Entwicklung auf und können festhalten, auch der sozialisierte Erwachsene verwandelt spielend die Welt und paßt sie damit den in sich wahrgenommenen Bildern an.

Spielperioden zwischen Mutter und Kind ?

Symbolisches Spiel kann aus Piagets Perspektive erst relativ spät auftreten, eben erst dann, wenn das Kind gelernt hat, seine Handlungen in der gegenständlichen Umwelt innerlich vorwegzunehmen. Nach den von Piaget inspirierten Untersuchungen würde eine entwickelte Spieltätigkeit erst im Alter von etwa 16 Monaten auftreten (Sinclair 1978, S. 154 f.), die ersten Spielregungen wären um den ersten Geburtstag herum anzusetzen.

Demgegenüber haben die Säuglingsforscher bereits für das Alter von drei oder vier Monaten »Interaktionen« zwischen Mutter und Kind beobachtet und über Videoaufnahmen analysiert, die sie als »Spielperioden« bezeichnen und denen sie entscheidende Bedeutung für die wechselseitige Bindung zusprechen (Stern 1979, S. 97).

Es handelt sich um Variationen und Abwandlungen des eingespielten Umgangs zwischen Mutter und Kind. »Wenn einer von beiden die Interaktion auf eine bestimmte Weise einleitet, wird der andere vermutlich auf dieselbe Weise reagieren. Lächelt die Mutter, so lächelt das Baby zurück; nun wird sie ihr Lächeln intensivieren, das Baby wird erneut lächeln. Mit dem dritten Lächeln verlegt das Baby sich unter Umständen darauf zu ›erzählen‹. Wenn sie merkt, daß das Spiel sich geändert hat, wird sie dem Baby auf gleiche Weise antworten. Nun variiert das Baby den Tonfall seiner Lautäußerungen. Die Mutter erweitert ihre Antwort um ein Wort, um ihr Nachdruck zu verleihen. Das Baby strahlt auf und wiederholt den Laut. Sie fügt ein weiteres Wort hinzu; das Baby antwortet ein drittes Mal« (Brazelton/Cramer 1991, S. 153).

In welchem Verhältnis stehen diese Aussagen zu der von Piaget geprägten Darstellung der frühen Spieltätigkeit? Handelt es sich bei den Mutter-Kind-Begegnungen wirklich um Spiel, oder hat man diese Äußerungen eher einem metaphorischen Sprachgebrauch zuzuschreiben? Als ein Verhalten, das außerhalb der zweckgerichteten Interaktionen wie der Nahrungsversorgung, der Reinigung und Körperpflege steht, erfolgen sie schon in einer Art abgetrenntem »Spielraum«. Ihr ganzer Sinn scheint sich in der Kommunikation um der Kommunikation willen zu erschöpfen, und zugleich begegnen sich die Beteiligten in diesem Spielraum nach deutlich erkennbaren Regeln. »Stern zufolge werden gewöhnlich drei oder vier solcher Spiele nacheinander gespielt. Jedes Spiel hat bestimmte Regeln, die sehr rasch entwickelt und von jedem Teilnehmer erkannt werden. Wahl des Zeitpunkts, der Tonlage, Intensität und Dauer gehorchen diesen Regeln ebenso wie der Interaktionsmodus« (ebd.). Sie scheinen demnach schon so etwas wie rudimentäre Spiele darzustellen. Noch aber gibt es keine stellvertretende Darstellung, wie sie das »eigentliche« Spiel ausmacht. »Soziales Spiel in dieser Entwicklungsphase ist vor allem auf die gegenseitige Regulierung der Stimulation gerichtet, um einen optimalen und affektiv positiven Pegel der Erregung zu erhalten. In andern Worten, sie zielen auf Interesse und Freude aneinander« (Stern 1974, S. 189 f.).

Von Piagets Definition symbolischen Spielens her gesehen erscheint dieser frühe spielerische Austausch allenfalls als eine Vorstufe, die noch nicht die Kriterien spielerischer Repräsentation erfüllt. Allerdings zeigen Mütter im Umgang mit ihren Kindern Verhaltensweisen, die mir die spielerische Symbolisation vorzubereiten scheinen. Es handelt sich um die von Daniel Stern beschriebene »Affektabstimmung«, deren Auftreten etwa um den neunten Monat herum angesetzt wird. Mit wachsender Integration der in der äußeren Welt gemachten Erfahrungen wächst auch die kindliche Wahrnehmung des eigenen Inneren. Mütter entwickeln nun nach Sterns Beobachtungen Verhaltenweisen, die sich auf die inneren Gefühlszustände des Kindes beziehen, sie damit bestätigen und verstärken, also die Innenwelt des Kindes in die Interaktion einbeziehen. Sie erreichen das, indem sie nicht mehr das kindliche Verhalten nachahmend bestärken, wie sie das während der gesamten Säuglingszeit die Mutter-Kind-Interaktionen tun. Vielmehr »übersetzen« sie die Ausdruckweisen des Kindes in einen vom kindlichen Vorbild abweichenden »Modus«, behalten aber die zeitliche Struktur, den Rhythmus und die Intensität des Vorbilds bei. Was damit gemeint ist, wird am ehesten an einem Beispiel deutlich: »Ein neun Monate alter Junge haut auf ein weiches Spielzeug los, zuerst ein bißchen wütend, allmählich aber mit Vergnügen, voller Spaß und Übermut. Er entwickelt einen stetigen Rhythmus. Die Mutter fällt in diesen Rhythmus ein und sagt: ›kaaaaa-bam, kaaaa-bam‹, wobei das ›bam‹ auf den Schlag fällt und das ›kaaaa‹ die vorbereitende Aufwärtsbewegung und das erwartungsvolle Innehalten des Arms vor dem Schlag begleitet« (Stern 1992, S. 200 f.). Das kindliche findet im mütterlichen Verhalten zwar eine Entsprechung, aber es wird in eine andere Modalität umgeformt. Das dem mütterlichen Verhalten zugrundeliegende Vorbild wird nicht nachgeahmt, sondern mit neuem Material nachgebildet, indem die entscheidenden abstrakten Merkmale – Stern nennt hier Intensität, Zeitmuster, Gestalt, Bewegung und Anzahl – beibehalten werden. Die Beziehung zwischen dem Vorbild und der Ausführung ist die einer Analogie, die das Kind ohne weiteres entschlüsseln kann, wenn wir die Fähigkeit zu amodaler Wahrnehmung berücksichtigen, auf die ich noch zu sprechen komme.

Das mütterliche Abstimmungsverhalten läßt sich unter zwei Gesichtspunkten als Anregung kindlichen Spielens verstehen. Einmal seiner Form nach. Stern selbst versteht das Abstimmungsverhalten als »einen entscheidenden Schritt zur Anwendung von Symbolen« (Stern 1992, S. 230), bezieht sich aber auf den Gebrauch sprachlicher Symbole. Die Beziehung zwischen dem kindlichen Gefühlsausdruck und seiner Entsprechung im mütterlichen Verhalten erinnert jedoch an die mit dem Spielsymbol hergestellte Analogie. Auch im Spiel werden Muster, Rhythmen und Intensitäten mit verändertem Material zur Darstellung gebracht, Material, das gleichfalls eine analoge Beziehbarkeit zum Spielinhalt aufweisen muß, um ihn spielbar zu machen. Im Gegensatz zur sprachlichen Bezeichnung, die mit willkürlichen Zuordnungen arbeitet, also nicht analog, sondern »digital« verfährt und insofern wohl kaum direkt durch das Abstimmungsverhalten angeregt wird.

Sofern man von der verzögerten Nachahmung als Voraussetzung kindlichen Spielens abrückt, aber weiterhin die innere Vorstellung als Vorlage des Spielverhaltens annimmt, fügt sich das Abstimmungsverhalten auch in die entscheidende Funktion ein, die sich dem Spielen zuweisen läßt: der Darstellung und Mitteilung der inneren Wahrnehmungen, die auf dieser Entwicklungsstufe noch kaum die bildliche Schärfe besitzen, die sie erst im spielerischen Ausagieren annehmen dürften. »Das Abstimmungsverhalten gestaltet das Geschehen um und lenkt die Aufmerksamkeit auf das, was ›hinter‹ dem Verhalten liegt, auf die Qualität des Gefühls, das gemeinsam empfunden wird. Aus denselben Gründen werden äußerliche Formen vor allem durch Nachahmung vermittelt, während die Abstimmung vor allem die Funktion hat, eine Verbindung zu innerlichen Zuständen zu schaffen und der Gemeinsamkeit des inneren Erlebens Ausdruck zu verleihen« (Stern 1992, S. 204).

Ich möchte deshalb annehmen, daß das von Stern beobachtete Abstimmungsverhalten kindliches Spielverhalten anregt und das nun allmählich auftauchende symbolische Spiel vorbereitet, indem

es die Bezugnahme auf innere Zustände in die Kommunikation einführt und zugleich vormacht, wie inneres Erleben in kommunikative Formen übertragen werden kann. Es scheint also, daß das Symbolspiel, bei dem eine ganze Handlungssequenz auf eine davon
abweichende Handlung übertragen wird, eine Vorgeschichte hat,
die bis in die Säuglingszeit zurückreicht.

Die Spiele des Säuglings: das Guck-Guck-Spiel

In der Perspektive Piagets wird die symbolisierte Handlung an stellvertretenden Gegenständen ausgeführt, ist also eng an den Umgang
des Kindes mit der gegenständlichen Welt gebunden, die Fähigkeit,
die materielle Außenwelt innerlich zu reproduzieren, wird zur Voraussetzung des symbolischen Spiels erklärt, und damit werden die
ersten »echten« Spiele erst zu einem recht späten Zeitpunkt denk-
bar. Sobald man Spielen nicht auf gegenständliche Handlungen beschränkt, lassen sich symbolische Spielhandlungen, die mit und am
Interaktionspartner in Szene gesetzt werden, schon sehr viel früher
beobachten, und zwar meist schon nach der Mitte des ersten Lebensjahrs in jenen Sequenzen, bei denen zunächst die Mutter, später auch das Kind das Gesicht verbirgt und wieder erscheinen läßt,
also bei den sogenannten »Guck-Guck-Spielen«. Sie erfolgen in einer einfachen, aber verbindlichen Regelhaftigkeit, indem bei aller
Variation im Detail immer vier Phasen unterschieden werden können: »Diese Grundregeln sind: anfänglicher Kontakt, Verschwinden, Wiedererscheinen, wieder hergestellter Kontakt« (Bruner/Sher-
wood 1976, S. 61). Es bedarf keiner großen Überlegung, was hier
gespielt wird: Ehe das erste Guck-Guck-Spiel inszeniert wird, hat
das Kind schon viele hundert Male das Verschwinden der Mutter
schmerzhaft hinnehmen müssen, oft mit Weinen und Protest quit-
tiert, und ihr Wiedererscheinen in freudiger Erregung begrüßt. Im
Spiel verhält es sich nun ganz anders: »Wir haben niemals in unserem Sample von Guck-Guck-Spielen ein Kind beobachtet, das die
Art Trennungsverhalten zeigte, die Ainsworth für den Fall beschreibt, wo die Mutter tatsächlich die Szene verläßt« (Bruner/Sher-

43

wood 1976, S. 61). Statt Zeichen von Verdruß zu zeigen, harrt das Kind in gespannter und freudiger Erregung auf das Wiederauftauchen des vertrauten mütterlichen Gesichts. Woher weiß es, daß mit ihm gespielt wird? Diese Spielsequenzen werden durch die Betreuungsperson in die Begegnung eingeführt und können, sobald sie sich wiederholen, aufgrund ihrer einfachen Regelhaftigkeit eingeordnet und durchschaut werden. Die wenigen Untersuchungen sagen uns nichts über ein gegenüber dem Ernstfall verändertes Verhalten der Mutter, vermutlich signalisiert sie in Intonation und Auftreten bereits die Absicht zu spielen. Ein Verhalten, das gelegentlich auftritt und negative Reaktionen verhindert, besteht darin, daß sie während des Verbergens Stimmkontakt hält und damit zeigt, daß sie anwesend bleibt. Außerdem entwickeln sich im Rahmen der Grundregeln private Routinen, beispielsweise indem das Verbergen immer mit dem gleichen Tuch oder hinter dem gleichen Stuhl in Szene gesetzt wird, die die Wiedererkennbarkeit erleichtern.

Zunächst beschränken sich die Kinder auf die Rolle des beteiligten Zuschauers, wachsen aber bald in die Rolle des aktiven Mitspielers hinein. Sehen wir uns dazu das Spiel von Richard an, dessen *Peekaboo*-Spiele mit seiner Mutter zwischen dem sechsten und dem fünfzehnten Monat beobachtet wurden. »Am Anfang wurde die handelnde Rolle fast ausschließlich von der Mutter ausgefüllt. Sie versteckte sich, indem sie sich in der Hälfte der Fälle selbst zudeckte. Im Alter von 14 Monaten war die Rollenverteilung verändert: In neun von zehn Fällen war es das Kind, das versteckte, und unvermeidlich versteckte es sich selbst. In den ersten Monaten war es meist wieder die Mutter, die das Wiedererscheinen initiierte, indem sie immer in der gleichen Weise mit einem Lächeln und einem ›Hallo‹ wieder erschien. Richard ›half‹ mit, indem er in einem von fünf Fällen die Arme der mütterlichen Maske entgegenstreckte. Sobald er sich selbst versteckte, kam er im allgemeinen auch selbst hinter der Maske hervor« (Ratner/Bruner 1978, S. 398).

Zwar verläuft die Spielhandlung noch sehr nahe an der Handlung, die sie symbolisieren soll, dennoch erfolgt eine spielerische Verwandlung, und sie wird zwar nach einfachen, aber klaren Regeln

44

vorgenommen. Wir finden also schon alle wesentlichen Bedingungen für symbolisches Spiel vor. Das heißt aber, daß Kinder schon lange vor dem Zeitpunkt, für den Piaget mit dem konstanten Objekt eine innere Vorstellung ansetzt und damit die Voraussetzung für das Spielen erfüllt sieht, sich in Spiele einzufügen und selbst zu spielen verstehen. Sicher ist die Spieltätigkeit noch an die Bezugsperson gebunden. Indem die Spielhandlung mit einem Blickkontakt einsetzt und mit ihm auch abschließt, fügt sich das Spiel in die zwischen Kind und Betreuer eingespielten Interaktionen ein, zugleich knüpft es an die Bedeutung des visuellen Kontakts der ersten Lebenswochen an. Im Abbrechen und Wiederherstellen des Augenkontakts werden diese für die gegenseitige Bindung so entscheidenden ersten Begegnungen nachgestellt.

Aber innerhalb des Mutter-Kind-Dialogs hat sich mit diesem Spiel etwas Wichtiges verändert: Die Rollen beider Partner haben sich verdoppelt, es gibt jetzt eine »wirkliche« und eine gespielte Mutter, ein wirkliches und ein fiktives Kind. Aus dem Dialog ist ein »Quadrolog« geworden, der nach den Worten von Sutton-Smith »das soziale Gerüst für spätere expressive Darstellungen aufrichtet. Das ist der wahrscheinlichste Ursprung für späteres symbolisches Spiel wie für späteres Geschichtenerzählen« (Sutton Smith 1986, S. 70).

Die Spiele des Säuglings: das Gib-und-Nimm-Spiel

Aber auch die Ursprünge gegenständlichen Spielens, das aus Piagets Sicht erst symbolisches Spiel ausmacht, reichen weit bis in die Säuglingszeit zurück. Bemerkenswert ist in diesem Zusammenhang, daß Säuglinge schon in den ersten Lebenswochen Gegenständen gegenüber ein anderes Verhalten an den Tag legen, als sie das Personen gegenüber tun, daß sie sich also schon im Alter von zwei oder drei Wochen fähig zeigen, ein belebtes von einem unbelebten Gegenüber zu unterscheiden und ihre Reaktionen darauf auszurichten. »Bei einem Gegenstand zielt das Verhalten auf die Erforschung seiner Eigenschaften durch Betrachten und Anfassen. Personen gegenüber zielt es darauf, synchronen affektiven Austausch zu erreichen« (Brazelton 1975, S. 144 f.).

Der Säugling erfährt seine Umwelt fast ausschließlich über den Austausch mit seiner Betreuungsperson, auch die früh auftauchende Faszination für die Welt der gegenständlichen Objekte entwickelt sich über die Beziehung zwischen Mutter und Kind. »Die Kunst der Kommunikation wird nach etwa zwei Monaten um eine reizvolle Neuerung bereichert. Zu diesem Zeitpunkt entwickelt Ihr Baby die Fähigkeit zu gemeinsamer visueller Aufmerksamkeit – das heißt, es kann dasselbe Objekt ins Auge fassen, das Sie betrachten. Erst schaut Sie Ihr Baby aufmerksam an, während Sie Ihr Augenmerk auf etwas anderes richten. Ein paar Sekunden, nachdem Sie ein neues Ziel anvisieren, wendet sich Ihr Baby demselben Gegenstand zu – zwei Menschen konzentrieren sich auf eine Sache von gemeinsamem Interesse« (Chamberlain 1990, S. 130)

Der Dialog wird nun erweitert um einen gemeinsamen Bezugspunkt, und die Betreuer fördern, wiederum ohne darüber nachzudenken, nach Kräften die »Exploration« der materiellen Umgebung. »Sobald der Säugling Interesse an der gegenständlichen Welt zeigt, neigen Eltern dazu, seinen Blicken zu folgen und sich danach zu orientieren. Sie führen Gegenstände ein und erleichtern exploratorische Aktivitäten, indem sie durch zahlreiche Manöver lehren, wie gemeinsame Aufmerksamkeit auf Gegenstände zu richten und aufrechtzuerhalten ist, wie man sie erreichen und anfassen kann und wie sich damit spielen läßt und ihre multimodalen Eigenschaften zu erkunden sind« (Papousek 1995, S. 74).

Die gemeinsame Orientierung auf Gegenstände führt gegen Ende des ersten Lebensjahrs eine weitere Spielform in den Umgang von Kind und Betreuungsperson ein: Geben und Nehmen oder Verstecken und Suchen von Gegenständen. »Sie folgen bezeichnenderweise einer ritualisierten, sich wiederholenden Abfolge und benutzen dazu einfache konventionelle Gesten der Hände wie der Stimme« (Papousek 1995, S. 75). Sobald sich das Interesse des Säuglings auf die Gegenstände seiner Umgebung richtet, beginnt er nach erreichbaren Gegenständen zu greifen, sie zu betasten, in den

Mund zu nehmen, um sie zu erforschen, andererseits wird die Mutter Gegenstände in sein Sichtfeld und in seine Reichweite bringen, um seine Neugier zu stimulieren. Wegen des nachwirkenden Greifreflexes dauert es, bis der Säugling einen Gegenstand willentlich loslassen kann, er entgleitet seinen Händen und fällt zu Boden, und die Mutter wird ihn wieder aufheben. Die wachsende Neugierde des Kindes läßt es neue Gegenstände entdecken, die außerhalb seiner Reichweite liegen und nach denen es mit ausgestreckten Händen verlangt. Die Mutter wird ihm daraufhin den Gegenstand reichen, das Kind wird sich damit beschäftigen und es fallen lassen, wenn seine Neugier gesättigt ist. »In den frühen Stadien läßt sich das Geben und Nehmen besser als Anbieten und Ergreifen bezeichnen, und es erscheint auffallend einseitig: Die Last des Austausches liegt fast vollständig bei der Mutter« (Bruner 1977, S. 283). Im zehnten Monat finden wir den kindlichen Partner in einer veränderten Rolle: »Das Kind beginnt sowohl als Initiator wie als Träger der Handlung zu agieren, wie er es erstmals beim Zeigen auf und Anbieten von Gegenständen bewies. Auf die Bitte der Mutter um einen Gegenstand dreht es sich um und händigt ihn aus. Die Mutter bemerkt, daß es ihn ihr nun immer übergibt, und der Versuchsleiter testet die neue Entwicklung, indem er es in einen längeren spielerischen Austausch verwickelt« (Bruner 1977, S. 283).

Inwieweit läßt sich dieses »Gib-und-Nimm-Spiel« tatsächlich als Spiel bezeichnen? Insofern es nicht wie beim »ernsthaften« Greifen darum geht, einen Gegenstand zu erreichen, erfolgt die Handlung »zwecklos« und erfüllt ein erstes Spielkriterium. Zweitens verläuft es ähnlich wie das Guck-Guck-Spiel nach einer einfachen, leicht erkennbaren »Spielregel«. Schließlich wirkt es wie die Materialisierung des Dialogs, der tagtäglich zwischen dem Kind und der Mutter oder anderen Personen geführt wird: Der ausgetauschte Gegenstand erscheint als symbolische Verkörperung des kommunikativen Austausches von Gesten, Lauten, Berührungen, die das Gefühl der Zusammengehörigkeit stärken. Wie beim Guck-Guck-Spiel scheint das spielerische Nachstellen des Austausches mit der Mutter das Spiel anzuregen und das Spielinteresse des Säuglings zu motivieren.

Die mit 13 Monaten fest etablierte Spielfähigkeit zeigt sich auch darin, daß sich der nun zu einem Spiel gewordene Austausch von Gegenständen von der Mutter-Kind-Beziehung lösen kann. »Als die Mutter ihm das nächste Mal den Gegenstand überreicht, händigt das Kind ihn dem Versuchsleiter aus und beteiligt sich mehrmals korrekt an einem kreisförmigen Austauschen« (Bruner 1977, S. 286).

Auch im Beispiel Jeannettes, die den Tapetenvogel anbietet, wirkt das Modell des spielerischen Gebens und Nehmens nach, mit dem Unterschied, daß sie keinen stellvertretenden Gegenstand mehr benötigt, sondern ihr die hohle Hand ausreicht, den vorgestellten Vogel zu überreichen. Ihre Spielhandlung ist stärker abgelöst von der Vorlage, die dahinterstehende Vorstellung ist selbständiger geworden. Oder in den Begrifflichkeiten, die für die Entwicklung der Spieltätigkeit aus einfacheren Handlungsweisen gebräuchlich sind: Ihre Spielhandlung ist bereits in gewissem Ausmaß »dezentriert« und »dekontextualisiert«, Begriffe, die sich, auf einen einfachen Nenner gebracht, so zusammenfassen lassen: »Es handelt sich um eine Ablösung des Spiels vom Ich (Dezentrierung) und um eine Ablösung des Spiels von realistischen Spielmaterialien (Dekontextualisierung)« (Einsiedler/Bosch 1986, S. 97).

Die Betrachtung der ersten Spielhandlungen weist darauf hin, daß sich die Anfänge des Spielens nicht als Verarbeitung jener Erfahrungen entwickeln, die das Kind mit der gegenständlichen Welt macht, sondern in und aus den kommunikativen Begegnungen mit den Bezugspersonen heraus entstehen. Gegenüber der von Piaget herkommenden Spielforschung ändert sich damit die Pespektive. Es wären demnach vor allem soziale Erfahrungen, die die ersten Vorlagen spielerischer Gestaltung liefern, und das wird unterstrichen durch die Beobachtung an zwölf Monate alten Kindern, die dezentrierte Spielhandlungen wesentlich mehr auf ihre Mütter als auf ihre Puppen übertrugen (Fein und Apfel 1979): Die Mütter dürften als Spielpartner deswegen attraktiver sein, weil sie, nicht anders als in den »ernsten« Dialogen reagieren. Das heißt, »daß Kinder von einem Erwachsenen Beteiligung erwarten, wenn sie ihm eine Tasse an den

Mund halten, aber daß sie das nicht von einer Puppe erwarten. Unabhängig davon, was das Kind erwartet, wird ein Erwachsener, dem eine leere Tasse zum Trinken angeboten wird, wahrscheinlich mitspielen, dazu sprechen und Geräusche machen« (Bretherton 1984, S. 10). Wo sich diese Vorstellungen verdichten, können sie sicher auch sehr viel früher, als das bei der inneren Repräsentation der gegenständlichen Umwelt der Fall ist, von ihrer sinnlichen Wahrnehmung abgelöst und in »symbolischer« Stellvertretung ausagiert werden, wie wir das am Beispiel des Guck-Guck-Spiels gesehen haben. Es ist deshalb verständlich, daß sich das kindliche Spielverhalten in den Interaktionen mit den Betreuern ausprägt, bevor es auf das Hantieren mit materiellen Gegenständen übertragen wird.

Wie die Übertragung auf den spielerischen Umgang mit der gegenständlichen Welt vor sich geht, kann uns Richard vor Augen führen. Im Alter von elf Monaten verliert er das Interesse am eigentlichen Guck-Guck-Spiel und verschiebt das Grundmuster in aufschlußreicher Weise: Er läßt sich Gegenstände in Behältern oder der geschlossenen Faust verstecken und macht sich auf die Suche nach ihnen. Auch hier übernimmt er mit 13 Monaten die aktive Rolle, versteckt selbst Gegenstände und läßt sie suchen, wobei er weniger gleichförmig vorgeht, als wenn die Mutter versteckt: Anders als sie muß er keine Rücksicht auf kindliche Unzulänglichkeiten nehmen. Mit 21 Monaten schließlich spielt er das Versteckspiel ganz allein, indem er Gegenstände verbirgt, selbst sucht und wieder findet. Was tut Richard? Er benutzt offenbar den gleichen Spielablauf, bleibt also bei den »Spielregeln«, ersetzt jedoch das mütterliche Gesicht oder sein eigenes durch einen Gegenstand und macht damit einen großen Schritt in der Entwicklung seiner Spielfähigkeit: Er schafft ein »Spielsymbol«, eine an einem Gegenstand ausgeführte Handlung, die stellvertretend für eine andere damit gemeinte Handlung steht. Er erobert sich damit den weiten Bereich gegenständlichen Spielens, das Piaget so akribisch an seinen Kindern beobachtet hat.

Entwicklungsstufen des gegenständlichen Spiels

Piaget war noch darauf angewiesen, seine Beobachtungen in der laufenden Situation zu registrieren, und konnte sie erst nachträglich schriftlich festhalten. Das streng ausgearbeitete System von Entwicklungsstadien und Unterstadien, das er daraus extrahierte, erscheint einigermaßen überzogen angesichts der Tatsache, daß sich seine Beobachtungen auf drei Kinder beziehen. Die Forscher, die seinen Prämissen folgten, aber größere Gruppen von spielenden Kindern beobachteten und über Film- und Videoaufnahmen auch genauer auswerten konnten, kamen zu einfacheren und übersichtlicheren Phasenfolgen.

Die von McCune-Nicolich vorgeschlagene Entwicklung der frühen Spielfähigkeit beginnt mit einer »präsymbolischen« Phase, die bis gegen Ende des ersten Lebensjahrs anzusetzen sei und in der noch keine eigentlichen Spielhandlungen auftauchen. Sie gelingen dem Kind erst in der nächsten, »autosymbolischen« Phase. Nun werde es fähig, aus einer leeren Tasse zu trinken, und könne dazu sogar Trinkgeräusche machen. Es gelingt aber erst ansatzweise: »Nur solche Handlungen wie essen, schlafen, sich waschen, die die täglichen Routinehandlungen des Babies darstellen, kommmen auf dieser Stufe vor, und sie werden nur in bezug auf den eigenen Körper des Kindes gespielt« (McCune-Nicolich 1981, S. 787). Das erste Auftreten einfacher symbolischer Spieltätigkeit wird meist am Ende des ersten Lebensjahrs angesiedelt: »Im Alter von 12 bis 17 Monaten übertrugen die Kinder Routinehandlungen (Bürsten mit der Haarbürste) auf eine Reihe von Gegenständen, von denen einige für diese Handlung ungeeignet waren (Bürsten mit einer Flasche oder einem Spiegel)« (O'Connell/Bretherton 1984, S. 341). Die mit der folgenden dritten Stufe einsetzende »Dezentrierung« ermöglicht dem Kind, die am eigenen Leib erfahrenen Handlungsweisen, aber eben nur diese, auf stellvertretende Figuren zu verschieben: »Das Kind kann nun Puppen oder andere Gegenstände in den Schemata verwenden, die es schon an sich selbst ausgeführt hat« (McCune-Nicolich 1981, S.787). Als Altersgruppe, in der diese Dezentrierung erstmals auftritt, wird in einer weiteren Untersuchung angegeben: »Dezentrierte Handlungen, sowohl solche, die sich auf lebende oder lebensähnliche, wie solche, die sich auf unbelebte Objekte richten, wurden von Kindern um den 19. Monat herum gezeigt« (Fenson/Ramsay 1980, S. 176). In einer vierten Stufe kombinieren Kinder Spielhandlungen, indem sie entweder die gleiche Einzelhandlung hintereinander an verschiedenen Objekten zu längeren Handlungssequenzen zusammenfügen (und damit eine *single scheme combination* vornehmen), »zum Beispiel, indem das Kind erst selbst trinkt, dann seiner Puppe zu trinken gibt«, oder verschiedene Handlungsweisen am selben Gegenstand ausführen (was dann als *multischeme combination* eingeordnet wird). »Beispielsweise könnte das Schema für Trinken und das Schema für Bettgehen nacheinander auf die Puppe angewendet werden« (McCune-Nicolich 1981, S. 787). Hier wird als durchschnittliches Alter angegeben, die meisten Kinder »zeigten Kombinationen eines Einzelschemas zentrierter und/ oder dezentrierter Handlungen gleichfalls um den 19. Monat herum. Kombinationen verschiedener Handlungsschemata jedoch (...) tauchten im allgemeinen später auf, typischerweise um den 24. Monat herum« (Fenson/Ramsay 1980, S. 176). Schließlich erreicht das Kind auf Stufe fünf die volle symbolische Spielfähigkeit, die sich dadurch ausweist, daß es nun auch nach einer vorgestellten Vorlage spielen kann: »Spät im zweiten Lebensjahr ermöglicht ein grundsätzlicher Wechsel im Verhältnis des Kindes zum symbolischen Spiel, nun Spiele vor der Ausführung geistig zu erzeugen, ohne von einzelnen Gegenständen dazu angeregt zu werden« (McCune-Nicolich 1981, S. 787), was sich nun daran zeige, daß sich die Spielenden auf die Suche nach Gegenständen machten, mit denen sie ihre Spielideen realisieren können.

Die Vorstellung hinter der Spielhandlung

Symbolische Spielhandlungen treten offenbar sehr viel früher und in anderen Zusammenhängen auf, als sie aus der Perspektive Piagets für möglich gehalten werden. Spielerisches Verhalten kündigt sich schon in manchen Sequenzen des Mutter-Kind-Verhaltens an; in den frühen Mutter-Kind-Spielen beweist das Kind bereits ein Verständnis für die Fiktivität des gegenseitigen Verhaltens, das ihm ermöglicht, an der gegenwärtigen Person Handlungen vorzunehmen, die die fiktive Person meinen: Es führt also symbolische Spielakte aus, längst bevor es jene »Objektkonstanz« erreicht, die nach Piaget die innere Abbildbarkeit der gegenständlichen Welt und damit symbolisches Spiel erst möglich macht. Wie läßt sich dieser Gegensatz auflösen? Wenn wir an der überzeugenden Aussage festhalten wollen, hinter jeder Spielhandlung stehe eine innere Vorstellung, die stellvertretend realisiert wird, dann muß die von Piaget damit verknüpfte Aussage, die Vorstellungsfähigkeit setze die vollendete Objektkonstanz voraus, verworfen werden. Es muß dann bereits vor diesem Zeitpunkt eine innere Repräsentation ins Auge gefaßt werden, und diese innere Vergegenwärtigung wird sich zunächst nicht auf die gegenständliche Welt beziehen, sondern die Erfahrungen mit der Betreuungsperson aufzeichnen.

Es gehört zu den kaum nachvollziehbaren Einseitigkeiten Piagets, daß er den Prozeß der Symbolbildung ausschließlich unter der Fragestellung betrachtet, wie das Kind die materielle Umwelt innerlich repräsentiert. Es liegt ja nahe zu vermuten, das primäre Interesse des Säuglings richte sich vor der Erforschung seiner gegenständlichen Umwelt darauf, das Verhältnis zur Mutter auszuloten, und je mehr er seiner Körpergrenzen gewahr wird und die Mutter damit als von ihm getrennten Organismus wahrnimmt, den lebenswichtigen Kontakt zu dieser Mutter oder anderen Bezugspersonen zu sichern. Also werden sich auch Erinnerungsspuren dieser lebenswichtigen Begegnungen bilden, ehe sich Handlungen in der gegenständlichen Welt einprägen. Es erscheint deshalb nur folgerichtig, daß sich die ersten Spielhandlungen im Umgang mit den Betreuern beobachten lassen und erst danach auf Handlungen übertragen werden, die auf die gegenständliche Umgebung einwirken.

Die Ausbildung einer inneren Vorstellung der versorgenden und liebenden Pflegeperson bezeichnet die Psychoanalyse als »Objektbildung«, und sie nimmt an, daß sie sich in Stufen vollziehe. Nach

René Spitz, der auf Melanie Klein aufbaut, sind es zunächst »Objektvorläufer«, die ab dem dritten Lebensmonat entstünden und die jeweils die vom Kind als nährend und liebevoll empfundenen Erfahrungen zu einem Bild zusammenfassen, das jenem Bild gegenübersteht, welches sich aus den negativ empfundenen Erfahrungen zusammensetzt. Mit dem sechsten Monat würden sich diese beiden »Teilobjekte« zu einem ersten zusammenhängenden Bild vereinigen, und spätestens ab jetzt verfüge der Säugling über eine feste innere Repräsentation der Mutter (Spitz 1967). Aber schon für die Zeit vor der eigentlichen Objektbildung postuliert Freud mit der sogenannten »halluzinatorischen Wunscherfüllung« eine Form innerer Vorstellungsfähigkeit. Sie soll uns ermöglicht haben, »daß wir zu Anfang unseres Seelenlebens wirklich das befriedigende Objekt halluzinierten, wenn wir das Bedürfnis nach ihm verspürten« (Freud 1975 Bd. 3, S. 188). Am »Anfang des Seelenlebens« ist für Freud gleichbedeutend mit der ersten nachgeburtlichen Lebenszeit, in der das nunmehr aus dem Paradies des versorgenden Mutterleibs verstoßene Kind »eine Vielzahl von Kränkungen seines narzißtischen Zustandes« (Stork 1976, S. 917) erdulden müsse, denen es zunächst mit »halluzinatorischen Wunschphantasien« zu begegnen suche.

Die von Freud behauptete Fähigkeit eines wenige Tage oder Wochen alten Säuglings, die nährende Mutterbrust zu halluzinieren, reizt zu genauerem Nachfragen: Wie kann sich in so kurzer Zeit eine wie auch immer geartete innere Vorstellung herausgebildet haben? Über die Entstehungsgeschichte der »halluzinatorischen Wunscherfüllung« läßt uns Freud im dunkeln, und gemessen an der gestuften und langwierigen Entwicklung, die nach Piaget die innere Repräsentation der gegenständlichen Außenwelt durchläuft, können so früh kaum wie auch immer geartete Erinnerungsbilder entstehen. Auf der anderen Seite stellen die Ergebnisse der beobachtenden Säuglingsforschung die psychoanalytische Rekonstruktion der Objektbildung in Frage. Neugeborene scheinen demnach schon kurz nach der Geburt das mütterliche Gesicht zu erkennen, das heißt, es müssen sich tatsächlich schon in den ersten Lebenswochen zumindest »Erinnerungsspuren« gebildet haben. Dort, wo die ver-

traute Pflegeperson auftaucht und die gewohnte Folge von Interaktionen einsetzt, dürfte das Kind sehr bald Erwartungen bilden,
die das Ergebnis vorwegnehmen. Die offene, kaum beantwortbare
Frage bleibt aber, ab wann und in welchem Ausmaß die Begegnung
vorstellbar wird, noch bevor diese Handlungen einsetzen, also wie
weit ein Säugling die Situation des Gestilltwerdens zu »halluzinieren« vermag, ehe die Mutter im Blickfeld erscheint.

Sowohl Freud wie Piaget setzten selbstverständlich voraus, daß
sich erstens eine Vorstellungstätigkeit erst nachgeburtlich in der
Auseinandersetzung mit der Umwelt ausbilden könne und daß diese Vorstellung zweitens ein der äußeren visuellen Wahrnehmung
verwandtes Bild darstelle, daß es sich letzten Endes also um das innerlich reproduzierte äußere Abbild handle. Diese Voraussetzungen
lassen sich nicht mehr mit der gleichen Gewißheit aufrechterhalten.
Einmal gibt es eine ganze Reihe von Hinweisen, die vermuten lassen, es könnte sich schon im vorgeburtlichen Leben eine innere
Vorstellungswelt ausgebildet haben. Ich kann sie hier allerdings nur
kurz erwähnen, ohne die Diskussion zu führen, die jede einzelne
Feststellung erfordern würde. Sie mögen uns jedoch deutlich machen, daß wir über das innere Gewahrsein eines ungeborenen Kindes viel zuwenig wissen, um eine Vorstellungstätigkeit für diese Lebenszeit völlig ausschließen zu können.

Auffallend ist etwa, daß bei rückführenden Therapien oder in
Bewußtseinszuständen, die die unbewußten Speicherungen der vorgeburtlichen Lebenserfahrung zu aktivieren behaupten, vor allem
von visuellen bildhaften Eindrücken berichtet wird, obwohl sich
doch die Sehfähigkeit spät entwickelt und in der dämmrigen Leibeshöhle kaum stimuliert wird. Obwohl also die visuelle Wahrnehmung im vorgeburtlichen Leben nur eine untergeordnete Rolle
spielt, erfolgt – und das ist eine weitere schwer erklärbare Beobachtung – die Bindung an die Mutter im wahrsten Sinne im »Augenblick der Geburt«, in dem gegenseitigen intensiven »Liebesblick«
zwischen Mutter und neugeborenem Kind (Stern 1974, S. 209). Ver-
wunderlich ist auch das Ausmaß des beobachteten Traumschlafs,
der im letzten Drittel der Schwangerschaft selbst noch die Traum-

tätigkeit Neugeborener übertrifft (und Neugeborene zeigen ja während der Hälfte der 16 Stunden, die sie in verschiedenen Stadien des Schlafens verbringen, die bezeichnenden Meßwerte des Traumschlafs). Demgegenüber träumt ein acht Stunden schlafender Erwachsener durchschnittlich nur 90 Minuten. Man fragt sich unwillkürlich, wovon diese Kinder wohl träumen mögen und ob diese ausgedehnten Träume tatsächlich ohne die visuelle Komponente auskommen, die ihre Träume später beherrschen wird.

Noch weniger ausgemacht ist die zweite Voraussetzung, innere Vorstellungen könnten sich nur als reproduzierte visuelle Wahrnehmung ausprägen. Erinnerungsbilder sind auch beim sozialisierten Erwachsenen aller Wahrscheinlichkeit nach innere Rekonstruktionen, in die verschiedene Sinneswahrnehmungen eingehen; auch taktile oder akustische Empfindungen können vermutlich an der Bildung visueller und bildhafter Speicherungen beteiligt sein. Erinnerungen wie Phantasiebilder dürften in einer Art abstraktem Kode niedergelegt werden, der beim Abrufen erst wieder in eine spezifische Sinnesmodalität überführt werden dürfte. Die innere Repräsentation wird mit großer Wahrscheinlichkeit in verschiedenen Modalitäten erfolgen können, die ihrerseits wieder zusammenwirken, um eine konsistente Vorstellung zu erzeugen. Angesichts der Bedeutung, die das visuelle System für die menschliche Wahrnehmung allgemein und mit der Geburt auch für das neugeborene Menschenkind hat, dürfte die visuelle Repräsentation vermutlich die wesentliche Komponente darstellen.

Für die Entstehung der ersten Repräsentationen wird man auch berücksichtigen müssen, daß das vorsprachliche Kind, das erst langsam aus der »Einheitswirklichkeit« herauswächst, noch über die nachweisbare Fähigkeit »amodaler« oder »kreuzmodaler« Wahrnehmung verfügt: Säuglinge, denen man zum Beispiel bei verbundenen Augen nacheinander einen glatten oder einen mit rauher Oberfläche versehenen Schnuller anbietet, blicken nach dem Abnehmen der Augenbinde den Schnuller länger an, den sie vorher im Mund gehabt haben, können also offenbar den taktilen Eindruck auf der Mundschleimhaut in den visuellen Eindruck des genoppten Schnul-

lers überführen (vgl. Dornes 1993, S. 43 f.). Wahrnehmungen würden
demnach nicht in der spezifischen Sinnesmodalität gespeichert, in
der sie gemacht wurden. »Die Fähigkeit zur kreuzmodalen Wahrnehmung legt eine andere Auffassung nahe: Die Teile werden in ein
Ganzes eingebaut oder, anders ausgedrückt: Ursprünglich werden
Ganzheiten wahrgenommen (z. B. die Gemeinsamkeit von Bild und
Ton), und die Differenzierung dieser Ganzheiten in separate Empfindungen ist ein Ergebnis des Entwicklungsprozesses und nicht sein
Anfang« (Dornes 1993, S. 47). Also dürften auch Speicherungen
ganzheitlich erfolgen und erst beim Abrufen in spezifische Sinnes-
modalitäten überführt werden. Diese Überlegung legt die Spekulati-
on nahe, ob nicht auch schon das ungeborene Kind aus den sensorischen Empfindungen, die ihm ja die früh funktionstüchtigen Sinne
so reichlich liefern, nicht eine Art innerer Vorstellungen »synthetisie-
ren« kann, über deren Strukturen und Modalitäten wir allerdings so
gut wie nichts aussagen können. Sicher dürfte nur so viel sein, daß
sie nicht den inneren Bildern gleichen werden, die wir anhand der
visuellen Eindrücke in der Außenwelt ausgebildet haben. Diese
Speicherungen werden allerdings, da sie vor dem Spracherwerb erfolgten, jeder bewußten Erinnerung entzogen bleiben und dürften
den Grundstock unseres lebensgeschichtlichen Unbewußten bilden.
   Ginge man von einer frühen, von äußerer visueller Wahrnehmung unabhängigen inneren Vorstellungsfähigkeit aus, würde sich
die Frage, wie sich die kindliche Spieltätigkeit entwickelt, wesentlich anders stellen: Es gäbe eine stetige Quelle für innere Vorstellungen, die den Antrieb und die Vorlagen für die ersten Spielakte liefern könnten. Das Kind hätte von Anfang an ein Motiv zu spielen,
nämlich diese in seinem Innern schlummernden unbewußten Vorstellungen spielend in der sinnlich erfahrenen Außenwelt zu veräußerlichen. Es hätte aber noch nicht die Fähigkeit dazu, die es sich
erst allmählich und in dem Prozeß erwerben würde, der erstmals
von Piaget und, präziser, von der neueren beobachtenden Spielforschung beschrieben wird. Diese traumhafte, eher vorbewußte
»primäre« Vorstellung würde sich dabei in ihrer Form grundsätzlich
verändern: Über die Spieltätigkeit würde sie ständig komplexer,

würde an die Strukturen der Außenwahrnehmung angepaßt, sie würde »realitätsbezogener«, dem wachen Bewußtsein (in seinen verschiedenen Ausformungen, vom abschweifenden Tagtraum bis zur gespannten Konzentration) zugänglicher. Sie dürfte wohl erst in diesem Prozeß die Form annehmen, die sie als inneres Abbild unserer äußeren Sehwahrnehmung erscheinen läßt.

Die Wurzeln des Spielsymbols

Wir können uns nun auch der bisher ausgeklammerten Frage nähern, warum ein Kind zu spielen beginnt. Weder die erworbene Objektkonstanz noch die Beherrschung sozialer Skripts gibt darauf eine befriedigende Antwort. Warum sollte ein Kind, das gerade die funktionsgerechte Benutzung, sagen wir, eines Suppenschöpfers erlernt hat, plötzlich auf die Idee verfallen, ihn sich als Helm an den Kopf zu halten, statt die neu errungene Fähigkeit, Suppe zu schöpfen, in stolzer »Funktionslust« sich und anderen zu demonstrieren? Auch die Beherrschung eines Skripts führt kaum von selbst zu ihrer spielerischen Reproduktion. Warum begnügt sich das Kind nicht damit, diese Skripts in den passenden Situationen anzuwenden und darauf zu bestehen, daß alle ihre Bestandteile regelgerecht beachtet werden? Tatsächlich tut es genau das in den »ernsthaften« Situationen, also beispielsweise am gedeckten Mittagstisch. Oder es zelebriert seine »sensomotorische« Fertigkeit, aus dem Suppentopf zu schöpfen, ohne zu kleckern. Die sozialen Skripts ebenso wie die verinnerlichten Abbilder von Gegenständen werden für das Spiel genutzt, sie erklären nicht den Antrieb zu spielen. Oder mit anderen Worten: Ich frage nach dem Motiv des Kindes, sicher gelernte Handlungsmuster zu verlassen, um sie für die Darstellung vage daran erinnernder Handlungen zu nutzen.

Selbst die frühesten Spiele von Kindern erklären sich nicht als stellvertretende Darstellung von Erfahrungen, die sie mit der äußeren Welt gemacht haben. Nicht irgendeine beliebige Handlung wird ins Spiel gebracht, nicht irgendein beliebiges Verhalten spielend nachgeahmt. Am Ursprung des Spiels muß ein innerer Impuls stehen, der das Spielverhalten auslöst und das Spielbedürfnis wach-ruft. Oder, um auf Jeannettes Tapetenvogel zurückzukommen: Ist es nur Zufall, wenn ihr Spiel vom Bild eines gezeichneten Vogels beflügelt wird? Und hätte eine Tapete voll roter und blauer Rauten-muster sie ebenso zum Spielen verführt? Wohl kaum oder jeden-falls nur dann, wenn sich dieses Muster für sie mit einer Bedeutung aufgeladen hätte, würde dieses Muster für tiefer reichende Erfahrun-gen und Gefühle stehen.

Von allem Anfang an zeigen Spiele »symbolische Konnotatio-nen«, die mehr darstellen als die formalen Bezüge zwischen Vorlage und spielerischer Wiedergabe: Das Verschwinden und Wieder-erscheinen der Mutter im Guck-Guck-Spiel oder das Geben und Nehmen von Gegenständen gestalten im Spiel den alltäglichen Umgang mit der Bezugsperson nach, dem die Gefühle und Wün-sche des Kindes gelten. Auch die einfachen »zentrierten« gegen-ständlichen Spielhandlungen, das gespielte Kämmen, das Trinken aus der Tasse oder das fingierte Einschlafen imitieren nicht wahllos vom spielenden Kind erfahrene Handlungen, es sind fast immer Tätigkeiten der Versorgung, der Pflege und der Zuwendung, die mit tiefgehenden Emotionen besetzt sind und deshalb spielend nach-vollzogen werden.

Immerhin sind das Handlungen, die die Mutter am Kind aus-führt, deren Handlungsmuster es deshalb auf andere Figuren, auf die Puppe, auf sich selbst, übertragen oder auch in der Rollenum-kehrung mit dem höchsten Vergnügen auf die Mutter zurücküber-tragen kann. Aber woher nimmt Jeannette die Vorlage für das Ein-fangen des Tapetenvogels? Ist es wahrscheinlich, daß sie Madame Piaget mit Leimruten beim Vogelfang beobachten konnte? Wohl kaum. Wahrscheinlicher ist, daß sie die Zuneigung zur Mutter mit einem Geschenk beweisen wollte. Aber auch damit klärt sich dieses kleine Spiel nicht auf. Warum sucht sie sich gerade einen Vogel als Geschenk aus? Warum begnügt sie sich nicht mit einem Ohrring oder Tortenheber, also mit Dingen, mit denen sie ihre Mutter han-tieren sieht und die die Mutter offenkundig gebrauchen kann?

Es berührt merkwürdig, daß Piaget das Einfangen eines gemalten

Vogels als »symbolisches Schema« am Übergang vom Übungsspiel zum Symbolspiel in einer Reihe von Spielhandlungen aufzählt, deren Vorlagen Jeannette in ihrer alltäglichen Umwelt beobachten kann: »Warum, so fragt man sich in der Tat, hat das Kind Vergnügen daran, sich schlafend zu stellen, so zu tun, als ob es sich wäscht, als ob es balanciert, als ob es einen Vogel bringt usw.« (Piaget 1975, S. 159). Piagets formaler Symbolbegriff, nach dem die das Spiel steuernde innere Vorstellung auf aufgeschobener Nachahmung beruhen muß, verstellt ihm den Blick für die in jedem Spiel mitschwingenden Bedeutungen. Das kleine, harmlose Spiel seiner Tochter zeigt einen Witz, einen Erfindungsreichtum und einen Tiefgang, der sich mit den Kategorien ihres Vaters nicht einfangen läßt. Es ist eben sicher nicht nur der draußen vorm Fenster vorbeisegelnde Vogel, den Jeannette mit ihrem Spiel festzuhalten sucht, es ist auch und gerade ein »mythischer« Vogel, der sie zum Spielen verführt und den sie einzufangen versucht. Man mag sich dazu vor Augen halten, was sich in der Freudschen Traumdeutung mit dem Fliegen verbindet, oder die »archetypische« Bedeutung bedenken, die geheimnisvollen Vogelwesen in den Märchen und Mythen der verschiedensten Völker und Kulturen zugeschrieben wird.

Wo im Spielen innere Vorstellungen und Bilder Gestalt suchen, werden sich nach allem, was wir über die Funktionsweise der menschlichen Psyche wissen, die unterschwelligen, assoziativen Anklänge an die eindeutigen, identifizierbaren Bilder heften, werden sich mit ihnen vermischen, sie überblenden und zusätzliche Bedeutungen ins Spiel bringen. Unter der Oberfläche jeder symbolischen Zuordnung werden sich ergänzende oder widersprechende Sinngebungen ansiedeln, und dieses schwer zu entwirrende Geflecht wird das Verhalten und die Wahrnehmung der Spielenden in jedem Augenblick des Spiels beeinflussen und mit bestimmen. Wo die Zuordnung so direkt und einleuchtend ist wie bei dem Kind, das seine Puppe füttert, wie es selbst von seiner Mama gefüttert wurde, mag dieser assoziative Untergrund für den Betrachter fast außer Sichtweite geraten. Wo aber ein knapp einjähriges Kind ein so phantastisches Spiel zeigt wie die einen Vogel von der Tapete holende Jeannette, drängt sich, sofern man sie nicht konsequent übersehen möchte, diese Bedeutungsschicht ins Bewußtsein. Mit dem Symbolverständnis Piagets, das dieses breite und seiner naturwissenschaftlichen Denkweise verdächtige Spektrum mitschwingender Bedeutungen ausklammert, ist sie jedoch nicht zu erfassen.

Piagets Symbolverständnis rechnet mit eindeutigen und bewußt gesetzten Zuordnungen: Die gemeinte Handlung wird von ihrem eigentlichen Handlungskontext abgelöst und stellvertretend im spielerischen Handlungskontext ausgeführt. Nur am Rande räumt er auch die Möglichkeit ein, daß sich hinter den klar umrissenen, vom Spielenden bewußt vorgenommenen Verschiebungen unbewußte Inhalte realisieren können. Zur Illustration konstruiert er das Beispiel eines Kindes, dem ein Geschwisterchen geboren wurde und das nun mit zwei verschieden großen Puppen spielend die kleinere auf eine lange Reise schickt. »Es ist anzunehmen, daß das Kind nicht begreift, daß es sich beim Spiel nicht um das kleinere Brüderchen und sich selbst handelt, und so werden wir sagen können, daß ein unbewußtes oder sekundäres Symbol vorliegt« (Piaget 1975, S. 221). Diese »sekundären Symbole« erscheinen also eher als Sonderfälle oder Abweichungen von der normalen Form der spielerischen Symbolbildung. Die Unterscheidung in ein allgemeines und ein »intimes« Interesse wirkt einigermaßen willkürlich und wird von Piaget auch nicht weiter begründet.

Ein Symbolverständnis, das auf diesen weiten Fächer unterschwelliger Bedeutungen ausgerichtet ist, wurde von C.G. Jung formuliert. Wo klare Zuweisungen zwischen stellvertretender Darstellung und der damit gemeinten Handlung vorliegen, wo also eine einzige Bedeutung den Sinn vollkommen erschließt, wie das Piagets Gebrauch des Symbolischen nahelegt, würde C.G. Jung nicht von einem »Symbol«, sondern einem »Zeichen« reden. Ein Symbol dagegen zeichnet sich durch seine vielfältigen, schillernden Deutungsmöglichkeiten aus, und diese schwer faßbare Bedeutungsvielfalt rührt daher, daß die Wirkungen, die die Wahrnehmung des Symbols auslösen, bis in unbewußte Persönlichkeitsschichten hinabreichen. »Denn ein echtes

Symbol kann nie restlos gedeutet werden. Seinen rationalen Anteil können wir dem Bewußtsein erschließen, seinen irrationalen uns nur ›zu Gemüte führen‹. Darum spricht ein Symbol auch immer die ganze Psyche, ihren bewußten und zugleich ihren unbewußten Anteil an, ebenso wie alle ihre Funktionen« (Jacobi 1987, S. 100).

Im Unbewußten können Symbole die Erfahrungen ansprechen, die vor der sprachlichen Bewußtwerdung gemacht wurden, oder bewußt wahrgenommene Erlebnisse, die in der Lebensgeschichte verdrängt wurden und sich deshalb nur in dieser vermittelten Gestalt zu zeigen wagen. Das entspräche der Funktion, die Freud dem Symbolischen zuweist. Im Verständnis, das Jung von der Organisation und dem Aufbau der menschliche Psyche ausarbeitete, kommt eine weitere, die persönliche Erfahrung überformende Schicht des Unbewußten ins Spiel. Je wirkungsmächtiger das Symbol ist, desto tiefer wird es auch im kollektiven Unbewußten verankert sein, einen »archetypischen« Kern zur Anschauung bringen. Es macht in diesem Verständnis das Wesen alles Symbolischen aus, daß es diese voneinander abgegrenzten Persönlichkeitsschichten verbindet, und darin sieht Jung seine Eigenart und Wirkung.

Der archetypische Kern besitzt allerdings keinen klar abgrenzbaren bildlichen Ausdruck, er ist eher wie eine unscharf belichtete Aufnahme zu denken, in die erst der Betrachter klare Konturen hineinsehen muß. »Der Archetypus stellt wesentlich einen unbewußten Inhalt dar, welcher durch seine Bewußtwerdung und das Wahrgenommensein verändert wird, und zwar im Sinne des jeweiligen individuellen Bewußtseins, in welchem er auftaucht« (Jung 1976, S. 15). In einer noch tieferen psychischen Schicht löst sich seine annähernde bildliche Gestalt in einer Art energetischem Wirbel auf, ohne Gesicht, ohne konkrete Gestalt, die er erst beim Aufsteigen und seiner Bewußtwerdung durch die individuelle Persönlichkeit annimmt. Diese undeutliche und widersprüchlichen Deutungen offene Beschreibung des Archetypischen muß für jedes diskursive, auf klare Abgrenzungen abzielende Denken eine Zumutung darstellen, wird aber der vieldeutigen vorsprachlichen Organisation des Unbewußten gerechter als Versuche widerspruchsfreier Zuordnung.

Jung selbst hat sich kaum mit dem Spiel beschäftigt, seine Konzeption, im Symbolischen würden sich aus dem archetypischen Unbewußten stammende Vorstellungen darstellen, läßt sich jedoch direkt darauf anwenden, und tatsächlich sieht die Jung-Schule im kindlichen Spielen wie in der Kunst symbolische Konkretionen archetypischer Herkunft. Dabei ist es die Einzelpersönlichkeit, die mit den Bausteinen ihrer persönlichen Erfahrung die archetypische Form ausfüllt und konkretisiert, oder, andersherum betrachtet, es sind die archetypischen Gehalte, die sich an die individuelle Wahrnehmung anlagern und sie überformen.

Die spielerische und im weiteren Sinn künstlerische Gestaltung des unbewußten Materials bringt es der vorbewußten und wachbewußten Wahrnehmung näher. Die Grenze zwischen dem wachen Bewußtsein und den Schichten der menschlichen Persönlichkeit, die ihm unzugänglich bleiben, ist ja nicht so scharf gezogen, wie es die begriffliche Unterscheidung zu behaupten scheint. Jede tiefenpsychologische Behandlung, noch mehr vielleicht jede künstlerische Gestaltung zielt ja gerade darauf ab, diese Grenze zu verschieben, unbewußtes oder verdrängtes Material dem Bewußtsein näherzurücken. Gerade dort, wo sich im Spiel tief verankerte Impulse des Unbewußten artikulieren, werden sie, eben in symbolischer Form, dem Bewußtsein nähergebracht, und das Spiel ist in dieser Hinsicht die Vorlage für andere künstlerische Ausdrucksweisen. Ein Verständnis des Spielens und der aus dem Spielen hervorgehenden schöpferischen Tätigkeiten, das es nur als die bewußte Wiedergabe seiner sinnlichen Erfahrungen auffaßt, versucht den Spielenden den Vorgaben und Anforderungen der Außenwelt zu unterwerfen und verliert damit das Gleichgewicht zwischen der inneren und der äußeren Wahrnehmung, auf das das Spielen ausgerichtet ist. »Eine fehlende Anpassung an die Innenwelt der Psyche ist ebenso ›realitätsfremd‹ und neurotisierend wie eine fehlende Anpassung nach außen« (Neumann 1962, S. 161). Darin liegt die Wirkungsweise aller therapeutischen Methoden, die mit Spiel oder mit künstlerischen Verfahren arbeiten, daß sich im Prozeß der symbolischen Bearbeitung dieser notwendige Ausgleich zwischen der inneren und der äußeren Erfahrung herstellt.

Die Doppelbödigkeit des Spiels

Mit diesen Überlegungen bahnt sich eine Antwort auf die Frage an, warum ein Kind zu spielen beginnt, eine Antwort, die uns zugleich begreiflich machen würde, warum Menschen überhaupt spielen und warum sie lebenslang Spieler bleiben. Daß Säuglinge innere Vorstellungen der mit den Bezugspersonen ablaufenden Interaktionen bilden, daß sie später auch Handlungen mit und in der gegenständlichen Welt festhalten, sie aus dem Gedächtnis reproduzieren und innerlich repräsentieren können, wäre nur die eine Bedingung für das Auftreten symbolischen Spielens. Dazukommen müßte als zweite Bedingung, daß die symbolisierte Handlung im Unbewußten des Spielenden eine gewisse Resonanz findet, sei es, daß sich Strebungen realisieren, die in die vorsprachliche Lebenszeit zurückreichen, oder lebensgeschichtliche Erfahrungen, die abgespalten und verdrängt wurden, sei es, daß damit in einer noch tieferen Schicht überpersonale und archetypische Vorstellungen anklingen. Erst wo diese Doppelbödigkeit und dieser Beziehungsreichtum vorliegen, entstünde die Motivation, ihnen spielend Gestalt zu verleihen, sie über das Material der sozialen und gegenständlichen Außenwelt in mitteilbare und konkrete Form zu bringen. Zugleich ließe dieses Verständnis dem Spiel und dem Spielen jene Offenheit und Vieldeutigkeit, mit der sich die Spieltheorien abkämpfen, die sie definitorisch stets auf einfache, in sich schlüssige Begrifflichkeiten zu bringen versuchten – ein Versuch, mit dem sie durchweg gescheitert sind.

Diese Bestimmung mag in ihrer Vieldeutigkeit auf den ersten Blick wenig greifbar erscheinen, bewährt sich jedoch schon an einfachen kindlichen Spielen. Die Lust des wenige Monate alten Kindes, das Verschwinden der Mutter und ihr Wiederauftauchen zu inszenieren, speist sich einerseits aus seiner Abhängigkeit von und seiner Anhänglichkeit an diese lebensnotwendige Betreuerin. Zugleich realisiert sich in ihr die archetypische Erfahrung des Mütterlichen, der »großen Mutter«, wie sie von der Jung-Schule genannt wird. Später wird das Kind mit unermüdlicher Begeisterung Höhlen bauen, sie zu Hause aus Decken und Kissen aufschichten, sich ein vom Laubwerk geschütztes Baumhaus zimmern oder sich einen einsamen Winkel auf dem Dachboden oder im dichten Gebüsch einrichten, und sich damit ebenso einen ungestörten Spielraum sichern wie die längst verblaßte, aber im Unbewußten verankerte Erfahrung des Mutterleibs aktualisieren.

Das Konzept eines überpersonalen und kollektiven Unbewußten, das aller individuellen Existenz vorangeht, würde auch die Annahme unterstützen, es gebe bereits in den frühesten Stadien menschlicher Bewußtwerdung eine Art innere Vorstellungstätigkeit, die schon die ersten Regungen kindlichen Spielens anstößt. Die ersten Bilder, die sich das Kind von seiner persönlichen Mutter macht, würden sich demnach in der Folie des Mutterarchetyps ausbilden und verständlich machen, warum sich die ersten Spielhandlungen an und mit der Mutter entfalten. In den Anfängen dürfte es der kindlichen Wahrnehmung schwerfallen, innere Vorstellungen und äußere Sinneseindrücke auseinanderzuhalten; sie werden bis zur Deckungsgleichheit miteinander verschmelzen. Mit der wachsenden Unterscheidung von Innen und Außen lernt das Kind, sich in der äußeren sozialen und gegenständlichen Welt zu bewegen, sich in ihr verständlich zu machen und auf sie einzuwirken. Auf der anderen Seite vermag es in und mit seinen Spielen die unbewußten Vorstellungen im Medium der erinnerbaren Vorstellungen zu aktualisieren und in eine äußere Gestalt zu überführen, auch wenn das in den Anfängen nur ansatzweise und bruchstückhaft gelingt. Die Unterscheidung zwischen diesen beiden Sphären ihrer Bewußtseinstätigkeit scheinen Säuglinge schon im Alter von wenigen Monaten treffen zu können, markieren sie doch schon in den Guck-Guck-Spielen die Fiktivität durch unübersehbare Signale. Das Vergnügen, das sie dabei zum Ausdruck bringen, dürfte darauf zurückgehen, daß sich die zerrissenen Hälften der Selbstwahrnehmung nur im Spiel wieder zu einer befriedigenden Einheit verbinden und damit das lebensnotwendige Gleichgewicht zwischen diesen Erfahrungsebenen erhalten werden kann.

Zunächst beschränkt sich das kindliche Spiel auf kurze und

64

schlichte Akte, aber wenn Jeannette den Papiervogel von der Wand holt, haben wir allen Grund anzunehmen, daß sie damit ein ganzes Bündel innerer Vorstellungen aufrufen kann, auch wenn diese vermutlich noch nicht die klar umrissene Form annehmen werden, die sich erst mit wachsender Spielerfahrung ausbildet und desto deutlicher wahrnehmbar wird, je genauer die Spiele ausgeführt werden. Spielen stellt eben nicht nur eine Form der Verarbeitung der Sinneswahrnehmung dar, in ihm drückt sich vielmehr eine Bewußtseinstätigkeit aus, die sich auf die Wahrnehmung und Gestaltung der inneren Welt richtet.

Menschliches Bewußtsein erschöpft sich nicht in der Erfassung und Kategorisierung der sinnlich erfahrbaren Außenwelt, sondern sucht sie von allem Anfang an ins Gleichgewicht zu bringen mit jener anderen Funktion unseres Bewußtseins, die Bernhard Kaplan als »mythopoetisch« bezeichnet und die er am Ursprung kindlichen Spielens sieht. »Es ist klar zu unterscheiden von dem pragmatisch und auf Nützlichkeit gerichteten Zustand des In-der-Welt-Seins, der gewöhnlich unter den nüchternen Erwachsenen der ›zivilisierten‹ Welt während ihrer wachbewußten Stunden vorherrscht. In diesem Zustand ist das mythopoetische Denken, aus dem die menschliche Fähigkeit der Symbolbildung erwächst, und damit unter anderem die menschliche Spieltätigkeit, allerdings nur zurückgedrängt. Wir alle sind auch als Erwachsene gelegentlich in die mythische Welt verwickelt, tatsächlich sogar bei vielen Gelegenheiten. Wir besetzen eine solche Welt in unseren Träumen« (Kaplan 1979, S. 222). Bei der Betrachtung der ersten erzählenden Äußerungen von Kindern werden wir auf eine ähnliche Unterscheidung zwischen einer auf die äußere materielle und soziale Welt gerichteten Sprachverwendung und einem darstellenden »narrativen« Sprachgebrauch treffen, der den inneren Vorstellungen verpflichtet ist und sie zur Mitteilung bringt, nun allerdings nicht mehr nur mit den Mitteln des Spiels, sondern durch erzählendes Sprechen, das aber weiter auf die ergänzende spielerische Darstellung angewiesen bleibt.

Gestammelte Bilder

Wie Kinder zu erzählen beginnen

Mit ihren kaum anderthalb Jahren hat Kathrin gerade gelernt sich mit den ersten Wortäußerungen Gehör zu verschaffen. Eines Tages kommt sie in die Küche, zeigt auf eine Stelle ihrer Hand und meint: »Hat diese Aua.« An der gezeigten Stelle hatte sie sich wohl verletzt, inzwischen ist die Verletzung aber abgeheilt, und sie setzt, anscheinend ihrer selbst nicht ganz sicher, hinzu: »Nein?« (Wagner/Steinsträter 1989, S. 54).

Sobald ein Kind seine Feinmotorik so weit beherrscht, daß es nach einer Tasse greifen und sie zum Mund führen kann, wird es diese »sensomotorische« Fähigkeit mit Lust und Stolz immer wieder demonstrieren. Befindet sich die Tasse außerhalb der Reichweite seiner Hände, wird es vielleicht erst über die ausgestreckte Hand bemerken, daß sie unerreichbar bleibt. Die Hand wird es aber auch dann ausstrecken, wenn es die Entfernung der Tasse einschätzen kann, allerdings in bezeichnender Abwandlung: »Mit acht Monaten verändert sich gewöhnlich das Greifverhalten des Kindes. Es wird weniger dringlich, und das Kind beginnt zur Mutter zu schauen, während es sich nach einem Gegenstand ausstreckt. Die Gebärde verändert sich nun von einem instrumentalen Greifen mehr zu einer Art Hinweis« (Bruner 1977, S. 835). Längst bevor es sich sprachlich ausdrücken kann, hat das Kind gelernt, sein Verlangen durch eine Geste mitzuteilen, und es wird, um seinen Willen zu unterstreichen, die Geste im allgemeinen durch einen auffordernden Laut verstärken.

In den sich wiederholenden Situationen, in denen es mit seinen Mitteln um die Tasse bittet, wird es nun bemerken, daß die Erwachsenen das Überreichen der Tasse mit bestimmten, sich gleichfalls wiederholenden Lautgebilden verbinden. Das mögen Sätze sein wie »Ach, du brauchst deine Tasse?« oder »Natürlich bekommst du zu trinken«. Als eng auf das Kind eingestellte Bezugspersonen haben wir die Tendenz, die gleiche Handlung stets mit den gleichen Worten zu versehen, unsere Äußerungen damit zu standardisieren und sie dem Kind nachvollziehbar zu machen. Es wird nun die Situation der nicht erreichbaren Tasse mit den Lautfolgen »Tasse« oder »trinken« verknüpfen und sie früher oder später nachzuahmen versuchen. Im Rahmen seiner Artikulationsfähigkeit wird die ausgestreckte Hand durch ein »asse« oder »tinken« vervollständigt, und später wird es auf die Geste der verlangend ausgestreckten Hand verzichten können, weil die Lautäußerung selbst dort noch Wirkung zeigt, wo der Sichtkontakt abbricht. Das Kind hat damit gelernt, daß nicht nur Gesten, sondern auch Laute die Reichweite der Hand verlängern, daß man über sprachliche Mitteilungen auf die Umwelt einwirken kann. Oder anders ausgedrückt: Es hat einen »instrumentellen« oder »operativen« Sprachgebrauch erworben.

Aber was will Kathrin erreichen, indem sie auf die längst abgeheilte Verletzung ihrer Hand weist? Was sie tut, unterscheidet sich vom »Sprachhandeln« des Kindes, das mit begehrenden Lauten nach der unerreichbaren Tasse greift. Sie will nichts bekommen, ihre Äußerung soll ihre Verletzung in Erinnerung rufen, ihrem Gegenüber (über das wir an der Stelle, der das Beispiel entnommen ist, nichts erfahren) das eigene Erinnerungsbild in den Kopf zaubern, und ehe sie das so clever und bewundernswert in Szene zu setzen vermag, muß sie eine Vorstellung ihrer verletzten Hand gebildet und sie aufgerufen haben.

Narrative Sprachverwendung

Dürfen wir Kathrins Äußerung schon als bescheidene Erzählung werten, weil sie sich fähig zeigt, Vergangenes mitzuteilen? Aufschlußreich ist nicht so sehr, daß sie vor jeder Beherrschung der sprachlichen Tempusformen Vergangenes zu benennen versteht, sondern daß sie offenbar entdeckt hat, daß sich Sprache nicht nur als verlängerter Greifarm nutzen läßt. Statt Handlungen durch Sprache zu ersetzen und mit Hilfe von Gesten und Lautbezeichnungen auf die Umgebung einzuwirken, benutzt sie ihre noch sehr bescheidenen sprachlichen und mimischen Ausdrucksmittel, um eine innere Vorstellung mitzuteilen, sie zeigt eine Weise der Sprachverwendung, die ich »narrativ« nennen möchte.

Diese Weise der Sprachverwendung wird in der linguistischen Fachliteratur nur selten gewürdigt und gegen zweckgerichtetes Sprechen abgegrenzt. In eigene Begrifflichkeiten gefaßt finde ich sie bei James Britton, der ein Sprechen »in der Rolle des Teilnehmers« vom Sprechen »in der Rolle des Zuschauers« unterscheidet, und ich möchte ihn wegen der Bedeutung, die es für mein Thema hat, hier ausführlicher zu Wort kommen lassen: »Wenn wir Sprache benutzen, um an einer gemeinsamen Aufgabe zu arbeiten, unseren eigenen Weg zu finden, zu kaufen oder zu verkaufen, Leute zu unterrichten oder zu überreden, zu argumentieren, zu streiten, ein Problem zu lösen oder eine Theorie auszuarbeiten – das ist Sprache in der Rolle des Teilnehmers. Wenn wir dagegen die Sprache benutzen, um vergangene Erfahrungen wiederzubeleben oder mögliche Erfahrungen als Gegenstände der Betrachtung auszudenken, ist das Sprache in der Rolle des Betrachters. Mütter benutzen sie beim Plaudern über die Streiche ihrer Kinder, Fußballer gebrauchen sie, um nach dem Spiel Anekdoten auszutauschen, Kinder spielen damit ›Mutter und Vater‹, wir alle benutzen sie beim Lesen oder Schreiben von Geschichten oder beim Erzählen oder Zuhören von Reiseerlebnissen. Als Teilnehmer legen wir unsere Vorstellung vergangener Erfahrungen fest, um die aktuelle Situation zu deuten, und wir sind darauf ausgerichtet, dieser Situation einen Sinn zu geben und auf sie einzuwirken. Als Betrachter sind wir dagegen darauf ausgerichtet, Einheitlichkeit und Zusammenhang unserer Erinnerung an frühere Erfahrungen zu sichern, und im Blick darauf bearbeiten wir die Erfahrungen, die wir gemacht haben oder hätten machen können, aber in die wir gegenwärtig nicht verwickelt sind. Deshalb sind in dieser Rolle Bewertung und Organisation von Gefühlen und Haltungen wesentliche Handlungsaspekte. Als Teilnehmende gebrauchen wir Sprache, um Erfahrungen für das Handeln zu bearbeiten, als Betrachtende gebrauchen wir sie, um ›Erfahrung zu verdauen‹« (Britton 1979, S. 191 f.).

Tatsächlich verbirgt sich hinter dieser anderen Sprachverwendung eine Verarbeitung menschlicher Erfahrung, die grundsätzlich vom tätigen Eingreifen und der darauf aufbauenden kognitiven Durchdringung der Umwelt abweicht. Schon Brittons Formulierungen legen nahe, daß es nicht nur um unterscheidbare Sprechweisen mit ihren jeweiligen sprachlichen Zeichen und Regeln geht, sondern um zwei gegensätzliche Formen, menschliche Erfahrung zu organisieren. Der amerikanische Kognitionspsychologe Jerome Bruner setzt in seinen späteren Schriften der rational-logischen Denktätigkeit gleichberechtigt eine zweite »Weise des Denkens« an die Seite, die auf anderem Wege Wahrnehmungen verarbeite und eine eigene Realität konstruiere. Beide Formen, sich in der Welt zu verhalten, machten erst in ihrem Zusammenspiel die Breite menschlicher Erfahrung aus. »Versuche, die eine auf die andere zurückzuführen oder die eine zugunsten der anderen zu vernachlässigen, verfehlen unvermeidlich die reiche Spannweite des Denkens« (Bruner 1986, S. 11).

Allerdings ist »Denken« doch wohl zu sehr von der Vorstellung logisch-rationaler Abstraktion und kognitiver Systematisierung belastet, um diese andere Weise der Verarbeitung zu bezeichnen, die auch mit Prozessen der bildhaften Erfassung und Speicherung verbunden ist. Brauchbarer scheint mir hierzu der Begriff eines »erzählenden Selbstempfindens« zu sein, den Daniel Stern prägte und der den Schwerpunkt der Betrachtung von der Bearbeitung der gegenständlichen oder der Beeinflussung der sozialen Umwelt auf die Selbstwahrnehmung des Individuums verschiebt. Er sieht diese Fähigkeit, die die eigenen lebensgeschichtlichen Erfahrungen in einen sinnvollen Zusammenhang zu gliedern vermag, sich bereits in den Anfängen der Sprachbeherrschung ausbilden, sobald das Kind beginnt, sich nicht mehr nur auf körperlich-sinnliche Wahrnehmungen, sondern auch auf sprachliche Konzepte zu beziehen, und stellt sie der problemlösenden kognitiven Verarbeitung gegenüber. »Das Verfertigen einer Geschichte ist nicht dasselbe wie irgendeine beliebige Art des Denkens oder Sprechens. Es scheint eine andere Denkweise zu erfordern, als dies bei einer Problemlösung oder reinen Beschreibung der Fall ist. Man denkt dabei an Personen, die als Urheber handeln und Absichten und Zwecke verfolgen, die sich in einer kausalen Sequenz mit Anfang, Mitte und Ende entfalten« (Stern 1992, S. 247).

Einschlafmonologe

Der Sternsche Begriff eines »erzählenden Selbstempfindens« kennzeichnet sehr treffend die ersten Formen erzählenden Sprechens, die an Kindern zu beobachten sind: Selbstgespräche, die viele Kinder im Alter von zwei bis drei Jahren kurz vor dem Einschlafen hören lassen. Zunächst mag es sich wie ein unverständlicher Singsang anhören, meist aber werden schon bald einzelne Wörter oder Sätze unterscheidbar, und im Lauf des dritten Lebensjahrs verdichten sich die Einschlafmonologe meist zu längeren, mehr oder weniger zusammenhängenden Äußerungen. Als die amerikanische Linguistin Ruth Hirsch Weir Anfang der sechziger Jahre die Reden ihres Sohnes Anthony, damals zwischen 28 und 30 Monaten alt, aufnahm, ging es ihr darum, die sprachlichen Strukturen zu untersuchen, die er in seinen abendlichen Selbstgesprächen benutzte. Nach der Analyse von Wortverwendungen und grammatikalischen Formen betrachtet sie Anthonys Einschlafmonologe aber auch als Texte, und es sind diese Passagen, die überraschende Schlaglichter auf die Anfänge kindlichen Erzählens werfen.

Auf den ersten Blick haben Anthonys Selbstgespräche kaum etwas mit dem zu tun, was wir unter Erzählen verstehen. Frau Weir schreibt dazu: »Wenn wir Bedeutung als Hauptzweck von Anthonys Monologen annehmen, verfehlen wir, viel davon zu verstehen. Im Gegensatz zu seinem Sprechen am Tag, wo die Zwänge der Situation referentielles Sprechen verlangen, um verstanden zu werden und um mit seinen Gesprächspartnern effizient zu kommunizieren, unterliegen seine Monologe nicht den gleichen Zwängen und folgen nicht den gleichen Wegen. (...) Es gibt darin zu viele Sätze, die nichts ›meinen‹ oder wo das Kind nicht den Eindruck macht, irgendetwas zu ›sagen‹« (Weir 1970, S. 101).

Es sind Laut- und Sprachspiele, die Anthony zu seinen Monologen verleiten, Redewendungen, einzelne Wörter oder auch nur aneinandergereihte Laute, die er untertags gehört haben mag und nun vor dem Einschlafen »wiederkäut« und sie sich darüber einverleibt. Die Ausrichtung am Sprachklang läßt ihn geradezu »poetische« Formulierungen entdecken. So kann seine Mutter die folgende Äußerung auf die variierende Abfolge von l und k zurückführen, die die Lautbildung zu steuern scheint.

blanket   *(Decke*
like   *wie*
a lipstick *ein Lippenstift)*
           (Weir 1970, S. 104)

Es sieht so aus, als ob solche Äußerungen die Lallmonologe des zufriedenen Säuglings mit erweiterter Sprachbeherrschung fortsetzen würden: In ähnlicher Weise, wie damals die gehörten Sprachlaute in rhythmischen Mustern durchgespielt wurden, werden nun ganze Wörter und Satzteile »nachgesungen« und dabei offenbar die lautmalerischen und neuartigen Klangbilder bevorzugt. Mit Vorliebe werden diese Klänge von Anthony in variierender Reihung wiederholt, ein Prinzip, das auch später immer wieder kindliche Erzählungen durchzieht.

Interessanterweise aber schleichen sich in die Laut- und Wortspiele Äußerungen ein, in denen sich die sprachlichen Findlinge zu erkennbaren Aussagen zusammenfügen und die in ihrer losen lyrischen Verküpfung assoziative Anklänge an erinnerte oder imaginierte Handlungen durchscheinen lassen. Die Sprachäußerungen folgen also nicht mehr allein dem Nachhorchen von Klangeffekten und Lautfolgen, sondern beginnen sich um Vorstellungen herum zu gruppieren. Die klingenden Lautspiele rufen Vorstellungen wach, die ihrerseits wieder nach sprachlichem Ausdruck drängen.

Viele Eltern können über Selbstgespräche berichten, die ihre Kinder im Alter zwischen zwei und drei Jahren kurz vor dem Einschlafen führten, und es ist erstaunlich, daß Frau Weir kaum Nachfolger fand. Erst mehr als 20 Jahre später wertete Katherine Nelson die Einschlafmonologe von Emily aus, die deren Eltern vom 21. Monat bis zum Ende des dritten Lebensjahrs aufgezeichnet hatten. Nach Nelsons Aussagen war Emily beim Einsetzen der Aufzeichnungen in ihrer Sprachfertigkeit bereits weiter fortgeschritten als Anthony mit 28 Monaten. Tatsächlich scheint sie bei Beginn der Aufnahmen nicht mehr in der gleichen Weise Lautgebilde wiederzukäuen, wie sie in Anthonys Monologen vorherrschten, und ihre Äußerungen sind sprachlich sehr viel gewandter.

Dennoch lassen sich nicht anders als bei Anthony drei Themenbereiche deutlich unterscheiden: Zum einen wiederholen beide die eingeübten alltäglichen Handlungssequenzen, die sogenannten Skripts, die ja schon in der Wahrnehmung des Säuglings eine zentrale Rolle spielen, deren Ablauf sich die Kinder jetzt offenbar bewußt machen, indem sie sie versprachlichen. Zweitens rufen sie sich einzelne Erlebnisse ins Gedächtnis, die aus dem Strom der geregelten Alltagsverrichtungen herausfallen, und sie beschäftigen sich drittens mit Phantasiegestalten und Fiktionen, die keine direkten Vorlagen in ihrer Lebenswelt haben.

Während Anthonys Äußerungen vor allem um die Regeln des Zusammenlebens kreisen, etwa das Verbot, auf Schreibtische zu klettern, das ihm offenbar deswegen zu schaffen machte, weil sich die Katze nicht daran zu halten hatte, erfassen und beschreiben Emilys Äußerungen ihre alltägliche Erfahrungswelt sehr viel ausführlicher und genauer. Sie vergegenwärtigt sich die Abfolge der üblichen Verrichtungen und versteht es sogar, aus vergangenen Erfahrungen zu schließen, was zukünftig zu geschehen hat. So stellt sie Mutmaßungen über einen für den nächsten Tag vorgesehenen Arzttermin an, indem sie sich an vorangegangene Besuche erinnert:

Vielleicht (hat) Doktor
meine Jamas [Pyjamas] genommen, ich weiß nicht

Vielleicht, vielleicht ziehen wir meine Jamas aus.
Aber lassen meine Windel.
Ziehen meine Jamas aus
und lassen sie aus.
Beim Doc-,
Mein muß untersucht werden,
deshalb ziehen wir meine Jamas aus.
(Nelson 1995, S. 178)

Neben den Äußerungen Emilys, die auf regelhafte alltägliche Handlungen Bezug nehmen, finden sich in den Aufzeichnungen auch Erzählungen. »Etwa ein Viertel ihrer Selbstgespräche waren geradlinige narrative Berichte: autobiographische Erzählungen über das, was sie getan hatte, oder das, was sie am nächsten Tag tun würde« (Bruner 1997, S. 100). Mit solchen Berichten werden nicht nur Erlebnisse, die für sie wichtig und beeindruckend waren, festgehalten und neu durchlebt, in der sprachlichen Formulierung werden sie zugleich gewertet und mit Bedeutung versehen.

Wir kauften ein Baby, weil, die nun weil, wenn sie, nun, wir dachten, es wäre für Weihnachten, aber als wir zum Laden gingen, hatten wir unsere Jacke nicht an, aber ich sah eine Puppe, und ich schrie meine Mutter an und sagte, ich wolle eine dieser Puppen. Als wir dann in dem Laden fertig waren, gingen wir zu der Puppe, und sie kaufte mir eine. Deshalb habe ich jetzt eine. (Nelson 1993, S. 203)

Während sie in den Äußerungen, die Alltagshandlungen wiedergeben, im Präsens spricht, gebraucht sie in den erzählenden Passagen die Vergangenheitsform. Ebenso wie sie die richtige Aufeinanderfolge verläßlicher alltäglicher Verrichtungen sprachlich festzuhalten sucht, ordnen ihre erzählenden Äußerungen die Geschehnisse in eine aufeinander bezogene Struktur. »Ihre frühen Berichte begannen mit der Verkettung von Ereignissen mit Hilfe einfacher Konjunktionen, wechselten dann zum Gebrauch von Temporalausdrücken wie ›und dann‹ und gelangten schließlich zum Gebrauch von Kausalkonjunktionen wie dem allgegenwärtigen ›weil‹« (Bruner 1997, S. 102).

Auch wenn wir Anthonys weniger expliziten »Lautgedichten« nicht eindeutig entnehmen können, was in der Vorstellung des Jungen vor sich ging, zeichnen sich doch auch in vielen seiner Äußerungen »Erzählungen« ab, wie das im folgenden Selbstgespräch der Fall zu sein scheint:

(1) Papa
(2) Cobbers lief über die Straße (2x)
(3) Cobbers läuft immer über die Straße (2x)
(4) Schau das Kätzchen an
(5) Kätzchen, komm her!
(6) Mach alles leer
(7) So ist der Junge
      (Weir 1970, S. 134 f.)

Offenbar erinnert sich der Junge an einen Spaziergang mit Papa und in Begleitung eines Hunds, der stets über die Straße lief und zurückgepfiffen werden mußte (1–3), sich also nicht betrug, wie er sollte, im Gegensatz zu dem braven Jungen, der seinen Teller ordentlich aufißt (6–7). Der Gedanke an den Hund bringt ihn auf die Katze (4), die man ebenfalls rufen muß, die aber, so könnte es gemeint sein, dann aber auch gleich kommt (5). Die Vorlage liefert also eine Erinnerung an ein Erlebnis, das den kleinen Anthony beeindruckte und ihm im Gedächtnis blieb.

Der nächste Text steht für eine weitere Schicht in der Vorstellungswelt des Jungen. Auch wenn Anthonys einsamen Gesprächen der leibhaftige Zuhörer fehlt, scheint er sich doch in manchen Passagen an fiktive Zuhörer zu richten: »Seine Monologe nehmen die Form sozialen Austausches an. Indem er einer Reihe hypothetischer Kameraden befiehlt, sie schilt, ihnen Fragen stellt, sich an sie wendet, bewegt er sich glücklich in einer imaginierten Welt« (Applebee 1978, S. 32). Unter ihnen ragt »Bobo« besonders hervor, nach Aussagen der Mutter eine Spielzeugfigur, die untertags von Anthony keiner besonderen Beachtung gewürdigt wurde und die er nicht vermißte, wenn die Familie auf Reisen ging. »In den Monologen indessen taucht Bobo immer in solchen Zusammenhängen auf wie ›Da ist ja das weiße Bettuch, Bobo‹, ›Schau mal, was Bobo getan hat!‹ und ›Bobo, Gutnacht‹« (Applebee 1978, S. 32).

Aber er redet ihn nicht nur an, er geht mit ihm auch wie mit einem Spielgefährten um und kann mit ihm sogar einen Streit in Szene setzen:

(1) Bobo hat einen Hut
(2) Nimm den Hut weg
(3) Hut für Anthony und Bobo
(4) Für Bobo, nicht für Anthony
(5) Hut für Anthony
(Weir 1970, S. 135)

Diese Passage dürfte davon erzählen, daß Bobo einen neuen Hut trägt (1), den ihm Anthony vom Kopf nimmt (2), worauf sich beide um den Hut streiten (3–4) und Anthony schließlich die Oberhand behält. Sicher sind beide Äußerungen keine eigentlichen Erzählungen, aber doch so etwas wie erzählende Skizzen. Zwar bleiben die angedeuteten Handlungen nur lose aufeinander bezogen, doch bilden sich so etwas wie Schwerpunkte, an die sich die Aussagen anlagern und zu einem ungefähren Handlungsstrang ergänzen, immer wieder unterbrochen von Sätzen, die sich Laut- oder Wortassoziationen verdanken, ohne einer Handlungslogik zu folgen.

Wenn es sich auch offenbar noch nicht um ausgeführte Erzählungen handelt, fügen sich diese Äußerungen doch recht gut in die von Britton beschriebene verarbeitende Form der Sprachverwendung ein. »Diese Monologe liefern uns eine gute Grundlage für die Behauptung, daß betrachtendes Sprechen schon im Alter von zweieinhalb Jahren aufgetaucht ist. Die Länge der Monologe, die Leichtigkeit, mit der sie gehandhabt werden, und das offensichtliche Vergnügen, mit dem sie ausgeführt werden, läßt uns vermuten, daß betrachtendes statt teilnehmendes Sprechen sehr viel früher beginnen dürfte, vielleicht schon so früh wie das erste strukturierte Plappern des Säuglings« (Applebee 1978, S. 35).

Emilys Monologe wurden von verschiedenen Autoren daraufhin betrachtet, wie sie ihre Erfahrungswelt in Sprache faßt, sich darüber

Ereignisse, die sie beobachtet, verständlich macht, wie sie mit Hilfe ihrer Sprachäußerungen Probleme zu lösen versucht, oder es wurde dem Verhältnis ihrer Monologe zu den Gesprächen nachgespürt, die sie beim Bettgang mit dem Vater führte. Leider wurden selbst bei der Betrachtung ihrer narrativen Äußerungen alle »Phantasiemonologe«, die sich in ihre einsamen Reden mischten, von der Untersuchung ausgeschlossen. (Bruner/Lucariello 1989, S. 80). Die Autoren beschränkten sich darauf nachzuvollziehen, wie Emily die Erfahrungen mit ihrer Umwelt verarbeitete. Nur nebenbei erfahren wir, daß Emily auch mit ihren Stofftieren spricht, ihre Lieblingsbücher nacherzählt und dabei zunehmend »eine dramatische prosodische narrative Stimmung« verwendet, die sich in ihren persönlichen Erlebnissen weniger bemerkbar mache. »Am Ende der Beobachtungszeit hat Emily begonnen, nach der Vorlage gehörter Geschichten eigene zu erfinden, in denen sie manchmal ihre tatsächlichen Freunde, manchmal Figuren aus Geschichten auftreten ließ. In dieser Zeit nahm auch das sprachliche Durcharbeiten alltäglicher Ereignisse ab, und neue interessantere Themen beherrschten ihre Monologe: Erinnerungen, Phantasien, nacherzählte Geschichten« (Nelson 1989, S. 29). Beispiele für diese Äußerungen oder gar für eine eingehende Betrachtung finden sich nicht.

Auch wenn sie interessante Schlaglichter auf die ersten erzählenden Äußerungen von Kindern werfen, bleiben die Dokumentationen von Anthonys und Emilys Einschlafmonologen sicher Einzelfälle, die kaum allgemeingültige Schlüsse zu ziehen erlauben. Schon zwischen diesen beiden Kindern zeigen sich ja auffallende individuelle Unterschiede. So viel läßt sich dennoch vermuten: Die erzählenden Passagen in ihren Selbstgesprächen dienen der sprachlichen Selbstfindung im Sinne von Sterns »narrativem Selbstempfinden«, das irgendwann nach dem zweiten Lebensjahr in Erscheinung tritt und durch die Fähigkeit, Handlungen in erzählender Rede zu organisieren, ermöglicht wird. In seiner Betrachtung von Emilys Monologen bemerkt Stern, sie sei dadurch gezwungen, ihre subjektive Perspektive, wer sie ist und wie sie es ist im Verhältnis zu den andern, durch narratives Sprechen neu zu bestimmen. »Diese Reorganisation verlangt, daß sie die grundlegenden Selbstempfindungen, die sie bereits in einem andern Bereich ihrer Erfahrung wahrgenommen hat, nun in narrativen Formen darzustellen lernt« (Stern 1989, S. 319). Diese erste annähernde Konstruktion dessen, was Stern das »narrative Selbst« nennt, lege den Grundstein für eine lebenslange identische Selbstwahrnehmung, und Emily tue das schon in diesen Anfängen nicht anders als später, indem sie vor sich selbst und andern gegenüber auseinandersetze, was ihre eigene Person ausmache.

Wir erleben in diesen Texten also so etwas wie eine tastende und noch ungelenke erzählende Formulierung der psychischen Eigenwelt, die sich in den Anfängen noch ausschließlich an die erzählende Person selbst richtet, vor allem der erzählenden Selbstvergewisserung dient und darum noch auf einen Zuhörer verzichten kann. Auch später wird jedes Erzählen mehr oder weniger dem Erzählenden zu versichern haben, wer er ist und wie er zu den andern steht, am handgreiflichsten etwa in jenen zahlreichen Alltagsgeschichten, mit denen sich der Erzähler vor seinem Publikum in Szene setzt. Er wird sie allerdings kaum mehr einsam vor sich hinsprechen. Im allgemeinen verstummen die kindlichen Monologe schon vor dem Ende des dritten Lebensjahrs, und wir können annehmen, daß sie von da an in ähnlicher Weise verinnerlicht werden, wie das Wygotski für das problemlösende Monologisieren des jüngeren Vorschulkindes beobachtete. Es ist nur die Form, die sich ändert, nicht die Funktion. Die erzählende Selbstvergewisserung wird in einem späteren Lebensalter im stillen, tagtraumartigen Nachstellen von Erlebnissen und im Ausarbeiten einer eigenen Phantasiewelt geleistet werden. Es ist nicht eindeutig auszumachen, wann dieses verinnerlichte Selbsterzählen einsetzt; nach Aussagen Jerome Singers wird die voll ausgebildete Fähigkeit zum Tagträumen erst um das neunte Lebensjahr erreicht (Singer 1983, S. 255). Dazwischen scheint die erzählende Selbstvergewisserung das laute Aussprechen zu verlangen, in ähnlicher Weise wie das Vorschulkind, vor ein Problem gestellt, die Lösung halblaut vor sich hin sagt, als sogenanntes »egozentrisches« Sprechen, das dann gegen Ende der Vorschuljahre zum stillen Denken verstummt (Wygotski 1976).

Strukturen der ersten Erzählungen

Sich seiner selbst zu vergewissern, die eigene Person in der erwünschten Perspektive darzustellen, stellt sicher ein zentrales Motiv für das Erzählen dar. Aber auch dort, wo wir nicht selbst die Protagonisten stellen, präsentieren wir uns noch über die Bemerkungen, mit denen wir die Figuren und Handlungen der Erzählung bedenken. Alles Erzählen ruft nach der Bestätigung durch einen Zuhörer, der die inneren Wahrnehmungen und Bilder mit dem Erzähler teilt, und man kann sich fragen, ob das nicht auch schon für die Selbstgespräche einschlafender Kinder gilt, ob nicht auch sie sich einen Gesprächspartner imaginieren, wie das ja offenbar Anthony in den Passagen tut, in denen er seinen Freund Bobo anredet. Dafür spräche auch, daß sich die Texte in den wenigen Sammlungen, die »Erzählungen« aus einem ähnlich frühen Alter dokumentieren, kaum von Anthonys und Emilys abendlichen Selbstgesprächen unterscheiden: Sowohl in ihren Strukturen wie in ihrer Thematik schließen sie auffallend an die »erzählenden« Passagen der Einschlafmonologe an. Es sieht so aus, als würden die monologischen Selbsterzählungen in die Gespräche mit Erwachsenen überführt werden, weil sie von Anfang an dialogisch angelegt sind. Die Erwachsenen wiederum ermuntern und unterstützen erzählendes Sprechen der Kinder. Auch in dieser Hinsicht lassen sich die Einschlafmonologe mit den einsamen »Vokalisationen« des satten Säuglings vergleichen, deren Laute erst dadurch in die Mutter-Kind-Interaktion einfließen, daß sie von den Betreuern wiederholt, darüber bestätigt und verstärkt werden. Das gleiche geschieht mit den ersten »erzählenden« Äußerungen, die im dritten Lebensjahr – und eben nach dem Verstummen der einsamen Selbstgespräche – in den Unterhaltungen mit den Erwachsenen auftauchen.

Am Anfang stehen auch hier vom Klang gesteuerte versartige Äußerungen wie in dieser »Erzählung« der zweijährigen Alice:

Der Hund lief auf die Puppe
die Puppe lief aufs Haus
das Haus lief auf die Taube
     (Sutton-Smith 1981, S. 48)

Die Aneinanderreihung über die Klangassoziationen wird aber bald ergänzt von der Reihung vergleichbarer Handlungen, so daß wir beide Prinzipien nebeneinander am Werke sehen können wie in der folgenden Äußerung:

Die Affen
Die gingen in den Himmel rauf
Die fielen runter
Der Tsch-Tsch-Zug am Himmel
Der Zug sauste in den Himmel runter
Ich sauste in den Himmel runter
Ich sauste in den Himmel runter ins Wasser
Ich ging in mein Boot und hatte Aua an den Beinen
Papa sauste in den Himmel runter
     (Sutton-Smith 1986, S. 73)

Noch hängen die Aussagen über die sich wiederholenden Anklänge zusammen, aber jeder einzelne Satz bezieht sich doch auf ein gemeinsames Assoziationsfeld, das in Variationen durchgespielt wird. Gegenüber Anthonys »Geschichten« hat sich jetzt eine Art Achse stabilisiert, um die alle Aussagen kreisen, ein »Thema«, das wie in diesem Beispiel eine Tätigkeit darstellen kann. In anderen Fällen kreisen die Äußerungen um die Handlungen eines »Helden« wie die Erzählung des zweieinhalbjährigen Dale:

Ein Bus. Er fuhr einen Hang rauf. Krachte zusammen. Dann runter.
Fuhr ins Wasser rein und schwimmte. Fuhr herum und herum und her-
um. Er krachte in einen Berg. Dann fuhr er in die Luft rauf und krachte
zusammen.   (Pitscher/Prelinger 1963, S. 30)

Jeder Satz benennt nun eine erkennbare Handlung, die über die verbindende Figur des Helden mit der folgenden Handlung ver-

79

klammert ist, ohne daß sie sich aufeinander beziehen würden: Sie bleiben assoziativ gereiht, und ihre Reihung folgt »prosodischen« Gesetzen.

Nach Sutton-Smith lassen sich die Geschichten der Zwei- bis Vierjärigen am besten »als eine Art Musik verstehen. Wie Musik sind sie nach Thema und Variation strukturiert und beinhalten oft versartige Elemente« (Sutton-Smith 1986, S. 73). Mit etwas anderen Begrifflichkeiten sieht Applebee nach den unverbundenen Wortfolgen, die er als »Haufen« bezeichnet, zwei Ordnungsprinzipien am Werk, die eine erste Verbindung zwischen den vereinzelten Aussagen herstellen: Zentrierung oder Verkettung. Im ersten Fall verbinden sich die Handlungsweisen »auf der Grundlage von Komplementarität oder Ähnlichkeit«. Handlungen oder Gegenstände, aber auch Klangassoziationen rufen im Erzähler eine ähnliche oder gegenteilige Vorstellung auf und werden einfach an die vorausgehende Aussage angehängt. Im Fall der Verkettung »wird jedes neue Element durch einen speziellen Gesichtspunkt verbunden (zum Beispiel Charakter, Thema oder Umstände), der durch die Erzählung hindurch konstant gehalten wird« (Applebee 1978, S. 70).

Mit dem Auftreten eines Helden tritt die organisierende Bedeutung der melodischen Elemente zurück, und es sind die Handlungen, die immer mehr die Steuerung der kindlichen Erzählung übernehmen:

Es war einmal ein kleines Lämmchen. Das rannte rum. Das ging zum Essen in ein Restaurant. Das kriegte seinen Schinken. Das ging in den Kindergarten. Ging rein. Ging in das Geschichtenzimmer. Ritt auf einem Pferdchen. Schaute nach den Fischen.

An dieser Stelle sah sich der dreijährige Erzähler, wie die Sammler bemerken, suchend im Raum um und erblickte durchs Fenster einen Baum, der ihn zum Weitererzählen inspirierte und uns damit einen Seitenblick darauf gewährt, wie die Erzählungen auf dieser Stufe im Akt der Äußerung gebildet werden: Es ist der zufällige sinnliche Eindruck, der dem Erzähler hilft, den Faden seiner Erzählung weiterzuspinnen, der das folgende Vorstellungsbild anregt, anstelle einer vorgestellten Handlungsfolge, die später das Erzählen steuern wird.

Das kletterte auf den Baum. Hielt sich gut fest. Schnitt Zweige ab. Das kam vom Baum runter. Das machte den ganzen Kindergarten kaputt. Dann ging es heim. (Pitcher/Prelinger 1963, S. 40)

Je mehr die Lautassoziationen ihre Faszination verlieren, desto sichtbarer beginnen die Vorstellungsbilder die Führung zu übernehmen, auch wenn sie zunächst noch zufällig und unverbunden auftauchen. Aber indem sie an Raum gewinnen und ausführlicher ausgemalt werden, reihen sie Handlungen auf der Kettenschnur des Helden auf, die sich aufeinander zu beziehen beginnen. Gelegentlich bedenken sie nun eine einzelne Handlung mit mehreren Aussagen und beachten ihren zeitlichen Ablauf. Geschicktere Erzähler wie der erst dreieinhalbjährige Colin verstehen dann auch schon kurze, aber in sich konsequente Handlungen zu vervielfachen, indem sie das Handlungsschema sozusagen als Modell benutzen, um es variierend mit ausgewechseltem Helden und in neuer Einkleidung zu wiederholen.

Es war einmal ein Bär. Er aß Honig und Gelee. Und daneben war eine Tür – da wohnte ein großes neidisches Pferd und das nahm ihm allen Honig und Gelee weg. Und da versteckte er es. Das Pferd kam und fragte: »Hast du noch Honig und Gelee?« Und der Bär sagte: »Nein.« Aber in Wirklichkeit hatte er welchen. Er wollte nicht, daß das neidische Pferd das wußte. Und ein anderes Mal hatte das neidische Pferd einen Spieß und machte ein Loch in sein Haus. Da kam ein Bulldozer vorbei, und auf dem war ein Mann. Und der sagte: »Kann ich etwas zu essen haben?« Und das Pferd sagte: »Oh, wir haben nichts zu essen.« Aber das Pferd hatte was zu essen; es veräppelte den Mann nur.
(Pitcher/Prelinger 1963, S. 44)

Diese raffinierte kleine Geschichte hebt sich auch dadurch von den Erzählungen vieler Gleichaltriger ab, daß sie bereits einen Gegenspieler einführt, der sich obendrein in der Wiederholungsepisode seinerseits zum Helden wandelt.

Die Mischung der Erfahrungsbereiche

In Anthonys und Emilys abendlichen Selbstgesprächen ließen sich drei Themenbezüge unterscheiden, die recht genau den Erfahrungsbereichen entsprechen, aus denen sich das Erleben eines Kindes zusammensetzt: der geregelte Umgang mit den Personen und Gegenständen des Umfelds, die Erinnerungen an Ereignisse, die aus dem regelhaften Ablauf herausragen, und die Phantasievorstellungen, die eine eigene innere Erlebniswelt konstituieren. Wendet man diese Kategorien auf die frühen kindlichen Erzählungen an, wie sie uns in den Sammlungen von Pitcher und Prelinger sowie von Sutton-Smith entgegentreten, zeigen die Äußerungen fast ausschließlich bezeichnende Mischungen dieser Erfahrungsebenen.

Das hat nun sicher auch damit zu tun, daß die Kinder aufgefordert wurden, eine Geschichte zu erzählen, und es scheint, daß auch schon die Jüngsten unter einer »Geschichte« eher phantastische Vorstellungen und einen fiktiven Helden fassen als das Nacherzählen von Alltagsereignissen, die in den Einschlafmonologen eine herausragende Rolle spielten. Dazu kommt die Tatsache, daß die Kinder in pädagogischen Einrichtungen erzählten, in Vorschulgruppen und Schulklassen, wo die Vermittlung fiktiver Geschichten, in den USA noch mehr als hierzulande, zum Erziehungskonzept gehört. Es ist offensichtlich, daß die Kinder, in diesem Kontext um eine Erzählung gebeten, ihrer Phantasie freien Lauf ließen und fiktionale Stories zum besten gaben. Für den Gesichtspunkt, wie sie Vorstellungen in erzählbare Mitteilungen bringen, unter dem wir hier die frühen kindlichen Erzählungen betrachten, ist diese Ausrichtung aber von Vorteil: Sie zeigt zunächst deutlicher als Erzählungen, die Erlebnisse nachzuzeichnen versuchen, welche inneren Bilder nach Ausdruck suchen und mit welchen Mitteln sie in mitteilbare Form überführt werden. Wir werden später sehen, daß diese Mischung von Alltagserfahrung und Phantasie kein Zufall ist, sondern den Sinn des Geschichtenerzählens auch dort ausmacht, wo persönliche Erlebnisse in die Form von Geschichten gekleidet werden.

Wie fallen diese Vermengungen von Alltag, Erinnerungen und Phantasien in den frühen Erzählungen aus? Grundsätzlich ist zu beobachten, daß alltägliche Handlungssequenzen und erinnerte Erlebnisse mit phantastischen Vorstellungen versetzt werden, ohne daß sie sich aufeinander beziehen, wie wir das für die späteren Erzählungen feststellen werden. Es ist, als ob die verschiedenen Erfahrungsebenen wie in einer Überblendung übereinandergelegt würden und als ob dann abwechselnd der Vordergrund oder der Hintergrund scharf eingestellt würde. Diese Mischung erinnert an die für das Spiel beschriebene Doppelbödigkeit unmittelbarer alltäglicher Bedeutungen, hinter denen ein zweiter und ins Unbewußte reichender Sinn durchscheint. Aber während dort die spielenden Kinder diesen untergründigen Sinn durch das Spiel hindurch aufrechterhalten können, stoßen in den ersten Erzählungen Innen und Außen hart und unverbunden aneinander; die erzählenden Kinder springen zwischen Phantasievorstellungen und alltäglichen Erfahrungen hin und her.

Das kann dann zum Beispiel dazu führen, daß ein zweieinhalbjähriges Mädchen mit einer quirligen Affenfigur einsetzt, sie dann aber durch ihren eigenen Alltag schickt, um sie gleich anschließend in der Rolle des eigenen Vaters agieren zu lassen:

> *Affe springt ins Wasser. Er rennt. Er springt. Er geht heim und sieht seine Mama Kekse backen. Dann geht er in die Schule. Er spielt. Er geht wieder nach Hause. Er geht in sein Büro zum Arbeiten. Er geht wieder heim. Er geht raus, wenn es nicht regnet. Dann geht er wieder heim zu seiner Mutter.* (Pitcher/Prelinger 1963, S. 35)

Viele Erzählungen dieses Alters machen den Eindruck, als könnte sich die Phantasie der Kinder noch nicht recht gegen die übermächtigen Alltagshandlungen behaupten, selbst längere phantastische Stories sind nicht davor sicher, am Ende in einfache Alltagsskripts »abzugleiten«. Die Erzählung der ebenfalls dreieinhalbjährigen Marie setzt die Helden ihrer Geschichte der Gefahr aus, gefangen zu werden, der sie sich durch Flucht gerade noch entziehen können. Sie schürzt damit einen dramatischen Knoten, der nicht deutlich aufgelöst wird, vermutlich auch deshalb, weil hinter dem Mädchen, das sich die Tiere greifen möchte, der Wunsch der Erzählerin stehen dürfte, selbst Haustiere zu besitzen. Statt einen klaren Schlußpunkt zu setzen, der ihr gleichzeitig die Unmöglichkeit ihres Wunsches vor Augen geführt hätte, verliert sich die Erzählerin in den Alltagshandlungen ihrer Helden.

> *Ein Hund und eine Hausmaus fraßen die Ameisen weg. Und da war ein großer, großer Baum, und sie kletterten auf den Baum rauf. Ein kleines Mädchen wollte sie fangen und sagte: »Oh, mein Lieber, ich hätte gerne eine Hausmaus und einen Hund.« Der Hund und die Hausmaus sagten: »Nein, nein, nein!« Und dann rannten beide nach Haus. Dann aßen sie und spielten den ganzen Tag, und in der Nacht gingen sie schlafen und schliefen am Morgen, kriegten ein Frühstück und gingen in die Schule und das ist alles.* (Pitcher/Prelinger 1963, S. 62 f.)

Das Verfahren, das sich am häufigsten beobachten läßt und wohl auch die höchste Aussagekraft besitzt für das, was kindliches Erzählen in diesem Alter ausmacht, besteht darin, mit dem Skript einzusetzen und es scheinbar unversehens mit einer phantastischen Vorstellung zu durchsetzen. Diese überraschende Kombination besitzt in sich eine unverkennbare Dramatik, ohne daß sie von den jungen Erzählern ausgeführt würde. Ein bezeichnendes Beispiel kann uns der fast dreijährige Eliot bieten, wenn er plötzlich einen ausgebrochenen Bären durch das friedliche Familienbild jagen läßt:

> *Papa arbeitet auf der Bank. Und Mama macht das Frühstück. Dann stehen wir auf und werden angezogen. Und das Baby ißt Frühstück und Honig. Wir gehen in die Schule und werden dafür angezogen. Ich zieh den Mantel an und gehe ins Auto. Und der Löwe im Käfig. Der Bär lief so schnell, und er rennt, um den Bären zurückzubringen, in den Käfig.*
>
> (Pitscher/Prelinger 1963, S. 31)

Bildschirm der inneren Welt

Wie sind diese Vermischungen von Alltagsszenen, Erinnerungen und Phantasiegestaltungen zu verstehen? Sind die erzählenden Kinder noch nicht in der Lage, ihre Wahrnehmungen im alltäglichen sozialen Umgang oder ihre Erinnerungen an einmalige Erlebnisse von eigenen Phantasiebildern zu unterscheiden, und vermengen sie deshalb diese Bereiche in ihren erzählenden Sprachäußerungen? Das ist sehr unwahrscheinlich. Kinder ihres Alters haben die Abfolge alltäglicher Handlungsweisen und der Situationen, zu denen sie gehören, längst registriert und verinnerlicht. Schon die frühkindliche Mutter-Kind-Beziehung baut ja darauf auf, daß der Säugling immer genauer die sich wiederholenden Interaktionen wahrnimmt, daraus Erwartungen ableitet und sein Verhalten im voraus darauf ausrichtet. Es versteht sich deshalb von selbst und ist kaum als Erzählung zu werten, wenn Kinder nach dem Erwerb der Sprachfähigkeit Handlungen wie »am Morgen angezogen zu werden, zu einer Geburtstagsparty zu gehen, im Lebensmittelladen einzukaufen, in einem Fast-Food-Restaurant essen zu gehen und so weiter« (Hudson/Shapiro 1991, S. 91) versprachlichen können. Auch persönliche Erlebnisse sind sehr früh erinnerbar und können gelegentlich, wie Kathrins Beispiel am Beginn dieses Kapitels zeigt, schon in den ersten Phasen der Sprechfähigkeit ausgedrückt und mitgeteilt werden. Die ursprünglich von Katherine Nelson verfolgte These, »daß Kinder zunächst Scripts für vertraute Ereignisse konstruieren und daß sie erst, nachdem sie sich genügend Script-Wissen angeeignet haben, in der Lage sind, jenes Wissen als Hintergrund zu benutzen, von dem aus sie ein spezifisches neuartiges Ereignis erinnern oder rekonstruieren können«, erwies sich als nicht haltbar. Es zeigte sich vielmehr, »daß sehr kleine Kinder – im Alter von einem Jahr – tatsächlich nicht nur allgemeine Ereignis-Repräsentationen haben, sondern auch spezifische Erinnerungen an bestimmte Episoden aus ihrem Leben« (Nelson 1993, S. 198 f.). Allerdings vermutet Nelson, Kleinkinder würden persönliche Erinnerungen nicht länger als sechs Monate im Gedächtnis behalten.

Wie kommt es dann aber zu solch »unpassenden« und zusammenhanglosen Äußerungen? Ich nehme an, daß sie durch die spontane Versprachlichung der inneren Bewußtseinstätigkeit zustande kommen. Es scheint nämlich, als würden diese »Erzählungen« noch unbeeinflußt von allen Strukturregeln, die später eine Geschichte bestimmen, in sprachliche und kommunikative Form verwandeln, was auf dem Bildschirm der inneren Wahrnehmung erscheint: die gewohnten Alltagsverrichtungen ebenso wie Erinnerungen an Ereignisse, die davon abweichen, oder Phantasiebilder, die bewußt gebildet werden oder auch unvermittelt aus dem Unbewußten aufsteigen. Sie zeigen insofern eine auffallende Nähe zum Träumen, wo in ähnlicher Weise »Tagesreste« sozialer Erfahrung sich mit inneren Gestaltungen vermengen.

Die Erzählungen dieses Alters werden noch nicht vorgeplant und nach einem verbindlichen Bauplan gestaltet. Zwar beginnen schon manche Zweijährige und der größere Teil der Dreijährigen ihre Erzählung mit dem formgerechten Einstieg »Es war einmal«, den sie elterlichen Erzählungen oder Vorlesegeschichten abgelauscht haben dürften. Was dann folgt, wirkt allerdings recht unbeeinflußt von mündlichen oder schriftlichen Vorgaben und macht den Eindruck, sich im Akt des Erzählens zu bilden und unkontrolliert zu versprachlichen, was im Fluß des Redens an inneren Bildern auftaucht oder an sprachlichen Klängen das Ohr der Erzählenden reizt. »Erzählen« bedeutet in dieser Alterstufe, einfach alle auftauchenden inneren Wahrnehmungen nebeneinander zu setzen und mitzuteilen.

Mit wachsender Übung werden diese unzusammenhängenden Elemente miteinander verknüpft, die phantastischen Einschübe auf die Alltagshandlungen bezogen und in sie eingegliedert, die Erzählung also als eine mehr oder weniger einheitliche und aufeinander aufbauende Handlungsfolge angelegt. So erzählt der fast vierjährige Ed schon fast eine »echte« Geschichte:

Ein kleiner Junge und seine Mama gingen weg. Alle seine Schwestern gingen weg, und Brüder und Onkel und Tanten und Cousins und

Cousinen. Und er war sehr traurig, und da warf er alles durcheinander.
Da warf er die Tomate die Treppe runter. Dann kippte er die Tinte um.
Dann verbog er den Löffel. Dann machte er die Schüssel kaputt. Dann
die Gabel. Dann die Stühle. Da kamen die Bären und brachten ihn weg
und sperrten ihn ins Gefängnis. Dann kamen seine Schwestern und On-
keln und Tanten und Cousinen und Cousins nach Haus und verhauten
den kleinen Jungen. Dann gingen sie zu Bett. Dann putzten sie sich die
Zähne. Dann machten sie ihr Bett. Dann zogen sie sich an.

(Pitcher/ Prelinger 1963, S. 45)

Offensichtlich kommt diesem Jungen die eigentliche Geschichte
erst im Augenblick des Erzählens: Zunächst läßt er noch den kleinen Jungen mit der Mutter fortgehen, dann scheint ihn das Weggehen, und wahrscheinlich die oft gefühlte Angst beim Weggehen
der Mutter, dazu zu bringen, mit dem Alleingelassenwerden weiter-
zumachen: Nachdem ihn die Lust an der reihenden Aufzählung
auch noch die gesamte Verwandtschaft wegschicken ließ, tobt er seine Wut an der Wohnungseinrichtung aus. Indem er die geordnete
Alltagswelt durcheinanderbringt, stellt sich die Frage, wie diese
Störung ausgeht. Für die Lösung werden mythische »Bären« eingeführt, die jetzt nicht mehr zwischen Skripthandlungen einge-
klemmt erscheinen, sondern in den Ablauf eingreifen, indem sie
den tobenden Jungen zur Raison und die Geschichte zu einem bösen Ende bringen. Mit dem abschließenden Absatz scheint der Junge wohl noch Lust zu haben weiterzureden, aber seine Geschichte
hat sich erschöpft, und er fällt in eine Aufzählung von Alltagsverrichtungen zurück.

Die Erzählung dieses Jungen zeigt sehr schön den Übergang zu
»echten« Geschichten. Einerseits entwirft er schon eine einmalige
und zusammenhängende Handlung, die sich aber noch im spontanen Redefluß ereignet und kaum vorweg strukturiert wird. Noch
steht sie den ersten Beispielen erzählenden Redens nahe, die eher
die spontane Versprachlichung laufender innerer Bildwahrnehmungen darstellen und in denen sich deshalb Erinnerungen unvermittelt mit traumartigen phantastischen Eindrücken mischen können:

Beide ereignen sie sich im Akt des Sprechens auf »der inneren Bühne«. Das Kind tastet sozusagen die in ihm aufsteigenden Bilder ab, ohne sie auf Zusammenhänge oder regelgerechte Verknüpfung hin zu kontrollieren, es versprachlicht und veräußerlicht damit seine laufenden inneren Wahrnehmungen. Es benutzt einen betrachtenden Sprachgebrauch, und nur insofern kann man schon von »Erzählungen« reden.

Unter zwei Gesichtspunkten weisen uns schon diese ersten kindlichen Erzählversuche darauf hin, aus welcher Quelle sich Geschichten speisen und woher die Bedeutung rührt, die sie in unserer Lebenstätigkeit einnehmen. Einmal findet sich in dem phantastischen Einschub in die Alltagsverrichtungen oder, allgemeiner, in der Vermengung von sozialen Außenerfahrungen und inneren Phantasiebildern bereits jene zentrale Kategorie vorgebildet, die eine Geschichte konstituiert und sie erzählenswert macht: das außergewöhnliche Ereignis, das in die geordnete Alltäglichkeit einbricht und von dem ich in einem späteren Abschnitt noch ausführlicher zu reden habe. Noch steht das Ereignis unvermittelt zwischen den regelhaften Alltagsverrichtungen, statt in den Gang der erzählten Handlungen eingefügt und damit begründet zu werden. Wir werden sehen, daß sich die Qualität einer Geschichte daran messen läßt, wie geschickt und scheinbar selbstverständlich die Unwahrscheinlichkeit des auslösenden Ereignisses sich in den gewohnten Ablauf des sozialen Lebens einfügt, wie sehr also die disparaten Elemente dieser ersten Erzählungen in einen sinnvollen und in sich schlüssigen Ablauf integriert werden können.

Ähnlich weitreichende und das Erzählen insgesamt charakterisierende Bemerkungen lassen sich mit der Frage verbinden, auf welche Weise Phantasien, Erlebnisse und soziale Skripts zu geschlossenen Geschichten verschmelzen können. Wir sind darauf sozialisiert, unsere inneren Wahrnehmungen auf ihren Bezug zur »Wirklichkeit« hin zu kontrollieren, und als »wirklich« gilt nur die Welt der sozialen Erfahrungen und die der greifbaren Gegenständlichkeit, also jene Sphären, auf die wir »operational« einwirken können. Sofern unsere Erzählungen ihr Rohmaterial aus Erlebnissen schöpfen, halten wir sie für »real«, wo sie nur unsere Wünsche oder Ängste gestalten, gelten sie als »ausgedacht«. Auch Erinnerungen, die sich auf Fakten und Tatsachen beziehen lassen, werden dieser »objektiven« Wirklichkeit zugeordnet, Vorstellungen und Tagträume, die ausmalen, was wir auch zu leben gewünscht hätten, werden ins Reich der Phantasie verwiesen.

Die herkömmliche Einteilung der Kinderliteratur verstärkt diese Auffassung, indem sie Erzählungen für Kinder in »Umweltgeschichten« und »Phantasiegeschichten« auftrennt und sich damit gegen die Vermengung von Erleben und Phantasie wendet, die für spontane kindliche Erzählungen so bezeichnend ist. Die in der erzählenden Kinderliteratur vorgenommene Trennung trägt dann unter anderem dazu bei, daß Kinder diese Unterscheidung allmählich übernehmen. »Im Realitäts- und Sprachverständnis von Kindern ist diese Abgrenzung zwischen pragmatischen und fiktionalen Texten nicht angelegt. Es gehört zu ihrer literarischen Sozialisation, daß sie sich solche Unterscheidungen aneignen und zum Beispiel lernen, daß die Alltagsgeschichte nur ein ganz bestimmtes Maß an Fiktionalisierung zuläßt« (Rank 1995, S. 106).

Vor der literarischen Sozialisierung muß diese Unterscheidung Kindern als gegenstandslos erscheinen, da sie durch die mentalen Verfahren, mit denen wir Erlebtes festhalten und aufrufen, nicht bestätigt wird. So sehr sich »wirkliche« Erlebnisse auf nachprüfbare Tatsachen beziehen mögen, sie gerinnen zu Erinnerungsbildern, die sich in ihrer Form kaum von »bloßen« Phantasiebildern unterscheiden dürften (die ja ihrerseits wiederum nicht dem Nichts entspringen, sondern sich kaleidoskopartig mit Partikeln unserer sozialen Erfahrung mischen). Auch beim Abrufen der gespeicherten Bilder läßt sich kein wesentlicher Unterschied festmachen. Um uns der »tatsächlichen« Ereignisse zu erinnern, müssen wir unser Bewußtsein genauso aus dem gelebten Augenblick zurückziehen und in die erinnerte Zeit mit ihren Handlungen, Verhaltensweisen und Gefühlen versetzen, wie wir das bei fiktiven Vorstellungen tun. Aus der Gedächtnisforschung wissen wir, daß Erinnerung nicht durch passive Vergegenwärtigung, sondern durch aktive Konstrukion zustande kommt: Wir erinnern, indem wir die gespeichterten Partikel unserer Erinnerung zu einem sinnvollen Ganzen zusammenfügen. In ganz ähnlicher Weise montieren wir dort, wo wir scheinbar nur ins Blaue hinein phantasieren, aus den Partikeln unserer Erfahrung neue sinnvolle Einheiten.

Besprochene und erzählte Welt

Bezeichnenderweise kennt auch unser Sprachsystem keine Unterscheidung zwischen Erinnerung und phantasierter Vorstellung, sondern ordnet, unbekümmert von ihrem Tatsachengehalt, alle nicht auf die gelebte Gegenwart einwirkenden Sprachäußerungen der Sphäre des Fiktiven zu: Sobald wir in den Modus des Erzählens wechseln, benutzen wir in der Regel die sprachlichen Formen, die laut Schulgrammatik der Wiedergabe der Vergangenheit dienen. Warum aber erzählen wir dann auch noch in den Zeitformen der Vergangenheit, wo die Erzählung in der fernen Zukunft zu spielen behauptet wie in der Science-fiction? Die Logik der Schulgrammatik reflektiert offenbar recht unvollkommen die Form unserer mentalen Operationen, denn vom Standpunkt der aktuellen Sprecherposition fallen sie eigentlich unter die gleiche Kategorie, beide beziehen sich auf »Gedachtes«: auf vergangene, in der Erinnerung gespeicherte oder auf nur in der Vorstellung des Sprechenden gebildete Handlungen. In beiden Fällen aktiviert der Sprecher bildliche und sprachliche Speicherungen, übersetzt sie in kommunikative Signale, aus denen sich der Hörer eigene Vorstellungen konstruieren muß. Bei beiden dient die Situation, in der die Rede erfolgt, nur als Redeanlaß, um in eine nicht gegenwärtige Situation einzutauchen.

Der Romanist Harald Weinrich versuchte, angeregt durch das ausgeprägtere Tempussystem der romanischen Sprachen, die Perspektive der Schulgrammatik zu korrigieren, indem er eine Unterscheidung zwischen den Tempora der »besprochenen Welt« und denen der »erzählten Welt« vornahm und beiden Bereichen eigene Tempusformen zuordnete, die »in ihrer jeweiligen Tempusgruppe die Sprecherperspektive bezeichnen, mit der wir uns in der besprochenen Welt ebenso wie in der erzählten Welt orientieren« (Weinrich 1977, S. 71). Die von Weinrich für die romanischen Tempussysteme vorgenommene Unterscheidung läßt sich nicht in der gleichen Weise auf das Deutsche oder Englische mit ihren geschrumpften Vergangenheitsformen übertragen: Weder ist hier die einfache Vergangenheit ein reines Tempus des Erzählens, noch bezeichnet das zusammengesetzte Perfekt die auf die Vergangenheit bezogene Tatsachenfeststellung. Dennoch trennt auch hier der Sprachgebrauch Erzählen und Besprechen. Schon die Schulgrammatik gestand als Ausnahme von der Regel den Gebrauch eines »historischen Präsens« zu, eine Ausnahme, die beim alltäglichen mündlichen Erzählen eher zur Regel wird. Nur in der schriftlichen Erzählung bleibt die Gegenwartsform auf wenige »spannende« Passagen beschränkt. Allerdings muß beim Wechsel ins Präsens ein Zeichen gesetzt werden, das uns bedeutet, alles Nachfolgende spiele sich nicht im hier und heute gegenwärtigen Raum, sondern im Raum der Erzählung ab: Wir setzen mit einem irgendwie gearteten »Es war einmal …« ein oder markieren die Distanz zur Erzählsituation im laufenden Text mit Adverbien wie »damals« und »dann«. In den süddeutschen Mundarten, in denen die einfache Vergangenheit als Erzähltempus des Hochdeutschen fast ganz verschwunden ist, behilft man sich mit einem Perfekt, das ständig mit Adverbien der Vergangenheitsbestimmung angereichert wird, und verstärkt gelegentlich das Präsens durch das eingeschobene Perfekt wie in der in Mundarterzählungen geläufigen Formel: »Hat er gesagt, sagt er.« In all diesen Verfahren markiert der Sprachgebrauch, daß die Orientierung von der gegenständlichen und sozialen Welt auf die innerpsychischer Wahrnehmung wechselt.

Aber der Tempusgebrauch sowie Ein- und Ausstieg sind nur die deutlichsten, weil sprachlich ausgeführten Zeichen für die Botschaft, es gehe jetzt nicht mehr darum, in der sozialen Welt zu handeln, sondern solches Handeln in der Vorstellung nachzubilden. Als Fiktion werden Äußerungen oft bereits durch den Kontext bestimmt, der alle folgende Rede als erzählendes Sprechen markiert, wie beispielsweise die Situationen, in denen unsere Beispiele aufgezeichnet wurden. Die Aufforderung, eine Geschichte zu erzählen, charakterisiert alle folgenden Sätze bereits als Erzählung. Auch eine veränderte Stimmführung oder die Benutzung fiktionaler Helden und typischer Erzählhandlungen machen eine Äußerung als erzählte kenntlich. Wie unsere Beispiele zeigen, finden diese Markierungen im Ansatz bereits in den Stories der jüngsten Kinder Verwendung. »Junge Kinder (im Alter von zwei Jahren) beherrschen und gebrauchen Markierungen, um anzuzeigen: Das ist eine Geschichte!, und der Gebrauch solcher Markierungen wächst mit ansteigendem Alter« (Galda 1984, S. 108). Applebee, der die Erzählungen von Pitcher und Prelinger auf einleitende und beendende Formeln sowie auf den Tempusgebrauch hin untersuchte, fand bis auf zwei Ausnahmen, daß die Geschichten aller Fünfjährigen solche Markierungen enthielten (Applebee 1978, S. 37). Sehr früh und vielleicht von Anfang an scheinen sich die erzählenden Kinder bewußt zu sein, daß Erzählungen die Welt des gegenständlichen und sozialen Handelns verlassen, statt dessen eine eigenständige Welt der Vorstellung und der Phantasie aufrichten und deshalb davon ausgegrenzt werden müssen. Das ist weniger erstaunlich, wenn man sich klarmacht, daß im Spielen, das ja weiter in die Lebensgeschichte der Kinder zurückreicht, ganz ähnliche Zeichen gesetzt werden, durch die sich die Spielfiktion vom sozialen Leben absetzt. Es erscheint sinnvoll, die von Weinrich nur für die Tempusformen oder von Britton für die Weisen der Sprachverwendung formulierten Perspektiven zu erweitern: Angemessener, als die besprochene gegen die erzählte Welt abzugrenzen, erscheint es mir, von einem Modus der inneren Vorstellungswelt zu sprechen, die sich von der Welt des Miteinander- und Gegeneinanderhandelns abhebt, und sich sowohl im fiktiven Spielen wie im erzählenden Reden Geltung verschafft.

Ich sage dir, was du erzählst

Über die Wechselseitigkeit von
Erzählen und Hören

Erzählen verlangt eine seltsam gespaltene Bewußtseinstätigkeit: Mit einem Teil seiner Aufmerksamkeit ist der Erzähler auf sein Publikum gerichtet, mit dem anderen konzentriert er sich darauf, Handlungen und Ereignisse der erzählten Geschichte zu entfalten. Zwar mag der Schwerpunkt der Aufmerksamkeit sich verschieben, im dramatischen Moment sich fast ganz in die Erzählhandlung verlagern, in der wertenden Betrachtung wieder fast ganz in die Gegenwart des Erzählens zurückführen, dennoch steht der Erzähler – und mit ihm seine Zuhörerschaft – mit einem Bein auf dem Boden der gelebten Gegenwart der Erzählsituation, mit dem anderen im imaginierten Geschehen seiner Erzählung. Oder er blickt, um eine andere Metapher zu bemühen, mit dem einen Auge in die weite Ferne jener Ereignisse, die seine Vorstellung beleben, ohne doch den Blick des anderen Auges von seinen Zuhörern abzuwenden, ihre Reaktionen zu verfolgen und in seiner Erzählweise zu berücksichtigen. Er bewegt sich immer gleichzeitig durch zwei Welten, die erzählte Welt, in der die Helden seiner Erzählung leben, und den Ort des Erzählens, an dem er seine Zuhörer zu beeindrucken, zu unterhalten oder zu überzeugen versucht. Erzählend verlassen wir die eindeutige Bezogenheit auf die äußere Umwelt, bewegen uns im doppelten Bezug auf die widersprechenden Pole unseres Bewußtseins, wenden uns gleichzeitig nach außen auf die unmittelbar gelebte Gegenwart und nach innen auf die in uns lebendigen Erinnerungen und Phantasien.

Das Erzählen in Gesprächen

Daß der Erzähler nicht nur eine fesselnde, in ihrem Ablauf folgerichtige Geschichte zu bieten, daß er sich zugleich mit seinen Zuhörern in Beziehung zu setzen und ihre Signale zu berücksichtigen
hat, tritt besonders deutlich an jenen Erzählungen hervor, die im
Verlauf von Gesprächen ausgetauscht werden. Solches »konversationelle« Erzählen stellt sozusagen die natürliche Urform alles Erzählens dar, von der stilisiertere Weisen wie der Auftritt vor einem Publikum oder das schriftliche Erzählen abgeleitet sind, bei dem der
Autor den Leser allenfalls noch imaginiert. Die meisten Menschen
erzählen eingebettet in ihre alltäglichen Unterhaltungen, und zugleich ist es diese Form des Erzählens, die Kindern zuerst entgegentritt, die sie am ehesten durchschauen und nachzuahmen lernen
und an der sie ihre eigenen Erzählungen ausrichten.

Die Einbettung ins Gespräch unterwirft den Erzähler den Regeln
der Gesprächsführung, und deren wichtigste besagt, daß jeder Teilnehmer prinzipiell den gleichen Zugang zum Rederecht hat. Sicher
wird das Prinzip oft genug durchbrochen, vor allem in Situationen
mit einem ausgeprägten Autoritätsgefälle wie dem Gespräch zwischen Chef und Angestellten, den Fragen des Prüfers an den Prüf-
ling oder dem Vortrag des Festredners, aber das sind nicht zufällig
Situationen, die sich wenig zum Erzählen eignen. Alltägliche Erzählrunden entwickeln sich wie von selbst am gemeinsamen Kaffee-
tisch, zwischen den Stammgästen am Kneipentresen, in der Kolle-
genrunde während der Arbeitspause, in Situationen also, die den
Teilnehmern erlauben, sich gleichberechtigt und relativ frei zu
äußern.

Die geordnete, für alle Beteiligten verständliche Abfolge von
Äußerungen in einer Gesprächsrunde regelt sich über eine Reihe
von offenen oder versteckten Verständigungssignalen, wie dem
direkten Ansprechen oder einer Frage, die sich an einen Gesprächs-
teilnehmer richtet, dem Anblicken nach Beendigung eines Beitrags
oder indem ein anderer Sprecher an den Stellen das Wort übernimmt, die das erlauben, wie etwa einer Pause nach dem Ende der

vorhergegangenen Äußerung. Zwar sind auch längere Ausführungen möglich, aber meist pendeln sich die Beiträge auf vergleichbare Längen ein und lassen die Unterhaltung wie ein ruhig ablaufendes Pingpongspiel erscheinen. Aber auch in Gesprächssituationen, in denen um das Rederecht gekämpft wird – und das bedeutet meist, daß unterschwellige Differenzen ausgetragen werden –, werden die Regeln der Gesprächsführung noch weitgehend beachtet. Auch wenn es vorkommen mag, daß dann gelegentlich zwei Redner so lange gleichzeitig sprechen, bis einer nachgibt, wird doch dem, der sich den nächsten *turn* gesichert hat, zugestanden, mindestens einen ganzen Satz ungestört zu Ende zu sprechen, und erst wo er eine Pause macht, drohen ihm seine Gegner in die Parade zu fahren.

Wer in diese geregelte Folge von Äußerungen eine Erzählung einbringen will, steht vor dem Problem, daß er seine Erzählung in der eingespielten Länge der Beiträge kaum wird unterbringen können, und wo er im Fluß des Erzählens einhält, könnte ihm der nächste Sprecher schon das Wort entziehen und damit die Erzählung verhindern. »Als eine monologische Form stellt die Erzählung im Dialog, gerade auch in Alltagsgesprächen, ein fremdes Element dar, dessen Einbringung in den Dialog die Spielregeln des Dialogs verletzt. Aus diesem Grunde bedürfen Erzählungen einer besonderen Legitimation« (Rath 1981, S. 285). Der Erzähler läßt deshalb erst einen Versuchsballon steigen, um die Bereitschaft herauszufinden, seine Geschichte anzuhören. Er kündigt seine Geschichte mit Sätzen an wie »Das erinnert mich an etwas, was mit vor Jahren passiert ist« oder »Ich hab da gestern etwas gehört, das muß ich euch erzählen«, und wartet dann die Reaktion der Zuhörer ab, die ihm mit einer interessierten Frage, einer Zuwendung oder auch nur mit einem erwartungsvollen Blick die Erlaubnis erteilen können, so lange das Rederecht zu behalten, bis er seine Erzählung abgeschlossen hat. »Um eine planmäßige Chance zu bekommen, eine Geschichte bis zu ihrem Ende erzählen zu können, gibt ein Partner zunächst einmal das Wort ab, in der Hoffnung, es durch eine Aufforderung zum Erzählen der Geschichte zurückzuerhalten« (Sacks 1970, S. 311 f.). Sofern er dann auch tatsächlich eine Geschichte bietet und die mit seiner Ankündigung geweckten Erwartungen erfüllt, wird er sie ungestört zu Ende bringen dürfen, ist dann aber gehalten, einen klaren und erkennbaren Schlußpunkt zu setzen. Da er im Rahmen von Gesprächen erzählt, hat er am Ende durch ausleitende Bemerkungen in die Gesprächssituation zurückzuführen, so daß der mit der Erzählung ausgesetzte geregelte Sprecherwechsel wieder in Kraft treten kann.

Solange die Erzählung geht, besitzt er nun das Recht des »primären Sprechers«, das beinhaltet, daß das Rederecht auch dann wieder an ihn zurückfällt, wenn ein Zuhörer eine Bemerkung einflicht. Das befreit den Erzähler aber nicht von der Rücksicht auf sein Publikum, er bleibt im Gegenteil auch während der laufenden Erzählung stets darauf angewiesen, daß ihm die Hörer bestätigen, seiner Erzählung zu folgen, und ihm darüber hinaus Interesse und Zustimmung signalisieren, was über erstaunte Ausrufe, Zwischenbemerkungen oder auch nur über den gespannten, erwartungsvollen Blick, das bestätigende Kopfnicken und dergleichen mehr geschehen kann. Tatsächlich ist es sehr schwer, gegen Signale der Ablehnung weiterzuerzählen, und es ist deshalb verständlich, daß Erzähler auf verschiedene Weisen Zuschauerreaktionen zu provozieren versuchen, indem sie Pausen machen, die zu Zwischenrufen herausfordern, indem sie kurze rhetorische Fragen einflechten oder Erklärungen abgeben, die auf Zustimmung abzielen (Quasthoff 1981). Schließlich erwartet der Erzähler am Ende kommentierende Anmerkungen der Hörer oder jedenfalls Reaktionen, die zeigen, daß sie das Erzählte verstanden haben. Unter der Oberfläche der monologischen Rede läuft das Dialogspiel weiter, erfolgt eine ständige Abstimmung und Rückkopplung zwischen Sprecher und Hörer, ohne die sich das erzählende Kommunizieren nicht in Gang setzen, nicht aufrechterhalten und nicht zu einem Ende bringen ließe. Auch der Hörer bleibt also in das Dialogspiel eingebunden und hat sich nach bestimmten Regeln zu verhalten. Er hat insbesondere »1. zuzustimmen, eine Geschichte anzuhören, sobald sie vorgeschlagen wird, oder einen Grund zu nennen, warum sie nicht erzählt werden sollte. 2. Von der Sprecherrolle Abstand zu nehmen, außer um Bemerkungen zu machen, die zeigen, daß der Geschichte gefolgt und sie verstanden wird, oder Fragen zu stellen, die sich direkt auf das Erzählte und die Welt der Geschichte beziehen. 3. Am Ende der Erzählung sein Verständnis zu beweisen, indem er mit Bemerkungen zeigt, daß er die Pointe der Geschichte verstanden hat (möglicherweise indem er dieses Verständnis mit dem Erzählen der nächsten Geschichte beweist)« (Polanyi 1985, S. 200).

Daß der Zuhörer in die Erzählung hineinspielt, kennzeichnet nicht nur in Gespräche eingebettetes Erzählen. Auch wo sich ein Publikum versammelt, um einem Erzähler zu lauschen, bleibt die Wechselseitigkeit erhalten. Der Erzähler sieht sich zwar von der »Erzählankündigung« befreit, aber er bleibt auf das Mitspiel seiner Zuhörer angewiesen, deren Reaktionen nun vielleicht verhaltener ausfallen, aber dafür nur um so wichtiger für ihn werden. Gerade die nun länger besetzte Rolle des Sprechenden macht ihn von Signalen abhängig, mit denen sie ihm ihre Aufmerksamkeit, ihr Interesse oder ihre Ablehnung mitteilen und ihm damit ermöglichen, seine Erzählung optimal an ihre Aufnahmefähigkeit und ihre Erfahrungen anzupassen. Gerade der einsame Erzähler braucht den aktiven Zuhörer. »Das Erzählen ist deshalb nicht vom Erzähler allein gesteuert, sondern immer auch von den Zuhörern« (Hickethier 1982, S. 132).

Vom Erforschen kindlichen Erzählens

Erzählen ist ein sehr flüchtiger Stoff, sein Gewebe hängt so sehr vom Zusammenspiel zwischen Erzählenden und Hörenden ab, daß es sich daraus kaum lösen läßt, ohne es zu beschädigen. Wenn sich alles Erzählen im Austausch wechselseitiger Signale zwischen Erzähler und Hörer entfaltet, der Erzähler auf diese Signale reagiert, sein Verhalten, seinen Wortlaut, ja selbst den Verlauf seiner Geschichte danach ausrichtet, dann muß das um so mehr für Kinder gelten, die ihre Einfälle und ihre Formulierungen noch weniger an festen Strukturen und Erzählregeln ausrichten, die sie erst allmählich übernehmen und beachten lernen. Die Gestaltung ihrer Geschichten wird noch stärker von den laufenden Reaktionen der

Zuhörer abhängen. Erzählungen von Kindern sind deshalb nur bedingt als »authentische« Texte zu betrachten, »weil man stets von Hervorbringungen der Erwachsenen-Kind-Dyade auszugehen hat« (Hausendorf/Quasthoff 1996, S. 124).

Sobald kindliche Erzählungen von Außenstehenden gesammelt werden, um an ihnen die Entwicklung der Erzählfähigkeit zu untersuchen, wird dieses »natürliche« Zusammenspiel beeinträchtigt, wird die den Kindern vertraute Situation verändert: Anders als die Betreuer muß der Sammler ja daran interessiert sein, die Erzählung so unbeeinflußt wie möglich festzuhalten, er wird also zuzuhören und zu dokumentieren suchen, was das erzählende Kind von sich gibt. Wie weit können die dabei aufgenommenen Texte überhaupt noch den Anspruch erheben, kindliches Erzählen wiederzugeben? Es ist sicher berechtigt, daran zu zweifeln. Wie auch immer die Forscher die Situation anlegen, in der Kinder erzählen, sie werden damit in die Erzählung eingreifen, sie beeinflussen und verändern. Zuverlässig wären letzten Endes nur Erzählungen, die Kinder spontan in ihrer natürlichen Umgebung und im Wechselspiel mit ihren Betreuern äußern, die sich deswegen aber im Moment des Erzählens kaum festhalten lassen. Was Eltern oder Erzieher nachträglich berichten, gibt keinen verläßlichen Wortlaut wieder und kann darum den Ansprüchen der Forscher nicht genügen. Auch Videoaufnahmen, die der Kleinkindforschung aufregende Einblicke in das Mutter-Kind-Verhalten gestatteten, lösen das Dilemma kaum auf: Kleinere Kinder haben zwar kaum Probleme, in einem Beobachtungslabor zu spielen, ihre Erzählungen erfolgen aber spontan und sporadisch und werden kaum dann auftauchen, wenn sie ins Labor geführt werden. Bei älteren Kindern wiederum, die sich auch auf Aufforderung zu erzählen bereit finden, verändert das Auftreten vor der Kamera die gesamte Situation und damit ihr Erzählverhalten. Die empirische Erkundung kindlichen Erzählens hat mit schier unlösbaren Hindernissen zu rechnen, die von den Forschern selten genug in Rechnung gesetzt oder überhaupt anerkannt werden.

Um dennoch einigermaßen verläßliche Ergebnisse zu erhalten, kommt es darauf an, die Kinder in einem möglichst natürlichen und vertrauten Setting auftreten zu lassen, selbst als aktiver Zuhörer teilzunehmen und die Erzählungen in einer Weise festzuhalten, die dieses Setting möglichst wenig beeinflußt. Einen akzeptablen Weg beschritten die Mitarbeiter, die die von Sutton-Smith herausgegebenen *Folkstories of children* sammelten: Kinder wurden aufgefordert, vor ihrer Vorschulgruppe oder in ihrer Schulklasse Phantasiegeschichten zu erzählen. Indem die Gleichaltrigen ein natürlich reagierendes Publikum abgaben, konnte die Tatsache, daß die Erzählung auf Band aufgenommen wurde, wohl weitgehend in den Hintergrund treten. Zusätzlich hatten die Sammler sich schon längere Zeit am Unterricht beteiligt und waren den Erzählern deshalb nicht vollkommmen fremd. Was die Kinder in dieser anregenden Atmosphäre von sich gaben, dürfte ihren spontanen Erzählungen recht nahekommen.

Die ältere Sammlung von Pitcher und Prelinger setzte die Kinder einer weniger anregenden Situation aus:»Wenn die Verfasserin fühlte, daß sie eine freundschaftliche Beziehung zu dem Kind etabliert hatte, paßte sie eine Gelegenheit ab, wo sie das Kind abseits von der Gruppe spielen sah: in der Puppenecke, mit Bausteinen oder allein sitzend oder stehend in den Spielpausen, drinnen oder im Freien. Mit Papier und Stift in Händen würde sie sich dann neben das Kind setzen und anregen: ›Erzähl mir eine Geschichte! Worüber könnte deine Geschichte gehen?‹« (Pitcher/Prelinger 1963, S. 28). In einzelnen Fällen wurden die Kinder auch zu Hause besucht. Da sich die Sammler nicht einmischten, kaum Bemerkungen machten, fehlte dem erzählenden Kind, abgesehen von den unwillkürlichen Reaktionen der Zuhörerin, der natürliche Resonanzboden, von dem kindliches Erzählen so sehr abhängt. Dennoch kam, wohl aufgrund des einfühlsamen Verhaltens der Sammler, ein beeindruckendes Korpus von Erzählungen zustande. Aus dem deutschen Sprachraum gibt es, abgesehen von den wenigen von Fatke veröffentlichten Erzählungen, keine vergleichbaren Veröffentlichungen. Die Geschichten dieser beiden Sammlungen bilden deshalb den Grundstock meiner Beispiele.

Auch wenn das eine Buchveröffentlichung nicht anders erlaubt, bleibt es doch problematisch, die Erzählungen nur als Texte wiederzugeben und, da der körperlich-gestische Ausdruck nicht erfaßt wird, letzten Endes nur die halbe Erzählung mitzuteilen. Solange es sich darum handelt, Struktur und Aufbau des Handlungsgefüges zu erschließen, können wir uns allerdings ohne allzu große Verluste mit den Textfassungen zufriedengeben. Zusätzlich lassen sich die Textsammlungen ergänzen durch die wenigen Arbeiten, die durch beobachtende Teilnahme zustande gekommen sind, bei denen die Forscher also an natürlichen Unterhaltungen teilgenommen und das kommunikative Wechselspiel, in das die Erzählung eingebettet ist, miterfaßt haben. Ein brauchbares Beispiel dafür bieten die Beobachtungen von Peggy Miller im Arbeitermilieu von South Baltimore, die uns im nächsten Abschnitt noch ausführlicher beschäftigen sollen.

Problematisch und in ihren Schlußfolgerungen bedenklich erscheinen mir dagegen die zahlreichen Untersuchungen, die kindliches Erzählen über experimentelle Versuchsanordnungen zu erkunden suchen und fast durchweg die Rückwirkungen der Situation, in der Kinder aufgefordert werden, sich zu äußern, auf die Äußerungen unberücksichtigt lassen. Schon in die Anlage solcher Arbeiten gehen notwendigerweise die Vorannahmen der Untersuchenden ein. So gingen etwa Hudson und Shapiro von der These aus, die ersten kindlichen Erzählungen erschöpften sich in Skriptdarstellungen, sie würden dann zu *personal narratives* übergehen und erst danach *fictional stories* erzählen. Sie forderten Kinder auf, in einer fremden Situation und vor unbekannten Versuchsleitern zu vier Themenbereichen jeweils ein Skript, ein erinnertes Erlebnis und eine Phantasiegeschichte zu erzählen, und bekamen dann natürlich im großen und ganzen das berichtet, was sie hören wollten. Die schon für die ersten kindlichen Erzählungen so bezeichnenden Mischungen dieser Erfahrungselemente mußten sie aufgrund ihrer Voraussetzungen übersehen (Hudson/Shapiro 1991).

Ähnlich schiefe Ergebnisse müssen die in empirischen Untersuchungen beliebten Nacherzählungen ergeben, deren Beliebtheit wohl auch darauf beruht, daß sich die Auswertung beim Vergleich von Vorlage und Nacherzählung in statistischen Meßeinheiten und Graphiken darstellen läßt. Über die Erzählfähigkeit von Kindern läßt sich mit diesem Verfahren wenig aussagen, weil ihre Äußerungen von dem Interesse, das die Vorlage weckt, und der Bereitschaft, sie dem Untersucher wiederzugeben, abhängen werden, Faktoren, die bei solchen Untersuchungen kaum berücksichtigt werden. Läßt man Bildgeschichten nacherzählen, wird die Wiedergabe davon beeinflußt, wie weit die Kinder von der Bildgeschichte angesprochen werden oder eher lustlos und pflichtschuldig mitspielen. Entfernt sich dann auch noch die Situation, in der die Versuchsteilnehmer erzählen sollen, weit von den normalen Gelegenheiten, in denen Kinder erzählen, wie bei den Untersuchungen von Boueke und Mitarbeitern (Boueke et al. 1995), dann müssen die Schlußfolgerungen insgesamt fragwürdig erscheinen: »Dem Versuchsleiter ist der Ablauf der Geschichte ja bereits bekannt, und das Kind weiß das natürlich. Seine emotionale Beteiligung wird dementsprechend nicht sehr hoch sein« (Rank 1995, S. 124). Die Untersucher sprechen aber in der Auswertung nicht von der Fähigkeit, Nacherzählungen zu strukturieren, die sie mit diesem Verfahren allenfalls erfassen könnten, sondern leiten daraus eine Phasenfolge ab, nach der Kinder die Erzählfähigkeit erwerben würden.

Ich möchte mich nicht ausführlicher mit diesen oder ähnlichen Beispielen beschäftigen, sondern damit nur andeuten, daß man die Arbeiten zum kindlichen »Erzählerwerb« mit großer Vorsicht zu betrachten hat. Sie leiden darunter, daß sie meist nur die formalen Eigenschaften kindlicher Erzählungen im Blick haben, ohne sie auf ihr Mitteilungsbedürfnis zu beziehen. Kinder sind keine Papageien. Zwar haben sie ein naturwüchsiges Interesse, sich die Kommunikationsweisen ihrer Umgebung anzueignen, deren Codes zu knacken, sie nachzuahmen und sich ihnen immer besser anzupassen, aber das Interesse entwickelt sich am Wunsch, sich dieser Umgebung mitzuteilen, mit ihr in Kontakt zu treten und in diesem Kontakt mit den eigenen Wünschen, Eigenschaften und Fähigkeiten anerkannt zu werden, letzten Endes sich selbst über die andern wahrzunehmen. Kein Kind (und selbstverständlich auch kein Erwachsener) erzählt, um seine kommunikativen oder kognitiven Kompetenzen zu steigern oder um »narrative Diskursformen« auszubilden. Die Kommunikationsformen des Erzählens und die verbindlichen Strukturen von Geschichten werden nur deshalb übernommen, weil sie ermöglichen, eine Schicht der eigenen Person dem Austausch zugänglich zu machen, die in der operationalen und kognitiven Verständigung ausgeklammert bleibt: die Wahrnehmung der eigenen psychischen Innenwelt, weil sie zu »erzählendem Selbstempfinden« führen.

Der »Mutterboden« kindlichen Erzählens

Um erzählende Äußerungen vor einer Kindergruppe zustande zu bringen, wie sie uns schon die zwei- oder dreijährigen Kinder unserer Sammlungen vorführen, müssen die Erzähler über zwei Fähigkeiten verfügen: einerseits eine längere, in sich geschlossene Äußerung durchzuhalten und dazu andererseits in die monologische Erzählerrolle zu schlüpfen.

Selbst wo sich ihre »Erzählungen« noch im Variieren lautlicher und thematischer Anklänge erschöpfen, müssen die Kinder doch schon das Kommunikationsverhalten beherrschen, das erzählendes Reden verlangt, und das ist weniger selbstverständlich, als es zunächst erscheinen mag. Bedeutet es doch, daß sie sich fähig zeigen, das in der Mutter-Kind-Interaktion gelernte geregelte Pingpongspiel des Dialogs zu unterbrechen und erzählend vor Zuhörern einen längeren Redebeitrag durchzuhalten. Naturgemäß muß das schwerfallen, weil nun die unterstützende Hilfe des erwachsenen Partners wegfällt, der im engen familiären Kontakt die ersten Erzählungen durch Fragen und Wiederholungen erleichtert und damit die sprachliche Formulierung absichert.

Wie für alle anderen Aspekte des Spracherwerbs ist das Gespräch der natürliche Mutterboden, aus dem das Erzählen erwächst. Auch wenn sich die Vorläufer erzählenden Redens sozusagen naturwüchsig entwickeln, Kinder in ihren einsamen Einschlafmonologen spontan ihre innere Welt zu versprachlichen suchen, müssen sie doch die Verfahrensweisen und das angemessene Redeverhalten erst erwerben, mit denen diese Sprechweise in die zwischenmenschliche Verständigung eingefügt werden kann. Die fiktiven Äußerungen ihrer Selbstgespräche würden wohl kaum in die Dialoge des hellen Tages überführt, sondern wahrscheinlich bald folgenlos untergehen, würde das Kind nicht erzählendes Sprechen von seinen Betreuern vorgeführt bekommen, und würden nicht fiktive Äußerungen von den Betreuern akzeptiert und gefördert, würde es also nicht erfahren, daß die Versprachlichung seiner inneren Regungen und damit die Innenseite seiner Person Anerkennung findet. Die Bestätigung und Stärkung seiner psychischen Eigenwelt, die schon der Säugling im »Abstimmungsverhalten« der Mutter erfuhr, wird hier auf einer erweiterten Ebene und mit besseren Audrucksmöglichkeiten fortgeführt und hat sicher große Bedeutung für ein stabiles und gestärktes Selbstbild des Kindes.

Die ersten kindlichen Erzählungen entstehen eingebettet in Dialoge, in denen der erwachsene Partner die zaghaften Schritte des Kindes absichert und unterstützt. Ähnlich wie der Säugling die Regeln der Dialogführung über die unterstützende Haltung lernte, die die Mutter in ihren Gesprächen mit dem Kind einnimmt, übernimmt das Kleinkind die geordnete Form einer Erzählung sowie die Regeln des Erzählverhaltens im Gespräch mit den Betreuern. Die Unterstützung durch die Erwachsenen erlaubt es dem Kind, ins Erzählen überzugehen, ohne sich durch eine »Erzählankündigung« das Rederecht zu sichern. Im allgemeinen leihen ihm die Betreuer, sobald es zum Erzählen ansetzt, ein williges Ohr, auch muß sich das Kind zunächst kaum darum sorgen, ob ihm die Zuhörer bei der Stange bleiben. Die Erwachsenen schöpfen den Spielraum des Zuhörers weit über die üblichen Eingriffsmöglichleiten hinaus aus, ermuntern damit das Kind, helfen ihm weiter und bestätigen es in der Art, wie das Peggy Miller beobachtete: »Betreuer machten Anmerkungen und Ausrufe der Überraschung, des Interesses und der Anteilnahme und lockten Bemerkungen zur Haltung des Kindes oder der emotionalen Reaktion hervor (wie zum Beispiel ›Hast du geschrien?‹ ›Tat ihr der Kopf weh?‹ ›Warst du erschrocken?‹)«

(Miller/Sperry 1988, S. 312). Es sind die gleichen Verhaltensweisen, die Eltern und Betreuer bei den ersten Sprachlauten des Kindes an den Tag legen: Sie stärken die kindliche Äußerung durch formgerechte Wiederholung, ergänzen unvollständige Sätze, weisen durch Nachfragen auf unterlassene Strukturteile hin und machen Vorschläge, wie es weitergehen könnte. Dieses Training befähigt die Kinder, bald auch allein längere Äußerungen zustande zu bringen.

Zunächst sind es, wie wir im vorigen Kapitel gesehen haben, Laut- und Klangassoziationen, die dem erzählenden Kind helfen, eine mehr oder weniger lange erzählende Äußerung durchzuhalten, später haben die assoziativen Reihungen von Handlungen einen vergleichbaren Effekt: Die vorhergehende Handlung ruft in der Vorstellung eine ähnliche oder gerade gegenteilige Aktivität hervor, und so lassen sich die Handlungen wie Perlen auf eine Kette ziehen. Zusammenhängende und aufeinander aufbauende Handlungen sind nach diesem Verfahren allerdings nur zufällig zu erzielen, dazu wäre eine vorgegebene Struktur nötig, die ein geordnetes Erzählen bis zum Endpunkt ermöglicht. Aber damit greifen wir der Entwicklung voraus, die Ausbildung des Strukturschemas, das zusammenhängende Erzählungen zu konstruieren erlaubt, wird uns noch ausführlich beschäftigen. In den frühen Erzählungen kündigen sich solche Ordnungsregeln mit den Einleitungs- und Schlußformeln an. Sobald die Erzähler begriffen haben, daß eine Geschichte einen Anfang und ein Ende haben muß, setzen sie mit dem aus Bilderbüchern und Geschichten übernommenen »Es war einmal« ein und schließen, sobald sich ihr Redefluß erschöpft, die Erzählung abrupt ab, indem sie ein »Ende« hinterhersetzen.

Der Austausch von Alltagserfahrungen

Der Appetit kommt bekanntlich beim Essen, und auch die Lust zu erzählen entfaltet sich am besten, wo sie angeregt und vorgelebt wird. Wie weit Kinder bereit und fähig werden, ihre Erfahrungen und ihre Phantasien erzählend mitzuteilen, wird davon beeinflußt, wie oft die Erwachsenen in ihrer Umgebung erzählen, welche Rolle

Alltagserleben und Phantasie darin spielen, wie viel sich die Betreuer in erzählender Rede an das Kind wenden und wie sie auf seine ersten eigenständigen Erzählungen reagieren. Das wird sicher in jedem einzelnen Fall je nach der Lebenseinstellung und den persönlichen Vorlieben sehr unterschiedlich ausfallen, doch lassen sich auf einer allgemeineren Ebene bezeichnende Verhaltensstile an den sozialen Milieus festmachen, in denen die Kinder aufwachsen. Natürlich geben sie nur ungefähre Ausrichtungen wieder, die aber für uns den Wert haben, zugleich die beiden grundsätzlichen Wege zu benennen, auf denen sich erzählbare Geschichten bilden: im Nachvollziehen von Erlebnissen einerseits und andererseits im Ausphantasieren erdachter Handlungen. Wir werden später sehen, daß sie nicht so weit auseinanderliegen, wie es auf den ersten Blick erscheinen mag.

Im sozialen Milieu der »Unterschichten« zeigt sich die alltägliche Unterhaltung in der Regel sehr viel stärker von erzählendem Sprechen durchsetzt als bei Bevölkerungsgruppen, die eine lange Schulbildung hinter sich haben und auch im Alltag eher zu erklärenden Sätzen neigen, und diese Tendenzen setzen sich im Umgang mit den Kindern fort. Bei der Untersuchung der »narrativen Umwelten kleiner Arbeiterkinder in Baltimore« nahm Peggy Miller die Gespräche von Müttern mit ihren Vorschulkindern sowie mit anderen Erwachsenen in den eigenen vier Wänden auf. »In einer solchen intimen Umgebung ist der Fluß an Geschichten, der die alltäglichen Erfahrungen wiederaufleben läßt, in den Worten Millers ›kompromißlos‹. Im Durchschnitt gibt es pro Stunde aufgezeichneter Gespräche etwa 8,5 Erzählungen, also alle sieben Minuten, und dreiviertel aller Erzählungen stammen von der Mutter« (Bruner 1997, S. 95). Wo im »gehobenen« Milieu eher Erklärungen abgegeben würden, werden hier die Alltagserlebnisse zu exemplarischen Erzählungen verarbeitet. »Das Erzählen persönlicher Erlebnisse ist in dieser Gemeinschaft nicht nur eine Hauptform erwachsenen Redens, sondern stellt einen bezeichnenden Teil der sprachlichen Umgebung des Kindes dar« (Miller et al. 1990, S. 296).

Miller beobachtete, daß Mütter Erzählungen, die vom drolligen

Verhalten der Kinder und ihren Streichen handelten, gern in deren Gegenwart vor anderen Erwachsenen zum besten geben. Solche Geschichten machten in ihren Aufzeichnungen ein gutes Viertel der mütterlichen Erzählungen aus. Sicher werden sie sozusagen mit einem Auge auch für die Kinder erzählt, und es versteht sich, daß die betroffenen Kinder sie aufmerksam verfolgen, wie die 23 Monate alte Amy im folgenden Beispiel, die auf Mutters Schoß saß, während die Mutter Miller berichtete, wie ihr Freund Johnny sie dem Mädchen gegenüber herunterzumachen versuchte.

> *Mutter (zur Untersuchenden): Johnny sagte ihr neulich abends, er sagt zu ihr:* »*Deine Mutter ist doch ein Miststück.*« *(Amy streckt die Arme vor und langt nach einem Stoffschwein, schaut zur Mutter)*
> *Amy (zur Mutter): Mar! Mar!*
> *Mutter (zur Untersuchenden): Und er macht weiter damit, erzählt ihr solche Sachen, und sie sagt:* »*Na huh.*« *Sie sagt:* »*Du bist das, Papa. Du bist ein Miststück.*« *(Untersucherin lacht)*
> *Mutter: Das sagte sie zu ihm. Da wäre er fast vom Stuhl gefallen. (Amy rutscht aufs Sofa neben die Mutter)*
> *Amy (zur Mutter): Mar! (unverständlich)*
> *Mutter (zu Amy): Ja ja.*
> *Amy (zur Mutter): Ja.*
> *Mutter: Jawohl, er sagt:* »*Sag deiner Mutter, sie ist ein Miststück.*« *Und schließlich sitzt sie da und hat das auszuhalten, hat das auszuhalten, und er sagt:* »*Sag es ihr, sag deiner Mutter, sie ist ein Miststück.*« *Da sagte sie:* »*Nuh hu, Papa.*« *Sie sagte:* »*Du bist ein Miststück.*« *(Amy richtet ihre Aufmerksamkeit auf Mutters Taschenbuch).*

(Miller et al. 1990, S. 296)

Solche Erzählungen werden vom zuhörenden Kind mit großer Aufmerksamkeit registriert und wirken sich sicher auf dessen Selbstwahrnehmung aus. Schon dadurch, daß ein bestimmtes Erlebnis des Kindes aus dem Fluß der laufenden Handlungen herausgehoben wird, andere Erlebnisse unbeachtet bleiben, unterteilt die Mutter die kindliche Erfahrung in bemerkenswerte und unbedeutende Episoden. Schließlich erfährt sich das Kind in der mütterlichen Erzählung als die agierende Hauptperson. »Indem sie ein zweijähriges Kind herausstellt und es zum Mittelpunkt einer Erzählung macht, behandelt es die Mutter als eine eigenständig handelnde Person, als jemanden, dessen Erfahrungen das Erzählen lohnt« (Miller et al. 1990, S. 297). Das dem Kind bekannte Erlebnis wird aber zugleich in einer Weise strukturiert, die es erzählbar macht und damit der kleinen Zuhörerin vermittelt, welche Bestandteile eine Erzählung umfaßt.

Schon im Säuglingsalter »erziehen« Mütter ihre Kinder systematisch zu einem dialogischen Verhalten, indem sie zunächst jede zufällige Reaktion als Dialogbeitrag in das Gespräch einbeziehen, später nur auf lautliche, dann nur noch auf sprachliche Beiträge der Kinder antworten (Snow 1977). Ganz ähnlich bezieht diese Mutter das zuhörende Kind immer mehr in die Erzählung ein, indem sie während der laufenden Erzählung Fragen stellt und darüber das zweieinhalbjährige Mädchen zum Miterzählen auffordert:

> *Mutter: Wir haben Hummer gesehen. Erinnerst du dich an die Hummer? Sie laufen so. (macht Laute nach, während sie so tut, als würde sie zubeißen, zuschnappende Handbewegungen) Und der kleine Junge machte: Au. (Pause) Weil er ihn in den Finger gebissen hat.*
> *Kind: (nickt, schüttelt dann verneinend den Kopf)*
> *Mutter: Hat er dich auch in den Finger gebissen?*
> *Kind: Nein. Schau, er hat mich nicht in den Finger gebissen. (zeigt der Mutter seinen Finger)*
> *Mutter: Nein, das machte er nicht.*

(Miller/Sperry 1988, S. 300 f.)

Mit wenigen Sätzen, aber recht ausgeprägten Gesten, die die Mutter als gültige Beiträge akzeptiert, vermag das Mädchen die Rolle der Miterzählerin auszufüllen. Das Selbstbewußtsein, das durch solche Erzählungen gestärkt wird, spornt dazu an, sich auch selbst als Erzählerin zu versuchen. Im Alter von ebenfalls nur zweieinhalb Jahren zeigt sich ein anderes Mädchen fähig, in eine zwischen den Erwachsenen laufende Erzählung einzugreifen, nachdem die Mutter Peggy Miller erzählt hatte, wie ihre Tochter Beth von einer jüngeren Cousine angefallen wurde.

Mutter (zur Untersucherin): Beth wollte ein kleines Baby nicht hauen.
Das hatte ich ihr beigebracht. Und dann – Edith mußte sie am Haar
gezogen haben oder so was. Da hat sie zugebissen. (Untersucherin lacht)
Mutter (rasch): Nicht so toll. Ich weiß nicht.
Beth (zu beiden): Schau. Mit so am Haar ziehen. Und wieder so am
Haar ziehen. (wendet den Kopf zum Publikum und macht es vor,
indem sie am eigenen Haar zieht)
Mutter (zur Untersucherin): Ich, ich sagte: »Nein, sie ist doch nur ein
kleines Baby, meine Liebe, beiß sie doch nicht!«
Mutter (zu Beth): Wer zog dich am Haar, Beth?
Beth (zur Mutter): Na, ungefähr so. Da. (wendet den Kopf zum
Publikum und macht es vor, indem sie am eigenen Haar zieht)
(Beth schaut auf die Untersucherin)

(Miller et al. 1990, S. 298f.)

Das Erzählen ist in dem Milieu, das Frau Miller in Boston untersuchte und das zweifellos stellvertretend für ähnliche soziale Schichten in anderen Ländern stehen darf, seiner Thematik und seiner
Form nach sehr direkt auf die kindliche Alltagserfahrung ausgerichtet. Erzählt werden Erlebnisse, die durch die Tatsache, erzählt zu
werden, bereits eine besondere Bedeutung erhalten, und es wird zwischen Erwachsenen und Kindern erzählt, ohne einen grundsätzlichen Unterschied zu machen: Die Erzählung der Mutter ist ebenso
für die fremde Besucherin wie für das mithörende Kind gedacht, das
in die Erzählung miteinbezogen wird und, sobald es Ansätze dazu
macht, die Erzählerrolle übernehmen kann. Das Kind lernt auf diese
Weise, wie man Erfahrungen zu einer Erzählung verarbeitet, welche
Mittel man einsetzen muß, um sie dem Zuhörer nahezubringen,
und wie man die eigenen Erlebnisse erzählend umformt und deutet.

Erziehung zur Faktizität

Dagegen ist im Mittelschichtmilieu im allgemeinen ein etwas anderer Umgang mit dem Erzählen üblich. Auch die alltäglichen Unterhaltungen sind hier vom sogenannten »elaborierten Code« gekenn-

zeichnet, der zum ausformulierten und erklärenden Sprechen neigt und damit das erzählende Verarbeiten persönlicher Erlebnisse eher behindert. Das Erzählen kindlicher Streiche in Gegenwart der Kinder dürfte meist sogar als pädagogisch bedenklich eingestuft werden. Erzählendes Sprechen hat in diesen Schichten seinen eigens für die Kinder vorgesehenen und pädagogisch motivierten Platz: In »Erzählstunden« werden Geschichten vorgetragen oder sogar selbst ausgedacht, zum Einschlafen wird aus Kinderbüchern vorgelesen, und Mütter wie Väter nehmen sich eher die Zeit, mit den Kindern Bilderbücher zu betrachten. Schließlich werden Aufführungen des Kindertheaters oder auch Auftritte von Märchenerzählern, Puppenspiele und dergleichen Veranstaltungen besucht, die die Kinder unterer Schichten meist nur über pädagogische Einrichtungen wie Kindergarten und Schule kennenlernen.

Was den Kindern in den Produktionen der Kinderkultur geboten wird, können naturgemäß nicht die auf den Leib geschneiderten Geschichten sein, wie sie die Bostoner Arbeitermutter erzählte. Als mediale Erzählungen müssen sie Allgemeingültigkeit anstreben, schon um damit ein breites Publikum anzusprechen. Wichtiger aber ist, daß sie auf eine spezifische Wirkung hin angelegt sind, die sich seit der Entstehung der modernen Kindermedien im 18. Jahrhundert grundsätzlich nicht verändert hat. Sie erzählen »ausgedachte« Geschichten, die eine indirekte Beziehung zur Alltagserfahrung herstellen: Sie führen Ereignisse und Konflikte entweder als exemplarisches Beispiel oder in modellhafter Übertragung vor Augen, und bieten sich den Kindern zur Bearbeitung vergleichbarer Situationen und der damit verbundenen Emotionen und Konflikte an. Die Fiktion ist einerseits allgemeiner und umfassender, zum anderen wird gerade darum die Grenze zwischen der Welt des Fiktiven und der Welt des sozialen Handelns schärfer gezogen. Es ist die »Moral von der Geschicht«, die begriffen und auf das eigene Handeln übertragen werden soll.

Selbst wo dem Kind persönliche Erlebnisse erzählt werden, schleicht sich rasch diese Perspektive ein. Um das Schaukeln mit dem Stuhl zu unterbinden, erzählt eine amerikanische Mutter der weißen Mittelschicht ihrem 31 Monate alten Sohn eine kleine Geschichte. Aber was den Jungen beeindruckt, ist nicht die beabsichtigte Schlußfolgerung, sondern daß sie ihm von der eigenen Kindheit berichtet, ein Thema, für das sich Kinder auch in späteren Jahren stets begeistern:

> *Mutter: Weißt du was, Billy? Als ich ein kleines Mädchen war, spielte ich einmal in der Küche, und weißt du, was passierte? Ich kippte nach hinten um und verletzte mir den Mund, und ich mußte zum Doktor gehen, und er mußte mich verbinden, ja. Deshalb solltest du ganz vorsichtig sein.*
>
> (Miller et al. 1990, S. 303 f.)

Zu jung oder auch zu unwillig, um die gewünschte Nutzanwendung daraus zu ziehen, eignet sich der Junge die aufregende Geschichte an, indem er sich in die Rolle des Verletzten versetzt, der zum Arzt gebracht werden muß, und agiert die imaginierte Verletzung mit seinen Darstellungsmitteln aus. Die Mutter ist hin- und hergerissen: Einerseits sieht sie sich genötigt, ihn auf den Unterschied zwischen Vorstellung und Tatsachen festzulegen und damit die Grenze zwischen Fiktion und Wirklichkeit zu beachten. Behauptet er doch, so wie damals seine Mutter zum Herrn Doktor zu gehen, wo er selbst doch in Wahrheit eine Frau Doktor hat. Andererseits wiederholt sie seine Äußerungen nach den Regeln des stützenden Dialogs, verstärkt sie dadurch und bestärkt ihn in seiner Erzählhaltung. Nicht die Fiktivität scheint sie zu stören, sondern daß diese sich mit den nachprüfbaren Tatsachen mischt.

Kleine Kinder begreifen Erzählen als Mitteilen dessen, was in ihnen vorgeht. Auch die dreijährige Jenny reagiert noch nicht anders, denn wo das Schreckbild, vom Fahrrad zu stürzen, ihre Vorstellung überschwemmt, ist sie in ihrer Erzählung eben vom Rad gefallen, wie sehr auch immer die elterliche Wirklichkeitsauffassung dagegen protestieren mag.

> *Mutter: Bist du Rad gefahren? Ist es umgefallen?*
> *Jenny: Es ist umgefallen.*

*Vater: Nein, es ist nicht umgefallen. Du bist nicht hingefallen. Du hast
es befürchtet. Du warst erschrocken, nicht wahr.*
Jenny: Doch, ich bin hingefallen. Ich ging runter – fiel hin.
Vater: Nein, du fielst nicht hin. Du hast nur gefürchtet hinzufallen.
Jenny: Ich fiel hin, ich fiel hin.

(Magee/Sutton-Smith 1983, S. 9)

Daß gerade der Vater Jennys »Falschaussage« nicht durchgehen lassen will, berührt merkwürdig in einer Familie, die die erzählerische
Phantasie des kleinen Mädchens von früh an systematisch fördert,
indem die Eltern mit ihr regelmäßig Bilderbücher betrachten, der
Vater ihr selbsterfundene Geschichten erzählt, das Mädchen zum
Miterzählen und schließlich zum Ausdenken eigener Geschichten
anregt.

Das Mißverständnis zwischen diesen beiden Kindern und ihren
Eltern ist aufschlußreich: Während die Kinder ihre inneren Wahrnehmungen in erzählender Rede wiedergeben, versuchen die Erwachsenen, sie auf den Unterschied zwischen der Faktizität vergangener Ereignisse und phantasierter Vorstellung festzulegen, eine
Unterscheidung, die, gemessen an der Wahrnehmung des Kindes,
keinen Sinn machen kann: Beides, die Erinnerung an vergangenes
Leid wie das Schreckbild des denkbaren Unglücks, ist der sinnlichen Wahrnehmung entzogene, ist innere Vorstellung. Die Grenze
zwischen Faktizität und Phantasie setzt ein kulturelles Training voraus, das diese Kinder noch vor sich haben. Noch vertrauen sie mehr
der Gewißheit ihrer eigenen Wahrnehmung als der sprachlich-
kulturellen Bezeichnung.

Das Verhalten dieser Eltern erinnert an die hartnäckigen Fragen,
die Castaneda an seinen Medizinmann richtete, nachdem er sich
unter Drogeneinfluß wie ein Vogel durch die Luft fliegend erlebt
hatte. Die Frage, ob er nur in seiner Vorstellung den Eindruck gehabt habe zu fliegen oder ob er »wirklich« geflogen sei »wie die Vö-
gel fliegen«, wehrt Don Juan mit der schlitzohrigen Bemerkung ab,
er sei eben geflogen, wie ein Mann fliegt, »der Kraut genommen
hat« (Castaneda 1999, S. 134). Und bei einer anderen Gelegenheit

antwortet er auf eine ähnliche Frage: »Das ist alles, was in Wirklichkeit da ist – das, was du gefühlt hast« (Castaneda 1999, S. 145). Die innere Erfahrung, die für den indianischen Medizinmann eine gleichberechtigte Wirklichkeit neben der Welt seiner Sinne darstellt, bleibt selbst für den neue Bewußtseinsweisen erkundenden Ethnologen eine abgeleitete Wirklichkeit, deren Gültigkeit sich erst an der äußeren Faktizität zu bewähren hat.

Es ist eine der tragenden Säulen der neuzeitlichen westlichen Lebensauffassung, die Kindern über solche Reaktionen beigebracht werden, eine Ausrichtung, die in allen gesellschaftlichen Schichten mehr oder weniger dominiert. Zwar ist es auffällig, daß Kinder gerade in dem kulturellen Milieu, wo Phantasie und Kreativität großgeschrieben werden, früh darauf trainiert werden, genau zwischen »echt« und »unecht« zu unterscheiden. Aber ebenso ließ sich beobachten, daß Eltern aus weißen amerikanischen Unterschichten ihre Kinder auf die frühe Beachtung der Grenze zwischen Fiktion und Tatsachenbezug verpflichteten, während Eltern anderer kultureller Herkunft darauf weniger Wert legten. »Betreuer aus chinesischen oder amerikanisch-afrikanischen Familien mit niedrigem Einkommen gingen recht tolerant mit fiktiven Ausschmückungen persönlicher Erfahrungen um, während diejenigen, die der weißen Arbeiterschicht angehörten, eine recht strikte Einhaltung der wortwörtlichen Wahrheit forderten« (Miller et al. 1990, S. 301).

In einem auf den ersten Blick überraschenden Gegensatz dazu scheint die Tatsache zu stehen, daß zur gleichen Zeit mit den Produktionen der modernen Massenmedien die unwahrscheinlichsten und absonderlichsten Figuren und Plots die gesamte Gesellschaft durchdringen und allen ohnmächtigen pädagogischen Abwehrschlachten zum Trotz auch und besonders die Köpfe und Spielzeugwelten der so sehr auf die objektive Außenwelt verpflichteten Kinder bevölkern. Der Gegensatz ebnet sich ein, wenn man nachfragt, warum die medialen Mythen ein solches Maß an überwältigender Vergegenständlichung benötigen. Offenbar können im Rahmen dieser kulturellen Auffassung Fiktionen erst dort als wirksame und lebensbestimmende Kreationen wahrgenommen werden, wo sie in medialer Gestalt zu einem sichtbaren, greifbaren und verkäuflichen Produkt veräußerlicht wurden, und insofern verdanken auch noch die aufdringlichsten medialen Phantasien dieser Logik der Faktizität ihre Existenz und ihre Wirksamkeit.

Schulung der narrativen Phantasie

Aber kehren wir zu Jennys Erzählstunden zurück, die zwischen dem 23. und 33. Monat aufgenommen und ausgewertet wurden und uns einen interessanten Einblick in die Weise geben können, wie in einem intellektuellen Mittelschichthaushalt die Erzählfähigkeit des Kindes gefördert wird. Was sich als Jennys »Erzähltraining« bezeichnen ließe, verläuft in ganz ähnlichen Bahnen wie die erzählenden Unterhaltungen, die die Bostoner Arbeitermutter mit ihrem Mädchen in Gang setzt, allerdings mit dem Unterschied, daß es nun statt der geteilten Erfahrungen Phantasiebilder sind, die ausgetauscht werden.

Über fiktive Gegenstände zu sprechen, hat Jenny wohl zuerst an Bilderbüchern gelernt, die ihre Eltern regelmäßig mit ihr betrachteten, seit sie acht Monate alt war, und wichtig daran waren zunächst weniger die in Bildern erzählten Geschichten als die Dialoge, die sich beim Betrachten entspannen. Es ist ja im allgemeinen kaum die Geschichte, die das Kind beim Betrachten von Bilderbüchern nachvollzieht, zumindest ist es wichtiger, daß es dabei angeregt wird, sich sprachlich auf Fiktionen zu beziehen. Ob die Abbildungen »wilde Kerle« oder eine brave Vorstadtstraße mit spielenden Kindern zeigen, dürfte auf dieser Stufe recht unerheblich sein, in beiden Fällen liefern sie Rohstoff für die kindliche Vorstellungswelt, der besprochen und zu neuen Vorstellungen verarbeitet werden kann. Die Gespräche, die sich beim Bildbetrachten mit Kleinkindern entwickeln, erinnern an die Formen des Austausches, die zwischen Müttern und Kindern stattfinden, sobald sich beide auf Gegenstände im Sichtfeld des Kindes beziehen und das Spiel des wechselseitigen Gebens und Nehmens spielen, nur daß sie sich jetzt auf Fiktionen richten und statt Gegenständen Vorstellungen ausgetauscht werden. Während es in den aus der Unterschicht zitierten Beispielen um gemeinsame Erfahrungen ging, werden beim Bücherbetrachten zwischen Jenny und ihren Eltern von ihrem Alltagsleben abgelöste Phantasien mitgeteilt. »Sobald einmal das Bücherlesen beginnt, benutzt das Kind seine schon entwickelte Beherrschung des Dialogs, um in einen strukturierten Austausch nicht gegenständlicher Themen einzutreten. Es ist deshalb nicht überraschend, daß das Bücherlesen von Mutter und Kind sich sehr früh und sehr stark an die Dialogstruktur von Gesprächen anpaßt« (Ninio/Bruner 1978, S. 6).

Der Vater erzählt Jenny immer wieder frei improvisierte Geschichten, die in diesem Alter am leichtesten aufgenommen werden können. Da die Erzählung für das Kind durchschaubar im Moment des Erzählens entsteht, wird es bald dazu angeregt, sich an der Erzählung zu beteiligen, Anmerkungen und eigene Vorschläge einzubringen, die die Geschichte in die ihm am besten entsprechende Richtung führt. Die folgende »Ko-Erzählung« stammt aus dem Zeitraum zwischen Jennys 23. und 32. Lebensmonat:

> *Vater: Und was passierte dann?*
> *Jenny: Sara kommt auch auf die Veranda. Und das Katzenbaby auch.*
> *Vater: Oh, das Katzenbaby kam auch auf die Veranda hoch. Und was passierte dann?*
> *Jenny: Ich bin hingefallen.*
> *Vater: Du bist hingefallen? O Gott. Wer ist denn noch hingefallen?*
> *Jenny: Sara ist auch hingefallen. (Jenny zählt auf, wer noch hinfiel, und der Vater wiederholt es)*
> *Vater: Schön, dann kam ein großer Bus daher, und alle gingen von der Veranda und gingen in den Bus rein. Sara ging in den Bus. Jenny ging in den Bus. Wer noch?*
> *Jenny: Gary geht auch in den Bus.*
>
> (Magee/Sutton-Smith 1983, S. 10)

Es sind fiktive Geschichten, die sich jedoch an Jennys Alltagserfahrungen anlehnen und in ihrem gewohnten Umfeld angesiedelt werden. So entsteht ein dichter Austausch von Phantasien und Wünschen zwischen dem erwachsenen Erzähler und dem zuhörenden

Kind, der Jennys Phantasie anspricht, ihr Stoff für neue Phantasie-gestaltungen liefert, andererseits dem Vater die Chance gibt, die sich ausdifferenzierende Innenwelt des Kindes kennenzulernen, sich in sie einzufühlen und sie in seine Erzählungen einzufügen.

Auch wenn es die Erzählungen des Vaters sind, die Jenny anhört, bringt er sie doch über die Fragen, was dann wohl passiert sein könnte, dazu, sich immer aktiver an der Ausarbeitung der Ge-schichte zu beteiligen und damit ihre eigenen Bilder und Ideen Ge-stalt werden zu lassen, wozu sie ohne diesen stützenden Rahmen noch nicht in der Lage wäre. »Das ist der entscheidende Schritt zum eigenen Geschichtenerzählen, denn das Kind fühlt sich nun frei, das Reich der Geschichtenwelt zu betreten und zur Handlungs-führung beizutragen, aber es steht nicht unter dem Zwang, die ganze Geschichte zu kennen. Im Alter von zwei Jahren war Jenny in ihren Spielen mit Fiktionen vertraut, aber offenbar hatte sie noch zu lernen, die Erfahrung der Fiktivität in das Format von Geschich-ten zu übertragen« (Magee/Sutton-Smith 1983, S. 10).

Jennys erste selbständige Erzählung bot sie im Alter von 29 Mo-naten, indem sie eine Erzählung des Vaters, in der offenbar ein Ele-fant vorkam, nach 20 Minuten mit einer Art eigener »Erzählankün-digung« unterbrach:

Jenny: Ich geh auf den Elefant rauf, okay?
Vater: Okay.
Jenny: Gut. Die Leiter hoch. Das Vogelbaby sagt, du bist nicht mein
Freund.
Vater: Ist das dein Freund?
Jenny: Nein.
Vater: Was ist es dann?
Jenny: Nicht hochkommen hier. (brüllt) Nein, du bist nicht mein
Freund.
Vater: Wer hat das gesagt? Wer hat gesagt, du bist nicht mein Freund?
Hat das die Katze zu Sara gesagt?
Jenny: Ja. (brüllt lauter) DU BIST NICHT MEIN FREUND:
(große Emotion) Geh weg! Sara. Ich hab Sara gebissen.

Vater: Wirklich? Du hast Sara gebissen?
Jenny: Ja.
Vater: Mann! Sara schreit, wenn du sie beißt. (fröhlich)
Jenny: Ich küsse Saras Aua.
Vater: Und dann küßt du Saras Aua. Haha.
Jenny: Ich küsse Saras Aua.
Vater: Jenny küßt Saras Aua. Macht es das besser?
Jenny: Ja.
Vater: Jenny ist ein gutes Mädchen.

(Magge/Sutton-Smith 1983, S. 4)

Diese offene und das Kind beteiligende Erzählweise erlaubt dem Kind nicht nur, eigene Einfälle in die Erzählung einzubringen, sie erlaubt ihm zugleich, Phantasien, die es zu stark beschäftigen würden oder die es nicht verarbeiten kann, im Akt des Erzählens abzuwehren und umzulenken. Es erscheint uns selbstverständlich – auch das eine für das Mittelschichtmilieu bezeichnende Ansicht –, daß Phantasie für Kinder von klein auf wichtig und förderlich ist. Phantasiegeschichten können jüngere Kinder aber auch sehr leicht belasten. Sie finden sich von zu heftigen Vorstellungen oft wie überwältigt und haben Mühe, die von der Erzählung ausgelösten, sie überflutenden Gefühle zu verarbeiten. Schon beim Vorlesen ist es oft sinnvoll, belastende Passagen improvisierend abzuändern. Beim dialogisierenden Erzählen können Kinder sicherstellen, daß sich die Geschichte genau ihren Bedürfnissen und Gefühlen anpaßt. Ich erinnere mich, daß sich beim Erzählen mit meiner Tochter etwa schon ab ihrem dritten Lebensjahr die Formel einspielte: »Ich sage dir, was du erzählst.« Sie gab mir dann eine Person vor, von der ich zu erzählen hatte, und sobald ich etwas einbaute, was ihr gegen den Strich ging, stoppte mich ein lautstarkes »Nein« oder ein Vorschlag, wie es weiterzugehen hatte. Kein Bilderbuch und keine Lesegeschichte reichten an das Vergnügen heran, das ihr diese Erzählstunden bereiteten.

Diese enge Anpassung an die eigenen Phantasiebilder stärkt die Selbstwahrnehmung auf andere Weise als die Erzählungen von Alltagserlebnissen des Kindes. Während sich das Selbstbewußtsein des Bostoner Arbeiterkindes an seinen eigenen Aktivitäten und der Tatsache entwickelt, daß sie erzählenswert sind, sind es im Mittelschichtmilieu eher die in der inneren Selbstwahrnehmung auftauchenden Vorstellungen, die mit den anderen ausgetauscht und in ihrer Bedeutung gewürdigt werden und die das Kind deshalb als sinnvoll und als Ausdruck seiner persönlichen Individualität erfährt. Beide Erfahrungen haben sicher nachhaltige Auswirkungen auf das Bild, das das Kind von sich selbst zu entwerfen beginnt. Die Unterschiede sind aber nicht so sehr herauszustellen, wie es die systematische Gegenüberstellung erscheinen lassen mag, denn natürlich werden auch im Mittelschichtmilieu, vor allem von den Kindern selbst, alltägliche Ereignisse und Erfahrungen in kleinen Geschichten verhandelt. Andererseits kommen auch die »realistischen« Erzählungen, die nach alltäglichen Erlebnissen geschneidert sind, nicht ohne einen guten Schuß phantastischer Ausschmückung aus, ohne die sie kaum ihre Zuhörer fänden.

Sieht man von den thematischen Unterschieden und den unterschiedlichen Situationen ab, in denen den Kindern erzählt wird, dann laufen beide Stile kindlicher Erzählförderung auf ein vergleichbares Ergebnis hinaus. Hier wie dort werden ihnen Geschichten geboten, die sich eng an ihr Verständnis, ihre Alltagswahrnehmung und ihre inneren Vorstellungen anpassen. Zusätzlich werden kindliche Reaktionen über direkte Fragen provoziert, weiten sich zu Vorschlägen und Beiträgen der Kinder aus und machen sie immer mehr zu Miterzählern, die, durch die stützende Hilfe des erwachsenen Partners abgesichert, bald eigene Geschichten zustande bringen. Die Unterstützung und Korrektur durch den Erwachsenen hilft den kindlichen Erzählern nicht nur, das dem Erzählen angemessene kommunikative Verhalten zu übernehmen; über die Vorlagen, die der Erwachsene liefert, seine Einwürfe und Reaktionen gegenüber den eigenen Erzählversuchen erkennen sie auch nach und nach, wie eine Geschichte aufzubauen ist, um als solche verständlich zu sein, und lernen die kulturüblichen narrativen Strukturformen zu übernehmen.

Auch wenn sie dann beginnen, selbständig Geschichten zu erfinden, hilft ihnen die Einbettung in ein Gespräch und die aktive Beteiligung eines Zuhörers, die Erzählung in eine konsequente und in sich schlüssige Form zu bringen. Noch lange segeln sie auf der offenen See ihrer spontanen Eingebungen und brauchen den reagierenden Zuhörer als Kompaß, um den Kurs zu halten, der ihre Geschichte in eine regelgerechte Form und zu einem gültigen Abschluß bringt. Sehr anschaulich führt uns das die Erzählung einer anderen Jenny vor, die im Alter von fünf Jahren ihrem Vater regelmäßig Geschichten bei laufendem Tonband erzählte. Sie hatte diesmal einen Hasen und seinen Freund sich den »Kopf volltanken«, dann den »Benzindeckel« liegen lassen, so daß die Tankstelle von Benzin überschwemmt wurde. Als der Vater sie auf die Explosionsgefahr hinweist, läßt sie zwei Passanten mit Lust eine brennende Zigarette draufwerfen und inszeniert damit »ein Riesenfeuer, wie sie es noch nie erlebt hatten«. Nur, wie soll das Feuer nur wieder gelöscht werden?

J: Der Junge und das Mädchen ist von oben, von oben, von oben, weißte von oben, vom Himmel sind die runtergefallen. Und da ...
V: (unterbrechend) Wieso, wie sind se denn in den Himmel gekommen?
J: Das Feuer hat sie in den Himmel gehoben.
V: Ach so.
J: Sie sind, Gott sei dank, runtergefallen. Das war die Lebensrettung.
V: Mhm.
J: Sie haben ganz große Eimer in der Tasche gehabt, die man ganz klein zaubern konnte und ganz groß zaubern konnte. (...) Und dann haben sie die ganz groß gezaubert. Und dann? Was haben sie dann gemacht?
V: Das weiß ich doch nicht. (...)
J: Und da haben sie Wassser reingetan und das ganze Feuer gelöscht.
(Parmentier 1989, S. 69 f.)

Die Form gemeinsamen Erzählens

Die Form gemeinsamen Erzählens, in der die ersten kindlichen Erzählungen erfolgen, wird auch später bis ins Schulalter hinein immer wieder benutzt, wenn die Kinder schon längst in der Lage sind, selbständig Geschichten zu konstruieren und vorzutragen. Häufig wird die Rolle der stützenden Erwachsenen von älteren Kindern, vor allem den Geschwistern, übernommen, die dabei aber meist nicht die Flexibilität der Betreuer besitzen, sondern eher ihre Version gegen die der Jüngeren durchzusetzen suchen. Aber auch Gleichaltrige erleichtern sich manchmal die immer noch anstrengende Formulierungsarbeit, indem sie die Anstrengung teilen. Für zwei Situationen bietet sich diese Weise des Koerzählens an, die Kindern von den Erzähldialogen mit ihren Betreuern her ja noch sehr naheliegt: einmal, um ein gemeinsames Erlebnis wieder in Erinnerung zu rufen und weiterzugeben, zweitens, um damit eine Art gemeinsamen Phantasiespiels in Gang zu setzen, wie das die beiden Mädchen vorführen, die im Wechselgesang die Geschichte eines Hamsters improvisieren, der aus dem Wald in die große Stadt kam:

> *Jill: Und als er in die Stadt kam, da fiel ihm ein, daß es sein Geburtstag war, und er war drei Jahre alt.*
>
> *Emily: Und da fand ihn jemand und sagte: »Er schaut aus wie der Hamster, den ich verloren habe, aber er ist es nicht. Heute war der Geburtstag des Hamsters, den ich verloren habe.«*
>
> *Jill: Und da sagte der Hamster: »Heute ist auch mein Geburtstag.«*
> *Deswegen nahm er ihn mit nach Hause und setzte ihn in einen Käfig.*
> *(...)*
>
> *Emily: Und sie feierten Geburtstag und gaben ihm Hamsterfutter und Hamsterkuchen. Und er hatte alles voll Hamsterfutter. Und er hat alles aufgefressen. Und der Hamsterkuchen schmeckte nach Getreide und Erdnüssen, Apfel und Tomate und Sojabohnen und Sonnenblumen und Luzerne.*
>
> *Jill: Und nach dem Hamsterkuchen und dem ganzen Futter drin mußte er so oft aufs Klo, daß er irgendwie krank wurde. Und die, der er*

*gehörte, holte ihn raus und holte ihn zum Eßtisch und setzte ihn auf
ihren Stuhl.*
*Emily: Und als sie ihn rausholte, kotzte er zwölf Mal. Da ging sie in die
Zoohandlung und fragte den Verkäufer, was er Schlimmes hatte. Und
der sagte: »Er hat eine Krankheit und eine Seuche, die heißt Tropicana.«
Da gaben sie ihm Medizin, die aber nicht half, weil Hamster Seuchen
kriegen, wenn sie zuviel fressen, und dann grunzen sie. Und wenn sie
im Wald geboren sind und kommen hierher – es gibt Krankheiten in der
Stadt, die können sie kriegen, weil sie an den Wald gewöhnt sind und
nicht an die Stadt. »Aber der hier ist auf nichts allergisch«, sagte der
Verkäufer, »Ich denke, der hat nur zuviel gefressen.«*
*Jill: Und weil er zuviel gefressen hat, bekam er diese sehr, sehr schlimme
Krankheit. Da starb er.*

(Sutton-Smith 1981, S. 197 f.)

Es ist jetzt nicht mehr der überlegene erwachsene Gesprächspartner,
der mit Fragen und Eingriffen die Erzählung absichert; die Koerzäh-
ler sind gleichberechtigte Partner, die sich gegenseitig die Bälle zu-
werfen und sich damit die Mühe erleichtern, Erinnerungen und
Phantasien in eine verständliche Form zu bringen. Da die erlebten
Vorlagen aus unterschiedlichen Blickwinkeln gesehen werden, die
Erinnerung des einen Kindes das Gedächtnis des andern anregt, der
Einfall des einen Einfälle des anderen hervorruft, entstehen beim
gemeinsamen Erzählen meist weniger strukturierte und auf einen
eindeutigen Abschluß gerichtete Geschichten. Es macht aber wenig
Sinn, diese Form gemeinsamen Erzählens, wie das von Klaus R.
Wagner versucht wurde, als »Geflechtserzählung« der sogenannten
»Höhepunktserzählung« gegenüberzustellen und sie zu unterschiedlichen Erzählgattungen zu erklären (Wagner 1986). Das gemein-
schaftliche Erzählen setzt die strukturierte, auf einen Höhepunkt
zielende Geschichte als normale Form nicht außer Kraft, es verschiebt nur den Schwerpunkt von der Gestaltung einer festen »kohärenten« Struktur auf die kommunikativen Aspekte des Erzählens.

Gelegentlich benutzen auch Erwachsene diese Erzählweise, um
gemeinsame Erinnerungen vor Dritten auszubreiten, riskieren dabei

aber sich zu verheddern. Eine Geschichte erschöpft sich eben nicht im Berichten nachprüfbarer Erlebnisse, sondern sucht, auch wo sie sich auf das gleiche Vorkommnis bezieht, ihre jeweils eigene Form. Wo die Erzähler, anders als die improvisierenden Kinder, schon ihre feste Version gebildet haben, riskieren sie, sich mit konkurrierenden Versionen gegenseitig in die Quere zu kommen, statt sich zu ergänzen, wie das Tucholsky mit der Kurzgeschichte »Ein Ehepaar erzählt eine Geschichte« vorführt (Tucholsky 1972, S. 952).

Die untauglichen Vorbilder der Medien

Die Weise, in der Kindern in den ersten Lebensjahren erzählt wird und wie ihre ersten eigenständigen Erzählungen angeregt und gefördert werden, dürfte sich nachhaltig auf ihre Phantasietätigkeit auswirken. Die Kinder, deren Erzählfähigkeit sich hauptsächlich an Fiktionen ausbildete, werden auch zu üppigerer Phantasie neigen, sie aber stärker von ihrem Alltagserleben abgrenzen. Wo das Erzählen von Alltagerlebnissen vorherrschte, verstehen es Kinder deutlich besser, ihre Erfahrungen über Geschichten mitzuteilen; diese Erzählungen bleiben aber auch mehr der sozialen Alltagswelt verhaftet, und ihre Erzähler werden sich weniger phantastische Sprünge leisten. Sie werden sie auch weniger formalisieren und deshalb später in der Schule Mühe haben, sie zu verschriftlichen. Gerade diese Kinder werden von den völlig phantastischen Fiktionen, die die Massenmedien anbieten, unwiderstehlich angezogen, die ihre Phantasiebedürfnisse stillen, sie gleichzeitig anregen und ausbilden und neue Phantasieansprüche wecken. Es sind aber Fiktionen, die kaum in das erzählende Sprechen Eingang finden, also nicht »hautnah« nachvollzogen werden können und deshalb abgespaltener erlebt werden müssen als die im Erzählen, Vorlesen oder Bilderbuchbetrachten ausgebildete Phantasie. Allerdings neigen gerade diese Kinder dazu, die Medienerfahrungen untereinander auszutauschen und im Spiel auszuagieren und damit diese Nacharbeit unter sich abzumachen, und man kann darüber spekulieren, wie weit sie damit die Medienphantasien verarbeiten und sich anverwandeln können.

Ohne die Brücke zur eigenen Erfahrung, die der lebendige Dialog herstellt, sind mediale Fiktionen jedenfalls kaum als Abbilder der eigenen Innenwelt erkennbar, müssen als irgend wo in weiter Ferne beheimatete äußere Wirklichkeiten erscheinen. Um so unkontrollierter können sie dann aber die unterschwelligen Bilder der eigenen Innenwelt ansprechen, wie sich das an den Stoffen der trivialen Science-fiction beobachten läßt, die so offensichtlich Erfahrungen der vorgeburtlichen Lebenszeit ausgestalten und sie gleichzeitig hinter der Faktizität technischer Machbarkeit verstekken. Es spricht einiges dafür, daß Unterschichtkinder deswegen oft eine höhere Abhängigkeit vom Fernsehen und anderen Medienangeboten entwickeln, weil die geringere Anregung, die ihre Phantasie in ihrem sozialen Milieu erfährt, sie dazu drängt, um so wildere Sprünge am Fernseher oder beim Videospielen zu erleben. Es ist aber schwierig, darüber mehr als Vermutungen anzustellen; die Auswirkungen des medialen Konsums auf Kinder haben sich trotz einer umfangreichen Literatur, zahllosen Untersuchungen und Forschungsprojekten bislang jeder klaren Beurteilung entzogen.

Geht man nach dem Material, das uns die Sammlungen kindlicher Erzählungen präsentieren, dann muß es angesichts der Allgegenwart von Medienangeboten auffallen, wie wenig Spuren die ersten Medienerfahrungen in kindlichen Erzählungen hinterlassen. Frau Weir notiert zu einem einzigen Monolog ihres Sohns, daß der erwähnte »Twofeet« die Hauptfigur seines Lieblingsbuchs sei. Die sprachgewandte Emily hatte im Alter von 26 Monaten eines ihrer Lieblingsbücher mit ins Bett genommen und anhand der Bilder die Geschichte nacherzählt, erreicht dabei aber bei weitem nicht die Qualität ihrer selbständigen Erzählungen. »In ihrer Wiedergabe hängen die einzelnen Aussagen in fragmentierten Teilen zusammen, ungefähr wie im ersten Beispiel ihres Berichts über Erinnerungen mit 21 Monaten, obwohl ihr in diesem Fall die Folge der Bilder als Hilfe zur Verfügung stand« (Nelson 1995, S. 182).

Für die ältere Sammlung von Pitcher und Prelinger kann man voraussetzen, daß die Medienangebote vor allem in dieser Altersgruppe auch in den USA noch nicht die heute üblichen Ausmaße erreicht hatten. Zwar tauchen dann in der neueren Sammlung von Sutton-Smith immer wieder Figuren der Medienwelt auf; entsprechend der Zeit der Sammeltätigkeit sind das vor allem die Figuren der Superheldencomics Batman, Superman, Supergirl und dergleichen, aber auch Kermit, der Frosch, oder die Sesamstraße sind vertreten. Sie stehen aber recht wahllos zwischen Märchenfiguren wie Cinderella oder den sieben Zwergen, die auch schon manche Erzählungen bei Pitcher und Prelinger anführen, und zeigen vor allem kaum Auswirkungen auf die ihnen angedichteten Handlungsweisen. Der Verdacht liegt nahe, daß die Erzähler die mit diesen Figuren verbundenen Handlungsmodelle noch nicht beherrschten, sondern sie eher als Aufhänger benutzten, um eigene Vorstellungen zu beleben. Inzwischen ist die Entwicklung weitergegangen, sind Mediengebrauch und Medienprodukte weiter in den Alltag der Kinder eingedrungen, durchsetzen Figuren der Medienwelt sehr viel dichter die kindlichen Äußerungen. Es ist aber schwer einzuschätzen, wie sie sich auf die Phantasiebildungen auswirken. In der Diskussion um die Wirkungen von Medien wird zu unvermittelt vom Auftauchen massenmedialer Figuren und Versatzstücke auf die Übernahme der Handlungsmuster und Einstellungen geschlossen, die sich mit diesen Produktionen verbinden. Bezeichnenderweise folgen die kindlichen Erzählungen, selbst wo sie Märchenfiguren benutzen, nur selten den bezeichnenden Handlungsstrukturen von Märchen, obwohl sie sehr viel übersichtlicher und durchschaubarer angelegt sind als die Plots der meisten medialen Erzählungen. Ich würde eher davon ausgehen, daß Kinder, wo sie selbständig erzählen, Mediengestalten in ähnlicher Weise wie andere Elemente ihrer Erfahrungswelt benutzen, um damit innere Bilder und Strebungen zum Ausdruck zu bringen. Nachhaltigere Wirkungen dürften sich erst dort ergeben, wo die Handlungsweisen im Zusammenhang durchschaut werden und die medialen Handlungsmuster als Vorlagen für eigene tagtraumartige Phantasien dienen. Wie wir sehen werden, dauert es recht lange, bis Kinder die Strukturen mündlicher Erzählungen vollständig überblicken. Daß auch mediale Medienerzählungen von Menschen gemacht sind und wie sie gemacht werden, wird sicher noch sehr viel später durchschaut und nachvollzogen.

Nach den Vorstellungen der sogenannten »Storygrammatiker«, die wir noch zu behandeln haben, dienen Erzählungen verschiedener Medien als Vorlagen, von denen die Strukturen und Bauformen einer geregelten Erzählung abgeschaut und übernommen werden. Bei den Stories, die in den Kindersendungen des Fernsehens oder in anderen audiovisuellen Medien angeboten werden, ist das so gut wie vollkommen auszuschließen. Befragt man jüngere Kinder nach ihren Fernseheindrücken, bekommt man in aller Regel einen Salat von Einzelheiten geboten, die sie beeindruckt haben, aber selten Zusammenhänge, die darauf schließen ließen, sie hätten den Handlungsbogen der Geschichte verstanden, und das gilt fast für die gesamte Vorschulzeit. Dafür gibt es verschiedene Gründe: Auf der einen Seite fehlt den technischen Massenmedien die für dieses Alter »natürliche« Einbindung der Erzählung in das Gespräch, die das Geschehen nachvollziehbar macht und unverstandene Passagen über das Frage-und-Antwort-Spiel näherrückt. Andererseits zeigen sich die Macher dieser Produktionen kaum daran interessiert, in den einfachen und übersichtlichen Strukturen zu erzählen, die Kinder dieses Alters verstehen würden. Das Kinderprogramm dient in allen Medienbereichen als Sprungbrett zu renommierteren Programmsparten, für die man sich zu qualifizieren sucht; ihre Sendungen werden deshalb auch häufig von älteren Kindern als der angepeilten »Zielgruppe«, oft sogar von Erwachsenen gesehen. Da sie die Plots der Geschichten, von Ausnahmen wie einfachen Trickstories abgesehen, meist nicht überblicken, halten sich Kinder an die faszinierende Bewegung der Bilder, die die Wahrnehmung stimuliert. Dafür eignen sich dann wiederum Sendungen des Erwachsenenprogramms oder der Werbung sehr viel besser, die aber bei fortgesetztem Medienkonsum zu der vielbeklagten und für »Fernsehkinder« typischen Nervosität führen. Allerdings können Sendungen besser durchschaut und begriffen werden, wenn sie aufgenommen und mehrmals hintereinander gesehen werden. Das ist aber eher die Ausnahme. Die Mehrzahl der Kinder ist der tauben elektronischen Oma recht hilflos ausgeliefert, und was immer sie sich dabei auch an Einzelinformationen herausziehen mögen, als Modell und Anregung für selbst konstruierte Erzählungen fallen die Produktionen audiovisueller Medien so gut wie vollkommen aus.

Bilderbücher scheinen sich besser dafür zu eignen, Vorlagen für eigene Geschichten zu liefern, werden sie doch im allgemeinen gemeinsam mit den Betreuern betrachtet, und es wird dabei über die Bilder und eben auch den Fortgang der erzählten Geschichte gesprochen. Allerdings gibt es nur wenige Bilderbücher, die gut konstruierte und folgerichtige Geschichten erzählen. Meist sind sie darauf angelegt, in die weitere Umwelt einzuführen, die Helden und ihre Erlebnisse dienen eher als Vehikel von Sachinformationen. Die Vernachlässigung des erzählerischen Aufbaus führt dazu, daß es nur sehr selten die Bilder sind, die eine erkennbare Geschichte erzählen, fast immer sind es die Texte, die die Erzählung tragen. Das heißt, daß Kinder, auch wenn sie die Bücher schon allein ansehen könnten, auf das Vorlesen der Texte und die erklärenden Dialoge von Erwachsenen angewiesen bleiben.

Vorlesegeschichten sind dagegen meist besser aufgebaut, bieten leichter durchschaubare und genauer durchdachte Geschichten an, aber auch hier bleiben kleinere Kinder auf das begleitende Gespräch angewiesen, um die oft noch schwer verständlichen sprachlichen Formulierungen in eigene Bilder zu übersetzen. Um die ganze Geschichte, so einfach sie auch sein mag, zu übersehen und der eigenen Vorstellung einzuverleiben, müssen sie im allgemeinen die Texte mehrfach gehört und besprochen haben.

Es sind in dieser frühen Altersgruppe also kaum die medialen Vorbilder, es ist eher die kommunikative Steuerung im Dialog mit den Betreuern, die das Gefühl für eine zusammenhängende und regelgerechte Erzählung keimen läßt. Wir werden sehen, daß sich in einer späteren Phase die verbindlichen »narrativen Strukturen« allmählich Geltung verschaffen, daß diese Modelle aber auffallend spät in die eigenen Erzählungen übernommen werden. Die ersten Erzählversuche von Kindern zeigen sich davon noch fast unberührt, und es dürfte nach wie vor gelten, wenn Sutton-Smith dazu feststellte: »Es ist beeindruckend, wie unabhängig diese kindlichen Geschichten von der Art Geschichten sind, die die Eltern ihren Kindern erzählen (...). Das Geschichtenerzählen von Erwachsenen und von Kindern ist einfach nicht das gleiche. Und tatsächlich erinnern die ersten Kindererzählungen mehr an die frühen Guck-Guck-Spiele als an die Bilderbuchgeschichten, die ihnen die Erwachsenen bieten. (...) Mit der Zeit werden diese ersten poetischen Stories durch Plots ersetzt, und mit wachsendem Alter nähern sie sich an die Heldenmythen der westlichen Welt an, in denen Helden und Heldinnen, in Zugzwang gebracht, Aufgaben leisten, die ihre Probleme lösen« (Sutton-Smith 1986, S. 88 f). Wie wir noch sehen werden, wirken sich die den Kindern gebotenen literarischen oder medialen Erzählungen erst sehr allmählich auf ihre eigenen Geschichten aus.

Die medialen Vorbilder aus Büchern, Fernsehsendungen oder überhaupt der industrialisierten Massenkultur dürften in den Jahren des »Vorschulalters« sehr viel weniger Einfluß ausüben, als wir ihnen angesichts ihrer Menge und Allgegenwart zuzuschreiben gewohnt sind. Es sind vielmehr die gemeinsamen Spiele, über die sich in gegenseitiger Abstimmung der Spielenden die kindliche Erzählfähigkeit weiter ausbildet, insbesondere im Rollenspiel, das in jenen Jahren unermüdlich und in allen seinen Variationen gespielt wird. Diese Rollenspiele fördern Eigenschaften, die erst die Erzählfähigkeit voll auszubilden erlauben: Mit dem ständigen Wechsel aus der Spielfiktion in die Spielsituation und zurück wird der doppelte Blickwinkel trainiert, der eine komplexe Erzählhaltung erst ermöglicht. Indem sie aus dem Spiel heraustreten, um sich abzustimmen, werden Handlungsabläufe entworfen und gegenseitig korrigiert, die sich immer mehr den kulturüblichen narrativen Strukturen angleichen. Schließlich wird im spontanen Darstellen der Spielfiktionen jene szenische Darstellungsweise geprobt, die lebendiges Erzählen vom bloßen Berichten abhebt.

Improvisierte Geschichten
Gemeinsames Erzählen im Rollenspiel

Spielen ermöglicht eine einzigartige und überwältigende Erfahrung: Die alltäglich gelebte Gegenwart wird plötzlich durchsichtig, hinter der äußeren materiellen und sozialen »Wirklichkeit« erscheint eine schillernde und bewegliche Gegenwelt, in die die Spielenden eintauchen, die sich wie Plastilin nach den eigenen Vorstellungen gestalten läßt, deren Regeln sich nach Belieben aufstellen und wieder außer Kraft setzen lassen.

Solange sie allein mit Erwachsenen spielten, wie das im Säuglingsalter und noch bis zum Eintritt in den Kindergarten vorherrschte, dominierten die Kinder das Feld. Die Großen sind nur halbe Mitspieler, sie regen Spielideen an, aber sobald kindliche Phantasien auftauchen, schwenken sie darauf ein, helfen sie zu realisieren und befördern damit die kindliche Spielfähigkeit und den Mut, Spielideen zu realisieren. Im Spiel mit Gleichaltrigen wendet sich das Blatt: Die Spielfiktionen müssen nun gemeinsam gefunden und ausgehandelt werden, die Vorschläge in eine für alle Mitspieler befriedigende Vorstellung eingefügt werden. Das führt zu viel Streit und Auseinandersetzungen, macht zugleich aber das Spielen auch reichhaltiger und befriedigender: Die unterschiedlichen Phantasien schießen zu einem bunteren und bewegteren Bild zusammen, erlauben, länger in der Spielfiktion unterzutauchen, sie intensiver und überzeugender zu erleben. Das Spiel mit Gleichaltrigen wird darum mit dem Vorschulalter zur bevorzugten Beschäftigung. Auch gemeinsame Konstruktionsspiele laden sich jetzt mit Phantasien auf: Ein aus Bausteinen aufgeschichteter Turm fordert dazu heraus, sich vorzustellen, was man von seiner Spitze aus alles erblicken kann, die aus Legosteinen zusammengesteckten Häuser rufen danach, sie mit Bewohnern und ihren Tätigkeiten zu beleben. Meist aber entzündet sich das Spiel am mitmenschlichen Verhalten, wird das soziale Miteinander und Gegeneinander »ins Spiel gebracht«, werden Ereignisse ausgedacht, die Menschen zusammenführen und auf die sie reagieren müssen. Immer vorherrschender im Spielverhalten der Vorschulzeit werden die »soziodramatischen Spiele«, die wir mit dem geläufigeren Begriff als »Rollenspiele« bezeichnen.

Was ist ein Rollenspiel ?

So gebräuchlich diese Bezeichnung geworden ist, so mißverständlich ist sie auch, legt sie doch den Hauptakzent auf die spielerische Nachahmung gesellschaftlicher Rollen, einen, wie ich zeigen möchte, eher untergeordneten Gesichtspunkt, und übersieht damit den entscheidenden Sinn dieser Spielweise in der kindlichen Entwicklung. Es waren zwei Erwartungen, die sich seit den sechziger Jahren an die kindlichen Rollenspiele knüpften und sie zu pädagogischen Hoffnungsträgern werden ließen: Erstens die Vorstellung, mit Hilfe von Rollenspielen Lerndefizite von Unterschichtkindern ausgleichen zu können, wie das die groß herausgestellten Arbeiten von Sarah Smilanski in Israel und den USA nahelegten, Erwartungen, die sich allerdings bei Langzeituntersuchungen nicht bestätigten. Die wichtigere und folgenreichere Hoffnung bestand darin, »soziales Lernen« schon im Kindergarten verankern zu können, und damit längst bevor die Kinder über den verbalen Unterricht in »Gemeinschaftskunde« dafür ansprechbar wurden. Die Perspektive erschien tatsächlich verlockend: Der verbale Unterricht würde ersetzt durch Spielweisen, die das Kind in seiner freien Zeit spontan bevorzugte, und ohne das zu bemerken, würde es auf vergnügliche Weise eine »Qualifikation« erwerben, die es ihm erlaubte, sich später als selbstbewußter, gesellschaftlich handlungsfähiger Erwachsener zu bewähren. Denn auch die Spielpädagogik blieb Pädagogik, gespielt wurde nicht nur zum Vergnügen, sondern »fürs Leben«, doch im Gegensatz zum Schulunterricht hoffte man, für das spielende Kind ein attraktives Motiv gefunden zu haben: »Aufgrund seiner Beobachtungen, gewonnen am Rollenverhalten Erwachsener und den Erfahrungen mit Rollenträgern (Vater, Mutter, Kaufmann, Arzt), kann es etwas darstellen, was es in Wirklichkeit nach seiner sozialen Stellung, seinem Kindsein, noch nicht realisieren kann« (Kossolapow 1977, S. 125).

Über die im Rollenspiel gemachten Erfahrungen sollten zwei »Kompetenzen« erworben werden, die im späteren Leben zu einer selbstbewußten sozialen Handlungsfähigkeit führen würden. Einmal sollte das gesellschaftliche Rollensystem schon vom Kind spielend durchschaut werden. Es wurde angenommen, über immer neue, seinen Gesichtskreis erweiternde Rollenspiele würde das Kind wachsenden Einblick in das soziale Gefüge der Gesellschaft erhalten und sich, längst bevor es ernsthaft damit konfrontiert wäre, darin orientieren können. »Viele soziale Rollen durchspielen bedeutet für den Heranwachsenden, seinen Erfahrungsbereich im Sinne der Einbeziehung von Fremdbereichen in den Eigenbereich wesentlich zu erweitern« (Kossolapow 1977, S. 125).

Zweitens sollte das pädagogische Rollenspiel Kindern ermöglichen, vorgefundene Rollen an ihren eigenen Bedürfnissen auszurichten und zu verändern. Oder wie es in der eben zitierten Passage weiter heißt: »Oft werden die Primärerfahrungen in der Familie, die einseitige Rolleninterpretationen begünstigen, durch die Rollenvorstellungen, die im Kontakt mit andern Kindern gewonnen werden, revidiert und komplementiert. Das Kind entwickelt dabei die Fähigkeit, andere mögliche Verhaltensweisen zu antizipieren und soziale Kommunikationsformen zu strukturieren« (Kossolapow 1977, S.125). Es war insbesondere die aus der Protest- und Studentenbewegung hervorgegangene Pädagogik, die darauf setzte, die festgefahrenen gesellschaftlichen Rollenstrukturen über die Erfahrungen rollenverändernden Spielens aufbrechen und über die Erziehung zu selbstbewußtem gesellschaftlichen Handeln auf längere Sicht eine politische Veränderung in die Wege leiten zu können. Aber auch nach dem Scheitern grundlegender gesellschaftlicher Veränderungen bestand die Spielpädagogik weiterhin auf der Vorstellung, der spielerische Umgang mit sozialen Rollen könne die soziale Handlungsfähigkeit der Spielenden befördern. Es heißt dann beispielsweise: »Durch seinen Modellcharakter wird das Rollenspiel zur Lernhilfe. Es soll nicht eine Reproduktion der Wirklichkeit sein, es ist vielmehr eine Rekonstruktion der Wirklichkeit unter reduzierten Bedingungen. Die Spieler sind ›Herr der Situation‹, sie sind ihr nicht ausgeliefert. Die Spielsituation ist im Gegensatz zur Wirklichkeit machbar, veränderbar, wiederholbar. Dadurch wird im Rollenspiel Probehandeln möglich« (Freudenreich 1976, S. 24).

Es sind aber nicht die spontanen »soziodramatischen« Spiele, denen diese segensreichen Wirkungen zugeschrieben werden, nur in pädagogisch kontrollierten »angeleiteten Rollenspielen« können die pädagogischen Zielsetzungen gewährleistet werden. Denn im spontanen Rollenspiel könnten sich Kinder »eine illusionäre Traumwelt aufbauen, die nicht mehr Modell der Wirklichkeit ist, in der ein Probehandeln stattfinden kann, sondern die unwirklich ist und zur Flucht und zum Ausweichen vor der Wirklichkeit verführt. Die Spielwelt wird zur Ersatzwelt und verhindert aktive Auseinandersetzung mit der Umgebung« (Freudenreich 1976, S. 21). Alles Spielen hat sich darauf zu beziehen, was als die »Wirklichkeit« der Spielenden definiert wird.

Aufschlußreich ist nun, daß sich ein bewußt auf gesellschaftliches Verhalten zugeschnittenes Rollenspiel als pädagogische Methode gerade dort bewährt hat, wo man mit entwickelten und reflektierenden Persönlichkeiten rechnen kann: Es wird in verschiedenen Bereichen der Erwachsenenbildung eingesetzt, um über das Nachstellen sozialen Rollenverhaltens neue Verhaltensweisen einzuüben, von der Schulung zur freundlich hartnäckigen Verkäuferin über die Stärkung selbstbewußten Auftretens beim Bewerbungsgespräch bis hin zum Training, dem Chef die Meinung sagen zu können. Wir finden hier die Ziele verwirklicht, die für das kindliche Rollenspiel beansprucht werden: kognitives Durchdringen des sozialen Verhaltensspiels und Vorübung auf kommende Handlungssituationen.

Daneben nehmen sich die pädagogischen Rollenspielprojekte

recht kläglich aus, insbesondere im Vorschulalter, also gerade der Altersgruppe, die einen großen Teil des Tages in ständig wechselnden Rollenspielen verbringt: Kinder, die längst Experten im spontan improvisierenden Zusammenspiel sind, zeigen sich kaum fähig, eine vom Spielleiter vorgeschlagene Rolle auszufüllen. Sie haben große Schwierigkeiten, über längere Zeit eine Spielfigur zu halten, fallen immer wieder aus der Rolle und durchkreuzen den vom Spielleiter vorgesehenen Ablauf, indem sie störende Einfälle ins Spiel schmuggeln. Wo sie dem Spielentwurf zu folgen bereit sind, spielen sie oft ungeschickt und hölzern, richten ihre ganze Konzentration darauf, »richtig« zu spielen, und verlieren damit ihre spontane Spielfähigkeit. »Rollenveränderung« findet dann allenfalls noch auf Anweisung des Spielleiters statt, und es ist eine schöne Illusion zu glauben, damit könnten Rollenmuster durchschaut oder gar umgestaltet werden. Erst mit dem Eintritt in die Schule bessert sich die Bilanz: Nun werden die Spieler allmählich fähig, geprobte Rollen wiederzugeben und vorgegebene Handlungsmuster durchzuhalten, das heißt, sie lernen »Theater zu spielen«: Das spontane Rollenspiel wandelt sich zum »darstellenden Spiel«.

Woher rührt die merkwürdig geringe Wirksamkeit pädagogischen Rollenspiels gerade in der Altersgruppe, die den größten Teil ihrer freien Zeit mit diesen Spielen verbringt? Ich denke, die einseitige pädagogische Ausrichtung auf Rollenlernen und Rollenveränderung mißversteht den Sinn und Charakter dieser Spielweise. Nur in den ersten Phasen kindlichen Rollenspielens geht es darum, beobachtete soziale Rollen über das aktive Nachspielen durchschauen und handhaben zu können. Nur sehr junge Kinder schöpfen ihr Vergnügen daraus, spielend so sein zu können »wie die Großen«, und das erklärt sich vielleicht auch damit, daß diese frühen Rollenspiele meist nicht mit Gleichaltrigen, sondern mit den erwachsenen Betreuern bestritten werden, wie bei dem so beliebten spielerischen Rollentausch zwischen Mutter und Kind. Bei den gemeinsamen Sozialspielen mit den Altersgenossen schieben sich die kommunikativen Abstimmungen in den Vordergrund, über die sich Spielfiktionen herauskristallisieren, die weit von der vorgefundenen sozialen

Wirklichkeit abweichen können. Nur soweit sie ihr Spielverhalten in ständiger Rücksprache abstimmen, kann das gemeinsame Spiel in Gang kommen und in Gang gehalten werden. Es sind diese wechselseitige Koordination und die dabei entstehenden gemeinsamen Spielhandlungen, die die kindlichen Rollenspiele bestimmen, nicht der Versuch, gesellschaftliche Rollenzuweisungen im Schonraum des Spiels zu durchschauen und zu trainieren, wie das die Rollenspielpädagogik unterstellt.

Gesellschaftliches Rollenverhalten und zwischenmenschliche Kommunikation stehen ja überhaupt in einer engen und unauflösbaren Verbindung: Sobald wir mit einem Mitmenschen in sprachlichen Kontakt treten, tun wir das in den Rollen eines Sprechers und eines Zuhörers. Zugleich zeigt sich das Kommunikationsverhalten bis in seine Details durchsetzt und gesteuert von den sozialen Rollenzuweisungen, mit denen sich die Kommunikationspartner gegenübertreten. Diese Rollenzuweisungen werden uns nicht nur von unserem Gesprächspartner entgegengebracht, wir haben sie über das früh gelernte Rollenverhalten so weit verinnerlicht, daß wir sie bereits vor Beginn unserer Äußerung dem Gesprächspartner unterstellen.

Alltagssprachlich ausgedrückt, begegnen wir uns nicht nur ständig hinter vorgehaltenen Masken und versuchen, Verhalten und Reden daran anzupassen. Wir hegen auch unsere Mutmaßungen darüber, welche Rolle die anderen uns vorzuspielen suchen, welche Erwartungen sie uns aus der Perspektive der von ihnen gespielten Rolle entgegenbringen, und versuchen uns darauf einzustellen. Wir haben es deshalb nicht nur mit dem leibhaftigen Gegenüber unseres Mitmenschen zu tun, sondern zugleich mit dem Bild, das wir uns von ihm machen. Und um schließlich das verwirrende Beziehungsgefüge zu vervollständigen, stellen wir obendrein auch noch Vermutungen darüber an, was die andern mutmaßen, wir würden es von ihnen erwarten. Mit unseren Verhaltensweisen, mit unseren nonverbalen Signalen ebenso wie mit jeder sprachlichen Äußerung suchen wir diese komplexen Faktoren zu berücksichtigen und ihnen in der unseren Absichten, Gefühlen und Motivationen dien-lichsten Weise zu entsprechen. Die wechselnden Rollenspiele fin-den sich demnach vollständig in das Kommunikationsverhalten verwoben, ja, zwischenmenschliche Kommunikation beruht gerade auf diesen Rollenspielen und dem Wissen, daß auch der Kommuni-kationspartner eine Rolle spielt: Nur über diese komplexen Rol-lenübernahmen und wechselseitigen Rollenzuweisungen kann sich eine auf den Austausch von Signalen gerichtete und über Spiel-regeln gesteuerte Kommunikation entfalten.

Das allem sozialen Rollenverhalten zugrundeliegende Kommu-nikationsspiel aber wurde in der Diskussion um das pädagogische Rollenspiel so gut wie vollständig übergangen. Sobald man die ein-seitige Fixierung auf Nachahmung oder Veränderung vorgefundener sozialer Rollen aufgibt, enthüllt sich das kindliche Rollenspiel als ein dichtes Gewebe sich überlagernder kommunikativer Prozesse. Wo zwei Kinder in ein gemeinsames Rollenspiel eintreten, koordi-nieren sie ihr gegenseitiges Verhalten nach den gleichen komplizier-ten Spielregeln, die den »ernsthaften« sozialen Umgang bestimmen. Allerdings stellt das Spiel höhere Anforderungen. Statt nach eini-germaßen festen und deshalb vergleichsweise verläßlichen Regeln zu spielen, müssen sie ihre Rollenzuweisungen von Spielakt zu Spielakt abstimmen, ihre Erwartungen an die Mitspieler zur Gel-tung bringen und eine für alle akzeptable Lösung finden.

Zusätzlich steigert sich die Komplexität des sozialen Rollenver-haltens durch die spielerische Verdoppelung. Die Spielenden treten ja bereits mit ihren sozialen Rollen ins Spiel ein. Sie sind Kinder eines Kindergartens unter der Aufsicht von Erziehern, sie sind Mäd-chen oder Jungen, gehören zu den »Großen« oder zu den »Klei-nen«, halten die Position eines beliebten oder weniger beliebten Ka-meraden, gelten als Anführer, Mitläufer oder Außenseiter ihrer Gruppe. In eine Spielrolle gehen sie mit all diesen Festlegungen hinein, sie wird ihr Spielverhalten beeinflussen, an bestimmten Stellen des Spielverlaufs durchbrechen, ihn ergänzen oder stören. Die eingenommene Rolle ihrerseits hängt nicht nur von ihren Kenntnissen des »wirklichen« Rollenverhaltens, also des dargestellten sozialen Vorbilds, ab, sondern wird sich immer auch in Abstimmung mit dem Mitspieler entwickeln. Sowohl auf der sozialen Ebene der Spielsituation wie auf der fiktiven Ebene der gespielten Handlung werden sich ihre Rollendarstellungen wechselseitig bedingen. Sie werden Erwartungen an den Mitspielenden als Freund und als Darsteller bilden und sich zugleich vorstellen, wie der Mitspieler sie selbst und ihr Spiel einschätzt, und vorwegnehmend darauf reagieren. Selbst das schlichteste Rollenspiel zweier Kinder enthüllt sich der nachfühlenden Beschreibung als ein dichtes Geflecht wechselseitiger Bezüge. Es setzt einerseits bereits die Fähigkeit voraus, sich zu anderen in Beziehung zu setzen, andererseits entwickelt sich diese Fähigkeit über das Spiel weiter, wird beweglicher und differenzierter. Nicht zufällig fällt der Höhepunkt des kindlichen Rollenspiels mit den Entwicklungen zusammen, die Freud dem »Ödipuskomplex« zuordnet und für die man etwas allgemeiner formulieren könnte, es gehe in dieser Entwicklungsphase um die Ausbildung einer differenzierten Beziehungsfähigkeit.

Vom Rollenspiel zum Phantasiespiel

Worauf die Spielpädagogik setzt, nämlich Nachahmung und Übernahme komplementärer Rollenmuster, steht eigentlich nur bei den frühen sozialen Spielen im Mittelpunkt des Spielinteresses. Aber auch diese ersten Rollenspiele setzen bereits die Beherrschung des Rollenverhaltens voraus. Nicht anders, als das Erwachsene tun, nehmen auch Kinder das gesellschaftskonforme Rollenverhalten im sozialen Umgang wahr, beachten und verinnerlichen es. Am Ursprung dieser einfachen Rollen stehen die regelhaft sich wiederholenden Erfahrungen des alltäglichen Umgangs, die sich zu festen Sequenzen zusammenschließen, daher als »Skripts« aus dem Fluß der Wahrnehmungen ablösbar werden und bei Einsetzen der Sequenz die dazu gehörigen Erwartungen an den weiteren Ablauf aufrufen. Als Interaktionen zwischen Kind und Betreuern beinhalten sie immer wechselseitige Rollen, im einfachsten Fall die des Betreuers und die des Betreuten.

Sobald das »ernste« Rollenverhalten zwischen Kind und Betreuer spielend überformt wird, wird die Umkehrung des »normalen« Rollenschemas aufgeführt, geht es um die Eroberung und Beherrschung der das eigene Rollenverhalten ergänzenden Gegenrolle. Bereits den allerersten Mutter-Kind-Spielen liegt, wie wir bei der Diskussion des Guck-Guck-Spiels sahen, ein einfaches und »reziprokes« Rollenschema zugrunde: Der Rolle des Versteckenden entspricht die Rolle des Suchenden, und wenn die Kinder zunächst auch auf die passive Rolle festgelegt sind, lernen sie doch bald, spielend den aktiven Part zu übernehmen. Im Nachvollzug der hautnah bekannten Gegenrolle und im immer genaueren Nachfühlen nehmen sie in umgekehrter Perpektive die eigene Rolle wahr und werden sie um so besser annehmen und ausführen können. Sichtbar wird das an den ersten Rollenspielen, die vom Kind selbst initiiert werden: In einfacher Rollenumkehrung verwandelt sich ein Kind zur Puppenmutter, gibt der Puppe zu trinken, wäscht sie oder kämmt sie und braucht sich um die Abstimmung mit ihr nicht zu sorgen. Auch wo sie die leibhaftige Mutter dafür in Anspruch nimmt, kann sie darauf rechnen, daß sie ihr kaum mit eigenen Erwartungen dazwischenkommt, sondern das kindliche Spiel durch geschickte Anregungen unterstützt. Das Kind bleibt unbestrittener Regisseur des eigenen Spiels.

Zunächst sind es einzelne Spielhandlungen, die in der Rollenumkehrung ausgeführt werden, schon bald aber kann das spielende Kind diese zu längeren Sequenzen anordnen. »Im Alter von zwei Jahren waren die Kinder in der Lage, geistig zusammenhängende, mütterartige Verhaltensweisen darzustellen. Das zeigte sich am deutlichsten in Vorführungen, bei denen die Kinder im Puppenspiel Sequenzen mütterlichen Verhaltens spielten. Zum Beispiel spielte Wendy im Alter von 24 Monaten die folgende Sequenz: die Puppe schlafen legen, auf dem Schoß halten, ihr gegenüber Gefühle zeigen, sie hart anfahren, sie trösten, ihr vorsingen, sie zum Tanzen bringen. Um den 30.–36. Monat herum begannen lineare Sequenzen oder zielgerichtete Handlungen aufzutauchen, wenn das Kind zum Beispiel alle Stufen, die zum Toilettemachen gehören, an der Puppe ausführte. Die späteren Entwicklungen schlossen (1) die Verkörperung einer erweiterten Zahl rollenbezogener Verhaltensweisen ein und (2) eine weitergehende Ausarbeitung innerhalb jeder Stufe der linear aufgebauten Sequenzen. Zusätzlich wurden in diesem Alter die Handlungsfolgen gewöhnlich im voraus sprachlich geplant und die dem Plan untergeordneten Handlungen folgerichtig geschildert. Im Mutter-Kind-Spiel der Dreijährigen beispielsweise kündigte die Mutter an, daß sie ihr Baby zur Sonntagsschule mitnehme, und holte dann die Babykleidung und tat so, als ob sie es anziehe« (Miller/Garvey 1984, S. 109).

In diesen frühen, mit den Betreuern oder an Puppen ausgeführten Rollenspielen stehen tatsächlich noch Nachahmung und Durchdringung der beobachteten sozialen Rollen im Vordergrund des Spielinteresses. Die Kinder suchen die typischen Handlungsweisen einer Rolle wiederzugeben, sie in der zutreffenden Reihenfolge zu ordnen, ihr Spielverhalten also möglichst genau an das nachgeahmte Vorbild anzupassen, und es ist in dieser Altersstufe sicher die Lust, in der Rollenumkehrung so zu sein wie die »Großen«, die das Kind zu diesen endlos wiederholten Spielen motiviert. Über die Rollenumkehrungen durchschauen sie die gegenseitige Bezogenheit sich ergänzender Spielrollen und lernen spielend, von einer Rolle zur andern zu wechseln. »Die meisten Vierjährigen können eine soziale Rolle darstellen, indem sie eine Verhaltensrolle wie den Arzt zu einer komplementären Rolle wie dem Patienten in Beziehung setzen. Die Entwicklung in den späten Vorschuljahren bringt kompliziertere Kombinationen von Rollen mit sich und gipfelt in der Fähigkeit der meisten Sechsjährigen, als Darsteller mehrere Rolle gleichzeitig zu spielen« (Watson/Fischer 1980, S. 491).

Das Rollenspiel zwischen Arzt und Patient hat bereits den Umkreis der vertrauten Familienrollen verlassen und damit das Repertoire um »funktionale Rollen« (Garvey) erweitert, das heißt, um Berufsrollen, die das Kind in seiner weiteren Umgebung beobachten kann. Ergänzt wird das Repertoire schließlich von »fiktiven Rollen«, deren Vorbilder Erzählungen oder Medienangeboten entlehnt werden. Gemeinsam ist allen diesen Spielrollen, daß sie soziale oder fiktionale Vorlagen aufgreifen, die mehr oder weniger treffend nachgeahmt werden. »Nur wenige Kinder versuchten sich in ›erdichteten‹ Rollen. Solche Parts wurden mehr beredet als gespielt« (Garvey 1978, S. 111).

Nachahmung setzt allerdings voraus, daß man das Vorbild kennt. Das versteht sich für die Familienrollen von selbst, an denen das Kind ja immer in der Komplementärrolle beteiligt ist: Es muß an der Mutter nur die Handlungen ausführen, die sie so oft an ihm selbst ausgeführt hat. Sobald es aber in ferner liegende Rollen schlüpfen will, ist es auf das Bild verwiesen, das es sich bei der Beobachtung der gespielten Rollenträger bildete. Wie ein Arzt mit seinen Patienten umgeht, hat es wahrscheinlich schon am eigenen Leib erfahren, wie man als Briefträger die Post verteilt oder was die Straßenbauarbeiter treiben, hat es in seiner Umgebung verfolgen können. Aber Kinder beschränken sich in ihren Spielen kaum auf die Rollen, die sie in ihrer Umgebung beobachten können, genausogut wird, jedenfalls wenn man die Rollenspiele der Fünf- oder Sechsjährigen hinzunimmt, der Bundespräsident, der Papst oder der Weltraumfahrer gespielt. Auf welche Vorbilder können sie sich dabei beziehen? Allenfalls auf flüchtige Eindrücke des Fernsehens oder anderer Medien, nach denen sich kaum ein zutreffendes Rollenverhalten konstruieren läßt.

Je mehr die kindlichen Spiele den vertrauten sozialen Umkreis verlassen, desto unwahrscheinlicher wird es, daß sie »richtiges« Rollenverhalten wiedergeben. Würde die Übernahme fremder Rollen immer nur nachahmend erfolgen, müßte das spielende Kind an enge Grenzen stoßen, die ihm durch seinen Erfahrungsbereich gezogen werden. Erschwerend kommt noch hinzu, daß viele gesellschaftliche Rollen, vor allem im Bereich der Arbeitswelt, über die Anschauung allein nicht erfaßt werden können. Was der Kassier am Bankschalter tut, läßt sich noch spielend nachvollziehen, die Arbeit des Bankdirektors dagegen entzieht sich der Beobachtung. Spielpädagogische Projekte versuchen zwar, fremde gesellschaftliche Lebensbereiche mit einigem Aufwand anschaulich erfahrbar und damit einer realitätsnahen Spielweise zugänglich zu machen. Sie riskieren dabei aber, die kindliche Spielfreude durch langwierige Erklärungen zu bremsen. In ihren spontanen Spielen ersetzen Kinder die fehlende Anschauung mühelos durch improvisierte Einfälle. Die Frage, ob sie »richtig« wiedergegeben werden, ist dabei Nebensache, weil sie nicht die Spielfähigkeit berührt. Denn mit der wachsenden Fähigkeit, ergänzende Rollensysteme zu überblicken, mit den gespielten Rollenzuweisungen zu jonglieren, sie nach Bedarf abzustimmen und frei zu gestalten, verblassen die sozialen Vorlagen zusehends. Das Spielinteresse verschiebt sich auf das Gelingen einer gemeinsamen und über längere Zeit durchgehaltenen Spielfiktion. Nur so können sich weit über die unmittelbare Anschauung hinausgehende Spielentwürfe und die dafür benötigten Rollen ausbilden. Das in der Umgebung beobachtbare Rollenrepertoire würde die Spielmöglichkeiten und damit die Spielmotivation viel zu sehr einschränken.

Sicher beobachten Kinder sehr genau die Verhaltensspiele von Erwachsenen und suchen die gegenseitigen Rollenzuweisungen zu begreifen. Aber solche Beobachtungen bilden kaum den Anstoß für die ausgedehnten sozialen Spiele. Um die Form spontanen dramatischen Spielens in Gang zu halten, greifen Kinder nach allen möglichen Partikeln ihrer Erfahrung: sozialen Vorbildern, eigenen Erinnerungen, Erzählungen, die sie gehört oder gelesen, Sendungen, die sie gesehen haben. Gesellschaftliches Rollenverhalten und die sich darin ausdrückenden sozialen Verhältnisse sind nur insofern von Bedeutung, als sie brauchbare Fundstücke für das Spiel liefern, solche Fundstücke werden aber nach Bedarf ebensogut in anderen Bereichen der Erfahrung oder der Vorstellungswelt gesucht. »Soziales Lernen« ist kein Spielmotiv, schon gar nicht das »Lernen fürs Leben«. Was zählt, ist, das gegenwärtig laufende Spielvergnügen sicherzustellen und zu erhöhen.

Um das Spiel am Laufen zu halten, benötigt man allerdings die gleiche gegenseitige Regulierung, die auch das »ernste« soziale Verhaltensspiel steuert, denn je genauer man sich verständigen kann, desto länger und vergnüglicher kann die gemeinsame Spielfiktion gelingen. Deshalb üben und perfektionieren Kinder im Rollenspiel kaum ihren Einblick in gesellschaftliche Rollenmuster, dazu sind die gespielten Rollen viel zu sehr von phantasierten Zuschreibungen durchsetzt. Was sie dagegen spielend fürs »wirkliche« Leben lernen, ist, das hochkomplizierte soziale Kommunikationsspiel zu meistern, sich immer genauer auf die Erwartungen der anderen einzustellen, ohne die eigenen Ansprüche aufzugeben, und sich dazu ständig innerhalb und außerhalb der Spielfiktion zu verständigen. Indem sie in die Haut immer neuer Personen schlüpfen, erfahren sie die Kontinuität der eigenen Persönlichkeit, etwa im Sinne der von Singer geäußerten Vermutung, das Phantasiespiel führe zu differenzierterer Selbstwahrnehmung: »Indem es eine Vielzahl von Phantasie-Ichs und Rollen annimmt, löst sich ein Kind immer mehr aus seiner Umgebung heraus und nimmt in sich viele Möglichkeiten wahr, die durch die äußere Situation nicht selbstverständlich gefordert werden. Es scheint wahrscheinlich, daß das Kind dabei beginnt, einen Sinn dafür zu entwickeln, ›was ich bin im Vergleich zu vielen anderen Zuständen, die möglich wären‹« (Singer/Singer 1990, S. 206). Die genauere Selbstwahrnehmung bringt zugleich eine genauere Fremdwahrnehmung mit sich. Denn indem sie die möglichen Beziehungsmuster ihrer fiktiven Personen durchspielen, schärfen und entwickeln spielende Kinder die eigene Beziehungsfähigkeit. Oder in den Worten von Greta Fein: »Im Rollenspiel dürften Kinder, eher als neue Kenntnisse über einzelne Rollen zu erwerben, trotz des Rollenwechsels ihr Verständnis für die Identität der (eigenen) Person konsolidieren. Dieses Verständnis dürfte die Fähigkeit des Kindes einschließen, die Perspektive anderer Spieler im Verhältnis zu ihrer eigenen Person und ihren gespielten Personen einzuschätzen und diese Perpektive mit der eigenen tatsächlichen und angenommenen Person zu koordinieren« (Fein 1981, S. 1110).

Aber auch die wechselseitige Absprache und das ständig neue Knüpfen von Beziehungsnetzen, das darüber erfolgt, ist nicht das Ziel des Spiels, sondern nur das Mittel, um zu einer gemeinsamen Spielfiktion zu gelangen und sie möglichst lange gegen die alltägliche Erfahrungswelt durchzuhalten. Über diese Abstimmung wer-

den Geschichten ausgedacht und trotz aller Brüche, die die Spielfiktion immer wieder durchbrechen, weil sich einzelne Teilnehmer
nicht ausreichend darin wiederfinden, Konflikte zwischen den spielenden Kindern das gemeinsame Spiel abstürzen lassen oder
schlicht die Spielfähigkeit nicht ausreicht, werden in den kindlichen
Rollenspielen Handlungsfolgen ausgedacht, die sich zu Geschichten zusammenfügen und über die gegenseitige Anregung und Kontrolle die Erzählfähigkeit der Spielenden befördern. Dem Verständnis des kindlichen Rollenspiels als einer heimlichen Vorschule
gesellschaftlichen Rollenverhaltens möchte ich deshalb entgegen-
halten: 1. In den soziodramatischen Spielen der Vorschulzeit geht es
den spielenden Kindern darum, gemeinsam Spielfiktionen auf-
zurichten, die ihnen erlauben, sich möglichst lange in der fiktiven
Vorstellungswelt aufzuhalten. Während der einzelne Spieler meist
schon rasch in die »Wirklichkeit« zurückfallen würde, ermöglicht
die gegenseitige Stützung der Spieler, die Vorstellungswelten lange
und in großer Intensität gegen diese Wirklichkeit zu behaupten.
2. In der gemeinsamen Spielfiktion werden über die notwendige
wechselseitige Abstimmung erzählende Muster entwickelt, die sich
nach und nach zu regelrechten Geschichten ausbilden. Nicht die
soziale Handlungsfähigkeit wird in diesen Spielen ausgebildet, sondern die Fähigkeit zu erzählen, und das heißt, die inneren Vorstellungen in mitteilbare Gestaltungen zu verwandeln.

Dabei sind es vor allem drei Elemente soziodramatischen Spielens, die die Spielenden drängen, eine erzählende Haltung ein-
zunehmen: einmal die Notwendigkeit, stumme Figuren und Spielgegenstände zu beleben, zweitens die gegenseitige Abstimmung
zwischen den Spielenden in den eigentlichen soziodramatischen
Spielen und schließlich drittens die Anforderung dieser Spielweise,
die gespielten Handlungen immer stärker aus einer übergeordneten
Perspektive zu überblicken.

Beleben der Spielfiguren im Figurenspiel

In zweierlei Hinsicht fordert das Spielen mit leblosen Figuren eine erzählende Haltung heraus: Im Gegensatz zum lebendigen Mitspieler bleibt die Puppe stumm, ihre Antworten müssen ihr in den Mund gelegt werden. Die Kinder sind gezwungen, das Spiel begleitende Dialoge zu erfinden, also Unterhaltungen szenisch auszugestalten. Ebensowenig bewegen sich die Spielfiguren. Ihre Handlungen und Reaktionen lassen sich zwar bis zu einem gewissen Grad an und mit ihnen ausführen, zum Beispiel, indem man sie auf einen Wagen setzt und durch die Gegend schiebt, der Sinn dieser Tätigkeiten erschließt sich jedoch vollständig erst der sprachlichen Schilderung. Schließlich sind die Spieler beim Erklären der Absichten und Gefühle der Spielfiguren ganz auf die sprachliche Beschreibung verwiesen. »Das Bindeglied zwischen Spiel und Erzählen dürfte beim Figurenspiel (*Replica play*) besonders hervortreten, weil das Kind beim Erfinden von Texten für das Figurenspiel die Position eines Betrachters, der das Geschehen von außen erzählt, einnimmt. Das Kind beteiligt sich daran auf zweierlei Weise: als Darsteller, der den Geschehnissen Stimme verleiht, und als Bühnenautor und Regisseur, der Rechtfertigungen und Erklärungen für diese Ereignisse liefert. Das Figurenspiel läßt sich deshalb als natürlicherweise entstehende Spielform begreifen, die Erzählstrukturen benutzt, die ohne eigens belebte Spielfiguren nicht vorkämen« (Fein 1995, S. 155).

Das Spiel mit Figuren erlaubt, auf Mitspieler zu verzichten. Als Theaterdirektor, Regisseur und Darsteller nähert sich das spielende Kind der allmächtigen Stellung des Erzählers an, der frei über seine Figuren und ihre Handlungen verfügt. Allerdings sind auch Mitspieler bei diesen Spielen willkommen und erwünscht, liefern sie doch Anregungen, bereichern die Spielhandlungen und verlängern das Spielvergnügen. Es besteht aber kein Zwang zur gegenseitigen Abstimmung, wie er auftritt, sobald mit verteilten Rollen gespielt wird, noch kann sich jedes Kind mit den Spielfiguren selbständig machen und seine Spielideen allein weiterverfolgen.

Die gegenseitige Abstimmung beim Rollenspiel

Anders steht es beim Spielen mit verteilten Rollen, dessen Gelingen ganz und gar von einer alle Teilnehmer befriedigenden Absprache abhängt. Sobald zwei Kinder nicht mehr vorzugsweise allein oder im »Parallelspiel« ohne gegenseitigen Bezug nebeneinander herspielen, sondern in ein gemeinsames Rollenspiel eintreten, müssen sie sich bei jedem einzelnen Schritt mit dem Spielpartner selbst sowie mit der Rolle, die er zu verkörpern sucht, abstimmen. Die planenden Sprachäußerungen, die die einsam spielenden Kinder vor sich hinsprechen, erweitern sich nun zu einer ständigen kommmunikativen Rückkopplung des eigenen Spiels zum Spielverhalten des Partners. »So sehr wie die Fähigkeit zur Symbolisierung und zur Erfindung von Spielelementen benötigt jedes Kind die Fähigkeit, seine Ideen dem mitspielenden Kind mitzuteilen. Gutes Symbolspiel setzt sprachliche Mitteilungsfähigkeit voraus. Selbst die Allerjüngsten erwiesen sich in der Koordination ihres Rollenspiels nicht nur abhängig von der Beobachtung des anderen Kindes, sondern sprachen auch über ihre Handlungsweisen. Die Dreieinhalb- bis Fünfjährigen besprachen die Rollen, die Spielgegenstände (einschließlich ihrer symbolischen Umdeutung) und die Handlungsführung. Eine Quelle für den qualitativen Reichtum an Spielvarianten dürfte darin zu suchen sein, wie gut die Kinder miteinander kommunizieren« (Sachs 1984, S. 126). Es ist sicher nicht einfach, die oft konfliktreiche Verständigung durchzuhalten, aber die spielenden Kinder leitet ein handfestes Motiv: Nur so kann die Aufrechterhaltung und Weiterentwicklung der gemeinsamen Spielfiktion gelingen, während das von der Spielpädagogik so sehr in den Vordergrund gestellte Rollenlernen kaum einen unmittelbaren Gewinn verspricht und sich allenfalls in ferner Zukunft auszahlen könnte, die aus der kindlichen Perspektive keiner Anstrengung wert sein kann.

Im folgenden Beispiel spielt ein Mädchen mit einem Jungen eins der typischen Mutter-Kind-Spiele, bei dem interessanterweise das Mädchen den unartigen Jungen, der ihr offensichtlich unterlegene Junge die Rolle der Erziehungsperson gibt (Garvey 1978, S. 104 f.):

142

Mädchen (3;3)	Junge (2;9)
1. Sag: »Du mußt jetzt schlafen!«	
	2. Du mußt jetzt schlafen.
3. Warum? (weinerlich)	
	4. Baby.
5. Warum?	
	6. Darum.
7. Nein, sag: »Darum«! *(mit Nachdruck)*	
	8. Darum! (mit Nachdruck)
9. Warum? Warum darum?	
	10. Nicht artig! Du bist unartig!
11. Warum?	
	12. Weil du deine Milch verschüttet hast.
13. Nein, weil ich jemand gebissen habe.	
	14. Ja, genau.
15. Sag: »Schlaf jetzt. Leg deinen Kopf hin!« (streng)	
	16. Leg deinen Kopf hin! (streng)
17. Nein.	
	18. Ja.
19. Nein.	
	20. Ja schön, dann hau ich dich. Unartiger Junge! (schlägt sie)
21. Mein Kopf ist hoch. (kichert)	
22. Ich will meinen Teddy. (in quengeligem Ton)	
	23. Nein, dein Teddy geht weg. (streng)
24. Warum?	
	25. Weil er weggeht. (geht mit dem Teddy weg)
26. Packst du deinen Teddy weg?	

Diese kleine Spielszene läßt sich ohne weiteres in eine einfache Erzählung umformen, wie sie Kinder dieses Alters erzählen könnten, und die etwa lauten würde: »Es war einmal ein Junge, der hatte jemanden gebissen und wurde zur Strafe dafür ins Bett geschickt. Weil er sich aber weigerte einzuschlafen, bekam er von seiner Mama Schläge.« Anders als bei den frühen, ein Grundthema variierenden Erzählungen kristallisiert sie sich um einen Vorfall, der in zeitlicher und kausaler Verknüpfung berichtet wird. Zunächst startet das Spiel mit dem alltäglichen Zubettgehen, in das das Beißen des unartigen Kindes eingearbeitet wird, und auch insofern klingt es an jene kindlichen Erzählungen an, in denen Alltagsverrichtungen aneinandergereiht und von überraschenden Handlungen durchbrochen werden. »Unreif« wirkt die Spielerzählung insofern, als der »Held« der kleinen Geschichte wenig heldenhaft davonkommt, die Strafe schlicht an ihm exekutiert wird, aber auch das ist ein Handlungsmuster, das in diesem Alter viele Erzählungen beherrscht.

Um zu vermeiden, daß das Spiel wie in unserem Beispiel über der Auseinandersetzung um seinen Fortgang abbricht und man damit um das Spielvergnügen gebracht wird, suchen Kinder ihre Vorschläge gegenseitig abzustimmen, und dafür stehen ihnen drei Wege offen. Erstens die planende Absprache: Das ständige Doppelspiel zwischen angenommener Rolle und dem Heraustreten aus der Rolle schafft Raum für die gegenseitige planende Weiterführung, und recht bald handhaben spielende Kinder dieses fortgesetzte Pendeln zwischen den Ebenen mit bewundernswerter Selbstverständlichkeit. In unserem Beispiel hält das Mädchen die dominante Position, entsprechend einseitig erfolgt die Abstimmung »über das ausgiebige Regieführen des Mädchens und seine alternierenden Auftritte als Baby und Regisseur« (Garvey 1978, S. 105).

In subtilerer Form lassen sich Spielvorschläge, zweitens, über den Dialog einbringen. In unserem Beispiel macht der sichtlich unterlegene Junge Anstrengungen, auf diesem Weg Einfluß auf die Weiterentwicklung des Spiels zu gewinnen. Er wagt wohl nicht, seine Vorschläge offen zu benennen, und versucht sie im Rahmen seiner Rolle ins Spiel einzuführen (zum Beispiel an den Beiträgen 10 und 12 sowie 20). Offensichtlich steht er zu sehr in Abhängigkeit von seiner Spielpartnerin, die seine Vorschläge stets abschmettert, und vermutlich vergällt sie ihm damit die Lust am Weiterspielen, und er nutzt am Ende die Gelegenheit, das Spiel abzubrechen.

Vorschläge zur Spielgestaltung lassen sich, drittens, auch einbringen, indem ein Teilnehmer eine Rolle oder Handlung anspielt und abwartet, wie die Mitspieler darauf reagieren.

Zwei Mädchen, Linne, fünf Jahre und neun Monate alt, und Nadja, im Alter von vier Jahren und drei Monaten, spielen im Kindergarten mit den Handpuppen des Puppenhauses. Solange sie das Figurenspiel gemeinsam angehen, unterliegen sie den gleichen Zwängen, sich zu verständigen, wie im eigentlichen Rollenspiel. Zunächst versuchen sie die Spielräume abzustecken:

> *Na: Ich wohn hier. Das ganze ist mein Haus. (zieht einen blau ausgeschlagenen Deckel des Puppenhauses zu sich heran)*
> *Li: Nee, das wär das Schwimmbad, die hätten vor uns gewohnt.*

Als die Jüngere muß sie wohl nachgeben, sucht nun aber Ersatz für ihren Vorschlag:

> *Na: Des wär das Schwimmbad*
> *Li: Des da*
> *Na: Des blaue*
> *Li: Ja*
> *Na: Und des wär mein Haus. Des da, gell? (zeigt auf einen weiteren, gelb ausgeschlagenen Deckel des Puppenhauses)*

Ihre Spielpartnerin kann sich für ihr Haus noch immer nicht erwärmen und gibt ihr das zu verstehen, indem sie in ihrem Schwimmbad die ersten Runden dreht.

> *Li: Schsch, schsch (macht Schwimmgeräusche)*
> *Na: Nee, ich hätte beim – beim euch gewohnt*
> *Li: Schsch (schwimmt weiter)*
> *Na: Nee, dann hätte ich nicht, nee, ich hätte nicht*
> *Li: Weißt ...*
> *Na: ... bei euch gewohnt. Ich hätte hier gewohnt«.*

Die gegensätzlichen Spielvorschläge drohen das gemeinsame

Spiel zu sprengen, und um ihr Spiel zu retten, signalisiert das aufs Wohnen fixierte Mädchen ihr Einverständnis, indem sie nun gleichfalls ihre Puppe mit Schwimmgeräuschen durchs Puppenhaus bewegt.

Li: Da wär doch da – da wär – hier wär, wo man sich auszieht und so.
Tsch, tsch, tsch, tsch.
Na: Tsch, tsch, tsch, tsch. (schwimmt ebenfalls)
Li: Jetzt schwimm ich.
Na: Tschschschsch.

(Auwärter/Kirsch 1982, S. 95)

Das Erfinden von Handlungen im Rollenspiel

Wie immer sie aber im einzelnen erfolgt, die Absprache führt an den entscheidenden Knotenpunkten der Spielhandlung zu einer mehr oder weniger ausgeführten Erzählung. Wie wir im Abschnitt über die Grundmuster kindlichen Erzählens sehen werden, drehen sich kindliche Erzählungen um die Frage, wie weit eine Bedrohung, ein Mangel oder eine ähnlich mißliche Lage des Helden abgewehrt und aus der Welt geschafft werden kann. Wir erkennen diese Konstellation in Garveys Bemerkung wieder, man könne hinter den Rollenspielplänen von Fünfjährigen immer wieder das Modell »Abwenden einer Bedrohung« erkennen. Auch den Phasen der Konfliktbearbeitung, die Garvey in den Rollenspielversionen beobachtete, werden wir bei den Konfliktmustern kindlicher Erzählungen wiederbegegnen: 1. Identifizierung der Gefahr und Zuweisung der geeigneten Rollen; 2. Abwehrmaßen und 3. das Ergebnis dieser Maßnahmen, die sich als vergeblich erwiesen, die Gefahr zwar vorübergehend ausschalten konnten, die dann aber häufig wiedererstand. Noch hat sich, wie wir das auch für die meisten Erzählungen dieses Alters feststellen werden, die heldenhafte Abwehr der Gefährdung nicht durchsetzen können. »Nur die älteren Kinder holten Verstärkung herbei und schafften es auch meist, der Bedrohung den Garaus zu machen. Im allgemeinen erinnern diese Muster an die narrativen Strukturen der Geschichten, die Kinder erzählen« (Garvey 1978, S. 117).

Wie sich Kinder in spielender Annäherung schließlich das Muster erfolgreicher Gegenwehr und heldenhafter Bewährung erkämpfen, zeigt eine herrliche Spielsequenz, die Garvey aus ihrem Beobachtungsmaterial berichtet: »Zuerst bringt ein Ehemann seinen Lohn nach Hause zu seiner Frau. Er ist sehr stolz, und sie zeigt sich dankbar und entzückt. Dann gibt sie ihm ihr verdientes Geld, und er zeigt sich ähnlich gerührt: ›Ich danke dir, Schatz.‹ Er regt an, sie könnten jetzt Ferien machen ›in einem wunderbaren Hotel am besten Platz in Puerto Rico‹. Sie machen sich sofort auf den Weg (ohne zu packen), und sie fährt mit dem Auto, während er hinfliegt. In Puerto Rico angekommen, befinden sie sich an einem Strand, wo er ein Monster erblickt und es umbringt, um seine Frau zu schützen. Sie entscheidet, nach Baltimore zurückzufahren, und er erinnert sie daran, daß sie auf ihn warten muß, ›denn ich bin dein Ehemann, Schätzchen‹. Zu Hause zurück (ohne diesmal die Reise darzustellen), entdeckt er im Wohnzimmer Feuer. Er setzt eine Feuerwehrmütze auf und löscht die Flammen mit einem Schlauch (mit einer Stoffschlange). Die Frau erspäht noch ein neues und schließlich ein drittes Feuer. Er eilt in der Runde zu den entsprechenden Zimmern, löscht die Feuer und sorgt für die Sicherheit seiner Frau, bis schließlich das Feuer gar am Himmel erscheint und sogar ›Gott umbringen‹ könnte. Die Feuerschlauch-Schlange wird in eine magische Schlange verwandelt, die schließlich das Feuer endgültig löscht« (Garvey 1982, S. 86).

Unter dem Gesichtspunkt konsistenter Rollenübernahme muß diese Spielsequenz als ein einziges Fiasko erscheinen: Die Geschlechterrollen sind zunächst so stereotyp verteilt, daß einem pädagogischen Anleiter nur die Haare zu Berge stehen können. Das hindert das Mädchen allerdings nicht, auch ihrerseits Geld zu verdienen und es stolz dem fiktiven Ehemann zu überreichen, offenbar aber nicht, weil sie sich ihre selbstbewußte Mutter zum Vorbild genommen hat, sondern weil die Spielhandlung so schön war, daß sie mit umgekehrter Verteilung wiederholt wird. Mit der gleichen Begeisterung sorgt sie dafür, daß das Feuer noch zwei Mal aufflackert und das Spielvergnügen sich in der aus so vielen Erzählungen vertrauten magischen Dreizahl wiederholen kann, und fügt sich dabei in die Rolle der vom starken Mann beschützten Frau. Auch ohne den häuslichen Hintergrund der Spieler zu kennen, ist offensichtlich, daß ihr Spiel eher von den Erfordernissen ihrer Geschichte geleitet ist, als daß sie Vorbilder ihres sozialen Umfelds nachahmen würden.

Darauf deutet auch der Aufbau der Handlung hin, die zwar von alltäglichen Verrichtungen ausgeht, wie das für die meisten Spielhandlungen dieses Alters zutrifft, dann aber mit der Traumreise ein besonderes Ereignis in Szene setzt, die aber gleich in eine Gefährdung umschlägt. Nach der Rückkehr muß, um das Spiel fortsetzen zu können, eine neue Gefahr inszeniert werden, deren heldenhafte Überwindung sich als so attraktiv zeigt, daß sie, dreifach wiederholt, schließlich in eine völlig fiktive Heldentat mündet. Zunächst bewegt sich die Spielhandlung noch im Rahmen alltäglicher Wahrscheinlichkeiten, erst die dramatische Steigerung, die die erzählende Struktur verlangt, entführt die Spieler schließlich in das brennende himmlische Haus. Es ist die erzählende Phantasie, die die phantastische »Expansion« hervorlockt, und die darüber, wie ich im Vorgriff anmerken möchte, den aktiven und siegreichen Helden hervorbringt.

Ein altes und hartnäckiges Mißverständnis begleitete die Pädagogik von ihren Anfängen an und wirkt bis heute nach: das Mißverständnis, daß Phantasie zumindest der Tendenz nach von der sozialen Wirklichkeit ablenke und man sie mit allen möglichen Mitteln wieder darauf zurückzulenken habe. Auch noch die Ablehnung »kompensatorischen Spielens« durch die politisierte Pädagogik Ende der sechziger Jahre blieb davon geprägt. Das Mißtrauen wird genährt von der Furcht, die Kinder könnten ihre inneren Regungen, Wünsche oder Ängste für bare Münze nehmen, sie mit der äußeren physischen und sozialen Welt verwechseln. Es gibt gute Gründe anzunehmen, daß dieses Mißtrauen eher fördert, was es vermeiden möchte: Wo Phantasien nicht in symbolischer Form ausgelebt und bearbeitet werden können, droht die unvermittelte Projektion in die Außenwelt, die wahnhaft verblendete Durchsetzung innerer Bilder. Die Anerkennung der in jedem Menschen lebendigen »Traumwelt«, ihre Darstellung in symbolischen Formen verhilft beiden Seiten der menschlichen Persönlichkeit zu ihrem Recht und erleichtert es, die Grenze zwischen Innen- und Außenwahrnehmung zu ziehen und zu akzeptieren. Die Erkenntnis, daß wir in Innen und Außen zerrissen sind, gehört sicher zu den schmerzlichsten Erfahrungen, die jeder Mensch im Verlauf der frühen Kindheit durchzustehen hat, und bleibt lebenslang eine Quelle ständiger Konflikte. Indem Kinder in ihren Fiktions- und Phantasiespielen in artistischer Geschicklichkeit an dieser Grenze entlangtänzeln, erkunden sie den Unterschied zwischen »echt« und »ausgedacht«, und das heißt, zwischen der eigenen, individuell erfahrenen Innenwelt und der von verbindlichen Normen dominierten sozialen Außenwelt. Es gibt in den Worten Jerome Singers gute Gründe anzunehmen, »daß die Fähigkeit des Kindes, Phantasiespiele einzugehen, ihm hilft, genauer zwischen dem zu unterscheiden, was wirklich und was phantasiert ist« (Singer 1966, S. 147).

Wir werden sehen, daß die Erzählungen, die in den folgenden Jahren die ungehemmte Spiellust der Vorschulzeit ablösen werden, den gleichen Sinn haben: der aus dem Unbewußten gespeisten eigenen Innenwelt einen in der sozialen Umwelt gültigen Ausdruck zu verleihen, sie damit in die soziale Welt zu integrieren und ihr Anerkennung zu verschaffen. Rollenspielen wie Erzählen stellen Formsprachen zur Verfügung, die die innere in der äußeren Welt darzustellen erlauben, die der Kommunikation und selbst dem eigenen Bewußtsein so schwer zugänglichen inneren Wahrnehmungen nicht nur in eine mitteilbare, sondern sogar in eine sozial anerkennbare und anerkannte Gestalt zu überführen.

Die erzählerische Perspektive des Rollenspielers

Das Auftauchen und das wachsende Gewicht erzählender Elemente in den entwickelten kindlichen Rollenspielen wird verständlicher, wenn man sich vergegenwärtigt, daß das Spielverhalten selbst sich einer erzählenden Perpektive annähert. Es kennzeichnet ja spontanes kindliches Rollenspiel, daß die Spielenden unvermittelt aus der gelebten Gegenwart in die Fiktion und zurück wechseln, dabei en passant neue Fiktionen einbringen und pädagogische Anleiter zur Verzweiflung treiben, die die abgesprochenen Rollen endlich konsequent durchgespielt sehen möchten. Bezogen auf die geschlossene Fiktion darstellenden Spielens mag das spontane Rollenspiel von Vorschulkindern als mangelhaft erscheinen, mißt man es jedoch am Umgang des Erzählers mit seiner Fiktion, erweist es sich als recht sinnvoll: Es verhilft dazu, »die Handlungen und Haltungen des Erzählers von denen seiner Charaktere« (Rubin/Wolf 1979, S. 16) zu unterscheiden, also eine Sehweise zu entwickeln, die ein erzählendes Darstellen erst ermöglicht. Es genügt für die Rollenspieler eben nicht, sich einfühlend in die darzustellende Figur zu versetzen. Im Gegensatz zum Schauspieler können sie sich nicht auf einen festgelegten Text und damit auf eine vorgegebene Handlungsführung verlassen. Um im ständig fluktuierenden Zusammenspiel und trotz sich überkreuzender Planungsabsichten zu einer zusammenhängenden Spielhandlung zu gelangen, müssen die Spieler zugleich immer wieder die Gesamtheit der sich widerstreitenden Absichten der Figuren wie der Mitspieler überblicken, daraus neue Planungsvorschläge ableiten und die Interessen der verschiedenen Teilnehmer berücksichtigen. Dazu muß jeder Spieler in jedem Augenblick des Spielgeschehens aus der Spielperspektive heraustreten und die Gesamtentwicklung der Spielhandlung überblicken sowie die Motivationen der Mitspieler einschätzen können. »Die Etablierung narrativer Rollen bringt zwei grundsätzliche Leistungen mit sich: Das Kind muß nicht nur knappe Vorlagen mit den Eigenschaften lebender Teilnehmer austatten und sich fähig zeigen, dafür Handlungen und Sprache zu entwickeln, sondern es muß auch aus der Rolle des Spielers heraustreten und die Rolle des Autors oder Erzählers einnehmen« (Rubin/Wolf 1979, S. 21).

Mit dem ständigen Pespektivwechsel, den das gemeinsame Rollenspiel erfordert, wird eine Haltung ausgebildet, die das Erzählen kennzeichnet, die aber kindliche Erzählungen lange vermissen lassen. Erst durch die Fähigkeit, den eigenen Blickwinkel zu verändern, das erzählte Geschehen einmal mit den Augen der Beteiligten zu erleben und gleich darauf von der fernen Warte des Erzählenden zu bewerten, wird es möglich jene Bestandteile der Erzählung hervorzubringen, die nach Labov und Waletzki als »Evaluationen« bezeichnet werden (Labov/Waletzki 1973). Sie hatten Erwachsene nach lebensbedrohenden Erlebnissen befragt und festgestellt, daß diese Erzählungen sich regelmäßig aus zentralen Handlungsteilen zusammensetzten, der einführenden *Orientation*, der den normalen Alltag durchbrechenden *Complication* und der die Erzählung abschließenden *Resolution*. Da es sich um konversationelle Geschichten handelte, beobachteten sie zusätzlich zu den zentralen Bestandteilen, wie die Erzählungen ins Gespräch eingefädelt und wie sie am Ende wieder in den laufenden Dialog überführt wurden. Darum erscheinen in ihrem Modell *Abstracts* und *Introducers* als einleitende Ankündigung, *Codas* als ausleitende Bemerkungen. Innerhalb der Erzählungen beobachteten sie, daß nach dem eigentlichen Höhepunkt regelmäßig bewertende Bemerkungen eingeschoben wurden, die das Geschehen und die Verhaltensweise der Hauptpersonen kommentieren, ihre Beweggründe und ihre Fehleinschätzungen erklären oder zum Ergebnis in Beziehung setzen, eben jenem als *Evaluation* bezeichneten Bestandteil ihres Modells. Daß er sich in ihrem Konzept regelhaft an dieser Stelle befindet, liegt allerdings an der Art von Geschichten, die sie untersuchten, recht kurzen und eine einzige Episode umfassenden Erlebnissen, die im allgemeinen nur am entscheidenden Umschlag der Handlung eine bewertende Bemerkung herausfordern. Offensichtlich finden sich in komplexeren und handlungsreicheren Erzählungen die bewertenden Bemerkungen über verschiedene Knotenpunkte des Textes verstreut. Interessanter als der Zeitpunkt, an dem sie erfolgen, ist die grundsätzliche Feststellung, daß bewertende Anmerkungen des Erzählers als konstitutiver Bestandteil einer Erzählung zu betrachten seien.

In den kindlichen Erzählungen fehlen kommentierende und bewertende Bemerkungen fast vollständig. »Die ersten Erzählungen berichten nur Ereignisse, die der unmittelbaren Beobachtung zugänglich sind. Das Prinzip der Auswahl sieht vor, nur Handlungen einzuschließen, die sinnlich erfahrbar sind, und auch davon nur solche, die eine Änderung der vorhergehenden Umständen bewirken« (Leondar 1977, S. 182). Es ist, als ob die Erzähler den Handlungen und Ereignissen ihrer Geschichte als teilnehmende Zuschauer folgen würden, und wir werden sehen, daß ihre gestische Darstellung ganz ähnlich vom Standpunkt des Beteiligten her konzipiert ist. Man könnte auch sagen, die Erzählung wird nicht vom Ort und der Zeit des Erzählens her betrachtet, sondern die Erzählenden werden vollständig in die Erzählung hineingezogen. Oder wie ich lieber sagen würde: Sie finden sich so sehr von ihren inneren Bildern überwältigt, daß sie darüber ihre gelebte Gegenwart aus den Augen verlieren, wie sich das auch an spielenden Kindern beobachten läßt. Es ist, als ob die kindlichen Erzähler den Helden stets hart auf den Fersen blieben und ihnen aus gleich bleibender Entfernung folgten. »Der (in die Handlung) verwickelte Erzähler berichtet nur, was auch eine Kameralinse hätte sehen können; obwohl Ereignisse aus der Rückschau berichtet werden, zeigt der Erzähler keine Vorkenntnis, noch beruft er sich auf einen privilegierten Zugang zu Informationen, die nicht aus der Handlung selbst hervorgingen. Aber die Kamera bewegt sich mit; sie verfolgt ihre Beute, wo immer die Ereignisse das erfordern. Der Beobachter hält sich dabei in gleich bleibender Entferung von den Handlungen und vermeidet Verzerrungen, die sich aus einer begrenzten Sichtweise oder einem ungeschickten Blickwinkel ergäben« (Leondar 1977, S. 14).

»Evaluative« Bemerkungen sind gerade dadurch gekennzeichnet, daß der Erzähler für einen Augenblick von der Ebene der erzählten Handlungen zurücktritt und sie vom Standpunkt der gegenwärtigen Erzählsituation aus betrachtet, eine Haltung, die sich erst dort entfalten kann, wo die Wahrnehmung wächst, daß wir in unserer Bewußtseinstätigkeit stets in zwei deutlich geschiedenen Welten leben, der gegenwärtigen Welt sinnlicher Wahrnehmung und der inneren Welt unserer Vorstellungen und Erinnerungen, und daß uns diese beiden Bereiche immer gleichzeitig zugänglich sind, wir nach Belieben von einer zur anderen wechseln können. Gefördert wird diese Sicht durch die kommunikativen Anforderungen an die Rollenspieler, sich stets gleichzeitig auf die gespielte Handlung und auf die Signale der Mitspielenden zu beziehen. Die im Spiel geübte doppelte Optik erlaubt dann beim Erzählen, sich in die handelnden Figuren der Erzählung zu versetzen und sie im nächsten Augenblick mit dem Auge des außenstehenden Betrachters zu beobachten.

Die Formsprachen des Rollenspiels und des Erzählens

Die unverkennbaren Parallelen zwischen soziodramatischen Spielen und dem Erzählen legen die Feststellung nahe, kindliche Rollenspiele als in Szene gesetztes Erzählen zu verstehen, spontanes kindliches Erzählen als versprachlichtes Rollenspiel. Ihre Verwandtschaft als Formsprachen der »inneren Welt« zeigt sich auch darin, daß sich die Formelemente von Rollenspiel und Erzählungen direkt aufeinander beziehen und miteinander vergleichen lassen, auch wenn sich die Gewichte der einzelnen Bestandteile verschieben, insbesondere die betrachtende Position des Erzählers gegenüber der agierenden des Mitspielers beim Erzählen an Bedeutung gewinnt.

Spielort und Spielfiguren legen die Spieler meist in der das Spiel einleitenden Absprache fest, ganz ähnlich, wie der Einstieg jeder Erzählung Ort, Zeit und handelnde Helden benennt. In beiden Fällen ist es ein Ereignis, das die Handlung in Gang setzt, allerdings ist der Erzähler enger an sein Strukturschema gebunden, während die Spieler von Fall zu Fall Änderungen absprechen können. In rollengebundener Rede und schauspielender Darstellung werden die handelnden Figuren repräsentiert, wo der Erzähler als Solodarsteller mit verstellter Stimme und mimischem Ausdruck die verschiedenen Personen seiner Erzählung zu verlebendigen sucht. Wo die Spieler Gegenstände und Requisiten in »übertragener« Bedeutung einsetzen, sind es die gestischen Zeichen des Erzählers, die alle wichtigen Handlungen und Vorgänge seiner Geschichte illustrieren. Das augenzwinkernde Vergnügen spielender Kinder, die sich über ihre Spielfiguren amüsieren, reflektiert der Erzähler mit seinen gelegentlichen Bewertungen der erzählten Handlungsweisen.

Vergleich der wesentlichen Bestandteile von Rollenspiel und Erzählen

Rollenspiel	Erzählen
Spielort/Umfeld (*setting*)	Einstieg mit Ort, Zeit und Helden
Spielfiguren	Helden
Spielhandlung (*plan*)	Ereignis und Reaktion des Helden (Episode)
Sprachliche und spielerische Darstellung der Rolle (*role play*)	Direkte Rede
Symbolische Verwendung von Gegenständen (*objects*)	Gestische Zeichen
Bemerkungen über das eigene Spiel	Evaluierende Kommentare

Aufgrund ihrer inneren Verwandtschaft lassen sich beide Formsprachen im praktischen Umgang auch immer wieder sinnvoll miteinander verbinden. Läßt man beispielsweise Erzählungen in rollenspielartigen Sequenzen nachspielen, erinnern die Spieler die Geschichten sehr viel präziser, eine Erfahrung, die ich immer wieder beim Geschichtenerzählen in Kindergärten gemacht habe und die von Lee Galda in einer gezielten Versuchsanordnung mit einer nicht spielenden Kontrollgruppe nachgewiesen wurde (Galda 1984). Umgekehrt hat es sich beim angeleiteten Rollenspielen stets sehr bewährt, sobald das Spiel ins Stocken gerät, statt einer Regieanweisung, die den Spielfluß unterbricht, einen erzählenden Satz zu sprechen, der dann meist die Spiellust anregt und das Spiel wieder in Gang setzt.

Der Übergang vom Spielen zum Erzählen

Unter dem Gesichtspunkt wachsender Erzählfähigkeit fügen sich die empirischen Beobachtungen der kindlichen »Spiele mit sozialem Material« (Garvey) zu einer verständlichen und klaren Linie zusammen. Sobald sich die Fähigkeit symbolischen Spielens ausbildet, können Erinnerungen und innere Wahrnehmungen von der sinnlich erfahrenen Gegenwart abgelöst und in einem Zwischenreich spielerischer Darstellung nachgebildet werden. »Einige der Zweijährigen spielten mit Fiktionen, aber kein soziodramatisches Spiel. Es gab keine Rollen und keine wirklichen Handlungen, sondern sie gebrauchten Gegenstände in symbolischer Bedeutung, wobei sie die gemeinten Handlungen oft sprachlich koordinierten« (Sachs 1984, S. 127). Mit der Beherrschung von Rollenmustern wird es möglich, einzelne symbolische Handlungen zu zusammengehörigen Handlungssequenzen zu kombinieren und darüber die komplementären Rollen zu überblicken. »Die Dreieinhalbjährigen übernahmen wechselseitige Rollen im soziodramatischen Spiel, das Spiel selbst aber bestand weitenteils im Benutzen eines Gegenstandes nach dem anderen ohne zusammenhängende Erzählung« (Sachs 1984, S. 127).

Über die gegenseitige Abstimmung werden erzählende Elemente ins Spiel eingefügt, insbesondere Handlungen und Ereignisse, die die Erwartung des sozialen Umgangs durchbrechen. Indem die Mitspieler ihre Spielhandlungen gegenseitig mit immer neuen Einfällen anreichern, entwickeln sich die gemeinsamen Rollenspiele immer konsequenter zu Erzählungen. »Das Spiel der Fünfjährigen wurde gestützt durch Absprachen, die einen reicheren Rahmen für die Spielfiktion schaffte, wie etwa den Einsatz expliziter fiktiver Äußerungen und die Erfindung phantasierter Handlungen in der Vergangenheit. Die Plots in ihren Spielen zeigten einen größeren Reichtum an Handlungselementen als bei den jüngeren Kindern. Dennoch blieb die Entwicklung einer zusammenhängenden Erzählung noch begrenzt durch (a) die fehlenden gemeinsamen Kenntnisse der Kinder und (b) ihre Neigung, die Handlung eher den

Spielgegenständen zu unterwerfen, als die Gegenstände im Verhältnis zum erarbeiteten Plot zu benutzen. Im am weitesten entwickelten Phantasiespiel sollten die Kinder eine überall präsente erzählende Struktur im Auge behalten und alle Handlungen in diese
Erzählung eingliedern« (Sachs 1984, S. 127).

In der Tendenz entstehen aufeinander aufbauende Handlungssequenzen, die immer weiter von den Alltagshandlungen abweichen und gerade deshalb erlauben, innere Bilder und Regungen ins
Spiel zu bringen. Aus dem Rollenspiel ist »Phantasiespiel« geworden. Denn: »Was allen diesen Leistungen zugrunde liegt und die
Etablierung fiktiver Welten ermöglicht, ist die wachsende Ablösung
des Kindes von der unmittelbaren Gegenwart. Fortschreitend von
der Untersuchung dessen, was ist, zur Erkundung dessen, was sein
könnte, bewegt sich das Kind von der Welt pragmatischen Handelns über die Welt der nachgeahmten Handlungen zur Welt der
phantasierten erzählten Handlung« (Rubin/Wolf 1979, S. 27). Damit
haben sich die spielenden Kinder eine Spielweise erobert, die gestattet, innere Vorstellungen in die Außenwelt zu bringen, sie spielbar
und damit erfahrbar zu machen und sie spielend anderen mitzuteilen. Etwa vom vierten Lebensjahr an wird diese Spielweise zur bevorzugten und beliebtesten Beschäftigung der meisten Kinder und
verliert erst mit dem Schuleintritt ihre beherrschende Stellung. »So
wie das auf den Kindergarten folgende Milieu der Schule zum Geschichtenerzählen ermuntert, behindert es spontanes dramatisches
Spiel« (Galda 1984, S. 109).

Es ist aber sicher nicht nur der Einfluß der Schule, der das Erzählen immer wichtiger werden läßt, ich würde dafür ebenso die
erweiterten Ausdrucksmöglichkeiten anführen, die die erzählende
Selbstwahrnehmung attraktiver werden lassen. Mit der genaueren
sprachlichen Ausgestaltung, die das Erzählen erfordert, gewinnt der
Erzähler nicht nur eine höhere Beweglichkeit in der Handlungs-
führung, er kann zugleich die Innenseite seiner Figuren erschließen.
»Erzählendes Sprechen macht es möglich, neue Elemente in die
Geschichte einzuführen, die unmöglich allein durch Handlung hätten übermittelt werden können, wie etwa die Gedanken eines Cha-

rakters« (Scarlett/Wolf 1979, S. 37). Es wird also möglich, nicht nur die eigenen inneren Strebungen und Bilder über die Handlung spielend in die materielle und soziale Außenwelt zu projizieren, sondern auch den dafür erfundenen Spielfiguren eine eigenständige, von der ihres Schöpfers unabhängige Innenwelt zuzusprechen. Eine Eigenständigkeit, die sicher längst im spielerischen Nachfühlen der rollenspielenden Kinder vorgeprägt war, aber nur in wenigen Details der Darstellung zum Ausdruck kam, und die der Erzähler ohne die im Rollenspiel geübte spielerische Empathie nicht versprachlichen könnte. Auch wenn das eigentliche Rollenspiel mit dem Eintritt ins Schulalter gegenüber dem Erzählen immer mehr zurücktritt, bleibt das Spiel ein unverzichtbarer Bestandteil der Erzählung: Zwar reduziert sich die Rollendarstellung nur noch auf wenige dramatische Höhepunkte, aber es sind nun die aus dem Spiel abstrahierten zeichenhaften Gesten, die die Erzählung illustrieren und die uns im folgenden Kapitel beschäftigen sollen. Auch mit den in Rede und Gegenrede wörtlich wiedergegebenen Dialogen erhält sich ein wesentliches Element des kindlichen Rollenspiels im Repertoire des lebendigen Erzählens.

In den Spielweisen, die wir etwas irreführend als »Rollenspiele« bezeichnen, findet also gemeinsames Erzählen statt, werden Handlungsfolgen vorgeschlagen, erweitert und vervollständigt. Die Beherrschung der kulturüblichen Erzählmuster und damit die sich verbessernde Erzählfähigkeit dürften im Vorschulalter mehr von Ausmaß und Intensität dieser Spiele abhängen als von den Erzählungen, die Kinderliteratur und Medien anbieten, zumindest in einer sozialen Umgebung, in der mündliches Erzählen sich meist auf Alltagsepisoden und Witze beschränkt.

In die Luft gemalte Zeichen

Mitteilen von Bildern in Gestik und Spiel

Erzählen heißt nicht nur reden, alles Erzählen wird von illustrierenden Gesten und Spieleinlagen untermalt. An jedem Kneipentresen, in jeder Familienrunde oder wo sonst immer erzählt werden mag, wird das dumme Gesicht des Nachbarn vorgemacht, als ein halbwüchsiger Bengel in sein mit laufendem Motor abgestelltes Fahrzeug stieg und vor seiner Nase auf Spritztour ging. Oder wir deuten mit beiden Händen an, wie eng das Kellerfenster war, und führen mit den Schultern vor, wie wir uns hindurchquetschen mußten, als die Kellertür ins Schloß fiel und wir sie von innen nicht mehr öffnen konnten. Zwar wird jeder Erzähler den Tonfall suchen, der ihm am besten von der Zunge geht, und den stimmlichen und körperlichen Ausdruck benutzen, der dem Naturell seiner Lebendigkeit entspricht, und das kann von zurücknehmender Verhaltenheit bis zu expressivem Ausagieren reichen. Aber auch der verhaltene Erzähler teilt sich nicht nur sprachlich mit, wenigstens in der Modulation seiner Stimme oder den Nuancen seines Gesichtsausdrucks bilden sich die Gefühle seiner Helden oder die eigene Sicht auf die Ereignisse ab, von denen er berichtet.

Allerdings drängt ein zahlreicheres Publikum auch den zurückhaltenden Erzähler dazu, sich in größeren und eindrucksvolleren Bewegungen mitzuteilen, um seine Erzählung sichtbar und greifbar zwischen die Zuhörenden zu stellen. Wo öffentliches Erzählen als Beruf ausgeübt wurde, gehörte die Schulung im gestischen und spielerischen Ausdruck zum Programm der Ausbildung, die genauso wie andere Handwerke bei einem anerkannten Meister des Fachs absolviert wurde, wie wir das aus China oder dem Vorderen Orient kennen (Merkel 1988). Auch wenn die professionellen Meistererzähler ihren gestischen und spielerischen Ausdruck oft bis zu artistischer Kunstfertigkeit steigerten, so brachten sie damit doch nur zur Perfektion, was auch schon in jeder bescheidenen Alltagserzählung angelegt ist.

Die dörflichen Märchenerzähler Europas durchliefen zwar keine Lehre, aber sie waren das, was man heute als »Halbprofis« bezeichnen würde, brachten ein gutes »Naturtalent« mit und vervollkommneten sich bei den vielen Gelegenheiten, in denen sie um eine Erzählung gebeten wurden. Allerdings blieben ihre Darstellungsweisen lange unbeachtet. Die Märchensammler des 19. Jahrhunderts hatten in ihrer literarischen Gelehrsamkeit kaum einen Blick für die theatralischen Effekte der Erzähler, sie suchten der Texte habhaft zu werden, um sie für die Veröffentlichung als Lesestoff zu bearbeiten. Selten genug wurden sie überhaupt Augenzeugen lebendiger Erzähler, wenn sich die Dörfler nach Feierabend in einem Haus zu einer »Erzählgemeinschaft« zusammenfanden, wenn ein herumziehender Handwerker sich mit einer Erzählung das Essen verdiente oder wenn sich die Wanderarbeiter auf dem Weg zur Arbeit die Zeit mit Märchen verkürzten. Im allgemeinen hörten die Sammler Märchen von »Gewährsleuten«, die sich an früher gehörte Erzählungen erinnerten und sie nachzuerzählen versuchten, die naturgemäß nicht über das reiche Ausdrucksrepertoire aktiver Erzähler verfügten und sich auf die sprachliche Wiedergabe konzentrieren mußten. Aus dieser literarischen Rezeption erwuchs das kulturelle Leitbild des im Lehnstuhl ruhenden Großmütterchens, das mit feierlicher Stimme den vor ihr sitzenden Enkeln ein Märchen zu Gehör bringt, wie es von Ludwig Richter gezeichnet wurde und bis heute die landläufige Vorstellung prägt.

Erst im 20. Jahrhundert änderte sich der Blickwinkel, wurden die gestischen und spielerischen Qualitäten der Erzähler beachtet und der Versuch gemacht, in Vor- oder Nachworten einen Eindruck vom Reichtum des erzählenden Ausdrucks zu vermitteln, wie es uns der schwedische Volkskundler Tilhagen in seiner Schilderung von Taikons Erzählkunst vorführt: »Für Taikon, wie für die meisten richtigen Märchenerzähler, ist das Wort nur eins von den Ausdrucksmitteln, mit denen er seine Märchen gestaltet. Er erzählt mit Gesten und mit Modulationen im Tonfall, mit dramatischen Pausen und sprudelndem Wortschwall, mit Pantomimen und feierlichem Predigen, mit Lachen und mit Tränen. In seine Stimme kommt Sonne, wenn er die junge Prinzessin schildert. Fröhliche Bilder spiegeln sich in seinem Auge, und seine Hände formen luftige Tanzrhythmen nach. Und was für ein liebenswerter alter Mann ist doch der König! Die Stimme klingt nach einem Schmunzeln, die Hände streichen durch den eingebildeten Bart, das Auge bekommt einen majestätischen, landesväterlichen Blick, die Bewegungen werden ein wenig greisenhaft und doch würdig« (Tilhagen 1979, S. 168).

Der gestische Ausdruck wird im allgemeinen dort von spielerischen und pantomimischen Einlagen unterbrochen, wo sich die Erzählung zu dramatischen, über Wohl und Wehe des Helden entscheidenden Szenen steigert. Und das macht dann der einheimische Märchenerzähler in einem österreichischen Dorf nicht viel anders als der sein Leben lang in Rußland und Skandinavien umherziehende Zigeuner Taikon, der die expressive Lebendigkeit seiner Kultur besaß. »Anfangs sitzt er auf seiner einfachen Bank vor dem Haus, aber auf die Dauer genügen ihm die frischen, weitausholenden Handbewegungen nicht. Sobald er berichtet, wie die Kutsche der Königstochter, bei der der Held zugestiegen ist, sich dem vor dem Höllentore wartenden Teufel nähert, erhebt er sich ruckweise immer mehr von seinem Sitze. Nun sehen die Fahrenden bereits den Teufel, der ihnen entgegenblickt. Der Held veranlaßt ihn, eine Prise aus der Schnupftabakdose zu nehmen, da ist der Teufel festgebannt und kommt erst los, als er die Königstochter freigibt. ›Versprich, die muß frei sein, du darfst keine Jungfrau mehr nehmen‹, sagt der Held zu ihm, und der Erzähler versetzt sich völlig in seine Lage, als er das berichtet. Im nächsten Augenblick springt er jedoch um und stellt den Teufel dar, wie dieser nur zögernd in die Schnupftabakdose greift, um durch die zweite Prise wieder frei werden zu können« (Haiding 1954, S. 14 f.).

Schließlich können auch greifbare Gegenstände spielerisch benutzt werden, ganz wie das Kinder in ihren Rollenspielen tun. »Während ein Erzähler mehr eidetisch suggeriert, schafft ein anderer den umgebenden Raum zur Welt des Abenteuers um, Werkzeug kann zu einem Zauberrequisit werden, das einem Zuhörer gar – als passivem Mitspieler – anvertraut wird. Bei einem unserer Erzähler, einem jungen sardischen Matrosen, wurde ein Weinglas bald zu einem Schiff, bald zu einem Tier, wobei der Tisch als Bühne diente, über die er seine Lebewesen und Gegenstände laufen oder fahren ließ« (Karlinger 1973, S. 266).

Die doppelte Kodierung mündlicher Rede

Wer erzählt, setzt Gesten und Spiel bewußt ein, um seine Erzählung zu illustrieren. Aber auch im alltäglichen Gespräch macht der gesprochene Text nur die halbe Botschaft aus, die ergänzt, paraphrasiert oder konterkariert wird durch die nonverbalen Mitteilungen, von den sprachbegleitenden Zeichen der Stimmführung über den mimischen Ausdruck des Gesichts und das gestische Spiel der Hände bis zu den Signalen, die über den Körperausdruck, die Körperstellung, über Zuwendung und Abwendung ausgetauscht werden. Sobald wir uns von Angesicht zu Angesicht unterhalten, findet sich jede sprachliche Mitteilung verwoben in einen Teppich nonverbaler Zeichen. Aber diese Zeichen werden kaum bewußt gesetzt, vielmehr unterlaufen sie unser sprachlich ausgerichtetes Bewußtsein und kommentieren unsere Sprachäußerungen auf ihre Weise. Tatsächlich erfordert es eine beträchtliche Schulung, diese verräterischen Hinweise unter Kontrolle zu halten.

Anders das Ausdrucksverhalten der Hände, das in größerer Nähe zur Bewußtseinstätigkeit steht und im allgemeinen der absichtsvollen Verwendung zugänglich bleibt. Handgesten verraten deshalb sehr viel weniger von den versteckten Absichten, Gefühlen oder Einstellungen eines Sprechers, werden kontrollierter gesetzt und stehen der sprachlichen Mitteilung auch insofern näher, als das differenzierte Ausdrucksvermögen der menschlichen Hand eindeutigere Aussagen zu machen erlaubt als andere körperlichen Ausdruckszonen: Mit der Hand lassen sich spontan verständliche Bilder in die Luft malen, und es ist diese Fähigkeit, die berechtigt, sie als »Geste« von anderen Formen körperlichen Ausdrucks abzuheben. Gestik in diesem Sinne ist allerdings nicht ausschließlich auf Handbewegungen beschränkt, auch Gesicht, Füsse, Kopf oder Schultern können Zeichen schreiben, wo ihre Bewegungen die darstellende Form annehmen, die eine unwillkürliche Ausdrucksbewegung, eine »Gebärde«, in eine bewußte Geste verwandelt.

Ich spreche von den Gesten, die als »bildhaft«, »expressiv« oder »ikonisch« bezeichnet werden. Neben ihnen gibt es aber auch sozusagen neutrale sprachbegleitende Handbewegungen, die McNeill als *beats* klassifiziert. Sie dienen dazu, den Sprachfluß zu unterstreichen, erfolgen also in den rhythmischen Intervallen des gesprochenen »Textes« oder markieren, wie ich auch sagen könnte, Punkte, Absätze und zentrale Aussagen. Schließlich sind bei Erklärungen, Vorträgen und ähnlich unanschaulichen Reden sogenannte »metaphorische« Gesten beliebt, um die abstrakte Rede zu beleben. Ich sage dann zum Beispiel: »Laßt uns nun die Ergebnisse der Diskussion zusammentragen«, und dazu führe ich meine beiden hohl geformten Hände in der Mitte vor meinem Körper zusammen, als würde ich die gedachten Resultate in zwei Körben sammeln und zusammenbringen. Die gleiche Handbewegung würde zu einer »ikonischen« Geste, sobald ich damit vorzuführen versuche, wie mir die Dame des Hauses zwei Obstschalen zur Auswahl des Nachtischs reichte, die Geste also eine konkrete Handlung nachstellen würde. »Nach unserer Definition ist eine ikonische Geste eine geformte Handbewegung, die in ihrer Form oder der Art ihrer Ausführung Aspekte des Ereignisses oder der Situation abbildet, die sprachlich beschrieben werden« (McNeill/Levy 1982, S.275). Zu ergänzen wären diese Unterscheidungen noch durch die »konventionellen« Gesten, die nicht individuell und spontan im Redefluß gebildet werden, sondern eine sozial verbindliche Bedeutung haben: Nicht zufällig setzen wir sie besonders gern dort ein, wo uns die Sprache wegbleibt, beim Zeigen des Vogels etwa, oder wenn mit einer Handbewegung angedeutet werden soll, was auszusprechen zu peinlich wäre.

Sprachbegleitende Gestik ist mehr als ein beliebiges Beiwerk der gesprochenen Sprache. In verschiedenen Versuchen konnte nachgewiesen werden, daß von Gesten begleitetes Reden die Merkbarkeit und Gedächtnisspeicherung sprachlicher Äußerungen verbessert. »Berger und Popelka fanden, daß die Genauigkeit beim Niederschreiben gesprochener Sätze sich erhöhte, wenn sie mit begleitender Gestik geäußert wurden« (Kendon 1983, S. 29). Ähnliche Ergebnisse zeitigte ein Versuch, in dem komplexe geometrische Figuren nach mündlicher Beschreibung gezeichnet werden sollten: Sprachbegleitende Gestik ergab genauere Zeichnungen. Schließlich konnten sich Versuchspersonen sowohl Wortlisten als auch Geschichten besser merken, wenn sie von »physiographischen« Gesten begleitet wurden (Kendon 1983, S. 29). In einem weiteren Versuch berichteten viele Versuchspersonen, »daß durch die Gesten visuelle Bilder hervorgerufen wurden« (Riseborough 1981, S. 182). Es steht zu vermuten, daß sich die Gedächtnisleistung verbesserte, weil die bildliche Vorstellungsfähigkeit der Angesprochenen angeregt wurde.

Diese Vermutung läßt sich von anderer Seite erhärten, denn die Gedächtnisleistung steigt in vergleichbarer Weise, wenn man sprachliche Aussagen zusammen mit ihren gegenständlichen Abbildungen präsentiert. Allan Paivio konnte mit einer ganzen Reihe von Experimenten nachweisen, daß sich die Wiedergabe bei allen Testaufgaben, die die innere Vorstellung aktivierten, entweder durch Betrachtung begleitender Bilder oder die Aufforderung, sich den Gegenstand innerlich vorzustellen, wesentlich gegenüber jenen verbesserte, die nur den Klang des Wortes präsentierten und ihn innerlich zu wiederholen vorschrieben. Er zieht daraus den Schluß, Verständnis, Speicherung und Wiedergabe sprachlicher Äußerungen liefen gleichzeitig über ein linguistisches und ein imaginatives System, die in ständiger Wechselwirkung stünden. »Die wichtigste theoretische Annahme ist, daß Sprache eng mit zwei grundlegenden Kodierungssystemen oder kognitiven Verfahren verknüpft ist. Das eine Verfahren ist unmittelbar mit dem eigentlichen Sprechen verbunden; das heißt, wir können in verbalen Konzepten und ihren Beziehungen denken, und diese impliziten verbalen Prozesse können unser Sprachverhalten vermitteln. Der andere Kode ist nonverbal und vermutlich eng an die persönliche Wahrnehmung gebunden, die wir Vorstellung (*imagery*) nennen. Wenn ich also zu Ihnen sage: ›Der rothaarige Junge schält eine grüne Orange‹, scheint es wahrscheinlich, daß Ihr Satzverständnis irgendeine Art mentalen Bildes des Jungen und der Orange einschließt, zusammen mit den dazugehörigen Aktivitäten des Orangeschälens, und eben nicht nur die stille Wiederholung allein der Worte. Der sprachliche Kode sprang in einen nonverbalen Kode über, und wenn ich Sie jetzt bitte, sich an den Satz zu erinnern, werden Sie sich an die Gegenstände und Handlungen erinnern, die im Bild enthalten sind, und den Satz nach ihnen konstruieren. Da Input und Output des Satzes verbal erfolgen, muß, wenn diese Annahme zutrifft, eine rasche Verwandlung in den nonverbalen Kode und danach zurück in den verbalen erfolgen« (Paivio 1991, S. 107).

Während sprachliche Sätze »sequentiell« aufgebaut sind, sich also in zeitlicher Aufeinanderfolge von Lautzeichen realisieren, können die Bestandteile bildlicher Vorstellungen relativ gleichzeitig erfaßt werden; die Wahrnehmung von Bildvorstellungen erfolgte in Paivios Versuchen meßbar schneller als die Entschlüsselung sprachlicher Zeichen. Allerdings mit der aufschlußreichen Einschränkung, daß bei sprachlichen Äußerungen, die sich auf sehr konkrete Sachverhalte bezogen, »Bildwahrnehmung und Sprachverständnis in vergleichbarer Geschwindigkeit erfolgen können« (Paivio 1991, S. 119). Hier konnte offensichtlich die Rückverwandlung vom Bild zum Wort sehr rasch geleistet werden.

In einem ganz ähnlichen Verhältnis scheinen sprachliche Mitteilungen und gestische Darstellung zu stehen. David McNeill hat das Auftreten sprachillustrierender Gesten mit den entsprechenden sprachlichen Äußerungen verglichen und festgestellt, daß die Geste immer schon vorführt, wozu die Sprache erst ansetzt. Er schließt daraus, daß beide gleichzeitig im Prozeß der inneren Generierung entstehen, die aus einer Bildvorstellung hervorgehende Geste aber rascher erzeugt werden kann als die begleitende Sprachäußerung. »Beim Sprechen sind die inhaltlichen Konzepte bezeichnenderweise in Worte und Sätze unterteilt, und sie werden, grammatischen Regeln folgend, über die Zeitspanne des gesprochenen Satzes verteilt. Bei einer ikonischen Geste jedoch kann alles, was dargestellt wird, auf einmal dargestellt werden. Die Geste mag Zeit zu ihrer Ausführung benötigen, ihr ganzer Ausdruck erfolgt aber gleichzeitig – ohne Segmentierung der Bedeutung und Verteilung der Segmente in Zeiteinheiten« (McNeill 1986, S. 109).

Anhand von kindlichen Erzählungen konnte er feststellen, daß die von Gesten begleiteten Sprachäußerungen die neuartigen sprachlichen Aussagen enthielten. Dazu ein bezeichnendes Beispiel, das von Anansi handelt, der in westafrikanischen Erzählungen beheimateten, merkwürdig menschlichen und wenig heldenhaften Spinne, die voll Rücksicht und Liebe agieren und doch im nächsten Moment sich schon wieder rücksichtslos und verfressen an den eigenen Artverwandten vergehen kann. In dieser Geschichte hat Anansi sich versteckt und wird von den zahllosen Söhnen gesucht. Der Erzähler hat die Geschichte in einer gefilmten Version gesehen und erzählt sie nach. »Und sie wünschten hinzukommen, wo Anansi war«, lautet die kurze Textpassage. Dazu hält der Erzähler beide Hände vor sich hin, so daß sie sich gegenüberstehen. »Zwei Hände erscheinen in der Geste, und zwei Teilnehmer werden im Satz genannt« (McNeill 1985, S. 369). Die rechte, die suchenden Söhne verkörpernde Hand werde zum inhaltlichen Bezugspunkt des Satzes, befinde sich deshalb in ständiger Bewegung und illustriere damit den ersten Halbsatz. Die linke verhalte sich ruhig und repräsentiere die im zweiten Halbsatz genannten Anansi in ihrem Versteck. Die Geste, die im Prinzip bereits die ganze Botschaft enthält, erscheint aber schon mit dem Einsetzen der Sprachäußerung.

Das Zusammenwirken von bildlicher Vorstellung und sprachlicher Formulierung erinnert an die Arbeitsteilung unserer Gehirnhälften, nach der bei der großen Mehrzahl der Menschen die rechte Gehirnhälfte schwerpunktmäßig bildhafte und räumliche Vorgänge verarbeitet, sich in der linken dagegen die Sprachzentren und das sprachlich strukturierte logische Denken lokalisieren. Die Arbeitsteilung ist aber weder so festgelegt, wie es die verbreitete Berufung auf die »Hemissphärendichotomie« glauben machen möchte, noch arbeiten sie voneinander unabhängig: Über das breite Band des *corpus callosum* wechseln unzählige Information zwischen beiden Hemisphären hin und her, und das gilt auch für die Vorgänge, die bei der Bildung sprachlicher Äußerungen ablaufen. Man darf deshalb mit Paivio davon ausgehen, daß beide Kodierungssysteme prinzipiell bei jeder Sprachäußerung im Spiel sind, das Ausmaß vorstellungsmäßiger Speicherung aber je nach der thematischen Ausrichtung der Äußerungen unterschiedlich ausfallen wird und bei abstrakten Feststellungen sogar ganz unterbleibt. »Im Falle konkreter Aussagen wie etwa ›Der Junge schlug das Mädchen‹ herrscht die Bildvorstellung vor. Bei abstraktem Material wie ›Die Theorie besitzt prädikativen Wert‹ dürfte die Aussage wahrscheinlich nur in ihrer sprachlichen Form gespeichert werden« (Paivio 1991, S. 122). Bemerkenswert bleibt aber, daß auch abstrakt-logisches Diskutieren noch vom Rhythmus tanzender Hände in Gang gehalten werden will, und gerade auch der Vortragsredner versucht, seine abstrakten Darlegungen mit metaphorischen Gesten anzureichern, also sozusagen mit gestischen Bildvergleichen zu beleben und damit dem Zuhörer das Mitdenken zu erleichtern. Wie auch immer die Verteilung dieser beiden Komponenten bei den verschiedenen Sprechweisen ausfallen mag, insgesamt kann »als Argument herausgestellt werden, daß Gesten eine Stufe tief innen im Prozeß des Sprechens enthüllen. Auf dieser Stufe werden zwei Formen des Denkens koordiniert: eine bildhafte Denkweise (die global und synthetisch ist) und eine syntaktische (die linear und segmentiert ist)« (McNeill 1985, S. 370).

Zum Verhältnis von Gestik und Spiel

Erzählendes Reden berichtet von menschlichen Handlungen, ihren Verwicklungen und ihrem Ergebnis, von Vorgängen also, die von anschaulicher Gegenständlichkeit sind und deshalb den Erzähler anhalten, »ein visuelles Bild des Schauplatzes der Geschichte zusammen mit ihren hervorstechenden Bestandteilen zu bilden und

166

ausgehend von der organisierten, thematischen Vorstellung den sprachlichen Inhalt zu rekonstruieren« (Paivio 1991, S. 123). Erzählendes Sprechen wird deshalb nach vermehrter gestischer Darstellung verlangen.

Das Verfahren, mit dem McNeill das sprachbegleitende gestische Verhalten zu erforschen suchte, bestand darin, kurze Comicfilme zu zeigen, sie danach von Versuchspersonen vor Zuhörern, die die Filme nicht kannten, nacherzählen zu lassen und diese Nacherzählungen auf Video aufzunehmen. Für die Auswertung wurden die Äußerungen in Anlehnung an Labov und Waletzki in »narrative« und »extranarrative« Teilsätze aufgetrennt, also solche, die Handlungen wiedergaben, und solche, die eher kommentierende Bemerkungen beinhalteten. Es erwies sich, »daß narrative Äußerungen tendenziell von ikonischen Gesten, nicht erzählende Äußerungen von formloseren Gesten oder *beats* begleitet werden« (McNeill/Levy 1982, S. 280). Dabei handelte es sich allerdings nur um kurze Nacherzählungen, für die sich die Zuhörer nicht allzu lang aus ihrer gelebten Gegenwart entfernen mußten. Längere erzählende Passagen, die die Vorstellungsfähigkeit der Zuhörer stärker beanspruchen, würden noch stärker von abbildenden Gesten begleitet.

Denn nicht nur die Anschaulichkeit der geschilderten Vorgänge drängt den Erzähler, seine Rede zu illustrieren, dazu zwingt ihn vor allem auch die zeitliche und örtliche Ferne des Erzählten: Gespräche, Unterhaltungen, Vorträge, alle jene »operationalen« Sprachäußerungen, mit denen wir uns mit den Mitmenschen verständigen und auf sie einzuwirken suchen, spielen sich im gegenwärtigen, sichtbaren, hörbaren und greifbaren Umfeld ab; der »Kontext« der Rede bleibt also allen Teilnehmern vertraut und zugänglich. Wer zu erzählen beginnt, entführt sein Publikum aus dem Hier und Jetzt der Rede an jenen Ort und in jene Zeit, in der sich seine Geschichte abspielt. Er muß sicherstellen, daß sie ihm mit ihrer Vorstellung dorthin folgen, daß für den Zeitraum seiner Erzählung die Allgegenwart der laufenden Sinneswahrnehmung verblaßt und die innere Vorstellung jener Erzählräume die Oberhand gewinnt. Er muß also daran interessiert sein, die Vorstellungskraft seiner Zuhörer zu stützen und anzuregen, insbesondere an den Angelpunkten der Erzählung und in jenen Passagen, wo die Glaubwürdigkeit des Erzählten in Frage steht, die Phantasie der Zuhörer deshalb besonders gefordert ist: den unwahrscheinlichen und phantastischen Ereignissen. Sie markieren zugleich die Passagen, in denen die gestische Illustrierung zunimmt.

Alle abbildende Gestik aber erweist sich bei genauerer Betrachtung als zeichenhaft verkürztes Spiel. Die Aktivität der dargestellten Person verkürzt sich auf die Körperbereiche, die stellvertretend für die gesamte Person in Aktion treten. Wenn beispielsweise der Held mit dem Fuß zutritt, kann ich als Erzähler dies auch mit der Hand vorführen, benutze also eine isolierte und reduzierte Bewegung, um damit stellvertretend die Handlung des ganzen Menschen darzustellen, und ich tue das im allgemeinen auf der reduzierten Kleinbühne, etwa eines Halbkreises vor dem Körper. Im Gegensatz dazu hat der Schauspieler den ganzen Menschen zu repräsentieren, und dafür steht ihm ein ausgedehnter Bühnenraum zur Verfügung. Die Zeichenhaftigkeit zeigt sich auch daran, daß die Geste sich aus dem fortlaufenden Fluß darstellenden Spielens ausgrenzt. Ist die eine Geste abgeschlossen, wandern die Hände in die Ausgangsstellung zurück, um dann wieder in eine neue Geste zu starten, wie das Videobeobachtungen zeigen. Es werden also klar abgesetzte Zeichen gesetzt. Die Zeichenhaftigkeit erlaubt, ständig die Darstellungsebenen zu wechseln: Die Hand, die eben noch den zutretenden Fuß bezeichnete, beschreibt im nächsten Augenblick schon die Wucht der gegen die Felsen klatschenden Brandung usw., während auf der Schauspielbühne der symbolisch gesetzte Spielraum über eine Szene hinweg erhalten bleibt.

Die Herkunft der abbildenden Geste ermöglicht es dem Erzähler, die zeichenhaft verkürzten Gesten bruchlos wieder zum ausgeführten Spiel zu erweitern, wo es die Dramatik der Ereignisse gebietet oder wo die Vorstellung des Publikums eine verläßlichere Stütze benötigt. Darum springt auch der österreichische Märchenerzähler von seinem Hocker auf, sobald der Teufel auftritt, und versucht uns nun spielend zu vergewissern, daß es so und nicht anders gewesen sein kann. Aber auch die Spielweise des Erzählers hat wenig mit dem Bühnenspiel gemein und erinnert nicht zufällig an die sprunghafte und andeutende Darstellung kindlicher Rollenspieler. Während der Schauspieler, solange der Fiktionsraum der Aufführung erhalten bleibt, eine einheitliche Rolle verkörpert, spielt der Erzähler seine laufend wechselnden Rollen nur an, und tut das auch nur dort, wo es im Geflecht der Erzählung geboten erscheint. Und auch wo er »Requisiten« verwendet, indem er Gegenstände in sein Spiel einbezieht, benutzt er nicht Nachbildungen der gemeinten Gegenstände, sondern gebraucht die Gegenstände seiner Umgebung in symbolischer Stellvertretung, ganz im Stil rollenspielender Kinder.

Der Wechsel von der gestischen zur spielerischen Wiedergabe liegt nahe, erfüllen sie doch im Geflecht der Erzählung beide den gleichen Zweck, die Vorstellungsfähigkeit des Zuhörers zu unterstützen. An jedem Punkt seiner Vorführung wählt der Erzähler den passenden Grad der szenischen Ausführung aus: vom ruhigen Sprechen ohne spielerische Versinnlichung über den mimischen Ausdruck oder, wieder eine Stufe weiter, die gestische Verlebendigung von Handlungen und Geschehnissen, die mit stellvertretenden Spielgegenständen oder den leeren Händen ausgeführt werden, bis hin zur szenischen Darstellung, die mit den Mitteln des Einmanntheaters bestritten wird. In dieser Palette nehmen die illustrierenden Gesten eine mittlere Position ein und verkörpern wegen ihrer einfachen Einfügung in den Erzählfluß das häufigste und wichtigste Darstellungsmittel des Erzählers: Sie befinden sich sozusagen auf halbem Wege zwischen der willkürlichen sprachlichen Bezeichnung und der sinnlichen Verlebendigung darstellenden Spiels.

Zur Entwicklung kindlicher Gestik

Daß illustrierende Gesten auf verkürzte Spielhandlungen zurückgehen, zeigen auch die frühesten Formen kindlicher Gestik, die nach dem Auftauchen der ersten Spiele und in einem Alter zu beobachten sind, in dem sich die Kinder sprachlich noch kaum ausdrücken können. Sie versuchen sich in dieser Phase über gestische Darstellungen mitzuteilen und können dabei auf die Erfahrungen zurückgreifen, die sie bereits mit den festgelegten konventionellen Gesten, etwa des Zeigens oder Greifens, gemacht haben. Diese abgeschliffenen gestischen Zeichen werden jetzt ergänzt durch eigene spielerische Gesten, die bildliche Vorstellungen in stellvertretende körperliche Bewegungen »übersetzen«. »Zum Beispiel blies Guillaumes drei Jahre alte Tochter beim Erwähnen einer großen Orange ihre Backen auf, um die volle und runde Form der Frucht darzustellen« (Werner/Kaplan 1984, S.89). Es sind Spielgesten, die, aus dem Spiel gelöst, zur Mitteilung eingesetzt werden.

Interessanterweise findet die Übertragung spielerischer Darstellungen auf die Verständigung kaum Vorbilder im Verhalten der Bezugspersonen: »Außer in den Spielsequenzen konnten diese mimetischen Gesten, wie wir fanden, auch verwendet werden, um Fragen zu stellen (z.B. beim Wunsch, ein Gefäß zu öffnen) oder beim Ansehen von Bilderbüchern das Gesehene zu kennzeichnen. Während unserer Beobachtungen sahen wir niemals eine Mutter darstellende Gesten in dieser instrumentellen Absicht benutzen« (Zinober/Martlew 1985, S. 201). Am Anfang der Beobachtungszeit, im Alter von zehn Monaten, tauchten solche Gesten noch selten auf, traten dann aber bis zum Alter von 18 Monaten immer häufiger in Erscheinung und gingen danach wieder rasch zurück, was sich wohl ohne weiteres mit der wachsenden Sprachbeherrschung erklärt, die den Einsatz von Spielgesten zur alltäglichen Verständigung überflüssig macht.

Aber nicht die gestische Mitteilung verschwindet, sondern ihr instrumenteller Gebrauch. Bereits bei den genannten Beobachtungen verwendeten die Kinder Gesten stärker beim Betrachten von Bilderbüchern oder beim Erinnern an Ereignisse des vergangenen Tages, in Äußerungen also, die sich auf Vorstellungen bezogen. Wenn mit der Ausbildung erzählenden Sprechens dann auch Erinnerungen und Phantasien mitgeteilt werden können, werden Gesten vor allem benutzt, um die inneren Bilder weiterzugeben.

Die Weise, wie Kinder beim Erzählen illustrierende Gesten benutzen, unterscheidet sich aber zunächst vom gestischen Stil der Erwachsenen. Indem McNeill kindliche Gestik nach der gleichen Versuchsanordnung untersuchte, konnte er gestisches Verhalten von Kindern und Erwachsenen miteinander vergleichen, und kam zu Feststellungen, die einiges Licht sowohl auf die Herkunft bildhafter Gesten wie auf deren Handhabung in kindlichen Erzählungen werfen. »Die ikonischen Gesten von Erwachsenen beinhalten normalerweise drei unterschiedliche Phasen – die Vorbereitung, in der die Hand in die Ausgangsposition geht, um die ikonische Bewegung auszuführen; die ikonische Bewegung selbst (also den Teil, der allein die Bedeutung trägt); und die Zurücknahme, bei der die Hand sich aus der Geste zurückzieht. Aufeinanderfolgende Gesten überschneiden sich nicht, will heißen, daß keine Phase der nächsten Geste einsetzt, ehe nicht wenigstens die eigentliche ikonische Phase der vorherigen Geste abgeschlossen ist« (McNeill 1986, S. 113). Demgegenüber verschwammen die kindlichen Gesten, gingen oft ineinander über und waren weniger klar an feste Abschnitte der gesprochenen Äußerungen gebunden. Oft illustrierten nicht nur eine, sondern mehrere Gesten dieselbe Aussage: Noch waren sie nicht zu abgegrenzten bildhaften Zeichen geronnen. Die Überschneidungen und die etwas diffuse Ausführung dürften darauf zurückgehen, daß Kinder noch stärker dem Spielen verhaftet sind, die kurze sprachbegleitende Bewegung dafür aber nicht genügend Raum läßt.

Die Nähe zu rollenspielartiger Darstellung zeigte sich auch im kindlichen Gebrauch des gestischen Raums. Normalerweise verkürzt die gestische Darstellung Handlungen auf stellvertretende zeichenhafte Bewegungen, wo die spielerische Ausgestaltung in den Raum ausgreifen würde: Wenn die erzählende Gestik die ängstliche Gehweise des Helden im Sitzen vormacht, indem sie zögernd eine ausgestreckte Hand vor die andere setzt, würde der Spieler aufstehen und die zögerlichen Schritte einige Meter weit vorführen. Kinder dagegen bleiben dem Spiel verpflichtet und »ziehen es vor, Gesten des Laufens nicht mit den Händen, sondern mit ihren Füssen auszuführen, und ikonische Gesten, die auch den Kopf und die Füße einbeziehen, sind bei kleinen Kindern weiter verbreitet als bei Erwachsenen« (McNeill 1985, S. 364).

Der Bewegungsraum erwachsener Gestik umfaßt einen Halbkreis vor dem Körper, etwa von der Hüfte aufwärts, mit einem Zentrum in der Mitte der Reichweite der Hände. Es ist, als ob auf eine Fläche vor dem Oberkörper gezeichnet würde. »Selten oder niemals wird diese Fläche überschritten« (McNeill 1986, S. 118). Demgegenüber griffen die kindlichen Gesten in den gesamten Raum aus, der ihren Händen zugänglich blieb: Die Arme bewegten sich auch über die Schulter hinter den Körper und tendierten dazu, den ganzen Körper in die Ausführung einer Geste einzubeziehen. Die Kinder agierten, als bewegten sie sich selbst in den beschriebenen Situationen. Im allgemeinen fünf bis sieben Jahren alt, handelte es sich sicher um erfahrene Rollenspieler, und sie neigten darum auch in ihrem gestischen Ausdruck mehr zum spielerischen Ausgestalten. »Der ganze Körper und alle seine wichtigen Teile führen die Bewegungen der Spielfigur vor, deren Handlungen beschrieben werden sollen. Die Körperteile der Spielfigur werden tendenziell von den entsprechenden des Kindes ausgeführt (...), die Gesten sind groß wie bei den wirklichen Handlungen, und der gestische Raum hat seinen Mittelpunkt im Kind, als ob es real handelte« (McNeill 1985, S. 364). Abzulesen ist diese noch dem Spiel verhaftete Darstellung bezeichnenderweise auch an der Führung der Hände. Kinder stellen damit vorwiegend Handlungen dar, die Hände tatsächlich ausführen können, zum Beispiel ein Glas halten oder die Augen beschatten und dergleichen. Die Hände werden von jüngeren Kindern noch nicht in übertragener Bedeutung benutzt, um etwa die überraschende Form eines sich nach oben verengenden Glases nachzuzeichnen oder eine Landschaft mit ihren langgezogenen Hügeln zu beschreiben.

Wann sich die rollenspielartigen Darstellungen zu gestischen Zeichen abschleifen, ist aus den Arbeiten McNeills nicht zu erschließen. Es ist aber zu vermuten, daß sich ihre gestische Sprache mit der in den ersten Grundschuljahren rasch wachsenden Erzählfähigkeit an die der Erwachsenen angleicht, und diese Entwicklung dürfte bis zu dem Zeitpunkt, zu dem die narrativen Strukturen vollständig übernommen sind, grob gesehen um das zwölfte Lebensjahr herum, abgeschlossen sein.

Eine weitere aufschlußreiche Feststellung ist noch nachzutragen: das späte Auftreten regelmäßiger rhythmischer Handbewegungen, der sogenannten *beats*. »Obwohl *beats* sehr wenig Kontrolle über die Weise ihrer Bewegung verlangen, fehlen sie im gestischen Auftreten von sehr jungen Kindern« (McNeill 1985, S. 365). McNeill sieht das darin begründet, daß sich die Hand hier am weitesten von ihrer ursprünglichen Funktion des Einwirkens auf Gegenstände entfernt, sozusagen nur noch in gegenstandsloser, »abstrakter« Weise bewegt wird, um den Fluß des Gesprochenen in größere und kleinere Einheiten zu gliedern. Aber auch diese abgelösten Handbewegungen dienen noch dazu, den sprachlichen Redefluß zu versinnlichen, indem sie dem Gesagten Nachdruck verleihen und es hervorheben.

Zur Rolle der Bildvorstellung beim Erzählen

Die gestischen Ausdrucksweisen von Kindern weisen darauf zurück, was Gesten ihrem Ursprung nach sind und wie sie entstehen: zeichenhaft verkürzte Spielhandlungen. Das ausagierende Rollenspiel jüngerer Kinder beginnt sich in der Grundschulzeit zu zeichenhaften Gesten abzuschleifen. Alles Spielen aber, so zufällig und flüchtig es in seinen ersten Anfängen auch sein mag, setzt eine innere Vorstellung voraus, die in symbolischer Übertragung darstellbar und dadurch mitteilbar wird. Mit wachsender Spielfähigkeit verdichten sich die Vorstellungen, die vereinzelten Spielakte verlieren ihre Statik, verbinden sich zu Handlungsfolgen, die ihre sozialen Vorlagen bald hinter sich lassen und sich phantastischen Einfällen öffnen. Beim Spielen stehen die fortlaufenden inneren Bildvorstellungen in ständiger Wechselwirkung mit der Spieltätigkeit, Vorstellungen erzeugen neue Spielweisen, und gegenständliche Spielweisen erzeugen neue Vorstellungen. Es entsteht die offene »kreative« Spielatmosphäre, deren Ergebnis nicht vorauszusagen ist. Die Notwendigkeit der gegenseitigen Abstimmung im Rollenspiel zwingt jedoch dazu, verbindlichere Muster zu beachten; das Spiel organisiert sich zunehmend in narrativen Strukturen: Die Vorstellungsbilder werden zusammenhängender und bestimmen immer ausschließlicher die Spielhandlungen. Im eigentlichen »Erzählalter« der ersten Schuljahre gehen die ausagierten Phantasiespiele zurück, Erzählen nimmt immer mehr ihren Platz ein als aktives sprachliches Ausphantasieren von Geschichten oder Erlebnissen. Beim Erzählen verkürzen sich die Spielhandlungen zu stellvertretenden Zeichen, erfüllen aber den gleichen Zweck wie im ausgeführten Rollenspiel: Sie zeichnen innere Bildwahrnehmungen nach und erzeugen im Betrachter den Erzähltext begleitende Bilder. Zeichenhafte Gesten ermöglichen also, Bildvorstellungen in eine mitteilbare Formsprache zu setzen und damit die sprachliche Information um eine bildliche und imaginative zu ergänzen, die dem Erzähler erlaubt, die Vorstellungsfähigkeit seines Publikums zu aktivieren, um es desto wirksamer in die ferne Welt seiner Erzählung zu entführen.

Folgt man allerdings den linguistischen Modellen mündlichen Erzählens, dann sucht man vergebens nach der Ebene gestischer Mitteilung. Nach diesen Konzepten speichert und reproduziert der Erzähler seine Geschichte, indem er einmal ein Strukturschema benutzt, von dem im folgenden Kapitel die Rede sein wird, und indem er andererseits in der durch das Schema vorgegebenen Ordnung die Handlungsweisen seiner Figuren in sprachlichen Konzepten festhält, ich könnte vereinfachend sagen: in Stichworten. In dem Modell, das sie für das Erzählen in Gesprächen aufstellte, spricht Uta Quasthoff von einer »kognitiven Geschichte« (Quasthoff 1980). Sie ist in den Begriffen der Transformationsgrammatik als sprachliche »Tiefenstruktur« gedacht, die im Moment des Erzählens in die »Oberflächenstruktur« des tatsächlich geäußerten Wortlauts zu überführen ist. Bei dieser Transformation habe der Erzähler zahlreiche Faktoren zu berücksichtigen: die Signale seiner Zuhörer etwa, die Verknüpfung mit dem Gespräch, in das die Erzählung eingebettet ist, die von ihm verfolgten Kommunikationsziele und dergleichen mehr. Für die Form der sprachlichen Gestaltung stünden ihm jeweils unterschiedliche Grade der szenischen Ausführung zur Auswahl, vom kurzen berichtenden Satz bis zur dramatisierten dialogischen Rede, aus denen sich der Erzähler den geeigneten Grad sprachlicher Realisierung auswähle. Die Beschreibung sieht also für die »Generierung« von Erzählungen nur verbale Prozesse vor. Die offensichtliche Tatsache, daß Erzähler ihre Geschichten gestisch und spielerisch ausgestalten, geht in das theoretische Modell nicht ein, noch geraten bei der Herstellung, Speicherung oder Wiedergabe von Erzählungen bildhafte Vorstellungen in den Blick.

Ich möchte demgegenüber ein verändertes Modell vorschlagen, wie Erzählungen aufgenommen, gespeichert und wiedergegeben werden. Ich gehe davon aus, daß sie sich als Folge bildhafter Vorstellungen einprägen und daß es vor allem dieser »innere Film« ist, an dem entlang der Erzähler den Erzähltext bildet, indem er ihn sozusagen abtastet, dabei die anschaulich gespeicherten Handlungen versprachlicht und sie mit bildbeschreibenden Gesten illustriert. Das imaginierende Abrufen der Geschichte durch den Erzähler stößt aber rasch an eine Grenze, und auch darin trägt der Vergleich mit dem Film: Filmhandlungen sind, zumindest dort, wo Filme erzählen, nicht allein von einer immanenten Bildlogik gesteuert. Die Bilder tragen nur soweit, wie die einzelne Handlungssituation reicht oder, in der Sprache des Films, bis zum Ende der Sequenz, an der der Filmer eine Zäsur macht und zu einer neuen Sequenz ansetzt. Diese Verknüpfung ist über die Bildwahrnehmung nicht mehr zu leisten; beim Film sieht das Drehbuch den Wechsel der Sequenz vor, der Erzähler benutzt die Handlungsabschnitte verknüpfende »Stichworte«, deren Anordnung dem abstrakten, bildlich nicht erfaßbaren Strukturschema folgt, das uns im nächsten Kapitel beschäftigen wird. Innerhalb einer Szene oder Sequenz kann ich mich darauf beschränken, Bildvorstellungen nachzuerzählen, die Verknüpfung mit der nächsten Szene leisten verbale Konzepte, sprachlich operierende Merkzeichen, die die Schauplätze und Handlungen der Erzählung miteinander verbinden und die Bildfolge der folgenden Sequenz aufschließen, die ich nun wiederum bis zum nächsten Knotenpunkt versprachlichen und gestisch verbildlichen kann. Die Bildelemente werden im Akt des Erzählens in gestischen Zeichen kodiert, die erlauben, sie in den Fluß der sprachlichen Zeichen einzugliedern, und die den »Zuhörer« anregen, sich eigene Bilder auszumalen.

Auf die weitergehende Frage, wie sich diese Prozesse im menschlichen Gehirn abspielen, werden wir allerdings nur andeutende Antworten erhalten. Trotz aller Fortschritte der neurologischen Gehirnforschung bleiben die Wege des menschlichen Denkens noch immer recht geheimnisvoll, und es ist uns auch kaum möglich, das Zusammenwirken von bildhafter Vorstellung und sprachlicher Bezeichnung in seiner Komplexität und Verflechtung nachzuvollziehen. Wir können sie uns nur in modellhaften Annäherungen zu vergegenwärtigen suchen. In einer sicher zu groben Vereinfachung kann man sich die sprachlichen Konzepte wie Etiketten vorstellen, an die sich Reihen bildhafter Vorstellungen knüpfen und die verfügbar werden, sobald das Etikett aufgerufen ist. In dieser vereinfachenden Annäherung würden dann über eine festgelegte Folge sprachlicher Konzepte jeweils die ihnen zugeordneten Bildelemente aufgeschlossen, die in der Vorstellung des Erzählers auftauchenden Bildfolgen würden im Prozeß des Erzählens in sprachliche und gestische Zeichen kodiert und vom Zuhörer seinerseits in eigene Bildvorstellungen und sie strukturierende linguistische Konzepte »zurückübersetzt«. So behelfsmäßig diese Beschreibung auch ausfallen mag, hat sie doch den Vorteil, daß sie die zentrale Bedeutung der bildlichen Imagination im Prozeß der Verarbeitung mündlicher Erzählungen berücksichtigt. Solange man sich ausschließlich auf textlinguistische Prozesse bezieht, scheint mir die Wiedergabe einer Erzählung weder auf der »Textoberfläche« noch in der kognitiven »Tiefenstruktur« angemessen verstehbar.

Gestisches Erzählen und Filmsprache

Mit dem Wechselspiel von sprachlichem Text und gestischer Veranschaulichung steht die mündliche Erzählung den Bild und Sprache kombinierenden audiovisuellen Medien näher als dem schriftlichen, nur auf einen sprachlichen Text beschränkten Erzählen. Mündliches Erzählen verfährt seiner Form nach audiovisuell, seit Menschen sich Mythen und persönliche Erlebnisse mitzuteilen verstehen. Die Entwicklung der kinematographischen Wiedergabe läßt sich begreifen als die technische Realisierung der aus Bild und Sprache zusammengesetzten Kommunikationsweise, die wir Erzählen nennen, oder wie ich auch sagen könnte: Die innere bildliche Vorstellung des Erzählers, die sich in seiner Gestensprache realisiert und vom Publikum wieder in imaginierende Vorstellung zurückgeführt wird, veräußerlicht sich in der filmischen Darstellung zu einer Folge visueller Bilder, die nun mit den Augen und nicht mehr nur in der inneren Vorstellung wahrnehmbar werden. Erzählen lieferte in dieser Perspektive die Anregung und das Vorbild für die technischen Verfahren audiovisueller Darstellung. Auch wenn die Filmsprache sich mit der Etablierung des Kinos als eigenständigem Massenmedium um eigene Darstellungsformen und Erzählweisen bereichert, die den Film als Gattung vom Erzählen wie vom darstellenden Spielen abgrenzen, findet vor allem die in der Frühgeschichte des Films entwickelte Bildgestaltung ihre Entsprechung im gestischen Repertoire der Erzähler. Verfahren wie die Detailaufnahme, die Auswahl des Blickwinkels, die Montage, den Filmschnitt oder die Bewegtheit der Aufnahmen betrachten wir als genuine Gestaltungsweisen des Mediums Film. Ich möchte aber behaupten, daß sie sich in gestischen Ausdrucksweisen vorgebildet finden, die ganz ähnliche Wirkungen auf den Betrachter erzeugen, und ich möchte darauf in aller Kürze eingehen, um damit zugleich den Reichtum an Ausdrucksformen anzudeuten, die die gestische Vorführung dem Erzähler zur Verfügung stellt.

Die Entsprechung läßt sich bereits für das zentrale Kennzeichen des Films, eben die Bewegtheit seiner Bilder, in Anspruch nehmen. Der Eindruck sinnlich miterlebter Gegenwärtigkeit, den der Film erzeugt, beruht auf einer leicht erkennbaren Täuschung: Die Bilder sind, jedenfalls dort, wo das Kino Geschichten erzählt, offensichtlich gestellt, und in der Aneinanderreihung von Sequenzen wird die »Wirklichkeit« auf wenige ausgewählte Ausschnitte reduziert. Dieses Wissen, das man auch dem naivsten Kinobesucher unterstellen darf, behindert jedoch kaum das Gefühl, die Filmhandlung unmittelbar mitzuerleben. Auf den ersten Blick mag es scheinen, daß diese Wirkung durch die perfekte Wiedergabe erreicht wird, die das fotographische Verfahren ermöglicht. Tatsächlich halten wir aber zum einzelnen Foto problemlos Distanz: Wir betrachten es als die Abbildung eines örtlich und zeitlich entfernten Zustands. Das ändert sich, sobald diese Bilder zu laufen beginnen: Es ist das bewegte Bild, das dem Kinobesucher den unabweislichen Eindruck suggeriert, Augenzeuge der vorgeführten Handlungen zu sein, mit den handelnden Figuren in den abgebildeten Räumen und Landschaften zu leben, das dem Film den auffallenden Grad an »Realität« verleiht, den wir ihm unwillkürlich im Augenblick des Betrachtens zubilligen, wie kritisch wir ihn im nachinein auch immer beurteilen mögen. Es ist dieser Effekt, der die entscheidende Wirkung filmischer Wiedergabe auf den Zuschauer ausmacht und den der französische Filmkritiker Christian Metz in die Worte faßt: »Die Gegenstände und die Personen, die uns der Film zeigt, erscheinen dort als Abbild, doch die Bewegung, durch die sie belebt werden, ist kein Abbild der Bewegung, sie erscheint wirklich« (Metz 1972, S. 28). Er sieht diese spezifische Filmwirkung darin, daß die Bewegung selbst im Augenblick ihrer Wahrnehmung erzeugt wird.

Sofern man nicht die andere technische Realisierung, sondern die Wirkung auf den Zuschauer im Blick hat, läßt sich dieser Gedanke auf ein für das Erzählen entscheidendes Verfahren zeichenhafter Darstellung übertragen, auf jene abbildenden Gesten, die die Bewegung von Objekten oder Menschen durch stellvertretende Körperbewegungen wiedergeben. Wo immer eine gestische Bewegung eine Vorstellung mitteilen soll, wird diese Bewegung zwar in stellvertretender »symbolischer« Verkürzung, aber doch als »wirkliche« Bewegung ausgeführt werden. Ich möchte deshalb für die starke Faszination bewegter Gestik und die davon angeregte imaginierende Bewegung der Bildvorstellungen den gleichen Zusammenhang verantwortlich machen, der für Metz den Realitätseindruck filmischer Wahrnehmung begründet, wenn er feststellt, man könne eigentlich keine Bewegung »reproduzieren«, sondern man könne sie nur »re-produzieren durch eine zweite Bewegung, die für den, der ihr zuschaut, den gleichen Realitätsgrad hat wie die erste« (Metz 1972, S. 28).

Auch die Effekte, die der Film mit der Detailaufnahme erzielt, lassen sich im Prinzip mit Gesten erreichen. Gegenüber der Theateraufführung, mit der der Film oft verglichen wurde, die auf einen festen Bühnenausschnitt und dem darauf aufgebauten Bühnenbild beschränkt bleibt, das nur von Szene zu Szene wechseln kann, erlaubt die filmische Darstellung, Bildausschnitte und Einstellungsgrößen nach Belieben zu wählen, also statt des »ganzen« Bildes nur Ausschnitte zu zeigen, ein Verfahren, das eben gerade durch die Auslassung die Phantasie antreibt. Wenn ich beispielsweise die Nahaufnahme einer greifenden Hand sehe, ergänze ich mir in der Vorstellung unwillkürlich den ganzen Menschen, der zugreift. In vergleichbarer Weise sind es Teilaspekte umfassenderer Handlungen, die die Vorlagen stellvertretender Gesten liefern, und darum hat die Geste des Erzählers, der die Hand benutzt, um vorzuführen, mit welcher Wucht der Held seiner Geschichte die Tür eingetreten hat, eine vergleichbare Wirkung: Jeder »Hörer« sieht einen wütenden Menschen, der seine ganze Wut in den zutretenden Fuß lenkt.

Allerdings ist die Geste nicht in der Weise kontextunabhängig wie das fotografische Bild. Ein stehendes Bild ist auch in sich relativ aussagekräftig. Die stumme Geste bleibt vieldeutig, erst im sprachlichen Kontext ergibt sich eine eindeutige Mitteilung. Nun ist zwar das Filmbild als Einzelaufnahme vergleichsweise eindeutig, aber seine Einbettung in die rasch laufenden Bilder hat einen ähnlichen Effekt: »Die Bedeutung des einen Bildes hängt zu einem guten Teil von den umgebenden Bildern ab« (Saez 1974, S. 75). Die umgebenden Bilder mögen einfach nur andere Ansichten derselben Szene bieten oder uns auch plötzlich an einen ganz anderen Schauplatz versetzen, miteinander verbunden sind sie über den Schnitt, der gerade durch die Auslassung die Vorstellungskraft anregt. Was der Wechsel der Einstellungen verschweigt, versucht sich der Zuschauer zu vervollständigen. Schon ein einfacher Versuch zeigt diese Reaktion: Reiht man beliebig aus Zeitschriften ausgeschnittene Bilder, wie es der Zufall will, nebeneinander, beginnt unsere Vorstellung unwillkürlich zu arbeiten und Verbindungen zwischen den Abbildungen herzustellen. Diese assoziativen Verbindungen fügen sich dann zu diffusen Erzählungen zusammen. Den Effekt nebeneinander gesetzter »geschnittener« Bilder erzeugt das gestische Erzählen, indem jede Geste einen klaren Abschluß findet und die Hände in die Ausgangslage zurückkehren, ehe sie zur nächsten Geste ansetzen. Sie überlassen es damit dem Zuschauer, eine Verbindung zu schaffen, ganz ähnlich, wie das schon die Klassiker der sowjetischen Filmkunst für den Schnitt definierten: »Für Eisenstein ist der Schnitt genaugenommen der ›Ausdruck eines dramatischen Prinzips‹, verbunden mit dem dialektischen Denken: Das Aufeinanderstoßen einer Aufnahme mit der folgenden präsentiert dem Zuschauer einen Konflikt und überläßt ihm dessen Lösung« (Saez 1974, S. 79).

In der Formsprache des Films wie in der Gestensprache des Erzählers dienen diese Erzählweisen demselben Ziel: innere Bildvorstellungen mitteilbar zu machen und die Vorstellung des Zuschauers zu aktivieren. Es steht allerdings außer Frage, daß die filmische Bildsprache diese Techniken in einer Weise verfeinern und perfektionieren konnte, die auch für die oft geradezu akrobatischen Kunstfertigkeiten traditioneller Berufserzähler unerreichbar blieben, und daß sie schließlich genuine Aufnahmeweisen entwickelte, die keine Entsprechungen in den gestischen Darstellungen von Erzählern haben. Ein Beispiel dafür wären Verfahren der »inneren Kamera«, Kamerafahrten, Zoom und dergleichen, bei denen der psychologische Eindruck der Beteiligung des Zuschauers dadurch entsteht, »daß der Regisseur durch den Wechsel der Kameraposition von sich aus statischen Gegenständen Bewegung verleihen kann« (Saez 1974, S. 63).

Ich will versuchen, soweit das eine kurze schriftliche Beschreibung erlaubt, die Verwandtschaft der filmischen Bildsprache mit der Gestensprache des Erzählers an einem bescheidenen Beispiel anschaulich zu machen, einer Szene aus dem Grimmschen Märchen vom »Meisterdieb«. Wenn der Meisterdieb bei der zweiten Aufgabe nachts mit der Leiter unterm Arm und einer Leiche auf den Schultern den Schloßhof betritt, kann ich die Leiter mit beiden Armen gegen die Mauer stellen, kann Hand für Hand die Leiter hochsteigen. Schnitt. Ich wechsle die Perspektive: Oben im Schlafzimmer wacht der Graf und bemerkt, wie sich der Schatten eines Kopfes und dann die Schulter im Fensterausschnitt hochschieben: Ich zeichne die schattenhaften Umrisse des Fremden in das Fenster. Als Graf hebe ich nun die Hand mit dem ausgestreckten Zeigefinger als Pistolenlauf und drücke den Knall der abgefeuerten Kugel durch die gepreßten Lippen (ein Effekt, den der Comic zu einem »Peng« verschriftlicht).

Den Körper lasse ich mit einem dumpfen Laut im Schloßhof aufschlagen und den Grafen befriedigt feststellen, daß dieser Dieb wohl niemanden mehr aussacken wird. Aber der Herr Graf möchte auch das Aufsehen, das eine Leiche im Schloßhof verursacht, vermeiden, und, alles in allem, besser, er verscharrt den Gauner gleich höchstpersönlich im Schloßgarten. Er klettert also aus dem Fenster und steigt die Leiter hinunter, wie sie der Meisterdieb hinaufgeklettert war. Mit einem kurzen Satz lasse ich ihn im Schloßgarten verschwinden, damit nun wieder der im Busch versteckte Meisterdieb auftreten, über die Leiter ins Schlafgemach der Frau Gräfin einsteigen und sie mit der Stimme des Grafen um das Leintuch aus ihrem Bett bitten kann, schließlich sei er nicht irgendwer, sondern ein Meisterdieb und sogar sein Patensohn gewesen. Hier muß ich Spiel und Erzählung kurz unterbrechen, um zu erklären, daß man in alten Zeiten Tote in Leintüchern begrub. Der Blick der Kamera ruht nun auf der Gräfin, die schlaftrunken sich das Bettuch unter dem Hinterteil wegzieht und es dem Meisterdieb überreicht, der es sich, sozusagen im Gegenschnitt, zusammengefaltet unter den Arm klemmt und verschwindet. Schon an diesem einfachen Beispiel ist abzulesen, wie die Erzählung einer Szene im Grunde in Filmsequenzen unterteilbar ist, sich in einer Folge von Gegenschnitten, gestischen Nahaufnahmen und auf die Bildtotale weisenden Handbewegungen aufbaut.

Daß gestisches Erzählen mit audiovisuellen Medien verwandt ist, erfahre ich auch immer wieder beim Auftritt vor Schulkindern, die erstaunt feststellen: »Das ist ja wie Fernsehen.« Es liegt mir fern, mit dem Fernsehen zu konkurrieren oder es abzuwerten. Es gibt sicher eine Menge schlechter Sendungen ebenso wie es, gerade in der Kinderliteratur, eine Menge gequälter Erzählungen gibt. Entscheidend für mich ist: Die Kinder drücken mit diesem Satz aus, daß ihnen mit der Erzählung Bilder geliefert wurden, daß alles lebendige gestische Erzählen letzten Endes eine audiovisuelle Sprache spricht. Da sie in einer Umwelt aufwachsen, die ihnen an jeder Straßenecke Bildeindrücke liefert, ihre Vorstellungsfähigkeit anspricht und sie mit Phantasiebildern füttert, reagieren sie mit großer Sensibilität auf visuelle Reize.

Ich behaupte also, daß mündliches Erzählen und Film ihrer Struktur nach verwandt sind, daß sich filmische Darstellungstechniken im Prinzip bereits in den Erzählweisen vorgebildet finden, wie sie über die Jahrtausende in vielen Kulturen von Laien und professionellen Erzählern gepflegt und weitergegeben wurden. Die Gesten und die Spieleinlagen des Erzählers haben bei allen Unterschieden der technisch-industriellen Herstellung des Films im Vergleich zum überlieferten Handwerk des Erzählens doch eine dem Filmbild vergleichbare Aufgabe: Sie wollen Bilder mitteilen und in Bildern erzählen. Sie sind aber mehr als Illustrationen der erzählten Handlungen, sie sind ein eigenständiger Bestandteil der Erzählung. Die Bilder, nach denen sie modelliert sind, und die Bildvorstellungen, die sie im Betrachter erzeugen, ließen sich nicht beliebig und ebensogut durch sprachliche Sätze ersetzen. Bilder sprechen unmittelbarer als jede Sprache Emotionen an und rufen in uns schlummernde Bilder hervor, die Gefühle und Strebungen viel genauer zum Ausdruck bringen als jede Beschreibung. Deshalb können Bilder unsere Emotionen tiefer, unmittelbarer und nachdrücklicher berühren als sprachliche Botschaften, und sie werden uns um so mehr berühren, je mehr »Hintergrund« sie haben, je mehr sich unsere Erinnerungen und Phantasien in unbewußte und archetypische Muster einfügen.

Aus dem gleichen Grund widersetzt sich umgekehrt unsere innere Bildwelt, wie wir sie in nächtlichen Träumen oder den flüchtigen tagträumenden Abschweifungen erfahren, gerade bei den aufrührenden Vorstellungen der sprachlichen Wiedergabe. Wir bemerken ihre isolierende Privatheit etwa beim Aufschreiben von Träumen. In Selbsterfahrungen und psychotherapeuthischen Sitzungen, die mit Tiefenregression arbeiten, wird nach der Sitzung statt des sprachlichen Berichts zunächst das malende und zeichnerische Festhalten empfohlen, das die flüchtigen Bildeindrücke unmittelbarer auszudrücken vermag. Aber damit sind nur »Standfotos« festzuhalten, während wir in Träumen, halbbewußten Wachphantasien oder veränderten Bewußtseinszuständen laufende Bilder erleben.

Ich vertrete die Ansicht, daß es letzten Endes dieses dem wachen Bewußtsein entrückte Material ist, das Erzählungen hervorbringt, auch wo sie sich scheinbar nur auf die »Tatsachen« unserer Erinnerungen beziehen, und das in und durch Erzählungen zur mitteilbaren Gestaltung drängt. Aber gleichgültig, ob wir Erinnerungen oder Phantasien mitteilen: Die gestische und spielerische Darstellung stellt uns ein Medium zur Verfügung, Bildinhalte kommunizierbar zu machen, ohne sie vollständig versprachlichen zu müssen. Gestische und spielerische Zeichen sprechen in ihrer körperlichen Bewegtheit die bildliche Vorstellung unvermittelter an als die sprachliche Darstellung, sie machen Bilder kommunizierbar. Durch ihre Einbettung in zeitlich angeordnete sprachliche Zeichen ordnen sie sich zu einer zeitlichen Abfolge: Die Bilder lernen laufen.

Die hilfreiche Fee dankt ab

Wie Geschichten gebaut sind und
wie Kinder sie erzählen

Märchen wirken wie mit dem Baukasten konstruiert: Einer Art Bauanleitung folgend, können die Elemente nach Belieben kombiniert werden, an jedem Knotenpunkt der Handlung steht ein neuer Satz Bauteile zur Auswahl, die sich nahtlos anfügen lassen und bei paßgerechter Montage zum vorgesehenen Anschluß führen. Was am Ende herauskommt, ergibt trotz unendlicher Variationen in den Grundzügen immer die gleiche Geschichte: Nach dem obligaten »Es war einmal« (oder phantasievolleren Einleitungsformeln) wird der Held benannt und die bedenkliche Lage geschildert, in der er sich schon befindet oder in die er mit dem Einsetzen der Geschichte gerät. Nun greift ein Ereignis in das Leben des Helden ein, zwingt ihn, zu reagieren, sich auf den Weg zu machen, eine Aufgabe zu lösen oder einer Gefahr ins Auge zu sehen. Zwar muß er sich bewähren, seine Kraft, List oder Geschicklichkeit allein aber führt ihn – und das macht das sogenannte »Zaubermärchen« aus – nicht zum Ziel. Eine hilfreiche Fee muß aus dem Busch treten und die Heldin ins Zauberschloß führen, die Tauben müssen die guten Linsen ins Töpfchen sammeln, ein mächtiger Adler den Helden über alle Berge in jenes Land am Ende der Welt tragen, in das die Prinzessin entführt wurde. Ob Prinzen, Gänsehirtinnen oder Müllersburschen, nur mit dem Beistand dieser »magischen Helfer« kommen die Helden ans Ziel, gewinnen den Schatz, besiegen den Lindwurm oder erlösen den Prinzen. »Und wenn sie nicht gestorben sind…«, oder wie sonst die Abschlußformel lauten mag.

Fast immer weiß man im voraus, worauf es hinausläuft. Nicht nur, daß die Helden allen Widrigkeiten und Widersachern zum

Trotz schließlich triumphieren werden. Sobald von drei Brüdern die Rede ist, werden zwei an der Aufgabe scheitern, und nur der dritte wird sie meistern. Wo der Held auf seinem Weg ein Tier aus der Not befreit, wird es ihm bald in einer Notlage zu Hilfe kommen und ihm das Mitleid tausendfach vergelten. Es ist eine begrenzte Anzahl von Helden, Motiven und Handlungsweisen, die die Märchenerzähler wie in einem Kaleidoskop zu immer neuen »Varianten« zurechtschütteln. Sie beweisen dabei einen wunderbaren Erfindungsreichtum im Detail, spielen mit Einfällen, Figuren und Situationen, vervielfachen die Handlungsmuster, variieren die Ergebnisse, bis die festgelegte Machart hinter dem Filigran der Ausführung fast verschwindet und eine eigene Spannung über der Frage entsteht, welche Kombinationen der Erzähler diesmal gefunden hat, seinen Helden den immer gleichen Weg entlangzuschicken.

Für den Leser allerdings kann sich der stereotype Ablauf dieser Geschichten leicht zu einer Zumutung auswachsen. Vor allem das fortgesetzte Lesen von Märchensammlungen wirkt ermüdend und fordert hohe Konzentration, während wir uns in einer Romanhandlung genußvoll verlieren können und ohne jede Anstrengung Seite um Seite verschlingen. Erst im Erzählen gewinnen diese Geschichten ihre eigentümliche Leichtigkeit. Mündliches Erzählen schafft ein recht zartes Gewebe, das in knappen, andeutenden Sätzen und Gesten dem Hörer Raum läßt für eigene Vorstellungen, sich weniger aufdrängt als die detaillierte literarische Schilderung, geringere sinnliche Gewißheit behauptet als das fotografische und gefilmte Bild. Was im schriftlichen Text wie Versatzstücke und stereotype Wiederholung wirkt, der voraussehbare Ablauf, das immergleiche Grundmuster, die hemmungslose Güte der Guten und die abgrundtiefe Bosheit der Widersacher, die formelhaften Adjektive, verliert im Erzählen die starre Aufdringlichkeit, wirkt zart und luftig, läßt sich gerade wegen seiner einfachen Grundmuster locker und ohne Furcht, sich im verschlungenen Gelände der Geschichte zu verirren, erzählen. Ähnlich ergeht es den Hörern: Sie können sich den Szenen und Bildern überlassen, ahnen sie doch längst, worauf die Geschichte hinausläuft. Märchen sind nach den Gesetzen optimaler

Erzählbarkeit konstruiert, die den bausatzartigen Aufbau der Handlungen und ihre wortkarge Diktion erklärt, und was auch immer man in ihnen an historischen Spuren und an psychischem Tiefgang entdecken mag, vor allem andern sind sie, wie sich traditionelle Erzähler ausdrückten, »Erzählstückl«, »Vertellsel«. Es sind die Gesetze der Erzählbarkeit, denen ihre Formen und Strukturen gehorchen und ohne die sie kaum verstanden werden können.

Diese Gesetzmäßigkeiten gelten aber prinzipiell auch für alle anderen Formen mündlichen Erzählens, für die überraschenden kleinen Erlebnisse, die wir im täglichen Umgang zu kurzen Anekdoten verarbeiten, ebenso wie für die verschlungenen Geschichten der großen Erzähltraditionen. Es sind die gleichen mentalen Vorgänge und kommunikativen Verhaltensweisen, die allem Erzählen zugrunde liegen, und derer sich der Berufserzähler auf dem Marktplatz von Marrakesch ebenso bedient wie die Nachbarin, die über den Gartenzaun den mißglückten Ausflug des letzten Wochenendes zum besten gibt. Wie sehen diese Gesetzmäßigkeiten aus?

Das Erzählschema der »Geschichtengrammatik«

Ende der 20er Jahre ließ sich der englische Psychologe Bartlett Erlebnisse aus dem Ersten Weltkrieg erzählen und untersuchte die Weise, wie sie erinnert und wiedergegeben wurden. Einerseits bemerkte er, daß seine Versuchspersonen nicht einfach die Fakten erinnerten, wie sie sich nachprüfbar ereignet hatten, sondern daß sie vom Standpunkt der Erzählenden aus dargestellt, korrigiert und bewertet wurden, und dieser Standpunkt konnte sich seit den Ereignissen geändert und zu einer neuen Erzählung geführt haben. Erinnern, schloß er daraus, gleicht mehr einem aktiven Konstruieren als einem passiven Sichvergegenwärtigen. Zugleich fiel ihm auf, daß die Erzählungen unabhängig von den wechselnden Sichtweisen der Erzähler eine recht einheitliche Anordnung zeigten. Diese Beobachtung regte ihn zu weiteren Versuchen an: »Bartlett gab auch Studenten Geschichten zu lernen auf und prüfte sie anschließend in verschiedenen Zeitabständen – nach einer Woche, nach einem Monat,

nach sechs Monaten. Nach Analyse der Ergebnisse kam er zu dem
Schluß, daß wir spezifische Erinnerungen zu größeren Mustern zusammenfügen, die er ›Schemata‹ nannte« (Taylor 1985, S.346).

Für das Behalten und Erinnern sind solche Muster sehr nützlich.
Zwar gibt es Gedächtniskünstler, die einen Text nach einmaligem
Lesen Wort für Wort wiedergeben können. Solche Menschen stellen
einsame Ausnahmen dar, und so interessant sie für die Wissenschaft
auch sein mögen, sollte man sie um diese erstaunliche Fähigkeit
nicht beneiden: Meistens leiden sie darunter, nicht vergessen zu können. Für alle anderen Mitmenschen bedeutet es harte Arbeit, auch
nur eine Seite Text auswendig zu lernen, eine Aufgabe, die wir in der
Schulzeit noch recht gut meistern, die aber mit wachsendem Alter
und steigender Menge sprachlichen »Inputs« immer anstrengender
wird. Dagegen macht es uns so gut wie keine Mühe, eine eben gehörte Geschichte, ein komisches Erlebnis, eine Anekdote, einen
Witz auf der Stelle weiterzuerzählen, also einen Text, dessen schriftliche Fassung ein oder zwei Seiten umfassen mag. Auch noch nach
Wochen, Monaten und Jahren haben wir sie so im Gedächtnis behalten, daß wir sie auf Zuruf erzählen können. Wie machen wir das?

Im Gegensatz zu den Gedächtniskünstlern, die erstaunliche
Mengen beliebiger Daten wiedergeben können, ohne die Zusammenhänge begreifen zu müssen, hängt die Erinnerungsleistung des
durchschnittlichen Gedächtnisses von einer sinnvollen Beziehung
zwischen den Informationen ab, einer Struktur, in die sie sich einfügen lassen und die die Einzelheiten zu einem sinnhaften Ganzen
verbindet. Nicht nur beim Erinnern von Geschichten benutzen wir
Schemata, sie liegen allen kognitiven Operationen zugrunde: Werden wir zum Beispiel mit neuen Sachverhalten oder Gedankengän-
gen konfrontiert, versuchen wir sie zunächst auf bereits gebildete
Kategorien und Begriffe zu beziehen. »Bei der Wahrnehmung und
beim Verstehen von Sprache interpretieren und reproduzieren wir
alle neu (eingehende) Information in Rücksicht auf unsere erwor-
benen Schemata, die sowohl kognitiv wie sozial bestimmt sind«
(Dijk/Kintsch 1978, S. 62). Wo das nicht möglich ist, sehen wir uns
gezwungen, neue Begrifflichkeiten zu bilden, oder anders ausge-

drückt, ein neues Ordnungsmuster anzulegen, das in Zukunft auf Informationen dieser Kategorie anwendbar ist.

Solche Schemata werden nicht nur vom Einzelmenschen gebildet, sie entwickeln sich ebenso innerhalb von Gruppen, Gesellschaften und Kulturen und werden dann für alle ihre Mitglieder zur verbindlichen Form der Verarbeitung. Das Muster, nach dem wir Geschichten für das Gedächtnis aufbereiten, um sie speichern und wiedergeben zu können, ist nun offensichtlich keine individuelle Erwerbung: Sobald wir beginnen, eine Geschichte zu erzählen, erkennt jeder Zuhörer, worum es sich handelt, und erwartet von uns, daß wir alle durch das Schema vorgegebenen Strukturmerkmale erfüllen. Nur weil wir diese Erwartungen teilen, verstehen wir auf Anhieb, daß es sich um eine Geschichte handelt und wie sie abzulaufen hat. Das Schema sichert die wechselseitige Verständigung beim Erzählen.

In den siebziger Jahren wurden die Versuche Bartletts wiederaufgenommen und daraus eine sogenannte »Geschichtengrammatik« entwickelt, die davon ausgeht, »daß Geschichten eine unterschwellige grundlegende Struktur besitzen, die sich trotz großer inhaltlicher Unterschiede von Geschichte zu Geschichte kaum ändert. Diese Struktur besteht aus einer Anzahl geordneter Elemente« (Mandler, zit. nach Mancuso 1986, S. 92). Man kann diese Grundstruktur auch als einen Set von Regeln beschreiben, wie eine Geschichte zu gliedern ist, und diese Regeln lassen sich mit den Satzbildungsregeln vergleichen, die uns erlauben, einen Satz zu beginnen, ohne schon zu wissen, wie er zu Ende geführt werden wird. Wir können uns im allgemeinen darauf verlassen, ihn im Akt des Sprechens regelgerecht abzuschließen. In ähnlicher Weise haben wir ein Wissen, welche Elemente in welcher Reihenfolge anzuordnen sind, um eine Geschichte zu erzeugen. Dieses Wissen befähigt uns erstens, schon am Beginn einer Erzählung entscheiden zu können, daß es sich um eine Geschichte handelt, es erlaubt uns zweitens, die Erzählung im Augenblick des Hörens in sinnvolle, aufeinander bezogene Elemente zu untergliedern und sie in dieser Form unserem Gedächtnis einzuverleiben, und schließlich verhilft es uns drittens dazu, die Geschichte erzählend wiederzugeben, indem wir die vorgesehene Reihenfolge der Handlungselemente beachten. Daß für die Speicherung und Wiedergabe solche Ordnungsstrukturen benutzt werden, läßt sich relativ gut beobachten. Werden nämlich wesentliche Bauteile des behaupteten Schemas ausgelassen oder in ihrer Reihenfolge vertauscht, dann zeigen die abgefragten Nacherzählungen eine statistisch nachweisbare Tendenz, fehlende Elemente improvisierend zu ergänzen beziehungsweise die Bestandteile in die regelgerechte Reihenfolge zu bringen.

Es scheint, daß erst diese »Schematisierung« ein dauerhaftes Einprägen möglich macht. In der in der Gedächtnispsychologie vorherrschenden »Mehrspeichertheorie« geht man von drei hintereinandergeschalteten Instanzen aus, die die eingehende Information bearbeiten. Am Beginn stehen die »sensorischen Register«, die auswählen, welche Sinnesinformationen mit bewußter Aufmerksamkeit bedacht werden. »Die von diesen Registern ins Kurzzeitgedächtnis transferierten Informationen werden dort kurzfristig gespeichert und Verarbeitungsprozessen unterworfen« (Stadler 1998, S. 616). Zum Beispiel wird eine Telefonnummer für die kurze Zeit des Wählens in diesem Speicher gehalten und schon kurz danach wieder vergessen. Das Kurzzeitgedächtnis spielt eine wichtige Rolle beim Verarbeiten sprachlicher Botschaften, denn es ermöglicht, die Struktur einer längeren Satzkonstruktion beim Hören oder Lesen bis ans Satzende zu erinnern, damit den Satz zu überblicken und die wesentliche Aussage daraus zu entnehmen. Sofern die Information weiter zur Verfügung stehen soll, muß sie ins Langzeitgedächtnis überführt werden, und dazu wird sie nach Merkmalen abgetastet, die sie mit anderen bereits gespeicherten Informationen verbindet, oder anders ausgedrückt, es wird eine Kategorie gesucht, unter der sie abzulegen ist. Diese langfristige Zuordnung arbeitet mit Ordnungsstrukturen, die zusammengehörende Merkmale klassifizieren. Erst auf der Grundlage solcher abstrakter Strukturen scheint langfristiges Erinnern möglich zu werden. Das Erinnern selbst oder das Abrufen einer Information wird dann nicht als passives Wiedererscheinen begriffen, »sondern als ein aktiver Rekonstruktionsprozeß, bei dem

mit Hilfe von Schemata aus den Gedächtnisinhalten eine Bedeutung konstruiert wird« (Stadler 1998, S. 347).

Wie ist das Ordnungsschema für geschichtenträchtige Ereignisse
beschaffen? Es sind verschiedene Modelle entwickelt worden, um
die innere Struktur von Geschichten zu beschreiben, und es wurde
darum eine etwas verwirrende Diskussion geführt. Hält man sich
zunächst an die Merkmale der äußeren Handlung, treffen sich fast
alle Modelle in den entscheidenden Grundzügen, die sich zur Formel verkürzen lassen: Damit eine Geschichte als Geschichte gelten
kann, muß erstens die Erzählung mit einem regelrechten Einstieg
aus der laufenden Gegenwart von Erzähler und Hörer ausgegrenzt
werden, zweitens hat sie einen Helden sowie Ort und Zeit der
Handlung zu benennen, drittens ein Ereignis in das Leben des Helden eingreifen zu lassen, mit dem sich viertens der Held ausein-
anderzusetzen hat, und schließlich muß der Erzähler fünftens diese
Auseinandersetzung zu einem Ergebnis und die Geschichte damit
zu einem Abschluß bringen, der wieder zurückführt in die mit der
Erzählung verlassene Gegenwart.

Fügt man einen glücklichen Ausgang hinzu, der bekanntlich ein
Märchen erst zum Märchen macht, hört sich dieser Aufbau an wie
eine Beschreibung der klassischen Märchenstruktur. Das ist zunächst überraschend, behaupten doch die Geschichtengrammatiker,
unsere mentalen Operationen beim Verfassen, Vortragen und Aufnehmen von Geschichten zu benennen, während die Bauformen
des Märchens aus den überlieferten Märchentexten erschlossen
sind. Bei genauerem Hinsehen erklärt sich die Übereinstimmung:
Da die Märchen, und mit ihnen die anderen Genres mündlich
überlieferter Erzählungen, über so lange Zeiträume von Mund zu
Ohr weitergegeben wurden, haben sie die für diese Wiedergabe
optimale Form angenommen und konnten sich bei gleichzeitiger
Variation im Detail in einer erstaunlichen Stabilität erhalten.

Allerdings setzen sich Märchen von dem postulierten Opera-
tionsschema ab, indem sie sich jeder Beschreibung der inneren
Regungen ihrer Helden verweigern, eine Eigenschaft, die von dem
Literaturwissenschaftler Lüthi – in einer Begrifflichkeit, die nicht

mehr die Erzählform dieser Geschichten, sondern nur noch ihre literarische Textgestalt im Blick hat – zum »flächenhaften Stil« erklärt wurde: »Eigenschaften, Fähigkeiten, Beziehungen stellt das Märchen nicht als solche dar, sondern projiziert sie auf die Fläche der Handlung: Die Gefühle und Eigenschaften als Gebärden und Taten, die Beziehungen als Gaben, die von der einen Figur zur andern gehen« (Lüthi 1961, S. 14).

Die Veräußerlichung aller inneren Regungen seiner Helden kennt aber nicht nur das Märchen, auch wenn kein anderes Erzählgenre sie mit der gleichen Konsequenz durchhält. Tatsächlich sperrt sich mündliches Erzählen überhaupt gegen die Beschreibung innerer Zustände, erlaubt sie nur als kurzen Einschub in den handlungsbestimmten Ablauf. Aus einem einleuchtenden Grund: Ausführliche Schilderungen innerer Regungen, Gefühlslagen oder Überlegungen sind weder in einem Erzählfluß formulierbar, der seinen Wortlaut an den entscheidenden Handlungselementen entlang improvisiert, noch von einem Hörer aufzunehmen, der sich gleichfalls an der geordneten Folge vorstellbarer Handlungen orientieren muß, will er nicht den Faden der Erzählung verlieren. Auch in unseren Alltagserzählungen finden sich allenfalls kurze Bemerkungen zu den Emotionen, Motiven und Überlegungen der handelnden Personen, während im literarischen Erzählen die Emotionen, Einschätzungen und Erinnerungen der Hauptfiguren einen breiten Raum einnehmen, ja, die Form des modernen Romans wohl überhaupt entstand, um die inneren Bezirke menschlicher Persönlichkeit der literarischen Darstellung zugänglich zu machen. In der Entwicklung des romanhaften Erzählens treten die äußeren Handlungsstrukturen deshalb immer weiter zurück zugunsten der Schilderung der inneren Welt der Protagonisten.

Wegen der begrenzten Gedächtnisleistung des Erzählers und um die Aufnahmefähigkeit der Hörer zu sichern, mußten die Märchenerzähler andere Wege gehen: Sie veräußerlichen alle inneren Regungen, »übersetzen« sie in »symbolische« Handlungen, machen sie sichtbar und greifbar und schaffen es darüber, die ganze Bandbreite menschlicher Gefühle, innerpsychischer Regungen und versteckter

Überlegungen darstellbar zu machen, ohne Erzählbarkeit und Verständnis zu behindern. Die »Flächenhaftigkeit«, die vom Standpunkt der Textlektüre als Eigenheit des »Stils« erscheinen mag, ermöglicht dem Märchenerzähler, in seine Figuren hineinzusehen und sie dem Hörer durchsichtig zu machen.

Im formalen Operationsschema erscheinen die im Märchen veräußerlichten Innenansichten der Helden als *inner response* auf die die Geschichte auslösenden unerwarteten Ereignisse. Die klassische Märchenstruktur erweitert sich also um die im Innern des Helden ablaufenden Prozesse. Die Gesamtstruktur, die sogenannte »Episode«, besteht in der Version, die hier stellvertretend angeführt sei, aus fünf »Kategorien«: Nach dem »Eingangsereignis«, das über einen Wechsel in der Situation des Helden berichtet und ihn veranlaßt, »irgendein Ziel zu erreichen (oder eine Änderung des Zustands)«, folgt die »innere Reaktion«. »Die Hauptfunktion dieser Kategorie besteht darin, den Helden zu motivieren eine Reihe von offenen Aktionen auszuführen, die als Kategorie des Versuchs beschrieben werden«, mit der der Held sein Ziel zu realisieren sucht und auf das als »Konsequenz« folgt, ob er es erreichen konnte oder nicht. »Die letzte Kategorie, die Reaktion, kann mehrere Typen von Information einschließen: des Helden emotionale und kognitive Antwort auf die Erreichung des Ziels. Ereignisse, die direkt aus der Zielerreichung sich ergeben. Oder häufig kann sich auch eine Moral anschließen, die zusammenfaßt, was der Held gelernt hat, indem er ein spezielles Ziel erreichte, oder es kann den Leser ermahnen, die Nichtigkeit des angestrebten Ziels zu bedenken« (Stein/Trabasso 1982, S. 219 f.).

Die Modelle der Geschichtengrammatik behaupten, ein generelles Ordnungsprinzip des Gedächtnisses zu beschreiben, das die Speicherung jeder Art von Erzählung organisiert, ob sie mündlich erzählt oder geschrieben, hörend oder lesend aufgenommen werden. »Das ist wichtig, weil die Textstrukturen von der vorgeschlagenen inneren Kenntnis der Storystrukturen abweichen können« (Stein/Trabasso 1982, S. 221). Während die Märchen sich dem Schema fast vollständig anpassen, um Merkbarkeit und Wiederholbarkeit des Erzählten zu sichern, können auch mündliche Erzählungen in ihrer Handlungsfolge gelegentlich davon abweichen, gehen damit aber sehr sparsam um. Schriftliches Erzählen dagegen bietet dem Schreibenden eine unvergleichlich größere Freiheit der Gestaltung: Er kann mit der inneren Reaktion beginnen und den Leser schlußfolgern lassen, wie die Geschichte einsetzt. Er kann mit dem Ergebnis beginnen und die Ereignisse von rückwärts aufrollen. Er kann mitten ins Geschehen führen und den Einstieg in einer Rückblende nachholen. Schriftsteller haben hier die verschiedensten Techniken gefunden, ihre Geschichten nach neuen und überraschenden Schnittmustern zu erzählen, und mußten sich dabei nicht den Kopf zerbrechen, ob die Leser ihnen noch folgen können, da sie einen ausformulierten Wortlaut für einen Leser verfaßten, der den Text als Buch gebunden in Händen hält, in selbstvergessener Versenkung aufnimmt und nach Bedarf zurückblättern kann.

Wo es kompliziertere Bauformen benutzt, geht mündliches Erzählen andere Wege: Anders als die Schriftsteller greifen die Erzähler nicht in den Ablauf der einzelnen Episode ein, sondern verketten und kombinieren mehrere geschlossene Episoden und können durch Kombination und Variation komplizierte Muster entwickeln. Im alltäglichen Umgang bleibt das eine Ausnahme, erzählt werden fast nur Geschichten, die sich auf eine Episode beschränken, allenfalls finden sich gelegentlich variierte Wiederholungen, wenn beispielsweise einem Erzähler die gleiche verrückte Geschichte ganz ähnlich zum zweiten Mal passierte. In Erzählrunden, in denen die Teilnehmer sich nacheinander Erlebnisse mitteilen, würde eine komplexere Erzählung auch zuviel Raum einnehmen und das Wechselspiel von Zuhören und Erzählen zu lange unterbrechen. Anders bei den Erzählungen, die von einem berufsmäßigen Erzähler vorgetragen werden. Dieses kunstvolle Erzählen hat einen großen Reichtum an Langformen hervorgebracht, die den Erzählern gestatten, ihr Publikum auch stunden- und nächtelang zu unterhalten.

Schon Kinder lieben es, beim Erzählen ähnliche Handlungen nacheinander aufzureihen, und im Grunde verfahren auch die Märchenerzähler nach demselben Prinzip, wenn sie etwa drei Helden auf die Reise schicken, um eine Aufgabe zu lösen, zwei davon scheitern lassen und erst der dritte die Prinzessin gewinnt, oder indem sie dem Helden nacheinander drei scheinbar unlösbare Aufgabe stellen. Gesteigerte Anforderungen an die Planung und die Merkfähigkeit des Erzählers sowie an die Orientierung des Hörers stellt das Verfahren, mehrere Handlungsstränge im Verlauf einer langen Erzählung nebeneinander zu verfolgen. Die Erzähler bringen jede einzelne Handlungsepisode erst zu Ende, ehe sie zum nächsten Helden oder dem folgenden Abenteuer übergehen, sie reihen also sozusagen nach einem überschaubaren Muster verschiedenfarbige Perlen auf die gleiche Kette. Zudem orientieren sie den Zuhörer meist auch über den nun folgenden Schnitt, indem sie ihn auf den Szenenwechsel hinweisen: »Kurz und gut, der Jüngling zog auf diesem Schiff hierhin und dorthin… Soll er ziehen, wir wollen zur Sultana kommen…« (Merkel 1991, S. 59). Ein weiteres wichtiges Verfahren schachtelt die Episoden als Erzählung in der Erzählung ineinander, worauf bekanntlich der geradezu artistische Aufbau von »Tausendundeine Nacht« beruht. Sicher handelt es sich dabei um eine literarische Stilisierung, die in dieser Form niemals vorgetragen werden konnte, sie geht aber dennoch auf die beliebte Form langer ineinander verschachtelter mündlicher Erzählungen zurück, die von den Berufserzählern des Orients in Fortsetzungen vorgetragen wurden. Solange die einzelne Episode innerhalb der Kette ihre Geschlossenheit bewahrt, bleiben auch solche kunstvoll ineinander verwobenen Geschichten für den Erzähler zu überblicken, kann er ihre Abfolge als ein System handlicher Einzelteile speichern, das ihm erlaubt, auch bei vielgliedrigen Erzählungen den Text improvisierend zu gestalten, und dem Hörer garantiert, sie vollständig aufzunehmen.

Der Eckstein der Erzählung

Die Modelle der Geschichtengrammatik erweisen sich als sehr brauchbar für die Prozesse, die beim Hören einer Geschichte zur Speicherung und beim Erzählen zu ihrer improvisierenden Wiedergabe führen. Sie machen verständlich, wie unser Gedächtnis eine Geschichte verarbeitet, nach welchen Kategorien wir sie festhalten und sie uns im Moment des Weitererzählens ins Gedächtnis rufen. Sie müssen aber dann versagen, wenn wir die Perspektive wechseln und nun, statt zu fragen, wie wir mit einer Geschichte im Kopf umgehen, die Frage stellen, wie eine Geschichte in unseren Köpfen entsteht. Das zeigt schon eine einfache Überlegung: Es ist ja keineswegs so, daß Erlebtes zu Geschichten gerinnt, wenn es die formalen Strukturmerkmale des Schemas erfüllt. In gewisser Weise benennt das Strukturschema Bestandteile, die auf jede soziale Handlungsweise anwendbar sind: Sie alle starten in einem *setting*, richten sich auf ein *goal* und führen zu einem *outcome*, und auf diesem Pfad stellt sich ihnen meist auch ein *event* in den Weg, das bewältigt werden will. Warum wählen wir aus diesen Handlungssequenzen nur eine verschwindend geringe Anzahl aus, um sie erzählend festzuhalten und weiterzugeben? Offenbar richtet sich die Auswahl nicht nur nach der strukturellen Eignung für die Konstruktion von Geschichten.

Wonach aber richtet sie sich dann? Was löst, wenn wir zunächst bei der Schicht des persönlichen Erlebens bleiben, eine Erzählung aus? Auf welchen Wegen schält sich aus dem fortlaufenden Fluß unserer Wahrnehmung jener Abschnitt heraus, den wir zu einer Geschichte verarbeiten? Die Selbstbeobachtung lehrt, daß es ein herausragendes Ereignis oder ein überraschender Einfall ist, der die Bildung einer Erzählung in Gang bringt. Die Modelle der *Storygrammar* benennen das auslösende Ereignis zwar als notwendigen Bestandteil, stellen es jedoch als ein Element unter anderen dar, ohne seinen Stellenwert im Ablauf der Erzählung zu berücksichtigen. Es handelt sich aber eher um den Eckstein, der das ganze Gefüge trägt. Ich kann durchaus andere Bestandteile weglassen, ohne den Eindruck von Geschichtenhaftigkeit zu verlieren. Beispielsweise erkenne ich eine Geschichte auch dann noch als Geschichte, wenn ich weder Ort noch Zeit der Handlung angebe. Selbst wo ich das Ergebnis unterschlage, biete ich zwar eine unvollständige, aber doch noch erkennbar eine Geschichte. Dagegen steht und fällt die narrative Form mit dem überraschenden Ereignis, das keine Erzählung beiseite lassen kann. Oder von der Entstehung einer Geschichte her betrachtet: Ich muß erst diesen Eckstein gesetzt haben, ehe ich darauf eine vollständige Geschichte aufbauen kann. Erst dort, wo sich dieser Kernbestandteil gebildet hat, tritt das Schema in Funktion, indem es mir angibt, welche Bauteile ich in welcher Reihenfolge anzufügen habe. Das formale Operationsschema, nach dem wir Geschichten bilden, aufnehmen und erzählen, gewinnt unter diesem Gesichtspunkt eine in ihm angelegte, aber in seiner theoretischen Formulierung unausgesprochene Dynamik. Denn mit dem Einbrechen des außergewöhnlichen Ereignisses ist zugleich die Frage aufgeworfen, wie dieser Einbruch des unerwarteten Ereignisses ausgeht, zu welchem Ergebnis die Geschichte führt.

Gegenüber seiner Nivellierung im Modell der Geschichtengrammatiker besteht Uta Quasthoff auf der besonderen Natur dieses Ereignisses, das die »Minimalbedingungen von Ungewöhnlichkeit« erfüllen müsse. Eine Erzählung stelle eine »Gegensatzrelation« her, in der die Zielsetzungen des Helden einem »Planbruch« unterlägen (Quasthoff 1980, S. 52). Auch wenn man an der Angemessenheit solcher Begrifflichkeiten zweifeln mag, weisen sie doch darauf hin, daß erst ein besonderes Ereignis oder eine aus dem Rahmen fallende Handlungsweise, die den gewohnten Gang der Dinge durcheinanderwirbelt, den Rohstoff zu einer erzählbaren Geschichte liefert. Wir erhalten also statt eines formalen Strukturschemas eine auf den Ablauf der Erzählung gerichtete »inhaltliche« Kategorie: Zu einer Geschichte können sich Erlebnisse dort ausformen, wo die erwarteten und erwartbaren Handlungsweisen versagen, wo Planungen von überraschenden Ereignissen durchkreuzt und verhindert werden.

Gleichwohl kann auch diese Bestimmung kaum aufhellen, welche Voraussetzungen zur Bildung einer Erzählung führen. Selbst wenn man sich auf die bescheidenen Erzählungen beschränkt, die unsere alltäglichen Gespräche durchsetzen und sich tatsächlich großenteils daran entzünden, daß etwas »schiefgegangen« ist, bleibt weiterzufragen: Warum halten wir nur für erzählenswert, was unsere

Planungen durchkreuzt? Warum werten wir es nicht als Erzählung, von der zielstrebigen Durchsetzung durchdachter Pläne zu hören, empfinden es allenfalls als Bericht, der uns bei allem Interesse anstrengt, wenn nicht gar langweilt? Was bringt uns dazu, scheiternde Absichten und daraus resultierende überraschende Ergebnisse als lustvoll und befriedigend zu empfinden?

Das Schaffen von Bedeutungen steht im Mittelpunkt von Jerome Bruners Überlegungen zu einer »Alltagspsychologie«, in deren Rahmen er den Modus der narrativen Verarbeitung als ein Verfahren betrachtet, mit dem Menschen ihren Handlungen Sinn zuschreiben. Es sind die im Zentrum jeder Erzählung stehenden, den reibungslosen Ablauf störenden *troubles*, die die Sinnsetzung antreiben: »Handlungen erreichen ihr Ziel nicht, Szenen und Akteure passen nicht zusammen, Mittel und Ziele stimmen nicht überein usw. Die Narration ist ein Vehikel zum Charakterisieren, Erforschen, Verhindern, Ausbrüten, Wiedergutmachen oder Erinnern der Konsequenzen von ›Schwierigkeiten‹« (zitiert nach Nelson 1993, S. 203). Indem sie das »Legitime, Erwartbare, Angemessene« verletzen, wirken diese Störungen als »Motor der Narrativität«: Die geregelten alltäglichen Tätigkeiten, die den Horizont des Erwartbaren herstellen, tragen festgefügte, diesen Handlungen unterlegte Bedeutungen, die durch die unerwarteten Ereignisse oder Handlungen in Frage gestellt werden, die die Erzählung auslösen. Der weitere Gang der Handlung versucht nun sozusagen auszuloten, ob und wie diese störenden Elemente mit der etablierten Ordnung in Einklang gebracht werden können. Am Ergebnis der Geschichte entscheidet sich, ob sich die Legitimität entweder aufrechterhalten, wiederherstellen oder neu definieren läßt (Bruner/Lucariello 1989, S. 77). Faßt man vor allem die letzte Möglichkeit ins Auge, dann läßt sich die seltsame Vorliebe für unerwartete, die Normalität störende Ereignisse als Versuch verstehen, Sinngebungen vorzunehmen, die von der bisher gültigen Bedeutung abweichen. Im Gegensatz zur formalen Feststellung eines Planbruchs richten sich Bruners Überlegungen darauf, welche Funktion die Abweichung vom sozialen Muster erfüllt. Es sei nämlich ein »entscheidendes Merkmal des Erzählens«, daß es Verbindungen zwischen dem Außergewöhnlichen und dem Gewöhnlichen herstelle (Bruner 1997, S. 64) oder, anders ausgedrückt, das bislang gültige Skript und die ihm zugewiesene Sinngebung umzuschreiben erlaube.

Erzählen wird in Bruners Sicht als Verfahren verstanden, den Formen sozialen Handelns einen veränderten Sinn zuzuschreiben, der die bisher gültigen Zuschreibungen umformuliert und darüber auch neue, unerwartete Weisen des Handelns und Verhaltens anzuregen vermag. Nur wo mit den unberechenbaren *troubles* eine Prise Phantasie in die soziale Alltagswelt einschießt, kann diese sich in Bewegung setzen und zu neuen Bewertungen und Verhaltensweisen führen. Bruners Gedankengang gleicht sich damit auffallend der Sichtweise an, in der der »kreative Einfall« beschrieben und im *brainstorming* nutzbar gemacht wird: Die sprunghafte und bildhafte Assoziation verkürzt den langwierigen Weg kognitiv rationaler Berechnung und zeigt sich für zahlreiche Problemstellungen als die überlegene »Problemlösungsstrategie«. Das macht dann auch nachvollziehbar, was den Kognitionspsychologen veranlaßt, sich mit dem Geschichtenerzählen zu befassen.

Für die Beschreibung der Weisen, in denen Kinder ihre Umwelt zu registrieren, diese Informationen zu verarbeiten und in der Umwelt zu handeln lernen, hat diese Sicht den Vorteil, daß im narrativen Modus erfolgende Verarbeitungen angenommen werden dürfen, längst bevor die Kategorien kognitiven Erkennens vollständig ausgebildet sein müssen. Zwar ist es keine Frage, daß über das Erzählen Erlebnisse geordnet, mit Sinn erfüllt und darüber durchschaubar gemacht werden, ebenso wie die kreative Assoziation zweifellos ein sehr wirksames Instrument zur Problemlösung darstellen kann. Aber die Funktion des Erzählens erschöpft sich darin sowenig, wie uns Assoziationen durch den Kopf schießen, um damit rational nicht lösbare Probleme anzugehen. Der schnelle Rückschluß auf die kognitive oder gar evolutionäre Nutzanwendung greift hier in ähnlicher Weise zu kurz, wie wir das bei der Betrachtung des Spiels beschrieben haben.

Wahrheit und Wirklichkeit der Erzählung

Ich denke, daß wir dem Sinn des Erzählens nur näherkommen, wenn wir es unter einem breiteren Blickwinkel betrachten. Geschichten zeichnen sich dadurch aus, daß sie gleichzeitig zur sozialen Welt und zur privaten Phantasie gehören, in unterschiedlichen Mustern aus beiden Stoffen gewebt sind. Selbst bescheidenes alltägliches Erzählen zielt nicht auf die Mitteilung dessen, was »wirklich« geschehen ist. An der Tatsachenbeschreibung gemessen, würde sich auch jede an Fakten orientierte Erzählung noch als grobes Seemannsgarn entpuppen und jedes tatsachengetreue Berichten die schillernde Faszination des Erzählens verlieren, die auf der undurchschaubaren Mischung von Tatsächlichkeit und Erfindung beruht. Legt man die Kategorien unserer sozialen Lebenswelt an, stellt das zweifellos eine Zumutung dar, oder wie es Bruner ausdrückt: »Wenn Wahrheit und Möglichkeit im Erzählen unentwirrbar miteinander verbunden sind, so wirft das ein seltsames Licht auf die Erzählungen der Alltagspsychologie, die den Zuhörer im Unklaren darüber lassen, was denn nun zur Welt gehört und was zur Phantasie« (Bruner 1997, S. 69).

Ob sich Erlebnisse zum Erzählen anbieten, entscheidet sich daran, wie weit sie Strebungen und innere Bilder, die tiefere seelische Schichten berühren, wachzurufen und auszusprechen ermöglichen. Sobald hinter den unerwarteten Vorkommnissen Bedeutungen durchscheinen, die dem oberflächlichen Geschehen einen doppelbödigen »tieferen« Sinn verleihen, entsteht die Spannung, die aus dem außergewöhnlichen Ereignis eine bewegende Geschichte werden läßt. Nur wenn sie das zu versprechen scheinen, werden sie im Prozeß des Erzählens nach den Anforderungen ausgestaltet, die Erzählbarkeit und Verständlichkeit sicherstellen. Quasthoffs »Planbruch« und »Gegensatzrelation« sind dabei so etwas wie der Ausgangspunkt, ohne den sich keine Geschichte ausbilden kann; die Strukturmodelle der Geschichtengrammatik stellen dann den Bauplan zur Verfügung, nach dem die zentralen Knotenpunkte der Handlung konstruiert werden.

Man kann die Konstruktion einer Erzählung verkürzend auf die Formel bringen: Auf den Einfall, der die Erzählung in Gang setzt, oder das seltsame Erlebnis, das sie auslöst, folgt der Versuch, diese disparaten Elemente miteinander zu verknüpfen und in ein ausgewogenes Verhältnis zu bringen. Erzählungen versetzen die soziale Erfahrung der Erzähler mit inneren Strebungen und Phantasien oder beleben, wenn wir mehr auf fiktionales Erzählen abheben, die phantasierten Aktivitäten mit den Figuren und Verhaltensweisen, die wir tagtäglich wahrnehmen. Ob eine Geschichte gelingt, hängt davon ab, wie genau wir beide Ebenen unserer Wahrnehmung miteinander zu verzahnen verstehen, wie weit sie sich gegenseitig durchdringen oder nebeneinander stehen bleiben. Diese beiden Elemente müssen im Prozeß der Herstellung ineinandergefügt werden, und Brüche scheinen beim spontanen Erzählen leichter zu überdecken zu sein als beim detaillierten Ausschreiben. Doch auch der flüchtige Hörer ist kaum zu hintergehen. Der Schreiber erfährt Ungenauigkeiten als Widerständigkeit, die seinen Schreibfluß hemmt, der mündliche Erzähler muß sich gegen die Signale des Zweifels und der Ablehnung seines Publikums behaupten, das innere Unwahrscheinlichkeiten registriert und sich abzuwenden droht.

Sofern ich das die Alltagswahrscheinlichkeit durchbrechende Ereignis als einen Impuls verstehe, der aus der psychischen Innenwelt aufsteigt, verbindet sich mit dem Ergebnis die Frage, wie er sich in die Welt des sozialen Alltags einfügt, wie er »verarbeitet« und ins Wachbewußtsein integriert wird, oder wie ich auch sagen könnte: wie sich die innere Wahrnehmung in die Darstellung der sozialen Wirklichkeit eingliedern und sich in ihr behaupten kann. Es macht dabei keinen wesentlichen Unterschied, ob persönliche Erlebnisse oder solche, die man von anderen hörte, den Stoff der Erzählung liefern oder sich phantasierte Einfälle zu einer Geschichte zusammenfügen. Die Unterscheidung zwischen *personal narratives* und *fiction* macht unter dem Gesichtspunkt ihrer Entstehung wenig Sinn, sie bezeichnet nur den unterschiedlichen Ausgangspunkt. Weil es in beiden Fällen die Verbindung der inneren mit der Welt der äußeren Erfahrung herzustellen sucht, gehorcht das Erzählen von Geschichten grundsätzlich den gleichen Formgesetzen und erfordert das gleiche Kommunikationsverhalten, gleichgültig, ob sie ihren Rohstoff aus erinnerten Erlebnissen oder phantasierten Vorstellungen beziehen. In beiden Fällen wird dieses Material bearbeitet, um erzählbar zu werden, sie unterscheiden sich nur nach der Richtung ihrer Bearbeitung.

Wo die Erzählung auf erlebte oder gehörte Ereignisse zurückgeht, müssen sich die Handlungen dem vorgegebenen Muster anpassen, und dazu werden sie umgestellt und verändert, bis sie die wirkungsvollste Gestalt annehmen, das einbrechende Ereignis den Zuhörer überrascht, die Lösung ihn verblüfft und damit die innere Bewegung der Geschichte jene Kurve von Steigerung und Kulmination annimmt, die die Zuhörerschaft unwiderstehlich in sie verwickelt. Wo das Erlebte diese Voraussetzungen nur bedingt bietet – und das gilt für fast alle »wirklichen« Erlebnisse –, wird es im Sinne dieser Kategorien umgeformt und ausgestaltet, was sich besonders beim wiederholten Erzählen des gleichen Erlebnisses beobachten läßt: Je nach den Reaktionen unserer Zuhörer übergehen wir Details, die zu langweilen drohen, schmücken dafür Szenen aus, die »ankommen«, stellen wegen der besseren Wirkung die Reihenfolge der Ereignisse um und malen uns aus, was unsere Erinnerung nicht hergibt, aber sich an dieser Stelle ausgezeichnet macht. Ließen sich die verschiedenen Fassungen miteinander vergleichen, würde sich zeigen, daß sie sich immer besser an die Form anpassen, die wir von einer wirkungsvollen Geschichte erwarten, daß die Änderungen das unerwartete Ereignis verschärfen, die auf die abschließende Pointe zulaufenden Handlungen herausarbeiten und alles störende Beiwerk beiseite lassen, daß sie also der Struktur des Schemas verpflichtet sind. Allerdings ist es nicht einfach, diese Umformungen zu beobachten. Wir erinnern nämlich nicht das »tatsächliche« Erlebnis, sondern speichern es als Erzählung, und je öfter wir es erzählend »verbessert« haben, desto schwerer wird es, die erlebten Ereignisse von den erzählten zu unterscheiden (dazu Merkel 1982, S. 104 f.).

Der Eindruck, in unseren Alltagserzählungen würden wir nur die erlebten Ereignisse wiedergeben, kann sich auch deswegen so hartnäckig festsetzen, weil die Erlebnisse im allgemeinen nur ein einziges oder nur wenige Male wiedergegeben werden, so daß das Erlebnis, das als Vorlage dient, gar nicht weiter bearbeitet und der eindrücklichsten und wirkungsvollsten Form angenähert werden kann. Die meisten Alltagserzählungen bieten zu bescheidene Geschichten, die in den Vorformen der Bearbeitung steckenbleiben, sei es, daß die Rohform nicht die Doppelbödigkeit bietet, die zum wiederholten Erzählen reizt oder daß sie der Erzähler nicht herauszuarbeiten versteht. Dennoch halten sich auch solche Geschichten nicht an die »Wahrheit«, schon die Auswahl der berichteten Tatsachen erfolgt nach den Erfordernissen der Erzählbarkeit und dem Eindruck, den sie auf Zuhörer machen.

Wo die Geschichte durch einen Einfall in Gang gesetzt wird, geht es umgekehrt darum, diesen Einfall in die gewohnte soziale Welt zu verpflanzen, ihn mit so viel »Wirklichkeit« aufzuladen, bis er die Mischung von Phantasie und Alltagswahrscheinlichkeit zeigt, die eine gute Geschichte auszeichnet. Diese »Verwirklichung« phantasierter Vorstellungen kostet die meisten Menschen allerdings größere Anstrengung, erschöpft sich deshalb oft im gesprächsweisen Austauschen skurriler Ideen, ohne daß sie sich zu vollständigen Geschichten ausformen. Wer sie weiter bearbeitet, die Rohlinge weitererzählt, wird bemerken, daß es meist lange dauert, bis sie sich zu robusten und wirkungsvollen Erzählungen entwickeln.

Wie vergleichsweise nebensächlich der in der Alltagsgeschichte noch behauptete und in der Ausführung der Erzählung immer wieder offensichtlich mißachtete Anspruch der äußeren Tatsächlichkeit ist, zeigt sich schlicht daran, daß wir zum Erfinden und Erzählen ohne Verlust an Eindrücklichkeit und Wirkung auf jeden Tatsachenbezug verzichten können, oder daß eine Geschichte in Bruners Worten »›real‹ oder ›imaginär‹ sein kann, ohne als Geschichte an Wirkung zu verlieren« (Bruner 1997, S. 61). Denn es geht eben nicht um die wirklichkeitsgetreue Beschreibung eines Erlebnisses oder Ereignisses, sondern um den Austausch und die Mitteilung der Bilder, Gefühle, Phantasien, die sie in uns hinterlassen. Darum versetzt uns der Verzicht auf jeden Wirklichkeitsbezug in gewisser Hinsicht sogar erst in die Lage, dem Sinn des Erzählens vollständig gerecht zu werden. Müssen nämlich in alltäglichen Erzählungen die inneren Bilder verdeckt angesprochen werden, so tun das »fiktionale« Erzähler in unverstellter Offenheit, und statt ihre phantastischen Erfindungen als Lügen abzulehnen, sind es gerade solche Geschichten, die uns am tiefsten berühren und am nachhaltigsten beschäftigen. Die in der Alltagserzählung nur mitschwingende tiefere Bedeutung kann in der fiktionalen Erzählung, die nur noch ihrer eigenen Wahrscheinlichkeit verpflichtet ist, zur eigentlichen »Botschaft« werden. Die »Wahrheit der Dichter« liegt nur noch in der Konsequenz ihrer Erfindungen, und kaum ein »wirkliches Erleben« kann ihnen das Wasser reichen.

Spontaneität und Planung im kindlichen Erzählen

Wir haben uns im »Jahrhundert des Kindes« angewöhnt, Kinder als fremdartige Wesen zu sehen, die durch tiefe Gräben anderen Denkens und Verhaltens von sozialisierten Erwachsenen getrennt seien. Wenn diese Sicht auch die Eigenheiten kindlichen Erlebens und Reagierens herauszustellen und zu beachten erlaubte, trübt sie doch gleichzeitig den Blick dafür, daß Kinder nicht grundsätzlich anders sind als Erwachsene, daß sie nur das sind, was wir alle waren, und daß jeder Mensch ein Kind in sich trägt. Die überwiegende Mehrzahl der Autoren, die kindliches Leben und kindliche Entwicklung zu beschreiben versuchen, blicken durch diese exotische Brille auf Kindheit und Kinder herunter, als ob es sich um einen eigenartigen Stamm auf einer pazifischen Insel handelte und nicht um einen Teil ihres eigenen Lebens und ihrer eigenen Geschichte. Diese »ethnologische« Sicht, die Abstand und damit »Objektivität« zu halten verspricht, bestimmt auch die Konzepte und Forschungen, die nachzuzeichnen versuchen, wie sich Kinder die formalen und kommunikativen Regeln, die dem Erzählen dienen, aneignen und sie anwenden. Die vorausgesetzte Fremdartigkeit führt dazu, daß man sie nur über »empirische« Beobachtungen erkunden, über statistisch erfaßbare und operationalisierbare Fakten verstehen zu können glaubt. Tatsächlich lassen sich mit diesen Verfahren aufschlußreiche Differenzen benennen, die den kindlichen von dem uns vertrauten Umgang mit Erzählungen und dem Erzählen unterscheidet. Zugleich aber verstellen sie den Blick dafür, daß erzählendes Kommunizieren von Anfang an eine einheitliche Funktion hat und lebenslang behält, und daß die Gesetzmäßigkeiten, die es steuern, für jeden, der zum Erzählen ansetzt, die gleichen sind, gleichgültig, ob es sich um ein Kindergartenkind, einen die Gutenachtgeschichte erzählenden Vater, eine Kollegin, die aus ihrem Urlaub berichtet, oder einen Schriftsteller am Schreibtisch handelt.

Ich werde deshalb, wenn es jetzt um die Entwicklung des Erzählens in der Kindheit geht, diese Einheitlichkeit betonen und davon ausgehen, daß Kinder Erzählungen nach den gleichen Prinzipien und Verfahren bilden, die auch Erwachsene leiten, und daß die Schwierigkeiten, die sie beim Konstruieren von Geschichten haben, jenen gleichen – oder sich doch mit denen vergleichen lassen –, denen wir alle bei der Ausarbeitung von Geschichten begegnen. Wenn sich kindliche Erzählungen oft so anders und fremdartig anhören, geht das in meiner Sicht darauf zurück, daß sie die Integration der verschiedenen Bewußtseinsebenen, die in einer Erzählung zu einem einheitlichen Gebilde verbunden werden, noch unvollkommen zustande bringen und daß sie die formalen Verfahren, die das ermöglichen, erst teilweise zu handhaben verstehen. Mit anderen Worten, ich gehe davon aus, daß die Entwicklung der kindlichen Erzählfähigkeit, sozusagen in Zeitlupe auseinandergezogen, den gleichen Wegen folgt, die wir bei der Bildung einer Geschichte durchlaufen. Die Stufen, über die sich ein Einfall oder ein Erlebnis zu einer Erzählung ausformt, geben auch in etwa die Phasenfolge vor, in der Kinder in einer sich über Jahre erstreckenden Entwicklung ihre Erzählfähigkeit ausbilden und verinnerlichen. Sobald sie erworben sind, stehen sie als Instrumente bereit, mit denen Geschichten nach den kulturüblichen Verfahren ausgedacht und ausgearbeitet werden.

Es ist faszinierend, daß schon die Anfänge kindlichen Erzählens durchsichtig machen, aus welchen Quellen sich Geschichten speisen. Die ersten Erzählungen versprachlichten alltägliche Verrichtungen, in die sich unvermittelt Sätze eingeschnitten fanden, die den Eindruck traumartiger Phantasien erweckten. Ich sehe in diesem Einbruch innerer Vorstellungsbilder in die Wiedergabe sozialer Verrichtungen den entscheidenden Hinweis darauf, warum das außerordentliche Ereignis Erzählungen überhaupt konstituiert und sie erzählenswert macht: Die Erzählung muß die inneren Gestaltungen in der äußeren sozialen Welt zur Geltung bringen und mitteilbar machen. Es sind Wahrnehmungen der »inneren Welt«, die in die soziale Außenwelt einbrechen, sich Gehör verschaffen und mit ihr in Einklang gebracht werden wollen. Um mitteilbar zu werden, müssen diese widersprüchlichen Ebenen der Erfahrung aufeinander bezogen und miteinander verbunden werden. Das Erzählschema und die planende Voraussicht, die es verlangt, dienen letzten Endes der Mitteilbarkeit der inneren Bilder und Empfindungen, und nur weil sie das leisten, bemühen sich Kinder, die Strukturen, die eine Äußerung zur Erzählung machen, sowie die kommunikativen Verhaltensweisen, die erzählendes Sprechen erfordert, zu übernehmen und zu beherrschen.

Die kurz nach dem Spracherwerb auftauchenden kindlichen Erzählungen machten durchgehend den Eindruck, sich ungeplant und spontan zu ergeben, indem die laufenden inneren Wahrnehmungen, ob Skriptbeschreibungen, Erinnerungen oder Phantasien, unkontrolliert wiedergegeben werden. Je genauer die einzelnen Handlungselemente aufeinander bezogen werden, um sich zu einem fortlaufenden Geschehen zusammenzufügen, je mehr auch die phantasierten Einschübe in dieses Geschehen eingegliedert werden sollen, desto mehr muß der Aufbau der Erzählhandlungen strukturiert und vorgeplant werden. Schließlich wird eine komplexere Erzählung nur in dem Maße verständlich und mitteilbar, wie sie geplant und gegliedert ist, denn nur wo sie den vom Hörer vorausgesetzten Aufbau zeigt, kann er seine Erwartungen daran ausrichten und sie beim flüchtigen Hören vollständig aufnehmen.

Die Fähigkeit, Erzählhandlungen »richtig« zu strukturieren, läßt sich an zwei Fragen abschätzen: Wie weit sind die Kinder erstens in der Lage, die vom Operationschema geforderten Bauelemente zu berücksichtigen, ihre Geschichten also den kulturüblichen Bauweisen anzupassen, und in welchen Stufen lernen sie ihnen zu entsprechen? Und wie gut gelingt es ihnen zweitens, die einzelnen Handlungsteile auseinander hervorgehen zu lassen und zu begründen, ihre Erzählung also »kohärent« zu gestalten? Beide Fragen lassen sich unter dem Gesichtspunkt zusammenfassen, wie weit es die Kinder schaffen, die Erzählung im Akt des Erzählens zu planen und doch gleichzeitig für die Signale der Zuhörenden offen zu bleiben, also die eigene Bewußtseinstätigkeit sowohl auf den Ablauf der Geschichte wie auf die laufende Kommunikation hin auszurichten. Zwar kann man systematisch Strukturierung, planende Voraussicht und zusammenhängende Gestaltung der Erzählung von den kommunikativen Verständigungen abgrenzen, über die das Erzählen erfolgt. Tatsächlich sind sie beim mündlichen Erzählen jedoch unauflöslich miteinander verquickt: Nur indem die erzählenden Kindern ihre Geschichten immer besser nach dem vorgesehenen Muster ausrichten, können sie sich darüber mitteilen, und nur indem sie die Signale ihrer Zuhörer beachten, lernen sie Erzählungen regelgerecht aufzubauen. Vorausschauendes Planen und spontanes Kommunizieren müssen ständig und gleichzeitig geleistet werden.

Wenn wir diesen Zusammenhang auftrennen und zunächst danach fragen, auf welche Weise Kinder die im Erzählschema vorgesehenen Strukturen zu übernehmen und anzuwenden lernen, erhalten wir von den Geschichtengrammatikern zur Antwort: »Schon vom frühesten Lebensalter an hören wir eine besondere Art von Geschichten mit hochgradig ähnlichen Strukturen, und nach und nach bilden wir eine abstrakte Repräsentation dieser Struktur aus« (Mandler zit. nach Mancuso 1986, S.99). Die statische Ausrichtung ihrer Theorie verleitet sie anzunehmen, dieses Schema werde von Kindern im ganzen erkannt und verinnerlicht, und sie zeigen sich deshalb überzeugt, die meisten Menschen seien in der Lage, »vor dem Ende des dritten Lebensjahrs die grundlegenden Elemente der Geschichtenstruktur zu gebrauchen« (Mancuso 1986, S. 104).

Wie wir aber gesehen haben, zeigen die frühen kindlichen Erzählungen kaum Spuren der Geschichten, die ihnen erzählt, vorgelesen oder in Medien präsentiert werden. Sie zählen Alltagshandlungen auf oder erinnern sich an Erlebnisse, in die sich unvermittelt »unpassende« Figuren, Handlungen oder Ereignisse eingereiht finden, Sprachäußerungen, wie sie die Kinder von ihren Bezugspersonen nicht zu hören bekommen. Dennoch enthalten solche Äußerungen prinzipiell zwei entscheidende Strukturelemente der *Storygrammar*: die »Normalität« des anfänglichen Zustands und den Einbruch des »Außergewöhnlichen«. Sobald ein Protagonist dazukommt und die Äußerungen aufeinander bezogen werden, haben wir schon die Minimalforderung der Geschichtengrammatiker erfüllt, nach der eine Geschichte »wenigstens einen belebten Protagonisten und eine Art kausaler Folge einschließt« (Stein/Policastro, zitiert nach Mancuso 1986, S. 93).

Gegen eine Übernahme des vorgegebenen Schemas spricht zweitens, daß zwar auch kindliche Erzählungen schon ein überraschendes Ereignis benennen, in den ersten Erzählversuchen eben in Form der in die Alltäglichkeit einbrechenden Phantasie, daß jedoch vollständige Strukturen, die auf die sichere Anwendung des Operationsschemas schließen lassen, zunächst eher gelegentlich und zufällig auftreten. Es ist nämlich keineswegs so, daß Kinder von einem bestimmten Augenblick an generell vollständigere Geschichten erzählen, wie es doch der Fall sein würde, wenn sie den Bauplan insgesamt zu einem bestimmten Zeitpunkt verinnerlicht hätten. Obwohl die Erzählungen mit steigendem Alter im Durchschnitt vollständiger werden, die Auseinandersetzung ihres Helden mit dem einbrechenden Ereignis genauer entwickeln und dann auch leichter zu einem Schlußpunkt finden, lassen sich dennoch kaum verläßliche Altersangaben oder Phasenfolgen beschreiben, nach denen sich die verbesserte Strukturierung ausrichten würde. Kinder können gelegentlich sehr früh Geschichten präsentieren, die alle wesentlichen Bestandteile berücksichtigen, und sich im nächsten Versuch in der

Abfolge verheddern, Teile durcheinanderlaufen lassen und dann allenfalls noch zu einem aufgesetzten Schlußsatz finden. Ich meine deshalb, daß die Grundbausteine, aus denen sich eine Geschichte aufbaut, nicht erlernt werden müssen: Sie entstehen mit dem wachsenden Bewußtwerden der menschlichen Innenwelt. Sie treten naturwüchsig auf, sobald die inneren Vorstellungen in erzählender Rede versprachlicht werden. Die phantastischen Einschübe in erinnerte soziale Handlungen ergeben so etwas wie eine Vorform des ungewöhnlichen Ereignisses, und damit ist die Dynamik freigesetzt, die das Erzählen antreibt und in Gang hält. Die überraschenden Mischungen von Alltäglichkeit und Phantasie bilden die Kerne, aus denen sich allmählich vollständigere Geschichten entwickeln.

Auch im weiteren Verlauf richten sich die kindlichen Erzählungen kaum an den Vorbildern aus, die ihnen die Umgebung bietet. Es macht vielmehr den Eindruck, als hinge die gelungene Durchstrukturierung und die Beachtung der Erzählregeln von der jeweiligen Erzählsituation ab, von den Anregungen und von der Unterstützung, die die Kinder durch die Zuhörer im Moment des Erzählens erfahren. Es sind ja zunächst vor allem die erwachsenen Bezugspersonen, die das Publikum kindlicher Erzählungen stellen und die, wie wir gesehen haben, die tastende Erzählweise durch Nachfragen präzisieren und durch Zusätze ergänzen, schließlich auch dazu auffordern, die Erzählung zu wiederholen. Aber selbst wo die Erwachsaenen nicht eingreifen, verhalten sie sich nach den Regeln des gesprächsweisen Erzählens, das den Zuhörern einen beträchtlichen Einfluß auf Fortgang und Ausgestaltung der Erzählung zugesteht. Über diese Erfahrungen dürften Kinder immer genauer die verbindlichen Strukturen von Geschichten durchschauen, daraus Erwartungen ihrer Zuhörer ableiten und ihnen zu entsprechen versuchen. Und je ausgiebiger ihre Erzählfreude im familiären und sozialen Milieu angeregt wird, desto früher und desto sicherer werden sie lernen, vollständige Geschichten zu konstruieren. Es ist also eher die in der Erzählsituation gegebene Anregung, die die Beachtung des Schemas stimuliert, und es dürfte das Interesse des erzählenden Kindes sein, sich verständlich zu machen, das es dazu führt, den Erwartungen der Zuhörenden zu entsprechen und die Erzählung zu strukturieren und vorauszuplanen, sich die erzählten Handlungen immer genauer vorzustellen und auszuphantasieren. In vergleichbarer Weise werden die ersten Spielakte zufällig von Gegenständen und Handlungen angestoßen, mit wachsender Spielfähigkeit exakter vorgestellt und nach der inneren Vorstellung ausgeführt, bis über die wachsende und komplexere Spieltätigkeit die Vorstellung zum ausschließlichen Regisseur des Spiels wird.

Die Elemente des Erzählschemas stellen nur das Raster dar, das durch detailliertere Darstellung ausgefüllt werden muß. Daß eine Erzählung strukturgerecht aufgebaut wird, erfüllt nur eine Bedingung ihrer Erzählbarkeit. Dazu kommt als zweite Bedingung, wie überzeugend der phantastische Einfall oder das überraschende Ereignis mit der alltäglichen Wahrscheinlichkeit verwoben wird, ob und in welcher Genauigkeit es gelingt, die Handlungselemente auseinander hervorgehen zu lassen und damit die innere »Kohärenz« der Erzählhandlungen zu sichern. Oder wie sich auch formulieren ließe: Nachdem die im Operationsschema vorgesehenen Bauelemente plaziert sind, machen sich die Konstrukteure an die Feinarbeit, die die ganze Konstruktion wie aus einem Guß wirken lassen. Auf der Ebene der Handlungsfolge geht es darum, jeden einzelnen Schritt als die unausweichliche Folge des vorhergehenden Schritts erscheinen zu lassen, die Handlungen als ineinandergreifende Kettenglieder darzustellen. Da das entscheidende, die Erzählung begründende Glied stets ein »Fremdkörper« sein muß, geht es zugleich darum, das überraschende Ereignis, das unwahrscheinliche Verhalten in den geregelten Lauf der Dinge einzugliedern. Oder wenn ich diesen »Fremdkörper« als Einbruch psychischer Bilder in den gesellschaftlichen Alltag begreife, kann ich sagen, es geht darum, sie in die Welt der sozialen Wahrnehmung einzufügen.

Da Kinder situationsbezogen erzählen, Handlungen und Ereignisse noch weitgehend spontan und ungeplant improvisieren, gelingt es ihnen zunächst nur selten, die einzelnen Szenen ihrer Erzählung zu einer konsequenten Handlungsfolge zu verbinden. Sie beweisen jedoch große Geschicklichkeit, auftauchende Widersprüche nachträglich zu glätten oder Lücken spontan auszufüllen, und vermutlich antworten sie damit auf Signale, die ihnen die Zuhörer entgegenbringen, und zeigen zugleich, daß es ihnen bewußter zu werden beginnt, wie eine »richtige« Geschichte gebaut sein muß.

Ganz am Anfang geht es erst darum, da war ein großes Schiff. Es war rund, und dann lebten da auf ihm fünf Leute. Und dann gingen sie ins Bett und ließen das Fett auf dem Ofen, und das Schiff brannte aus. Sie fielen alle ins Wasser und wurden von einem Wal verschluckt. Und dann hatten sie da, bevor sie ins Wasser sprangen, einen Stock, mit dem Stock schlugen sie dem Wal auf den Rachen. Und weißt du, was dann passierte? Dann waren sie frei und sprangen aus dem Maul des Wals raus.

Erst nachdem seine Matrosen im Maul des Walfisches sitzen, sucht der fast fünfjährige Erzähler nach einer Möglichkeit, sie wieder daraus zu befreien. Die zu kurz greifende Planung hindert ihn daran, ihnen das Instrument ihrer Rettung rechtzeitig in die Hand zu drücken. Den Kauf des Hausboots überläßt er dann ganz dem Segen des Himmels, statt ihn beispielsweise durch ein vorbeifliegendes Flugzeug zu begründen, dessen Pilot das Geld aus der Tasche fällt, oder mit einer Möwe, die das glitzernde Geldstück im Schnabel hält und verliert. Der Erzähler zeigt sich aber dann doch geschickt genug, auch nach diesem Bruch zu einem soliden Schluß zu finden, indem er den Anfang wieder aufnimmt und die Geschichte damit abrundet.

Und dann kamen sie aus dem Wasser hoch, und sie fanden ein neues Boot, und sie fanden ein Geldstück am Himmel, und sie fingen es, als es runterfiel, und sie bezahlten das Hausboot, und sie ließen nie wieder das Fett auf dem Ofen und den Ofen an. (Pitcher/Prelinger 1962, S. 94)

Wo sie nicht einsam vor einem Publikum erzählen, sondern in der ihnen vertrauten Situation des Gesprächs, können Kinder die spontanen Einfälle, die ihnen beim Erzählen kommen, recht problemlos in ihre Geschichten eingliedern und bemerken Brüche und Widersprüche während des Erzählens an den offenen oder verdeckten Reaktionen des Zuhörers. Die fünfjährige Jenny hatte dem Vater angekündigt, eine Geschichte zu erzählen von Kindern, die an einem Tag ganz böse und am nächsten die liebsten Kinder von der Welt seien. Ihre Bosheit bestand darin, daß sie sich heimlich Süßkram aus der »Naschkiste« klauten.

> J: ... aber die Mutter wußte das, weißt du woher?
> V: Nee.
> J: Weil sie in der Nacht dann den Süßkram ausgekotzt hatten, weil sie zuviel gegessen haben.
> V: Das war aber doch erst in der Nacht danach. Also die Mutter hat das dann in der Nacht entdeckt, als sie zurückkam, wußte sie es noch nicht, oder doch?
> J: Nee, nur in der Nacht.
> V: Und was hat sie gemacht, als sie zurückkam?
> J: Da hat se's auch noch gesehen, weil die Naschkiste, nee, am Tage hätte sie's auch noch gesehen, ja?
> V: Ja, mhm.
> J: Weil die Naschkiste offen auf'm Tisch war, ja?
>
> (Parmentier 1989, S. 39)

Vorschulkinder machen den Eindruck, als seien sie noch kaum imstande, ihre Aufmerksamkeit auf beide Gesichtspunkte zu richten, die der Erzähler stets gleichzeitig zu berücksichtigen hat: einerseits die übersichtliche Strukturierung der Gesamthandlung und andererseits die genaue Ausgestaltung und Verknüpfung der einzelnen Handlungsteile. Ich nehme an, daß beide Anforderungen auch deshalb so schwer zu koordinieren sind, weil die Strukturierung der Bauelemente von sprachlichen Operationen abhängt, während die Folgerichtigkeit innerhalb der einzelnen Szene über die bildhafte Vorstellung vorgenommen werden dürfte. Es ist jedenfalls auffällig, daß es gerade die knappen, szenisch und sprachlich wenig ausgestalteten Erzählungen sind, die am ehesten vollständig durchstrukturiert werden – wie die Geschichte, die sich der gleichaltrige Nathaniel ausdachte:

Zwei kleine Jungen gingen mit ihrer Mutter und ihrem Vater in den Dschungel. Tiger mit leuchtenden Augen. »*Ich bin ein guter Tiger und will euch für mein Baby mit nach Hause nehmen, damit es mit euch spielen kann. Wenn ihr Hunger habt, sagt es mir und ich werde euch was zu essen geben.*« *Da sagten sie:* »*Löwe, ich bin hungrig.*« *Da ging er raus und erwischte eine tote Maus. Und sie sagten:* »*Ich mag keine tote Maus.*« *Da brachte er den kleinen Jungen nach Haus. Und Mama sagte:* »*Geh ins Bett!*« *Da gingen der Junge und das Mädchen ins Bett.*

(Pitcher/Prelinger 1962, S. 86)

Sobald die Handlungen sprachlich detaillierter ausfallen und wohl auch stärker ausagiert werden, worauf die ausführlicheren direkten Reden hindeuten, schaffen es die Erzählenden bis zum Alter von sechs oder sieben Jahren nur in Ausnahmefällen, eine geordnete Abfolge der Bauteile sicherzustellen und zu einem schlüssigen Ende zu finden. Es ist, als ob die Reichweite der Planbarkeit noch begrenzt wäre, die detaillierte Ausgestaltung der Einzelszenen die Aufmerksamkeit vom Planungsprozeß abziehen würde, beim Erzählen auftauchende Einfälle von der eingeschlagenen Linie ablenkten und sich die Erzählung auf diese Weise auf Nebenwegen verirrte.

Die Integration von Alltagserfahrung und Phantasie

Wenn Kinder verhältnismäßig lange brauchen, bis ihnen die formalen Muster und Verfahrensweisen, die das Erzählen verlangt, vollständig zur Verfügung stehen, dann liegt das nur vordergründig daran, daß sie noch nicht fähig wären, diese Regelsysteme zu durchschauen und anzuwenden. Solange man nur die sprachlichen Strukturen betrachtet, wird man kaum verstehen können, warum Erzählschema und narratives Kommunikationsverhalten sich über so lange Zeiträume hinweg ausbilden, während doch die gleichfalls hochkomplizierten Sprachstrukturen, die dem alltäglichen »instrumentellen« Sprechen dienen, recht rasch und recht gut übernommen werden. Sowohl das Erzählschema wie auch die zusammenhängende und szenisch ausgearbeitete Darstellung sind eben mehr als formale Regelungen: Sie dienen der Integration der beiden Bewußtseinsschichten, die in einer Geschichte aufeinander bezogen und miteinander verbunden werden, und es ist diese Integration, die Schwierigkeiten bereitet.

Die kindlichen Erzähler kämpfen sichtlich immer wieder damit, die in der Erzählung auftauchenden Ebenen ihrer Erfahrung miteinander in Einklang zu bringen, die Alltagswahrnehmungen und erinnerten Erlebnisse mit ihren Phantasiegestaltungen zu einem konsequenten und zusammenhängenden Gebilde zu verbinden. Wir haben gesehen, daß die ersten erzählenden Äußerungen beide Sphären der Erfahrung unvermittelt nebeneinandersetzten, und sie zeigen dabei ein recht einheitliches Bild. Die Erzählungen der Vier- oder Fünfjährigen fallen dagegen recht unterschiedlich aus. Gelingen oder Scheitern hängt aber offenbar nicht an einer mehr oder weniger geschulten formalen Erzählfähigkeit, denn Erzählungen desselben Kindes können in einem Fall schon eine vorbildliche Form erreichen und bei der nächsten Gelegenheit wieder in widersprüchliche Äußerungen oder gar in lose Aneinanderreihungen zurückfallen. Alle Erzähler versuchen nun zwar in der einen oder andern Weise, Wunschvorstellungen und Ängste in die gewohnte Umwelt zu verpflanzen, oder umgekehrt Phantasien mit Partikeln der Alltagswahrnehmung zu vergegenständlichen, es gelingt ihnen aber meist nur ansatzweise. Die formgerecht gebauten Geschichten sind fast durchweg auch diejenigen, die Phantasie und soziale Erfahrung am geschicktesten zu integrieren verstehen, und umgekehrt weisen die formalen Brüche und Inkonsequenzen auf die mißglückende Verbindung dieser Erfahrungsebenen hin.

Die vierjährige Chloë zum Beispiel verliert den Faden ihrer Geschichte, indem sie sich nicht zwischen einer fiktionalen Geschichte und einer Erinnerung an einen Restaurantbesuch entscheiden kann. Mit dem Einstieg: *Es war einmal ein kleines Mädchen, das zu einem Restaurant spazierte,* dürfte die Erzählerin vorgehabt haben, den eigenen Restaurantbesuch an ihrer Protagonistin nachzuerleben, aber dann bricht sich schon mit dem zweiten Satz ihr Erlebnis Bahn und verdrängt die fiktive Heldin.

Und ich wußte schon, was ich zum Essen haben wollte. Ich setzte mich hin und wußte nicht, was ich tun sollte, deswegen ging ich und ging, und ich wußte es nicht. Deswegen nahm mich meine Mutter aus dem Restaurant raus und ging mit mir ins Auto und ließ mich da, sie wußte auch nichts zu tun und holte mich raus und ging wieder rein, dann kam die Bedienung und fragte: »Was wünschen Sie zu essen?«

Mit dem Wechsel in die dritte Person, die sich für Kinder mit Fiktivität verbindet – fiktive Erzählungen erscheinen so gut wie nie in der ersten Person –, kündigt die Erzählerin an, daß sie sich auf ihre ursprüngliche Absicht zurückbesinnt, die dann im letzten Abschnitt zu einer frei phantasierten Episode führt.

Dann gingen sie und aßen das Essen. Sie gingen mit dem kleinen Mädchen nach Hause, so daß wir alle Essen gehabt hatten und nach Hause gingen. Eines Tages wachte das kleine Mädchen auf und ging vorsichtig aus dem Bett und zog ihre Jacke an. Sie ging ganz früh in der Nacht aus dem Zimmer, als niemand sie sah. Dann ging sie nach draußen und nahm ein kleines Fahrrad und fuhr weit weg in die Wüste. Als sie einen Araber sah, rannte sie weg. (Pitcher/Prelinger 1962, S. 95)

Eine Erzählung des fünfjährigen Alan setzt mit einem phantastischen Paukenschlag ein: »*Als ich zu Hause war, schaute ich ins Klosett und sah einen riesig großen Bären.*« Es ist der Einbruch von Phantasiefiguren in die Altagswelt, wie ihn schon so viele Erzählungen der Zwei- und Dreijährigen vorführten, ohne eine Verbindung mit ihrer alltäglichen Lebenswelt herzustellen. Alan sucht nun aber die gefährliche Entdeckung in seinen Alltag hereinzuholen, repräsentiert der Bär doch auch ein Alter ego, das ihn selbst mächtiger und gefährlicher macht. Dazu müßte er aber auf der vordergründigen Handlungsebene die Konflikte ausphantasieren, die das bedrohliche Tier in seiner Umgebung auslösen würde, und auf der psychischen Ebene sich mit seiner eigenen gefährlichen Natur konfrontieren. Er scheut beides, degradiert seinen gefürchteten Freund zu einem Kuscheltier und muß deshalb, wiederum ganz in der Art der ersten Erzählungen, in eine bloße Aufzählung von Alltagsverrichtungen abgleiten.

Ich behandelte ihn wie einen netten kleinen Bären. Wir gingen oft zu-
sammen in den Park. Wir schliefen zusammen, und wir aßen zusam-
men. Am nächsten Morgen schauten wir zusammen ein Buch an, und
dann halfen wir meinem Vater, das Haus anzustreichen. Im nächsten
Winter war Weihnachten, und ich bekam eine neue Jacke. Mein Teddy-
bär bekam einen Babyteddybären, und sie lebten glücklich zusammen.
Ende. (Sutton-Smith 1981, S. 126)

Für Kinder dieses Alters ist es offensichtlich nicht einfach, einen
phantastischen Einfall kompromißlos mit der sozialen Erfahrung
zu konfrontieren, diese Konfrontation konsequent durchzuspielen
und zu einem klaren Abschluß zu bringen. Wiederum scheint die
Verschmelzung von Phantasie und Alltagswahrnehmung am ehesten dort zu glücken, wo die Erzählung knapp und übersichtlich gehalten werden kann, wie in der Geschichte der fast sechsjährigen
Tracy:

Da war ein Junge, der hieß Jonny Hongkong, und als er größer wurde
und zur Schule ging, da machte er nichts mehr, hockte nur den ganzen
Tag herum und dachte nach. Er ging kaum einmal ins Badezimmer.
Und er dachte jeden Tag nach, und bei jedem Gedanken, den er dachte,
wurde sein Kopf größer und größer. Eines Tages wurde er so groß, daß er
mit Koffern und Winterkleidern im Hof leben mußte. Deswegen kaufte
seine Mutter einige Goldfische und ließ sie in seinem Kopf leben – er ver-
schluckte sie –, und jedes Mal, wenn er nachdachte, würde der Fisch es
auffressen, bis er gerade wieder so war, daß er nicht wieder nachdachte,
und er fühlte sich viel besser. (Pitcher/Prelinger 1962, S. 133)

Die Erzählerin spart sich ablenkende Details oder ausschmückende
Erweiterungen, wir erfahren nichts über die Gedanken, die den
mißhandelten Kopf des Helden anschwellen lassen, noch werden
die Reaktionen der besorgten Mutter ausgemalt, überhaupt enthält
sich die Erzählerin jeder direkten Rede. Sie schafft es wohl auch
deshalb, ihre Erzählung geschlossen und konsequent zum Abschluß zu bringen, muß dazu aber auf ein Gestaltungsmittel verzichten, das ihren Einfall noch plastischer und überzeugender in

die Welt der gewohnten Handlungsmuster einzupassen erlaubt hätte. Ich rede von der »szenischen Darstellung«, die das Geschehen »aus der Erlebensperspektive einer der an der Geschichte Beteiligten versprachlicht« (Hausendorf/Quasthoff 1996, S. 23).

Die szenische Ausführung der Erzählung

Uta Quasthoff unterscheidet zwischen dem »Diskursmuster« des beschreibenden Berichtens auf dem einen Ende einer Skala von Darstellungsformen, an dessen anderem Ende die teilnehmende Ausgestaltung liegt. Der Erzähler wähle bei der Wortwahl seines Erzähltextes auf dieser Skala aus, welche Form sprachlicher Darstellung seinen Kommunikationszielen am besten gerecht werde (Quasthoff 1977, S. 320). Sie siedelt auf dieser sogenannten »Informationspyramide« nur sprachliche Alternativen an, wie etwa die indirekte oder die direkte Rede einer beteiligten Figur. Die im Wortsinn »szenischen« Mittel gestischer und schauspielerischer Darstellung werden übergangen. Das Konzept ruft nach dieser Erweiterung, und wir können dann sagen, der Erzähler muß in jedem Moment der laufenden Erzählung den Grad an sprachlicher und gestischer Detailliertheit auswählen, der ihm im Zusammenhang der Erzählung wie von den Reaktionen seines Publikums her angemessen erscheint.

In einer mit Heiko Hausendorf durchgeführten Untersuchung wurde ein Vorfall gestellt, den die Untersucher dann von beteiligten Kindern wiedergeben ließen, den Wortlaut festhielten und auswerteten. Ein Ergebnis scheint mir hier von Interesse: Sie stellten fest, daß die szenische Ausarbeitung der Erzähltexte in der Gruppe der Siebenjährigen plötzlich deutlich gegenüber den Fünfjährigen anstieg und daß gleichzeitig die erwachsenen Untersucher, die den Kindern gegenüber als Unbeteiligte auftraten, ihre Erwartungen an eine detaillierte »Elaborierung« steigerten. Dieses Ergebnis ist wiederum mit einer gewissen Vorsicht zu betrachten, da der Erzählanlaß – ein heruntergefallener Kassettenrecorder und eine daran anschließende Auseinandersetzung der beiden Hilfskräfte, ob man das

Mißgeschick dem Untersuchungsleiter verraten solle – die Erzähllust der beteiligten Kinder nicht gerade herausforderte. Sie erzählten dann auch kaum von sich aus, sondern auf Nachfragen der Untersucher, die gesamte Situation entfernte sich damit weit vom spontanen Erzählen, bei dem Kinder vor einer anregenden Zuhörerschaft gelegentlich schon längst vor dem siebten Lebensjahr ihre Erzählungen szenisch ausführen können. Dennoch dürfte es zutreffen, daß etwa ab dieser Altersstufe die szenisch-dramatische Ausgestaltung zunimmt, bewußter gesucht und wahrgenommen wird. Ich möchte diese Beobachtung aber darauf zurückführen, daß die gemeinsamen Rollenspiele der Vorschulzeit an Beliebtheit verlieren und das sprachlich-gestische Erzählen an Bedeutung gewinnt. Mit der »szenischen Elaborierung« wird die im Rollenspiel ausgebildete Fähigkeit darstellenden Spielens in die Erzählung eingegliedert, die sprachliche Darstellung übernimmt nun die Führung gegenüber dem Spiel, die ausgespielte Rolle verkürzt sich auf direkte Reden und gestisch-mimische Zeichen.

Die Erzählerin der folgenden Geschichte dürfte in ihrer Sprachgewandtheit vielen Gleichaltrigen voraus sein, zumal sie ihre Erzählungen auf ein Kassettengerät sprach und deshalb auf die lebendige Rückmeldung und Anregung durch Zuhörer verzichten mußte. Sie schafft aber eigentlich nur, was weniger Sprachbegabte ein oder zwei Jahre später meistern, indem sie ihre Spielfähigkeit in die sprachliche Inszenierung überführen.

Geheimadlerchen ging einmal durch den Urwald, und dann wollte er nach Afrika, ja ja, dann flog er auch wirklich dahin, da kam ein Löwe und jagte ihn, und Geheimadlerchen rannte so schnell er konnte. »Ich wußte ja nicht«, sagte er, »daß der Löwe so schnell laufen konnte, so schnell laufen kann«, und er rannte und rannte so schnell er konnte, dann huschte er auf eine Palme. Der Löwe rannte um die Palme rum, weil er dachte, er jagt noch den Adler. Und dann wurde ihm klar, er war auf die Palme gehuscht. Brrrr, der Löwe brüllte mit Kraft und sprang auf die Palme, Geheimadlerchen war unten. Dann wurde dem Löwen klar, daß Geheimadlerchen unten war, und dann ging es immer zickzack,

zickzack, nach oben und unten, oben-unten, oben-unten, oben-unten,
und immer an derselben Stelle. Einmal der Löwe drauf, einmal Geheim-
adlerchen, weil dem Löwen das immer klar wurde, daß Geheimadler-
chen nicht da war, wo der Löwe war. Und dann wurden sie Freunde,
weil der Löwe so aus der Puste war. Dann hat Geheimadlerchen den
Löwen mitgenommen.

Offenbar konzentriert sich die Erzählerin in dieser Passage auf die
Inszenierung der Verfolgungsjagd, die ihr mit erstaunlicher sprachlicher Geschicklichkeit und einem genauen Sinn für die dramatische Spannung gelingt, und die sie zugleich mit Lautgesten
illustriert. Sie versäumt im Eifer des Gefechts aber, die Kontrahen-
ten in nachvollziehbaren Schritten miteinander zu versöhnen. Erst
beim Erzählen wird ihr klar, daß sie die Verfolgungsjagd zu einem
Abschluß zu bringen hat, und sie zaubert kurzerhand eine Freund-
schaft aus dem Hut, ohne sie in der vorangehenden Handlung anzulegen. Um die aufeinanderfolgenden Handlungsteile genau zu
motivieren, müßte die Erzählerin den gesamten Handlungsablauf
überblicken, und den verliert sie über der sprachlichen Detaillie-
rung offenbar immer wieder aus den Augen.

Wenn sie in der nächsten Episode dann die unerwartete Freund-
schaft zwischen Adlerchen und Löwe ausphantasiert, beschäftigt sie
sich so sehr mit Rede und Gegenrede der beiden, daß ihr auch hier
kaum Raum mehr bleibt, die strukturellen Anforderungen der Erzählung zu berücksichtigen.

Nach so vielen Tagen und Nächten plötzlich war der Löwe eines Nachts
weg. Er saß im Gefängnis, das wußte natürlich keiner. Geheimadlerchen
machte das Gefängnis auf, und der Löwe sprang raus, mit ihm zusam-
men.
»Vorsicht! Nicht so, du tust dir weh! Du wirst schwindelig, dir wird
schlecht.«.
»Aha«, sagte der Löwe.
»Komm, wir nehmen diese lange Leiter, hopp hopp. Nein, wir fliegen
zusammen. Warte, ich hab noch ein Netz.«

»Wofür?«

»Um dich zu tragen, hab ich Seile.« Und er nahm die Seile fest in die
Krallen und sie flogen nach unten. Dann gingen sie weiter.
(Das Beispiel wurde mit freundlicher Genehmigung von
Helga Böving zur Verfügung gestellt.)

Die ganze Passage wirkt nicht zufällig wie eine Rollenspielsequenz,
die, vom darstellenden Spielen abgelöst, nur noch die Wechselre-
den der Spieler wiedergibt. Auch in dieser zweiten Episode weicht
die Erzählerin dem in ihrer Geschichte angelegten Konflikt aus:
Während sie vorher das Umschlagen der Verfolgung in die Freund-
schaft übergeht, wird jetzt die Frage, warum der Löwe ins Gefängnis
geriet und wer ihn einsperrte, kurzerhand ausgeblendet.

Die Konflikte in kindlichen Erzählungen

Ich habe das die Erzählung auslösende überraschende Ereignis darauf zurückgeführt, daß Wahrnehmungen der psychischen Innenwelt in die soziale Welt einbrechen und es gerade die Strukturmuster und die Regeln zwischenmenschlichen Erzählens sind, die
zur Verknüpfung dieser beiden Erfahrungsebenen verpflichten. Das
Erzählschema, das die strukturelle Verbindung der beiden Bewußt-
seinssphären ermöglicht, schließt nicht mit ein, daß die den geregelten Alltag störenden *troubles* sich gegen die sozialen Erwartungen
durchsetzen, oder anders gesagt, daß die Geschichte zu einem
glücklichen Ende gebracht wird. Das Operationsschema der Geschichtengrammatik fordert wohl ein klares Ergebnis, läßt aber offen, ob die Erzählung ihren Helden zum Erfolg führt oder scheitern
läßt. Gleichwohl ist das in unserem Kulturkreis vorherrschende Modell auf die in Kampf und List siegreiche Bewährung des Helden angelegt. Schon unter den Erzählungen, die uns die mündliche Tradition überliefert, überwiegen bei weitem die erfolgreichen Helden,
die an das Ziel ihrer Wünsche gelangen. Insbesondere bestehen die
Märchen auf diesem glücklichen Ausgang, und selbst der tragisch
scheiternde Held vieler Heldenepen hat sich dennoch einen Ruhm

erworben, der ihn im Gedächtnis der Nachwelt lebendig erhalten wird, weil er die Macht der höheren Werte bewies, denen er folgte und die seinen Untergang schließlich in einen Sieg verwandeln. Auch die meisten im Alltag erzählten Geschichten, insbesondere jene Stories, mit denen sich der Erzähler seines Muts, seiner Voraussicht oder seiner Klugheit versichert, gipfeln im kühn erkämpften oder im listig erschlichenen Erfolg des heroischen Erzählers. Noch ungebrochener und oft jeder nachvollziehbaren Wahrscheinlichkeit spottend, behauptet sich das Happy-End in den trivialen Produktionen der Massenmedien oder der Bestsellerliteratur. Nicht zuletzt bestehen auch die für Kinder vorgesehenen Medien auf einem glücklichen Ausgang; selbst die pädagogisch ambitionierte Kinderliteratur kann darauf kaum verzichten und riskiert, wo sie es in kritischer Absicht tut, ihre Leserschaft zu verlieren. Erzählen scheint demnach so etwas wie eine »natürliche« Tendenz zum guten Ausgang zu kennen. Die aktive Überwindung des Gegenspielers und der unwiderrufliche Sieg des Helden stellen das verbindliche Modell dar, nach dem »echte« Geschichten in unseren kulturellen Breiten geschneidert sein müssen und das in bezug zum Ideal einer unabhängigen, selbstbewußten, aktiven und individuellen Persönlichkeit zu sehen ist.

Unter dem Gesichtspunkt, unter dem ich hier Erzählungen betrachte, macht diese Übermacht der Erfolgsstory in Literatur und Medien durchaus Sinn, läßt sie sich doch als die endgültige und unwiderrufliche Integration der in das soziale Umfeld einbrechenden inneren Gestaltungen begreifen, als gelungene Realisierung von Einfällen, die aus dem Unbewußten aufsteigen, von tief verankerten, ununterdrückbaren Strebungen oder von Gefühlen, die alle sozialen Schranken sprengen und überwinden. Nur in einem vergleichsweise schmalen Bereich der »gehobenen« Schriftliteratur kann sich die gesellschaftliche Welt gegen die innere Landschaft des Protagonisten durchsetzen, wird das tragische Scheitern an den gesellschaftlichen Verhältnissen thematisiert oder der einzelne als Produkt dieser Verhältnisse geschildert. Ähnlich verfährt – was vielleicht mehr als eine zufällige Paralelle ist – die moralische Beispielgeschichte, die die pädagogische Kinderliteratur des 18. und 19. Jahrhunderts beherrschte und die Kinder von klein an auf die gesellschaftliche Wirklichkeit auszurichten versuchte. Der innere Widerspruch solcher Erzählungen liegt darin, daß sie die vorbildlichen Werte immer nur am negativen Gegenbeispiel exemplifizieren können, den Hans-guck-in-die-Luft oder den Suppenkasper brauchen, um über ihn die gefährlichen Folgen solchen Verhaltens an die Wand zu malen. Sie brauchen die drastische Verletzung der Verhaltensregeln, um deren vorbildliche Befolgung darstellen zu können. Die unleugbare Beliebtheit, die die gelungenen Exemplare dieser Art Moralliteratur auf Kinder ausüben, verdankt sich vermutlich nicht nur der geheimen Attraktivität der bösen Helden, sondern dürfte ebenso sehr damit zusammenhängen, daß sie mit ihrem bitteren Ende einem Modell folgen, das an kindliche Wahrnehmungen anknüpft und in spontanen Erzählungen von Kindern auffallend lange vorherrscht.

Denn sieht man sich die kindlichen Erzählungen vor diesem Hintergrund an, macht man die überraschende Feststellung, daß sie dem Heldenschema zunächst überhaupt nicht entsprechen und offenbar lange Jahre brauchen, um sich ihm anzunähern. Ich habe bisher den Gesichtspunkt der Konfliktführung hinter den der formalen Gestaltung zurückgestellt, aber wenn wir uns die zitierten Geschichten ins Gedächtnis rufen, werden sie fast alle von gefährlichen und bedrohlichen Ereignissen ausgelöst, und nur wenige Erzähler verstehen es, diese Gefährdungen zum Guten zu wenden.

Das gilt nicht nur für die Phantasiegeschichten, die ich hier stärker berücksichtige, weil sie die inneren Vorstellungen sichtbarer hervortreten lassen. Auch für die kindlichen Erzählungen sehe ich keinen grundsätzlichen Unterschied zwischen *personal* und *fictional story*, und tatsächlich bevorzugen auch die Alltagserzählungen von Kindern belastende und gefährliche Erlebnisse. Die meisten Erzählungen, die Peggy Miller von Kindern in Arbeiterfamilien aufnahm, handelten von unangenehmen und belastenden Erfahrungen. Allein 43 Prozent der Geschichten kreisten um Unfälle, wie zum Beispiel stolpern und hinfallen, die Treppe runterfallen, vom Fahrrad fallen, sich verbrennen, von einem Fahrzeug erfaßt werden, um Aggressionen wie gestoßen, geschlagen, gerissen oder gezwickt werden, oder Krankheiten, Zahnarztbesuche und Impfungen. Diese Schieflage sei sogar noch auffallender bei Erzählungen gewesen, die die Kinder unaufgefordert von sich aus berichteten (Miller/Sperry 1988, S. 303).

Es berührt merkwürdig, daß die Konflikte, die in kindlichen Erzählungen ausgetragen werden, und die Lösungen, die sie dafür suchen, insbesondere von der linguistisch ausgerichteten Erzählforschung fast vollständig vernachlässigt werden. Im Mittelpunkt der Darstellung stehen sie nur in dem Modell, nach dem Sutton-Smith die Entwicklung von *Plotstories* ordnet, und das im deutschen Sprachraum von Reinhard Fatke mit Modifikationen übernommen wurde. Es dürfte kein Zufall sein, daß beide Autoren Sammlungen frei geäußerter kindlicher Erzählungen ausgewertet haben. Indem sie einen in der erzählten Handlung angelegten Grundkonflikt in seinen verschiedenen Lösungsweisen verfolgen, verbindet ihre Konstruktion inhaltliche mit strukturellen Gesichtspunkten. Es sind nun nicht mehr formale kognitive oder sprachliche Strukturen, die die kindlichen Erzähler übernehmen, sondern es sind Konflikte, die erzählend bearbeitet, und Lösungswege, die über die wachsende Erzählfähigkeit nach und nach erkundet werden.

Aber, so könnte man gegen diese Sichtweise einwenden, gibt es überhaupt so etwas wie typische Konflikte in den Geschichten, die Kinder erzählen? Erzählt nicht vielmehr jedes Kind von seinen eigenen Problemen und Ängsten, die nach seiner persönlichen Erfahrung, den Umständen seines Aufwachsens, seiner familiären Situation usw. sehr unterschiedlich ausfallen müssen? Das ist sicher richtig, solange man sich auf die Einfälle und ihre Ausgestaltung bezieht. Fragt man jedoch nach dem Muster, nach dem Konflikte auftreten und gelöst werden, zeigen die Erzählungen eine überraschende Einheitlichkeit. Sie dramatisieren in erfindungsreichen Variationen und mit immer neuen überraschenden Einfällen das gleiche, stets wiederkehrende Konfliktmodell. Fatke faßt diesen

Grundkonflikt, den er in 90 Prozent der Geschichten wirksam findet, die er von Kindern zwischen drei und zwölf Jahren sammelte, in die Formel: »Zwei unterschiedlich starke Mächte stehen einander gegenüber, und aus der Überlegenheit der einen Macht ergibt sich eine Bedrohung und eine Gefahr für die andere« (Fatke 1994, S. 14). Diese Ausgangslage führt von selbst zu der Frage, wie sich der Unterlegene dazu stellt, ob er sich einfügt und überwältigt wird oder sich zu wehren versucht, und wie weit ihm das gelingt, und damit sind die Varianten der Konfliktbearbeitung vorgegeben.

Vier Stufen der Konfliktlösung

Es ist aufschlußreich, daß Sutton-Smith dieses Modell von den Anthropologen Elli und Pierre Maranda übernehmen konnte, die damit die grundlegenden Bauformen von Volkserzählungen zu erschließen suchten: »Ihnen zufolge sind in Erzählungen, die Konflikte behandeln, vier Formen der Reaktion (des Helden) möglich: (I) Erzählungen, in denen eine Macht die andere überwältigt und wo es keinen Versuch einer Reaktion gibt; (II) Erzählungen, in denen die unterlegene Macht eine Reaktion versucht, aber scheitert; (III) Erzählungen, in denen die unterlegene Macht die ursprüngliche Gefahr außer Kraft setzt; (IV) Erzählungen, in denen nicht nur die Bedrohung beseitigt wird, sondern die Ausgangssituation grundlegend verändert wird« (Sutton-Smith 1975, S. 87). Erweitert man dieses Modell um den Fall, wo in der Ausgangssituation keine eigentliche Bedrohung stattfindet, sondern der Held einen bedrohlichen Mangel erfährt, auf den er irgendwie zu reagieren hat, dann lassen sich darunter nahezu alle überlieferten Volkserzählungen fassen, von den unheilschwangeren Sagen, in denen höhere Mächte vorwitzige Menschen bestrafen, über die Zaubermärchen, deren Helden den Beistand jenseitiger Helfer genießen, und den Schwänken, wo sich der Unterlegene mit List und Klugheit zu wehren versucht, bis hin zum Heldenepos, dessen Protagonist sich durch Mut, Ausdauer und Stärke bewährt. Es handelt sich hier offensichtlich um übergreifende Strukturen, die zwar dem Schema der Geschichtengrammatik noch sehr nahe stehen, aber eine inhaltliche Ausrichtung bekommen: Wo das Storyschema nur abstrakt Bauelemente ordnet, werden nun die Handlungsweisen des Helden kategorisiert. Die verschiedenen Lösungswege deuten zugleich eine Entwicklungslinie an. »Diese Stufen der Marandas können als Entwicklungsstufen hin zur Heldengeschichte betrachtet werden« (Sutton-Smith 1975, S. 87). Schon Elli und Pierre Maranda beobachteten, daß jüngere Kinder, denen Heldengeschichten des Typ IV geboten wurden, sie beim Nacherzählen bis zu einem gewissen Alter auf Erzählungen vom Typ III oder II reduzierten. Sie vermuteten deshalb, daß »Kinder innerhalb der amerikanischen Kultur in ihrer Entwicklung dazu neigen, die gleichen Stufen zu durchlaufen« (Sutton-Smith 1975, S. 87).

Sutton-Smith konnte diese Vermutung erhärten: Die vier Stufen der Konfliktbewältigung ließen sich problemlos auf seine Sammlung kindlicher Erzählungen übertragen. Den Übergang von den »lyrischen« Sprachspielen zu den ersten *Plotstories* setzt er um das vierte Lebensjahr an, allerdings zeigten die Geschichten der jüngeren Kinder »für einen beträchtlichen Zeitraum eine Mischung der Struktur Thema und Variation mit den Strukturen eigentlicher Plots« (Sutton-Smith 1986, S. 82). Das als »No Response to conflict« bezeichnete erste *Level* repräsentiert diese Mischform und wirkt als Kategorie etwas diffus. Fatke gewinnt hier einen eindeutigeren Ausgangspunkt, indem er die erste »Lösung« des Grundkonflikts folgendermaßen faßt: »Die überlegene Macht siegt über die unterlegene Macht, meist ohne daß eine Gegenwehr erfolgt oder der Versuch, der überlegenen Macht zu entkommen, gemacht wird: das Geschehen endet sozusagen in der Katastrophe« (Fatke 1994, S. 15). In lapidarer Kürze präsentiert das folgende Beispiel diesen Ausgang: *Es war einmal ein Mädchen, das ging durch den Wald. Da kam ein Tiger, der aß das Mädchen auf* (Fatke 1994, S. 15). Der knappen Diktion nach dürfte das erzählende Kind noch sehr jung gewesen sein, sein Alter wird aber nicht angegeben. Überhaupt sind die gelegentlich angegebenen Altersgrenzen mit Vorsicht zu betrachten; sie stehen noch zu sehr in der Tradition normativer Phasen, wie sie die Entwicklungspsychologie festzuschreiben sucht. Für die Entwicklung der kindlichen Erzählfähigkeit lassen sich allenfalls Durchschnittswerte angeben. Auch das Katastrophenszenario findet sich keineswegs nur in den allerersten *Plotstories*. Genausogut kann eine Sechsjährige noch dieses hoffnungslose Ende ausmalen, auch wenn sie die Erzählung nun sprachlich bewundernswert ausgestaltet und mit Witz dramatisiert:

> *Es lebte einmal ein Baum im Wald. Er liebte die Vögel und Spatzen und die anderen Bäume und die Blumen und das wunderbare kühle Gras unter ihm.*
>
> *Aber er hätte so gern jemand gehabt, der mit ihm redete. Er dachte einige Tage darüber nach und dachte, er sollte sich nicht so blöde anstellen, und schloß bald seine schläfrigen Augen (Deirdre lacht) und war bald eingeschlafen.*
>
> *Am Morgen sagte er:* »*Vögelchen, Vögelchen, ich will mit dir spielen.*« *»Wie bitte, wie soll ein kleiner Vogel wie ich mit einem großen häßlichen Baum spielen wie du.«*
>
> *»Ich bin nicht so häßlich. Ich werde dir was sagen, du Dussel von einem Vögelchen. Ich werde dir sagen, du kannst genausogut abhauen und alleine leben, du bist ja jetzt schon sieben Wochen alt.«*
>
> *Eine Tages kam ein Mann mit einer großen Säge und sägte den einsamen alten Baum ab, um Feuerholz zu machen.*

(Sutton-Smith 1981, S. 167)

In der zweiten Stufe der Konfliktdarstellung, von Sutton-Smith als *Failure* bezeichnet, rettet sich der Held durch Flucht oder wird durch Hilfe von außen gerettet. Zaubermärchen lieben diese Lösung, indem sie dem Helden jenseitige Helfer zur Seite stellen, mit deren Beistand er die menschenunmögliche Bewährung besteht. Allerdings vertrauen die kindlichen Erzähler lieber auf recht diesseitige Hilfen; es sind meist die Eltern oder andere Erwachsene, die dem Helden aus der Klemme helfen. Allenfalls die Tiergestalten erinnern noch von fern an den geheimnisvollen Beistand des Märchenhelden. In einer Erzählung der sechsjährigen Denise steht den verirrten Bären ein freundlicher Wal zur Seite, der die mythischen

Assoziationen des Mütterlichen wachruft, die sich mit dieser Gestalt verbinden.

> *Es waren einmal zwei Bären. Und sie gingen aufs Land und sie hatten*
> *ein Landhaus und sie gingen schwimmen. Einmal gingen sie schwimmen*
> *und verirrten sich. Und da war ein netter Wal, der holte sie raus und*
> *brachte sie zu ihrem Haus zurück. Dann sagte er »Tschüß« und forderte*
> *sie auf, zu seinem Haus kommen, wenn sie sich das nächste Mal verirr-*
> *ten. Und als sie sich wieder verirrten, gingen sie zu seinem Haus, und leb-*
> *ten von da an glücklich. Und sie ließen ihr Landhaus sein und lebten von*
> *da an im Haus des Wals. Ende.*   (Sutton-Smith 1981, S. 169)

Verbreiteter als die glückliche Rettung durch mächtige Helfer ist die
Reaktion, sich durch Flucht in Sicherheit zu bringen. »Die unterlegene Macht unternimmt zwar einen Versuch der Gegenwehr oder
der Flucht, aber scheitert dennoch, so daß die überlegene Macht
siegreich bleibt« (Fatke 1994, S. 15). Der Fluchtreflex kann so über-
mächtig werden, daß der Held auch dann noch besinnnungslos
flieht, wenn seine Verfolger schon längst von ihm abgelassen haben,
wie sich das ein Siebenjähriger in einer nun allerdings aufgeschrie-
benen Geschichte ausmalt:

> *Eines Tages traf ich eine Maus. Sie hieß Charlie. Die Maus Charlie lebte*
> *auf dem Land, ihr bester Freund war ein Salamander, er hieß Herr*
> *Kralle. Ich sagte noch nicht, daß Charlie ein Räuber war. Psst. Ich möch-*
> *te nicht, daß das irgend jemand hören läßt, denn wenn die Polizei davon*
> *hört, werden sie Charlie einsperren. Wenn ich ihm sagen würde, daß die*
> *Polizei ihn kriegen will, würde er verrückt werden. Das ist jetzt die Ge-*
> *schichte. Charlie ging einmal spazieren. Er sah die Polizei und versteckte*
> *sich hinter einem Felsen. Die Polizei lief genau an ihm vorbei. Er wußte,*
> *daß er sicher war. Er rülpste. Der Polizist drehte sich um. Da war er zu*
> *Tode erschrocken. Die Polizei rannte, aber er war schnell. Die Polizei gab*
> *bald auf, aber Charlie dachte, sie versuchten ihn immer noch zu kriegen.*
> *Er rannte und rannte und rannte und rannte, bis ihm die Füße weh taten*
> *und er nicht mehr rennen konnte. Bald sah er sein abgestelltes Fahrrad.*
> *Er erinnerte sich, daß der Schlüssel in der linken Manteltasche war. Er*

holte ihn raus und schloß die Kette auf. Dann fuhr er weg, aber er wußte nicht, daß die Polizei aufgegeben hatte. Und deshalb fuhr er immer weiter. Zuerst sagte er sich, wenn ich anhalte und mich umsehe, kriegen sie mich. Zuerst wollte er das nicht riskieren, aber dann dachte er: Wenn ich ins Gefängnis gehe – er würde sich schon wieder herausschmuggeln. Deshalb blieb er stehen. Er konnte seinen Augen nicht glauben, die Polizei war verschwunden. Ende. (Sutton-Smith 1981, S. 204)

Auf der dritten Stufe der *Nullification* gelingt es zwar dem Helden, sich vorderhand zu behaupten, die Bedrohung bleibt aber bestehen und kann jederzeit wieder auftreten: »Die bedrohende Macht gelangt nicht an ihr Ziel; sie wird ›ausgeschaltet‹, aber nicht unbedingt in der Weise besiegt, daß nicht weiterhin Gefahr von ihr ausginge« (Fatke 1994. S. 16).

Offenbar sind Fatkes Geschichten in einer schulmäßigeren und weniger anregenden Situation erzählt worden, zumindest deutet die knappere und lustlosere Diktion seiner Beispiele darauf hin. Das dritte Konfliktmuster exemplifiziert er mit der folgenden Erzählung:

Da war einmal ein Affe, und der hat in den Kaufladen müssen, weil er nichts zum Essen gehabt hat. Dann hatte er kein Geld dabeigehabt. Und dann hat er schnell heimgehen müssen. Und dann hat die Mutter daheim auch kein Geld mehr gehabt. Und dann hat er schnell die Bank überfallen. Und dann ist die Polizei gekommen und dann hat sie ihn gefesselt, und er ist ins Gefängnis gekommen. Dann ist er ausgebrochen, und dann ist er schnell gerannt, daß sie ihn nicht mehr hat einholen können.

(Fatke 1994, S. 16)

Den unwiderruflich guten Ausgang zu imaginieren, scheint auch für ältere Kinder noch lange ein schwieriges Unterfangen zu bleiben. Erst die letzte Stufe besiegelt den vollständigen und unwiderruflichen Triumph des Helden, der nun alle Dinge durch sein Handeln zum Guten wendet: »Die Bedrohung wird beseitigt, und zusätzlich werden durch diesen Sieg die Ausgangsbedingungen verändert, so daß die Bedrohung ausgeschaltet bleibt. Nicht immer, aber in den meisten Fällen wird der Sieg durch eine aktive Gegenwehr der unterlegenen Macht errungen. Dies entspricht dem Typus der ›Heldengeschichte‹« (Fatke 1994, S.16), eine Lösung, die erst im Alter von zehn bis zwölf Jahren erreicht werde. Wie aber kommt dann der erst fünf Jahre zählende Abe dazu, sich eine Geschichte auszudenken, in der die Bedrohung nach dem Modell der Heldengeschichte durch listige Gegenwehr ein für allemal beseitigt wird?

> *Der Wolf und die drei Kaninchen.*
> *Es lebten einmal drei Kaninchen. Sie lebten zusammen in einer Höhle im Boden. Nachts kamen sie immer aus der Höhle heraus. Eines Nachts sahen sie etwas. Sie fragten sich, was es war. Es war ein Wolf. Der Wolf begann sie zu jagen. Der Wolf begann schneller zu laufen. Er rannte so schnell, die Kaninchen blieben stehen, und der Wolf schlitterte drei Meilen. Dann prallte er gegen einen Baum. Er war sehr wütend. Er rannte in die Kaninchenhöhle. Er war so wütend, daß er in die Höhle krabbelte. Die Kaninchen sagten: »Was können wir machen?« Ein Kaninchen sagte zu den anderen beiden, was zu tun war. »Einen Topf heißes Wasser neben die Tür stellen!« Als der Wolf in die Höhle hinunterrutschte, öffneten sie die Tür, und der Wolf rutschte in den Topf, der voll war mit heißem Wasser. Er war so heiß, daß er aus der Höhle hinaufrannte, und er rannte nach Afrika, und niemand sah ihn jemals wieder.*

> (Sutton-Smith 1981, S. 120)

Was Kinder erzählen, bleibt sehr lange von der Situation abhängig, in der sie erzählen, davon, wie sehr ihre Phantasie davon angeregt wird und wie weit sie es schaffen, im Zusammenspiel mit den Zuhörern diese Vorstellungen in eine sprachliche und gestische Form zu bringen. Auch wenn sie sie im Augenblick des Erzählens immer besser zu organisieren verstehen, bleiben ihre Erzählungen noch vorwiegend Produkte des gelungenen Augenblicks, und dieses Gelingen drückt sich auch in der Lösung des bedrohlichen, die Geschichte auslösenden Konflikts aus. Es dauert aber auffallend lange, bis sich über das wiederholte Erzählen das kulturell verbindliche Modell der Heldenstory verfestigt, nach dem der Held den Konflikt aktiv durch seine Stärke, List oder Geschicklichkeit für sich entscheidet. Und daß es so erstaunlich lange dauert, spricht wiederum dafür, wie wenig die Strukturen und Konfliktlösungen, die Kinder beim Erzählen selbst benutzen, von medialen Vorlagen beeinflußt werden. Denn dieselben Kinder, die sich in ihren eigenen Geschichten noch von Ungeheuern bedroht und überwältigt finden, sind längst versierte Mediennutzer, bekommen pädagogisch ambitionierte Geschichten vorgelesen, in denen die Unterlegenen sich mit List und Klugheit gegen die Starken zur Wehr setzen, sehen triviale Fernsehserien, in denen Weltraumfahrer die von fremden Sternen bedrohte Erde siegreich verteidigen. Das heißt, sie werden in den verschiedensten Formen mit dem westlichen Mythos des unüberwindlichen, auf seine eigene Kraft und seinen Verstand bauenden Helden und den formalen Mustern vertraut gemacht, in denen sich der Mythos realisiert. Und doch scheinen diese Produkte sich erst dann auf ihre Erzählungen auszuwirken, sobald sie sich selbst als aktiv handelnde, selbstverantwortliche Personen erfahren können. Und es spricht viel dafür, daß sie diese Erfahrung im selbsttätigen, aktiven Spiel machen, und keine medialen Produkte das ersetzen können, welcher pädagogischen Zielsetzung oder welchen wirtschaftlichen Interessen sie auch immer verpflichtet sein mögen.

Ich habe bereits angedeutet, daß sowohl Sutton-Smith wie Fatke versuchen, Altersphasen anzugeben, in denen die einzelnen Stufen der Konfliktbereinigung erworben werden. Diese Abgrenzungen sind aber allenfalls als ungefähre Hinweise aufzufassen, in welchem Alter sie im allgemeinen vorzuwiegen beginnen, auf Einzelfälle sind sie in keiner Weise übertragbar. Die einzelne Erzählung ist in ähnlicher Weise Ergebnis des Zusammenspiels aller Beteiligten wie die gelungene Sequenz eines Rollenspiels. Erzählen ist seiner Natur nach »interaktiv«, und wo die Erzähler von ihren Zuhörern angeregt und angefeuert werden, können Geschichten entstehen, die weit über die durchschnittlichen Produktionen ihres Alters hinausreichen.

Ein schönes Beispiel dafür gibt uns die erst sechsjährige Denise, die nicht nur das Strukturschema vollendet benutzt und ihre Geschichte bezaubernd in Szene zu setzen weiß, sondern auch eine sehr hintersinnige Erzählung zu erfinden versteht:

Es war einmal ein Hund, und der liebte es, herumzuspringen und zu spielen. Eines Tages sprang er soviel herum und spielte, daß er nicht darauf achtete, wo er hinlief, und er prallte gegen einen Baum. Und es schien, als ob der Baum »Au« gesagt hätte, und der Hund sagte: »Ich sagte nicht Au.« Und der Baum sagte: »Ich sagte Au, weil du gegen mich pralltest.« Und der Hund sagte: »Wer sagte das?« Und der Baum sagte: »Ich sagte das.« Und der Hund sagte immer weiter: »Wer sagte das?« Er wußte nicht, daß Bäume natürlich reden können. Da kam ein anderer kleiner Hund vorbei. »Was ist los?« Und der erste Hund sagte: »Ich weiß nicht, wer Au sagte.« Und da sagte der andere kleine Hund: »Ich wette, ich weiß, wer Au sagte. Der Baum sagte das!« Und der erste kleine Hund sagte: »Das kann nicht sein. Bäume können nicht reden.« Und der Baum sagte (mit tiefer Stimme): »Können sie nicht?« Und das erste kleine Hündchen sagte: »Wer sagte das?« Und der Baum sagte: »Ich sagte das.« Und das andere kleine Hündchen sagte: »Es war doch der Baum.« Und das erste kleine Hündchen sagte: »Ich kann dir das nicht glauben«, und das andere kleine Hündchen sagte: »Laß uns raufsteigen und sehen, ob es der Baum sagte.« Da kletterten sie auf den Baum und fielen durch das Loch einer Eichhörnchenhöhle in den Baumstamm. Aber sie hatten ihren Spaß da drinnen, denn sie konnten darin herumspielen, schreien und bellen, soviel sie wollten. Und keiner sah diese beiden Hündchen jemals wieder. Und sie lebten von da an glücklich im Baum drinnen. Ende.   (Sutton-Smith 1981, S. 171)

Die Erzählerin entwickelt die Erlebnisse der beiden Hunde in einem geschickt aufgebauten Spannungsbogen, zugleich setzt sie das Geschehen sehr lebendig in Szene und bringt die Handlung zu einem klaren und unwiderruflichen Abschluß. Die Auflösung aber wirkt auf den ersten Blick merkwürdig zwielichtig: Die beiden Tiere toben ungestört durch den hohlen Stamm, in den sie doch eigentlich aus Versehen hineingeraten und in dem sie nun gefangen sind. Hält man sich an die Oberfläche der Erzählung, mag der »glückliche« Ausgang fast wie eine ironische Parodie auf das vollendete Strukturmuster wirken. Der widersprüchliche Schluß weist aber auf eine zweite Bedeutungsebene hin. Der Baum, der deshalb auch zum festen Bestand der ersten Kinderzeichnungen gehört oder in den verschiedensten Mythologien als Weltenbaum wiederkehrt, repräsentiert in der Symbolik der vorgeburtlichen Erfahrung die versorgende Plazenta und macht das Glück der in den Baumstamm eingeschlossenen Hunde verständlich: Sie durften in den bergenden und versorgenden Mutterschoß zurückkehren.

Kombination von Episoden

Diese Erzählung ist noch in anderer Hinsicht auffällig, arbeitet sie doch mit der Wiederholung der Episoden: Nachdem der erste Hund das Rätsel des sprechenden Baums nicht aufzulösen versteht, wiederholt sich die Handlung mit dem hinzukommenden Kameraden, der des Rätsels Lösung findet. Fast alle bisher zitierten Geschichten beschränkten sich darauf, den Grundkonflikt ein einziges Mal durchzuspielen und zu irgendeinem Ende zu führen. Durch die Reihung aufeinanderfolgender Lösungsversuche wird die Schwierigkeit der Aufgabe unterstrichen und die außerordentliche Leistung des Helden hervorgehoben. Es sind die Erzählungen des dritten *Level*, deren Struktur nach reihender Wiederholung ruft, da hier die Bedrohung zwar vorübergehend ausgeschaltet wird, aber grundsätzlich bestehen bleibt: Die Erneuerung der Bedrohung erfordert wiederholte Gegenwehr. Sicher nicht zufällig taucht in der Altersgruppe, in der dieses Modell nach Sutton-Smith vorzuherrschen beginnt, nämlich um das siebte Lebensjahr herum, die Fähigkeit auf, »mehrfache Handlungssequenzen miteinander in Serien von Episoden zu verbinden« (Botvin/Smith 1977, S. 385). Trotz der Vorbehalte gegen Altersangaben dürfte es nicht so ganz zufällig sein, daß die Reihung von Episoden diesem Lebensabschnitt zugeordnet wird. Allerdings haben wir die einfache Reihung bereits im Rollenspiel des zwei Jahre jüngeren, das Feuer bekämpfenden Ehemanns kennengelernt, wo die Bedrohung zwei Mal unverändert wiederholt wurde, sich dann aber im letzten Durchgang zu einem himmlischen Drama steigerte. Der Grund liegt wohl weniger in der Altersentwicklung, sondern es scheint hier eher ein Verfahren, nach dem Rollenspielhandlungen miteinander verkettet werden, mit dem Rückgang des Rollenspiels in das kindliche Erzählen übernommen zu werden.

Schwieriger wird es, wenn eine Episode in eine andere eingeschoben werden soll. Die einfachste Form, bei der »die Haupthandlung der Erzählung durch eine untergeordnete Handlung unterbrochen wird« (Botvin/Sutton-Smith 1977, S. 381), erscheint daher auch relativ spät, angegeben wird etwa das elfte Lebensjahr, und erst etwa Zwölfjährige scheinen nach der Untersuchung von Botvin und Sutton-Smith auch mehr als zwei Episoden gleichzeitig in einer einzigen Erzählung verfolgen zu können. »Diese Strukturtypen sind am schwierigsten, denn sie erfordern eine beträchtliche Vorausplanung. Kinder, die verschachtelte Erzählstrukturen benutzen, müssen sich geistig die gesamte Erzählung vorstellen können, bevor sie sie erzählen. Sie müssen fähig sein, verschiedene Handlungsstränge gleichzeitig zu koordinieren und sie in einen Zusammenhang zu integrieren« (Botvin/Sutton-Smith 1977, S. 385). Oder anders ausgedrückt, sie müssen jenen Überblick über die gesamte Geschichte gewinnen, der sich nur dem erschließt, der vom Ort des Erzählens aus auf die erzählten Ereignisse blickt, der also die Distanz zur eigenen Erzählung einhält, die die Erzählhaltung des in die laufende Erzählhandlung verstrickten Kindes so lange vermissen läßt. Diese Konstruktion ist wohl mit der offenen und improvisierenden Erzählweise, in der Kinder eine Geschichte zustande bringen, nicht zu leisten. Sie fordert eine genaue und weit vorausschauende Planung und findet sich deshalb kaum in spontanen Erzählungen von Kindern, in den Sammlungen kindlicher Erzählungen taucht sie so gut wie überhaupt nicht auf, während sie in schriftlichen Erzählungen häufiger benutzt wird.

Integration von äußerer und innerer Welt

Auch wenn die Altersstufen, die Psycholinguisten ihren experimentellen Untersuchungen zu entnehmen versuchen, mit großer Vorsicht zu betrachten sind, kann man doch, ohne sich auf verläßliche

Altersgrenzen festzulegen, in unserem kulturellen Umkreis davon ausgehen, daß kindliche Erzählungen mit ansteigendem Lebensalter ein immer genaueres Ineinandergreifen der Handlungselemente zeigen, die Abfolge der erzählten Handlungen immer exakter im Sinne des Operationsschemas strukturiert wird und schließlich auch mehrere Episoden gleichzeitig überblickt werden können. Der Gebrauch narrativer Bauformen und Kommunikationsweisen bleibt lange von den Situationen abhängig, in denen Kinder erzählen, von den Erlebnissen und Einfälllen, die das Erzählen auslösen, und von der Anregung, die ihnen ihre Umgebung bietet. Die phantasierten Handlungen tauchen zuerst spontan im Akt des Erzählens auf und müssen mehr oder weniger geschickt in den Gang der laufenden Erzählung eingefügt werden. Zunächst ist der Umgang mit den formalen Mustern noch recht unsicher und verfestigt sich erst allmählich über wiederholtes Erzählen. Um das siebte Lebensjahr herum, und sicher nicht zufällig in einer Zeit, in der die Rollenspiele zurückgehen, die im Spielen entwickelten Rollenwechsel versprachlicht und ins Erzählen übernommen werden, steigt mit der wachsenden Erzähllust auch die Beherrschung der narrativen Formen und ihrer kommunikativen Verwendung. Etwa mit dem zwölften Lebensjahr ist, wieder sehr pauschal gesehen, der »Erzählerwerb« endgültig abgeschlossen: Bauformen, Muster und kommunikatives Verhalten erzählenden Sprechens sind nun so weit verinnerlicht und verfügbar, daß sie auch abgelöst von der lebendigen und reagierenden Zuhörerschaft sicher beherrscht und benutzt werden. Das drückt sich unter anderem darin aus, daß Kinder regelgerechte Geschichten schreiben können, indem sie den Zuhörer nur noch imaginieren.

Die sich verbessernden Fähigkeiten in der vorwegnehmenden Planung und komplexeren Konstruktion von Geschichten lassen sich jedoch kaum als losgelöste kognitive Erwerbungen verstehen: Zum einen verhelfen sie dazu, die unpassenden Elemente, die phantastischen Einfälle und außergewöhnlichen Begebenheiten, mit der Schicht des Gewöhnlichen und Alltäglichen zusammenzuführen. Das Geschichtenschema verlangt ja, um Verständlichkeit und Merkbarkeit zu sichern, die geordnete Abfolge der Bauteile der

Erzählung, zwingt dadurch den Erzähler, das unerwartete Ereignis mit dem Einstieg und dem Ausgang der Erzählung zu verknüpfen und zueinander in Bezug zu setzen. Der Zwang zur zusammenhängenden Darstellung läßt die Handlungen ineinandergreifen und auseinander hervorgehen, und damit das unerwartete Ereignis, die die Erzählung konstituierende Handlung, in die alltägliche Wahrscheinlichkeit einfügen. Die szenische Gestaltung sucht das Geschehen so lebendig zwischen die Zuhörenden zu stellen, als würden sie leibhaftig daran teilnehmen, als sei die Wirklichkeit der Fiktion so gegenwärtig wie die gelebte Gegenwart.

Für das kindliche Erzählen, das in der Mehrzahl belastende Situationen gestaltet, haben Strukturierung, Kohärenz und szenische Darstellung eine besondere Bedeutung: Sie stehen im Dienst der wachsenden Bewältigung jenes Grundkonflikts, dem sich die verängstigten Helden der frühen Erzählungen hoffnungslos ausgeliefert sehen und der im Lauf der Entwicklung durch den mit Stärke und List alle Widersacher besiegenden Helden abgelöst wird. Der Grundkonflikt erwächst aus dem Zusammenstoß der sozialen Alltagswelt mit der bedrängenden, aus dem Unbewußten gespeisten Innenwelt. Für Kinder ist der Gegensatz zwischen innerer und äußerer Wahrnehmung, den eigenen Phantasien, Wunsch- oder Schreckbildern einerseits, die nur jedem einzelnen in seiner Abgeschlossenheit zugänglich sind, und der festgefügten sozialen Außenwelt, die sich aus allgemeinen und verbindlichen Bedeutungen zusammensetzt, insgesamt bedrückend und schwer zu begreifen. Der Zusammenstoß der beiden Lebenssphären wird immer wieder als rätselhaft und belastend erfahren und stellt in sich schon so etwas wie einen Konflikt dar. Die wachsende »Kohärenz« der Erzählungen verhilft dazu, die phantastischen Einschübe immer besser in die Welt der sozialen Erfahrung zu integrieren und damit zu einem einheitlichen Dritten zu verschmelzen.

Die hilfreiche Fee des Märchens wirkt wie ein Übergang: Noch braucht es die jenseitige Helferin, um den Konflikt, der aus dem Zusammenstoß der beiden Daseinsbereiche entsteht, zu lösen, um beide Lebenssphären in einer einheitlichen Gestaltung miteinander zu versöhnen. Sicher kann man diese »magischen« Helfer als Repräsentanten unbewußter Persönlichkeitsanteile des Helden verstehen, die »Überwindung« dieser helfenden Gestalt führt zum gleichen Ergebnis: Über die Bewältigung des Konflikts aufgrund der Kraft und List des Helden wird der aus dem Unbewußten aufsteigende phantastische Einfall in die soziale Sphäre eingebunden. Die gelingende Verbindung von äußerer und innerer Welt erzeugt das Vergnügen und die Befriedigung, die selbst Erzählungen noch auslösen, die das Happy-End verweigern.

Der Stoff, aus dem Geschichten sind

Über die Verwandtschaft zwischen
Erzählungen und Träumen

Warum beherrschen Angst, Bedrohung und Gefahr so viele Geschichten, die Kinder erzählen? Warum bleiben sie in ihren Phantasien so lange Raubtieren, Monstern, Räubern oder anderen Schreckgestalten hilflos ausgesetzt? Warum schaffen sie es erst so spät, sich auf der Spielwiese fiktiver Geschichten zur Wehr zu setzen? Warum übernehmen sie nicht früher die Modelle, die ihnen Kinderliteratur und Medien von klein auf anbieten: Geschichten von listiger Selbstbehauptung gegen übermächtige Gegner und siegreichen Kämpfen?

Traumberichte von Kindern

Die Aufforderung, eine Geschichte zu erzählen, wird von Kindern gelegentlich mit dem Bericht eines Traums beantwortet. Das scheint häufiger bei jüngeren Kindern vorzukommen, wie der vierjährigen Noreen, die Pitcher und Prelinger die folgende Geschichte erzählte:

> *Das ist wirklich das, was ich träumte. Das ist, was ich in der Nacht machte. Ich dachte, daß es passiert, aber es war nicht wirklich. Ich stellte mir vor, daß ein Mann und Susi an einer Litfaßsäule standen. Susi sagte mir, daß der Mann ihr Auto gestohlen hatte. Und der Mann sagte, daß er Gregorys Auto gestohlen hatte. Ich träumte, daß der gleiche Mann zu unserem Haus kam und in unserem Wohnzimmer hin- und herlief – später sagte er mir, daß er draußen vor der Tür wartete. Aber am Anfang hieß es, daß er meine Mutter und meinen Vater und mich umbrachte. Er warf ein Klavier nach meiner Mutter. Er sagte: »Jetzt sind Sie dran,*

Mrs. R«, dann warf er ein Klavier nach ihr. Er warf irgendwas nach meinem Vater. Und dann warf er ein kleines Stück vom Tsch-Tsch-Zug in meinen Mund, und meine Knie zitterten. Ich glaubte, ich würde sterben, aber ich starb nicht. Und dann lief er in unserem Wohnzimmer herum und sagte mir, er war draußen vor der Tür, und dann machte er solche Tricks mit mir, und das passierte dann wirklich. Ich fühlte, daß meine Knie wirklich zitterten, und da hüpfte ich zu meiner Mutter ins Bett.

(Pitcher/Prelinger 1962, S. 107)

Offenbar macht Noreen keinen Unterschied zwischen einem Traumbericht und einer Erzählung. Dennoch erzählt sie diesen Traum anders als die Geschichten, die sie in vorhergehenden Sitzungen bot: Obwohl sich der Traum auf eine Szene zu beschränken scheint, bleibt die zeitliche Abfolge undeutlich, die Ereignisse wirken wenig motiviert und sind mangelhaft miteinander verknüpft. In ihrem Traumbericht läßt die Erzählerin außer acht, was sie längst über den Aufbau einer Erzählung weiß. Was sie in ihrem Traum erlebt, zeigt aber genau das Konfliktmuster, das die meisten kindlichen Erzählungen beherrscht: Bedrohung und wie sie aus der Welt geschafft wird. Aus ihrem Schrecktraum wird Noreen nicht von einer gnädigen Fee erlöst, die in das Traumgeschehen eingreifen und es zum Guten wenden würde, daraus befreit sie nur das Erwachen und die Flucht unter die schützende Bettdecke der Mutter.

Daß der geträumte Konflikt sich fast unverändert in typischen Kindererzählungen wiederfindet, würde darauf hindeuten, daß Träume die Vorlagen für kindliche Phantasieerzählungen liefern. Lassen sich die Angst und Verlassenheit, die Kindererzählungen so lange und auffallend beherrschen, mit ihren nächtlichen Traumerfahrungen erklären? Dagegen spricht zunächst eine offensichtliche Tatsache: Wie Träume überhaupt zeigen auch die Träume von Kindern ein weitgespanntes Spektrum an Themen und Formen. Unverstellte Wunscherfüllungen behaupten im kindlichen Traumleben ebenso ihren Platz wie Schreck- oder Angstvorstellungen, während sich in den kindlichen Fiktionen der glückliche Ausgang fast nur nach überstandener Not und Gefahr behaupten kann. Der

237

ungetrübten Wunscherfüllung fehlt offenbar der erzählbare drama-
tische Ablauf, die einsamen nächtlichen Träumer können sich ihren
Wünschen ganz ungestört überlassen. So kann ein sechsjähriger
Junge sich schlicht unermeßlichen Reichtum ausmalen:

> *Da war ein Schloß. Da bin ich in den Keller gegangen, und da waren 13*
> *Kisten Gold. Die hab ich in mein Auto geschleppt und bin damit wegge-*
> *fahren. Dann hab ich eingekauft: Schleck, was zum Anziehen und ein*
> *Hochhaus.*   (Rappsilber-Kurth 1989, S. 24)

Ähnlich undramatisch können sich kindliche Träume in faszinie-
renden idyllischen Bildern erschöpfen:

> *In meinem Traum konnte ich fliegen. Ich kam an schönen Landschaften*
> *vorbei. Sie wurden immer größer, schöner, wunderbarer. Aber einmal*
> *kam ich an einer Wiese vorbei, die war so schön, man kann sie nicht be-*
> *schreiben: ein richtig unberührter Fleck. Überall standen die herrlichsten*
> *Blumen. Man konnte nicht mehr wegschauen. Aber leider war es bald*
> *vorbei, denn es war sieben Uhr. Und aus war's mit dem schönen Traum.*
>   (Rappsilber-Kurth 1989, S. 38 f.)

Auch kann bedrohlichen Vorgängen die Spitze genommen werden,
indem sie ins Komische gezogen werden, wobei sich allerdings die
Frage stellt, ob der Traum selbst schon als komisch empfunden wurde oder die Komik erst beim Berichten dazukommt. *Ich dachte, der*
Traum war lustig, antwortete Dean auf die Frage David Foulkes, ob
er im Traum irgendwelche Gefühle gehabt habe.

> *Da ist dieser Kuchen, durch den du durchschauen könntest. (…) Dieser*
> *eine Kerl aß ein Stück davon und er begann fetter zu werden, bis er auf-*
> *hörte fetter zu werden und wieder dünner zu werden begann, bis er wie-*
> *der sein normales Gewicht hatte. Und dann sagte er der Bedienung, daß*
> *der Kuchen nicht in Ordnung war. Und deswegen wiederholten sie es,*
> *und er aß davon und diesmal begann er kleiner zu werden. Und danach*
> *größer, bis er seine volle Größe wiederhatte.*
>   (Foulkes, zit. nach Hamburger 1987, S. 367 f.)

Obwohl Kinder auch immer wieder von beglückenden Traumerfahrungen berichten, scheinen doch beängstigende Träume vorzuherrschen. Überblickt man nämlich die Auswertungen kindlicher Traumberichte, dann überwiegen die Angstträume und Schreckvisionen bei weitem die erfreulichen Traumerfahrungen. In der älteren Untersuchung von Hall und Domhoff zum Beispiel befinden die Autoren, bei kleineren Kindern zeichne sich eine Tendenz zu gut erinnerbaren und gleichzeitig ängstigenden Träumen ab (Kaiser 1997, S. 8). Ähnlich schreibt Brenda Mallon: »Fünfjährige berichteten mir immer wieder, daß sie von Geistern und Monstern träumten. Wichtige andere Sujets waren Hexen, Tiere – wild, zahm und mythisch –, die unmittelbare Familie und das Verletztwerden in irgendeiner Form« (Mallon 1989, S. 28).

Die Tendenz zu ängstigenden Traumvorstellungen tritt besonders auffallend an den Tierfiguren hervor, die vor allem die Träume sehr junger Kinder beherrschen – nach Foulkes dominieren sie bei Drei- bis Fünfjährigen (Hamburger 1987, S. 142) –, was angesichts der Verbreitung von Spielzeugtieren und den vielen Haustieren in Familien mit Kindern kaum überraschen kann. Überraschend ist dann allerdings, daß die Traumtiere »fast immer sadistisch und total destruktiv sind« (Despret 1949, S. 162). Es treten ja auch kaum die vertrauten Haustiere auf, sondern gefährliche Raubtiere oder erschreckende Phantasietiere, und sie erinnern damit an die vielen Geschichten, die Kinder von Tieren erzählen und die auch weniger von den niedlichen Kuscheltieren der Kinderzimmer handeln, sondern häufiger von bedrohlichen, beängstigenden Kreaturen. In Erzählungen wie in Träumen verfolgen sie ihre Opfer mit aufgesperrtem Rachen, suchen sie aufzufressen und zu verschlingen. Da kann sich dann, wie sich eine Dreizehnjährige erinnert, selbst eine Toilettenschüssel in ein reißendes Raubtier verwandeln, das sie seit dem sechsten Lebensjahr in ihren Träumen verfolgte:

Ich träumte oft von Toiletten, die sich öffneten und schlossen und Leute auffraßen, die sie benutzen. Ich träumte, daß das Wasser in ihnen stieg, nachdem sie jemand benutzt hatte und die Tür schließt. Ich träumte, daß

239

ich sie benutzt hatte, rausging und mir plötzlich einfiel, daß ich drinnen etwas vergessen hatte, und wieder reinging. Da knallte die Tür zu, ich kam nicht mehr raus und ertrank. (Mallon 1989, S. 37)

Was zweitens ins Auge springt, ist der hohe Anteil an Traumerlebnissen, in denen sich Kinder als ausgesetzt, allein gelassen, von übermächtigen oder gespenstischen Figuren verfolgt und zerstört erfahren. Die Umstände und Situationen, in denen Gefährdung, Bedrohung und Untergang durchlebt werden, zeigen den unerschöpflichen Erfindungsreichtum, der Träume auszeichnet, das zugrundeliegende Muster wiederholt sich dagegen in erstaunlicher Regelmäßigkeit. Verlassenheit kann als Fremdheit gegenüber der eigenen Familie und den eigenen Freunden inszeniert werden, die die verirrte Träumerin nicht wiedererkennen und ihr die Tür weisen (Mallon 1989, S. 55). Das gleiche Grundgefühl von Ausgesetztsein und Hilflosigkeit kann aber auch in dramatische Phantasiebilder »übersetzt« werden und in einen aussichtslosen Kampf mit wilden Tieren münden, in den sich ein zehnjähriges Mädchen verwickelt findet:

Einmal gingen meine Eltern ins Kino. Da mußte ich natürlich ins Bett gehen. Ich schlief gleich ein und träumte ganz fürchterlich. Ich verlief mich und kam in einen Tierpark, wo mir gleich eine Menge Löwen nachliefen. Ich rannte, so schnell ich konnte, und landete in einem Käfig mit lauter Affen. Die warfen mich umher wie einen Ball. Als ich endlich heraus konnte, kamen lauter Schlangen und krochen über meine Füße. Ich schrie ganz fürchterlich und hüpfte in einen Teich. Da kam ein Krokodil, das riß das Maul so weit auf; es wurde immer größer und größer. Ich schrie so laut, daß ich munter wurde. Da freute ich mich, daß ich im Bett lag.
(Perzy 1978, S. 368)

Wie diese Traumberichte zeigen, finden sich die Träumenden im allgemeinen als leidtragende Helden in das Traumgeschehen verwickelt, erfahren Zurücksetzung, ausweglosen Unglück, körperliche Schädigung bis hin zu vollständiger Vernichtung. Wo die Träumenden nicht selbst in Unglück und Zerstörung verstrickt sind, sondern sie aus der sicheren Position des Beobachters miterleben, fallen die Zerstörungen um so furchtbarer aus und sichern dem Traum damit die erschreckende Wirkung. Es kann dann selbst um Krieg, Massenvernichtung oder verheerende Katastrophen gehen, denen die Träumer entsetzt zusehen müssen:

> *Ich war in Japan, dort, wo die Atombombe gefallen ist, und ich sah die toten Menschen auf der Erde liegen. Ein Auto kam, fuhr über sie weg und zermatschte sie, und auf dem Auto standen Leute, die warfen Knochen und Gerippe von Menschen herunter. Ich sah auch Leute, denen die Beine fehlten, und hier und da waren welche, die hatten keine Arme mehr. Es war furchtbar, das mit ansehen zu müssen. Aber ich träumte ja nur. Hätte ich das bloß im Traum gewußt.* (Kardoff 1973, S. 44)

Es scheint, daß jüngere Kinder stärker von Angstträumen heimgesucht werden, die ihren Gipfel gegen Ende der Vorschulzeit erreichen. Nach einer Züricher Langzeitstudie, die das Schlafverhalten zwischen zwei und achtzehn Jahren untersuchte, kommen Angstträume »im 4. und 5. Lebensjahr bei ca. 60 % aller Kinder vor und nehmen erst im 8./9. Lebensjahr auf ca 25 % ab« (Hamburger 1987, S. 121). Ähnlich stellt Brenda Mallon fest: »90 Prozent der Sechsjährigen in meiner Untersuchung träumten von Geistern, Teufeln und ihresgleichen. Das war der Gipfel; allmählich gingen solche Träume zurück, und wurden schließlich nach einer neuen Spitze um elf herum, von 15jährigen kaum mehr erwähnt« (Mallon 1989, S. 28 f.). Dieser Höhepunkt kindlicher Angstträume entspricht in etwa dem Alter, in dem die Protagonisten der meisten kindlichen Erzählungen einer Gefährdung durch Flucht zu entkommen suchen, während sie in den Jahren, in denen auch die belastenden Angstträume zurückgehen, sich immer häufiger fiktiven Widersachern entgegenzustellen und sie zu bekämpfen wissen.

David Foulkes allerdings bestreitet in seiner Studie über Kinderträume, kindliches Träumen sei besonders angstbelastet. Beim Wecken der Kinder in aufeinanderfolgenden Phasen von Augapfelbewegungen erhalte man keineswegs eine auffallende Anzahl ängstigender Träume. Auf keiner Altersstufe sei der typische REM-Traum besonders schrecklich oder bedrückend gewesen (Foulkes 1988, S. 50). Dieser Eindruck entstehe vielmehr, weil Kinder nur selten von sich aus Träume berichteten, und wenn sie das täten, sich vor allem an die aufregenden Traumsequenzen erinnerten. »Mit großer Wahrscheinlichkeit werden sich Kinder gerade solcher Träume bewußt, die atypisch sind, wie zum Beispiel ungewöhnlich schreckliche oder lebhafte Träume« (Foulkes 1988, S. 47).

Wir stoßen allerdings bei den nach Weckung im Labor berichteten Träumen auf ähnliche Fragen wie bei den experimentellen Untersuchungen zur Erzählfähigkeit von Kindern: Wie groß mag die Bereitschaft eines Kindes sein, das mehrmals in der Nacht aus dem Schlaf geholt wird, seine Träume in der erlebten Lebhaftigkeit und Emotionalität zu beschreiben? So berichtet der damals siebenjährige Dean, dessen Traumleben Foulkes über viele Jahre weg beobachtete: »*Ein Wettlauf... ein Wettrennen... John und ich.*« Foulkes versuchte stets, durch Fragen die genaueren Umstände zu erkunden. »(Ein Junge, den du von der Schule kennst?) *Ja.* (Ist er in deiner Klasse?) ... *Er ist älter... Er ist acht...* (Wo seid ihr gelaufen?) *Auf dem Spielplatz.* (War das bei eurer oder einer andern Schule?) *Unsere.* (Wer gewann den Wettlauf?) *Johnny gewann.* (Hattest du da irgendwelche Gefühle?) *Nein*« (zit. nach Hamburger 1987, S. 367). Wieviel lebendiger und aufschlußreicher hätte dieser Traumbericht wohl ausfallen können, wäre er spontan nach dem Aufwachen erzählt worden? Sicher hätte das Dean nur getan, wenn ihn der Traum beeindruckt und aufgewühlt hätte, und nur indem er ihn in eine sprachliche Form gebracht hätte, hätte er ihn über längere Zeit auch im Gedächtnis behalten können. Foulkes' Überlegung, daß die spontanen Traumberichte von Kindern nur eine bestimmte Auswahl ihrer nächtlichen Traumerfahrungen wiedergeben, kann man sicher zustimmen. Es ist anzunehmen, daß alltägliche und banale oder auch idyllische Traumerlebnisse, soweit sie überhaupt bewußt werden, rasch dem Vergessen anheimfallen und nur solche Träume im Gedächtnis haften bleiben, die mit starken Emotionen verbunden sind. Zweitens sind es gerade die aufwühlenden nächtlichen Erfahrungen, die am stärksten nach einer erinnernden Bearbeitung verlangen, um ihnen die Bedrohlichkeit zu nehmen. Wenn Träume den Rohstoff für kindliche Erzählungen liefern, werden das vor allem die angstbesetzten und dramatischen Traumerfahrungen tun, und insofern ist der Einwand von Foulkes für unserem Zusammenhang ohne Belang.

Zur Form, in der sich kindliche Träume abspielen, macht Foulkes eine Feststellung, die sich für das Verständnis kindlicher Erzählungen als aufschlußreicher erweisen könnte: Die Traumberichte der Drei- bis Vierjährigen fielen ganz kurz aus, und es fehle ihnen an Dynamik und emotionaler Beteiligung. Schon Louise Despret, die Träume von Kindern zwischen zwei und fünf Jahren untersuchte, fand die von ihr gesammelten 190 Träume einfach strukturiert – selbst weitschweifige Detaillierungen seien im Grunde Wiederholungen derselben Einfachstruktur (Hamburger 1987, S. 131). Allerdings ist dabei zu bedenken, daß die Traumberichte dieser Altersgruppe noch unbeholfen ausfallen, während die Traumerlebnisse durchaus dramatisch ablaufen könnten. So wirkt etwa ein Traumbericht recht ereignisarm, den Piaget von seiner Tochter X im Alter von zwei Jahren und acht Monaten notiert, nachdem sie mit einem Schrei aufgewacht war. *»Es war alles ganz schwarz, und hier habe ich eine Frau gesehen (dabei zeigt sie auf ihr Bett). Darum habe ich geschrien.«* Dann aber läßt eine nachträgliche Assoziation den Traum als sehr viel dramatischer erscheinen: »Danach erzählt sie, es wäre eine häßliche Frau, sie habe die Beine gespreizt und mit ihren Ausscheidungen gespielt« (Piaget 1975, S. 228). Dennoch beschränkt sich der Traum offenbar auf eine Szene, während ältere Kinder meist von längeren Handlungssequenzen berichten. Für die Fünf- bis Sechsjährigen konstatiert Foulkes, die Traumberichte fielen nun mehr als doppelt so lang aus und die Handlungen würden dramatischer und dynamischer, jedoch ohne daß das Traum-Ich sich handelnd beteiligen würde: »Es ist vielleicht das hervorstechendste Merkmal von Kinderträumen im Alter von fünf bis sechs Jahren, daß sie ihrem Selbstbild eine relativ passive Rolle zuschreiben. Die deutlich zunehmenden Aktivitäten und Interaktionen im Vergleich zum Alter von drei bis vier beschränken sich auf solche, die anderen Traumfiguren zugeschrieben werden. Die frisch dynamisierte Traumwelt im Alter von fünf bis sechs ist eine Welt, in der sich um das Kind herum zwar Geschehnisse ereignen, aber in denen es nicht direkt betroffen ist« (Foulkes 1979, S. 153).

Auch diese Feststellung spricht für die Verwandschaft kindlicher Erzählungen mit Traumerlebnissen, denn daß Kinder sich in ihren Träumen in einer passiven Rolle erleben, erinnert an die Passivität des bedrohten Helden, der sich in den Erzählungen entweder in sein Schicksal als Opfer fügt oder die Flucht ergreift. Es scheint, als ob erzählende Kinder so lange auf der Hilflosigkeit ihrer Protagonisten bestehen, weil sich dieser Zug in ihren Träumen vorgezeichnet findet und sie stärker beeindruckt als die ihnen angebotenen Modelle aus Kinderliteratur und Medien.

Konfliktmuster kindlicher Träume

Sehen wir uns nun an, wie typische kindliche Angstträume ablaufen, dann stoßen wir auf die gleichen oder doch verwandte Handlungsstrukturen, wie sie kindliche Erzählungen zeigen. Immer wieder werden die Träumenden von überlegenen Mächten bedroht, denen sie hilflos ausgeliefert sind. Auch die Reaktionen der erschrockenen Helden ihrer Erzählungen – ob er sich in seine Vernichtung fügt, der Gefahr zu entkommen oder sich gar zu wehren versucht – scheinen die Erzähler längst schon träumend durchlebt zu haben. Die angstbesetzten Traumberichte von Kindern lassen sich deshalb ohne weiteres nach den Kategorien ordnen, die Sutton-Smith an die kindlichen Erzählungen anlegte, allerdings überwiegen bei weitem die fatalen Auflösungen des Traumgeschehens, das er als erstes *Level* der Konfliktlösung definierte. Während dieses Muster in den Erzählungen nach den Vorschuljahren zurücktritt, um Geschichten Platz zu machen, in denen sich die Helden vielleicht erst erfolglos aufbäumen, aber dann gelegentlich doch schon ihre Widersacher überwinden, malen sich selbst Jugendliche in Träumen noch bedrückende Bilder hoffnungsloser Verlorenheit aus.

Auch die übrigen für die Erzählungen gefundenen Stufen der Konfliktlösung finden sich in kindlichen Träumen, treten aber gegenüber der schreckerstarrten Bewegungslosigkeit im Angesicht der Gefahr deutlich zurück. In ihren Erzählungen antworten kleinere Kinder auf Gefahren oder Bedrohungen, indem sie den Protagonisten die Flucht ergreifen lassen oder wenigstens den Versuch dazu machen. Wie in so vielen Erzählungen kann sich die Rettung durch Flucht als hoffnungsloses Unterfangen erweisen:

Eines Nachts träumte ich, daß mich eine Riesenschlange verfolgte. Dieses Tier ließ sich nicht abschütteln. Sobald man durch eine Tür rannte, kroch die Schlange durch irgendeinen Spalt nach; und bei den Fenstern war es dasselbe. Ich rannte so schnell ich konnte hinaus aus dem Haus, aus der Stadt bis in den Urwald. Als ich an einem See ankam, sprang ich hinein und schwamm auf die andere Seite. Dort blickte ich mich um und bemerkte sofort, daß die Schlange in der Mitte des Sees war und gerade hinüberschwamm. Da rannte ich so schnell ich konnte, und plötzlich tat sich eine Schlucht vor mir auf, und ich stürzte hinab. Da wachte ich auf.
(Rappsilber-Kurth 1989, S. 35)

Wo fremde Hilfe die erschreckten Träumer aus dem Alptraum erlöst, kommt sie kaum von gütigen Feen oder freundlichen Tieren; wie in ihren Erzählungen setzen die Kinder auch in ihren Träumen lieber auf den Beistand nahestehender Personen. Ein schönes Beispiel findet sich in Jungs Seminar zum Kindertraum. Im dritten Traum kann sich ein 15jähriger Junge, der sich in den beiden vorangegangenen Träumen als ausgeliefert und hilflos erfuhr, vorübergehend der Bedrohung erwehren, schließlich muß aber die eigene Mutter auf einem Fahrrad die Rolle der gütigen Märchenfee übernehmen:

In der Steppe suche ich ein ganz bestimmtes Kraut, das unter einem Stein wachsen soll, der beinahe durchsichtig ist. Schon glaube ich diesen Stein gefunden zu haben – ich sehe ihn nämlich vor mir –, da erscheint vor mir ein mächtiger Löwe, der ebenfalls begierig jenem Stein und damit dem Wunderkraut zustrebt. Ich fühle, daß ich weichen muß, bringe es aber

noch über mich, dem Löwen ein Bannwort zuzurufen, das mich ent-
weder vernichten oder aber retten kann. Der Löwe ist so perplex, daß er
mich ruhig nach dem Stein greifen läßt, dann scheint er sich aber zu be-
sinnen, mein magischer Zuruf verblaßt, blutgierig kommt er näher. In
letzter Verzweiflung rufe ich nach der Mutter, sie erscheint mit einem
Fahrrad und nimmt mich mit, wir sind gerettet. (Jung 1987, S. 222 f.)

Gelegentlich versucht das Traum-Ich gegen Unglück und Bedrohung anzukämpfen, im allgemeinen ist ihm damit aber wenig Erfolg beschieden, eher wirkt es wie eine Verzweiflungstat. So träumt
ein Zehnjähriger:

Ich hatte einen Alptraum, daß meine Schwester von einem hohen Felsen
fiel und ich hinter ihr hersprang, aber am Fuß des Felsens lief ein Mann,
auf den meine Schwester zufiel und der sie packte, und ich spürte mich
auf den Boden aufschlagen und wachte auf. (Mallon 1989, S. 55)

Das voll entwickelte Konfliktmuster, nach dem ein Held sich gegen
Widersacher und Widrigkeiten behauptet, scheint in den Traumberichten von Kindern nur selten aufzutreten. Kurz und knapp erfüllt ein träumendes Mädchen das Schema der Heldenstory:

Ich ging einmal spazieren. Da begegnete mir ein Ungeheuer, das Feuer
spuckte. Ich nahm mein Schwert und schlug ihm den Kopf ab.
(Rappsilber-Kurth 1989, S. 40)

Wo die Traumberichte ausführlicher ausfallen, zeigen sie, wie so oft
auch die Erzählungen dieses Typs, an der entscheidenden Stelle
eine recht mangelhafte Motivierung.

Räuber mit schwarzen Masken kidnappten meine Schwester. Sie holten
sie aus dem Bett und warfen sie in ein Auto. Sie fuhren weg, in einen
Wald, und legten sie in eine Hütte. Ich rief sofort die Polizei und fuhr
hinter ihnen her. Nun wußte ich aber nicht mehr, wo sie waren. Doch
plötzlich bogen sie vor mir um die Ecke. Sie waren wohl wieder von der
Hütte fortgefahren. Ich verfolgte sie bis zum Stadtrand, holte sie aber
nicht ein. Ein paar Tage später traf ich sie nachmittags auf der Straße.

Da nahm ich sie gefangen und brachte sie zur Polizei. Dann suchte ich
weiter nach meiner Schwester. Ich fand sie bald. Ich brachte sie heil nach
Hause. Alle freuten sich sehr.   (Kardoff 1973, S. 50)

Traumerleben und Traumerzählung

Die Konfliktführungen, die kindliche Angstträume zeigen, ähneln
in auffallender Weise den Lösungen, die ihre Erzählungen suchen.
Wir haben dabei allerdings einen wichtigen Gesichtspunkt außer
acht gelassen: Wir haben es nicht mit den Träumen selbst zu tun,
sondern mit den nachträglichen Traumberichten. Um die Träume in
dieser Form mitteilbar zu machen, müssen sie sprachlich gefaßt werden, und das kann nur in den sprachlichen und kommmunikativen
Kodes erfolgen, die für die Darstellung innerer Bewußtseinsinhalte
zur Verfügung stehen, den Kodes des Erzählens. Die Traumberichte
werden nach den Regeln der Erzählbarkeit bearbeitet sein, sie werden deshalb von den erlebten Traumsequenzen abweichen, und es
ist abzuschätzen, in welche Richtung diese Veränderungen gehen:
Daß der Traum erzählend mitgeteilt wird, dürfte dazu führen, das
Traumerleben den strukturellen Anforderungen einer Erzählung anzupassen. Das wird sich zunächst darin auswirken, daß die Erzähler
die einzelnen Traumszenen, die ja im Traumerleben meist in harten
Schnitten nebeneinander gesetzt werden, in der Erzählung miteinander zu verknüpfen suchen. Dagegen dürfte sich weniger bemerkbar machen, daß Erzählungen zu einem echten Schluß zu finden
haben; die Traumerzählung darf ja mit dem Schlußsatz beendet
werden, der Träumer sei an dieser Stelle aufgewacht.

Die Traumerzählungen älterer Kinder fallen nicht nur gesprächi-
ger und sprachlich besser ausgestaltet aus, die Traumhandlungen
zeigen sich auch besser aufeinander bezogen, und es ist die Frage,
ob sie tatsächlich »kohärenter« geträumt wurden. Piagets Tochter,
von der schon der Schrecktraum der fremden Frau an ihren Bett zitiert wurde, träumte mit knapp sechs Jahren, nachdem sie sich am
Vortag ein Bild des englischen Humpty-Dumpty angesehen hatte:
»Ich hab von einem ganz kleinen Männchen geträumt, so groß (10 cm), mit

einem ganz dicken Kopf. Es ist mir nachgelaufen, um mir weh zu tun« (Piaget 1975, S. 229). Sie teilt den Traum als knappen Bericht mit, der sich in seiner Form von den Erzählungen der Kinder dieses Alters deutlich absetzt. Das gleiche Motiv ängstigt auch noch eine Jugendliche, die dabei jedoch ihre Angst auf den Punkt zu bringen fähig ist und sie damit im Traumerlebnis zu überwinden vermag.

Eines Nachts erscheint ein kleines, immer größer werdendes Männchen, erst ganz süß, dann im Wachsen schrecklich, und es dehnt und reckt sich nach tollen Jazz-Melodien, als tanze es. Es macht seltsame Kaubewegungen mit dem Mund dabei. Ich weiß dann schon, was kommt. Das Wesen will mich verschlingen. Es erinnert auch an eine Schlingpflanze oder einen Polypen. Ich bin dabei einerseits starr, andererseits sexuell erregt. Neuerdings sind Freunde in diesem Traum dabei, die, wie ich glaube, ebenso wie ich träumen. Ich sehe, wie sie zucken, aber ich sehe das Wesen, mit dem sie es zu tun haben, nicht. Im Traum erzähle ich ihnen, wie sie aufwachen können, wenn es zu arg wird. Sie sollen dann bloß die Augen aufreißen. Das ist dann wie Auftauchen aus dem Wasser. Allerdings, was kommt dann heraus? Wir taten es – im Traum –, und es wurde wahrhaftig hell. Wo aber waren wir? In einem Arztzimmer mit blitzenden Instrumenten, wie in einer Folterkammer. Ein Mann in einem weißen Kittel hob mich auf einen gynäkologischen Untersuchungsstuhl. Dann bewegte er sich im gleichen Rhythmus auf mich zu, wie das bereits beschriebene Wesen. Wieder hörte ich Jazzfetzen. Ich hatte keine Angst mehr, ich dachte mir, hier, auf diesem Stuhl wird es gut gehen.

(Kardoff 1987, S. 106)

Man mag diesen Traumbericht als Beleg für die Freudsche These lesen, selbst Angstträume seien nur versteckte Wunscherfüllungen. Es geht mir hier aber um den Handlungsbogen, und sieht man sich die Bildfolgen und die Handlungsstruktur an, dann fällt einmal auf, daß sich der Traumbericht im Gegensatz zum Traum von Piagets Tochter einer Erzählung annähert. Die Träumerin erzählt offenbar einen häufig wiederholten Traum, der sich zunächst auf die erste ausführlich geschilderte Szene beschränkt haben muß und trotz ihrer sexuellen Erregung eher bedrohlich getönt ist. In der Wiederholung werden zwei weitere Szenen angefügt; die Träumerin erlebt Freunde in der gleichen Situation und kann ihnen sogar Ratschläge erteilen, mit der Angst besser fertig zu werden, und landet mit ihnen in der Folterkammer des Frauenarztes. Während das Auftreten der Freunde noch unvermittelt an die erste Traumszene angehängt wird, ganz im Stil der harten Schnitte und Szenenwechsel, die für Träume bezeichnend sind, sucht die zweite Szene den Übergang zur dritten, auch wenn dabei die äußere Wahrscheinlichkeit wenig beachtet wird. In der erzählenden Ausgestaltung der einzelnen Szenen sowie in der Verknüpfung, die zwischen der zweiten und dritten Szene gesucht wird, nähert sich dieser Traumbericht den Formen an, die das Erzählen verlangt. Hat die Träumerin nun »erzählerischer« geträumt oder den Traum an die Erzählformen angepaßt?

Nicht einmal die Träumerin dürfte die Frage beantworten können, Träume und Erzählungen sind zwar nach unterschiedlichen Schnittmustern, aber doch aus dem gleichen Stoff geschneidert und liefern sicher in vielen Fällen die Anregung für Phantasiegeschichten von Kindern. Gelegentlich läßt sich verfolgen, wie Traumvorlagen zu Geschichten verarbeitet werden. In den *Folkstories of children* erzählt der neunjährige Jerome:

> *Einmal bin ich in den Wald gegangen, und ich sah dieses Ding, und es hatte scharfe Fingernägel, Augäpfel aus Walfischspeck, knöcherne Finger, dünne Beine und einen fetten Körper. Und ich rannte weg, und es jagte mich, und ich sah noch eines, und ein ganzer Haufen von ihnen war um mich herum, und ich rannte durch eines durch, und es sah innen so gräßlich aus. Und ich rannte weiter, und sie alle hatten Knüppel und Spieße, und sie warfen Spieße nach mir und einer traf mich am Kopf. Und fast hätte ich alle diese Monster hinter mir vergessen. Und da begann ich schneller zu rennen und schneller, und dann sah ich meinen Bruder und rief ihm zu, zu rennen, und dann wachte ich auf. Es war alles nur ein Traum.* (Sutton-Smith 1981, S. 264)

Der *Storytaker* stellte dem Jungen die überflüssige Frage, ob er eine Geschichte oder einen Traum erzählt habe. Der Junge, der darauf beharrte, es sei wirklich eine Geschichte und kein richtiger Traum gewesen, dürfte ihm kaum etwas vorgemacht haben. Indem er seinen Traum erzählt hatte, war der Traum schließlich zu einer Erzählung geworden. Etwas über eine Woche später aber erzählt er eine Geschichte, die deutlich an die Traumerfahrung anknüpft, nun aber im Sinne des Sammlers eine »echte« Geschichte darstellt. Bezeichnenderweise »fällt« er dabei in das Katastrophenmuster des ersten *Level* »zurück«, obwohl er in der Zwischenzeit eine Story mit einem allseits glücklichen Ende präsentiert hatte.

> *Es war einmal ein Junge. Der lebte auf dem Land. Und eines Tages ging er in den Wald hinaus und sah ein großes Monster. Und er rannte, so schnell er konnte. Und das Monster tauchte nur alle sechs Jahre auf. Eine Menge Leute wurden von diesem Monster umgebracht. Da ging der Junge durch und sagte es der Polizei, und die Polizei ging raus, das Monster zu überlisten und zu finden. Sie konnten das Monster nicht finden und dachten, der Junge hätte sie mit dem Monster verkohlt, denn sie waren aus der Stadt. Sie wußten nicht, daß das Monster nur alle sechs Jahre runterkam. Und dann kam das Monster ins Dorf auf dem Land und brachte alle um. Und irgend jemand holte wieder die Polizei, und das Monster ging in den Wald zurück. Die Polizei glaubte nicht, daß es ein Monster war, und sie warfen eine Bombe in den Wald, und das Monster starb, und das Dorf brannte ab, und alle starben. Einige Leute lebten noch, aber das ist das Ende von der Geschichte.*

> (Sutton-Smith 1981, S. 264)

Eine Geschichte, die Alltagserfahrung und Traum in raffinierter Weise zu einer Erzählung verbindet, entwarf der ebenfalls neunjährige Jonathan, und es dürfte nicht zu entscheiden sein, ob er – was vielleicht wahrscheinlicher ist – eine eigene Traumerfahrung verarbeitet oder einen raffinierten Traum erfindet, so sehr sind Traumbericht und Erzählung ineinander verwoben.

> *Eines Tages wachte ich auf und fand, daß ich mein Lehrer Dan war. Es war wirklich lästig, so aufzuwachen. Ich hatte Schinken, Eier, Toast, Milch, Pfannkuchen, Waffeln und Getreide. Ich esse sonst kein Frühstück und war satt, nachdem ich Schinken und Eier gegessen hatte. Und dann*

kam Dans Frau herein und sagte: »Du hast dein Frühstück nicht gegessen. Magst du meine Küche nicht?« Und unglücklicherweise kam mir etwas aus dem Mund, das ich nicht wollte. Ich sagte: »Hör zu, Lady, ich esse sonst kein reichliches Frühstück.« Ich glaube, das machte sie böse, denn sie sagte: »Dann denkst du also, ich wäre keine gute Köchin, stimmt's? Na gut, du kannst dir dein mieses Frühstück selber machen.« Dann schrie sie und ging auf ihr Zimmer. Da zwang ich mich, das Frühstück zu essen. Dann kam die Lady wieder raus, sagte, es täte ihr leid, und küßte mich. Das machte mich ganz verlegen. Dann sagte sie: »Es ist Zeit für dich, zur Arbeit zu gehen.« Ich vermute, sie meinte die Schule. Gut, ich wußte, daß ich nicht Autofahren konnte, deshalb nahm ich zehn Dollar aus Dans Brieftasche und fuhr im Taxi zur Schule. (...) Der Tag war die Hölle, und sechs Stunden kamen mir wie sechs Tage vor. Gut, dann war der Tag vorbei. Da sah ich vor der Schule meine Mutter. Ich hätte schreien können, als ich sie ein Kind wie mich küssen sah. Dann kam sie zu mir herüber und sagte: »Wie geht es mit John in der Schule?« Gut, da sagte ich: »Er ist der Beste in der Klasse«, und was Lehrer eben so sagen. Dann hatte ich ein schlimmes Problem. Ich hatte kein Geld, um mit dem Taxi zurückzufahren. Da passierte es. Ich wurde verrückt. Mein Geist kam durcheinander, und ich fiel auf den Gehsteig. Da fand ich mich in meinem Bett wieder, und ich war wieder ich selbst. Und meine Mutter gab mir den Gutenachtkuß und ging weg, und ich war wieder ich selbst, und ich fragte mich, wo Dan war.

(Sutton-Smith 1981, S. 269 f.)

Die erzählende Bearbeitung belastender Träume

Die Konflikte, die in den kindlichen Traumerfahrungen gestaltet werden, finden sich fast unverändert in den spontanen Erzählungen von Kindern wieder und legen den Schluß nahe, daß Traumerfahrungen diese Erzählungen angestoßen haben. Der Vergleich enthüllt aber auch wesentliche Unterschiede, die sich als ebenso aussagekräftig zeigen. Da ist einmal das erdrückende Übergewicht der ausweglosen Situationen, in die sich die Träumenden verstrickt sehen. Während sie in ihren Erzählungen längst tätige Gegenwehr zu phantasieren verstehen, träumen sie weiterhin von hilfloser Unterlegenheit, schrecklicher Bedrohung und vollständiger Vernichtung und finden nur in seltenen Ausnahmen den rettenden Ausweg, sei es, indem sie freundlich gesinnte Helfer eingreifen lassen oder sich selbst zur tätigen Gegenwehr ermutigen.

Was können uns diese Feststellungen über die Herkunft und den Sinn spontaner kindlicher Erzählungen verraten? Sie erwecken den Eindruck, als würden die belastenden und ängstigenden Traumerfahrungen über das Erzählen bearbeitet und, indem sie in mitteilbarer Form versprachlicht werden, dem Wachbewußtsein eingegliedert. David Foulkes bemerkte ja aus der Forscherperspektive bedauernd, daß Kinder nur selten von sich aus Träume berichten (Foulkes 1988, S. 47), und ich denke, daß sie, abgesehen von den wenigen Ausnahmen, wo sie emotional so aufgewühlt sind, daß sie einen Traum mit dem Erwachen berichten, ihre Traumerfahrungen immer wieder in spontane Erzählungen einschmelzen und sie darüber bearbeiten. Im Gegensatz zum reinen Traumbericht gestattet, ja verlangt sogar die Form der erzählbaren Geschichte, das unbefriedigende und meist auch über dem plötzlichen Erwachen unvollständige Traumerlebnis weiterzuspinnen, eine Auflösung der belastenden Traumbilder zu finden und zu einem Abschluß zu kommen. Ich denke, daß Kinder auch deswegen Geschichten mit unglücklichem Ausgang meist so rigoros ablehnen, weil sie das Muster ihrer Angstträume wachrufen und für sie der Sinn des Erzählens – und das gilt dann ebenso für das Hören von Erzählungen – darin liegt, diese belastenden Erfahrungen aufzulösen. Sowohl die bedrückende Konfliktsituation wie die Tatsache, daß die Träumer meist im entscheidenden Augenblick aus dem Schlaf schrecken, dürfte sie dazu bringen, sie fortzuführen und ein glücklicheres Ende auszuphantasieren. Die Regeln des Geschichtenerzählens, die sie in der stützenden Kommunikation mit den Bezugspersonen lernen, kommen ihnen dabei zu Hilfe, indem sie auf eine vollständige und regelgerecht abschließende Struktur drängen. Ohne das innere Interesse, zu einem echten und zufriedenstellenden Abschluß zu finden, würden die Kinder kaum die kulturelle Norm des aktiven, seine Widersacher mit Kraft und List bezwingenden Helden übernehmen. Offenbar dauert es lange Jahre, ehe sie dieses Modell anzuwenden bereit sind und damit belastende Traumerfahrungen bewältigen lernen.

Daraus ergibt sich dann aber: Die Einseitigkeit, mit der kindliche Erzählungen die immer gleichen Konfliktlagen wiederholen, spiegelt nicht die sozialen Erfahrungen dieser Kinder. Es sind eben nicht die Erfahrungen in und mit der gesellschaftlichen Welt, an denen sich kindliche Erzählungen kristallisieren und die erzählend ausgewertet und verarbeitet werden. Die sozialen Erfahrungen liefern eher das Material, in das der stets wiederholte Grundkonflikt eingekleidet und mit dem er ausgestaltet wird, ähnlich wie im Freudschen Traumverständnis die »Tagesreste« benutzt werden, den sogenannten Traumgedanken zur Darstellung zu bringen. Allerdings endet hier bereits der Vergleich, denn die soziale Welt ist nicht die fast beliebige Staffage für eine sich hinter ihr realisierende eigentliche Botschaft. Eine Erzählung ist eher wie eine Versuchsanordnung, nach der die aus den Bezirken des Unbewußten aufsteigende Phantasie in die Welt des sozialen Lebens eingegliedert werden soll. Oder bei dem erkundet werden soll, wie es wäre, wenn der ängstigende Traum nicht im Schatten der Nacht, sondern im hellen Tageslicht spielte, und wie er unter dieser Bedingung zu einem guten Ende zu bringen wäre. Darum ist jede Erzählung notwendigerweise durchtränkt von den sozialen Wahrnehmungen des Erzählenden, ist aber allein aus den sozialen Erfahrungen nicht zu erklären. Ohne das organisierende Muster, das diese Partikel alltäglicher Erfahrungen zu einer Geschichte zusammenführt, kann sich kein Erlebnis, keine Wahrnehmung, keine Handlung zu einer Geschichte ausformen. Und dieses Muster formt sich unterhalb des alltäglichen Wachbewußtseins, entstammt jenen unbewußten Bereichen unserer Persönlichkeit, die sich uns in der Sprache der Träume bemerkbar machen, sich im Spielen greifbaren Ausdruck verschaffen, in Erzählungen eine mitteilbare Gestalt suchen, uns mit »schöpferischen« Einfällen überraschen und jeder künstlerischen Produktivität zugrunde liegen.

Zum Verhältnis von Sprache und Bild bei der Traumerzeugung

Ich habe mehrfach betont, daß ich keinen grundsätzlichen Unterschied zwischen den Erzählungen von Kindern und den Geschichten sehe, die sich Erwachsene erzählen oder die in höherer Formalisierung Schriftsteller schreiben. Es sind in vielfältiger Abwandlung stets die gleichen Strukturen, die eine Erzählung ausmachen, und es sind die gleichen Quellen, aus denen sie schöpfen. Sie mögen wie die alltäglichen Anekdoten intensiver von der Welt der sozialen Erfahrung durchdrungen sein oder wie literarische Texte ihre Hintergründigkeit hinter dem Filigran der sprachlichen Gestaltung verbergen, es ist stets der gleiche Rohstoff, den sie bearbeiten: die an den Rändern des Bewußtseins aufsteigenden und in unterschiedlicher Deutlichkeit wahrnehmbaren Gestaltungen unserer unbewußten Persönlichkeitsanteile. Und das gilt eben nicht nur für die Thematik einzelner Geschichten oder die typischen Konfliktmuster, die unübersehbare Parallelen zum Träumen zeigen, wie wir das für die kindlichen Erzählungen gesehen haben. Selbst das allem Erzählen zugrundeliegende Strukturmuster, wie es die Geschichtengrammatiker zu formalisieren suchen, scheint in Beziehung zur nächtlichen Bewußtseinstätigkeit zu stehen und für eine prinzipielle strukturelle Verwandtschaft von Traum und Erzählung zu sprechen.

Der Behauptung, Träume folgten den gleichen oder doch sehr ähnlichen Formgesetzlichkeiten wie das Erzählen, widersprechen zunächst viele Traumerinnerungen, haben wir doch häufig den Eindruck, ohne eigentlichen Einstieg mitten in das Traumgeschehen zu rutschen, oder wir erwachen zu unserem Glück oder Bedauern, ehe der Traum zu einem klaren Abschluß gefunden hat. Zu bedenken ist dabei allerdings, »daß von vielen Träumen nur Bruchstücke in Erinnerung sind und wir dann leider nur über Teile einer dramatischen Erzählung verfügen« (Dieckmann 1972, S. 193). Aber auch wenn man das in Rechnung stellt, bleibt einzuwenden, daß keineswegs immer dramatische Verwicklungen geträumt werden. Träume können sich auch auf wenige Bilder oder banale Alltagsverrichtungen beschränken, im Gegensatz zu Erzählungen, die nur sofern sie einen spannenden Handlungsbogen verfolgen, ihre Zuhörer finden. Wiederum scheinen Träume ein weiteres Spektrum zu zeigen als Geschichten und nicht an die Einhaltung eines formalen Strukturmusters gebunden zu sein. Spüren wir also den Mustern und Prozessen nach, denen die Traumbildung folgt, um sie mit den Bauformen von Erzählungen zu vergleichen.

Freud ging in seiner Traumdeutung, die er selbst als den Eckstein der Psychoanalyse betrachtete, davon aus, in jedem Traum, so bruchstückhaft und unscheinbar er uns auch erscheinen mag, realisiere sich eine versteckte Wunscherfüllung, selbst im Angsttraum sah er noch die Verhinderung des Wunsches am Werk. Um die im Traum zwar herabgesetzte, aber doch noch wachsame Zensur zu umgehen, müssen sich die prinzipiell aus der frühen Kindheit rührenden Wunschstrebungen allerdings in die aus dem aktuellen Wachleben stammenden »Tagesreste« kleiden. Nur in dieser Maskerade können sie wagen, dem Träumenden vor Augen zu treten. Jeder Traum verkündet in diesem Verständnis eine verschlüsselte Botschaft, und es liegt nur am Deutenden, ob er seine Hieroglyphen zu entziffern vermag. Diese geheime, der Traumgestaltung zugrundeliegende Nachricht versteckt sich in Bildfolgen und Handlungsweisen, aber was die Bilder und Handlungen zum Ausdruck bringen, liegt nicht in ihnen selbst: Es ist der »Traumgedanke«, und das heißt eine sprachlich zu formulierende Aussage, die sie hervorbringt. Im Kapitel der »Traumdeutung«, das von den Darstellungsmitteln des Traums handelt, diskutiert Freud deshalb die Frage: »Welche Darstellung erfahren im Traum das ›Wenn, weil, gleichwie, obgleich, entweder – oder‹, und alle anderen Präpositionen, ohne die wir Satz und Rede nicht verstehen können?« (Freud 1991, S. 316). Die Darstellung des »manifesten Traums« folgt demnach nicht dramatischen Erzählweisen, sondern den sprachlich-logischen Verknüpfungen, in denen sich der Traumgedanke artikuliert, die über Bild und Handlungsfolgen jedoch nur indirekt ausgedrückt werden können. Freud erörtert deshalb, wie sich die Bildsprache des Traums behilft, um die grammatischen Beziehungen der Traumaussage zur Darstellung zu bringen. Entsprechend wird der für den Traum zentrale Vorgang der »Verdichtung« als Zusammenpressen einer Reihe von Traumgedanken in ein einziges Bild, eine Handlung oder eine doppeldeutige Bezeichnung beschrieben. »Der Traum ist knapp, armselig, lakonisch im Vergleich zu dem Umfang und zur Reichhaltigkeit der Traumgedanken. Der Traum füllt niedergeschrieben eine halbe Seite; die Analyse, in der die Traumgedanken enthalten sind, bedarf das Sechs-, Acht-, Zwölffache an Schriftraum« (Freud 1991, S. 285). Schließlich besteht auch die »Verschiebungsarbeit« darin, einen nebengeordneten Traumgedanken ins Zentrum der Traumdarstellung zu rücken und damit die laut Analyse entscheidende Aussage als unverdächtige Randerscheinung zu inszenieren. Es ist also stets ein gedankliches Konzept, das die Traumtätigkeit in Gang setzt und das im Verlaufe der Traumarbeit jene bildliche und szenische Ausformung erfährt, die die Traumwahrnehmung ausmacht. Die schließlich im Traum erfahrene Bild- und Erlebnisfolge erscheint als ein in Bilderrätseln gefaßter Satz, der seine Bilder nach der sprachlichen Form des Traumgedankens aussucht. Der Qualität der Inszenierung, der Eindrücklichkeit ihrer Bildgestaltungen und dem Ineinandergreifen der Traumhandlungen wird damit, zumindest theoretisch, keine Rolle für die Bedeutung des Traumgeschehens zugestanden. Jedem Traum käme demnach, unabhängig von seiner gelungenen Gestaltung oder vollständigen Erinnerbarkeit, prinzipiell die gleiche Aussagekraft zu.

C. G. Jungs Behauptung eines in der menschlichen Persönlichkeit wirkenden »kollektiven Unbewußten«, in dem sich neben und unterhalb der Schicht lebensgeschichtlicher Prägungen die menschheitsgeschichtlichen Erfahrungen niederschlagen, führte auch zu einem Verständnis des Träumens und der Traumdeutung, die von Freuds Auffassung grundsätzlich abweicht. Zum einen wird das Auftreten archetypischer Gestaltungen als Wegmarken innerer Wandlung gesehen, und die Träume, in denen sie sich darstellen, werden als aussagekräftiger begriffen: »Nicht alle Träume sind von gleicher Wichtigkeit. Schon die Primitiven unterscheiden ›kleine‹

und ›große‹ Träume. Wir würden etwa sagen ›unbedeutende‹ und ›bedeutende‹ Träume. Genauer besehen sind die kleinen Träume die allnächtlichen Phantasiefragmente, die der subjektiven und persönlichen Sphäre entstammen und sich hinsichtlich ihrer Bedeutung in der Alltäglichkeit erschöpfen. Deshalb werden solche Träume auch leicht vergessen, weil eben ihre Gültigkeit nicht weiter reicht als die täglichen Schwankungen des seelischen Gleichgewichts« (Jung 1967, S. 331).

Zweitens verlagert sich die entscheidende Sinnebene des Traums auf die bildliche Erscheinungsweise, denn alles Archetypische stellt den Gegenpol zum sprachlich strukturierten individuellen Bewußtsein dar und kann sich ihm stets nur in der Sprache des »Symbolischen« mitteilen, die meist eine imaginative Form annimmt. Aus diesem Blickwinkel erscheint die Traumhandlung nicht mehr nur als Einkleidung eines damit eigentlich Gemeinten, die »Finalität« des Traumgeschehens enthüllt sich gerade in der Abfolge von Bildern und Handlungen, die auf einen Abschluß gerichtet sind: Deshalb wird nun der strukturelle Aufbau der Traumhandlung in Betracht gezogen. Zunächst erscheint er im Aufsatz »Vom Wesen der Träume« in einer Art Randbemerkung: »Was nun endlich die Gestalt der Träume betrifft, so findet sich schlechterdings alles, vom blitzartigen Eindruck bis zum unendlich langen Traumgespinst. Immerhin gibt es eine große Mehrzahl ›durchschnittlicher‹ Träume, in denen sich eine gewisse Struktur erkennen läßt; und zwar ist sie derjenigen des Dramas nicht unähnlich« (Jung 1967, S. 335 f.). Die klassische Dramaturgie, auf die sich Jungs Vergleich bezieht, ließe sich ohne weiteres als eine spezielle Ausprägung aus Erzählformen ableiten, die Strukturteile, die Jung benennt, fügen sich aber in dieser Allgemeinheit ohnehin bruchlos in das Erzählschema: Angabe von Ort und handelnden Personen, Verwicklung, Kulmination, schließlich »Lysis« oder Resultat.

In der Technik der Jungschen Traumdeutung wird dieses Schema als Raster verwendet, das die Schritte vorgibt, nach denen die Deutung vorgeht. Nach der Angabe von Ort, Zeit und Personen des Traums folgt die Exposition: »Das Thema wird konstelliert, das vom

Unbewußten gestaltet und dem Bewußtsein in der Symbolsprache verständlich gemacht werden soll. (...) Die Peripetie, die nun folgt, steigert das Geschehen des Traums zu einem dramatischen Höhepunkt und leitet eine Wandlung ein, die zur Lysis führt: Sie ist der sinnvolle Abschluß des Traumes, der in der Regel einen kompensatorischen oder prospektiven Hinweis enthält und das Problem zu einem vorläufigen Abschluß führt« (Dieckmann 1972, S. 203 f.).

Die kompensatorische Funktion des Traums soll in Jungs Konzeption Einseitigkeiten des wachbewußten Lebens anzeigen, die prospektive Funktion einen Hinweis auf den zukünftigen Lebensweg geben. In beiden Fällen spricht das umfassendere Selbst oder die Gesamtperson zur wachbewußten Ich-Persönlichkeit, läßt ihr in der Bild- und Handlungssprache des Traums die Mitteilungen zukommen, die das Gleichgewicht der Gesamtperson erhalten oder wiederherstellen können. Das seiner selbst bewußte Ich firmiert nur als Empfänger dieser Mitteilungen, die es allenfalls übergehen, mißverstehen und damit sozusagen den Empfang verweigern kann.

Für Freud standen sprachlich-kognitive Konzepte am Beginn jeder Traumtätigkeit, für Jung stiegen die aussagekräftigen Träume aus vorsprachlichen Tiefen auf und zeigten sich dem Bewußtsein in bildlichen Gestaltungen. Beide erschlossen ihre Auffassungen aus der Deutung von eigenen oder von Träumen, die ihnen Patienten in der Analyse berichteten. Aufgrund der Forschungen in Traumlabors verfügen wir heute über genauere Einsichten in die physiologischen Prozesse der Traumentstehung, als sie Freud oder Jung zur Verfügung standen. Sie ermöglichen, das Verhältnis von Vorstellungstätigkeit und sprachlich-kognitiven Vorgängen bei der Traumentstehung neu zu diskutieren. Zugleich können wir sie zu den Vorgängen in Beziehung setzen, die an der Entstehung einer Erzählung beteiligt sind und bei denen ebenfalls vorstellende Phantasie und sprachliche Gestaltung ineinanderspielen.

In den Phasen heftiger Augapfelbewegungen, die das Träumen im allgemeinen begleiten, ließen sich unterschiedliche Intensitäten erkennen und mit mentalen Prozessen in Verbindung bringen. Molinari und Foulkes (1969) und später Foulkes und Pope (1973) unterschieden zwischen zwei Abschnitten der REM-Aufzeichnungen: originär visuelle Erfahrungen, die sich auf Wahrnehmungen von Ereignissen bezogen und im allgemeinen dem Träumenden zustoßen, und das, was Foulkes dann sekundäre kognitive Ausarbeitung nannte, was alle diskursiven Gedanken, Überlegung und Verbalisierung umfaßt. Diese Kategorien entsprachen ungefähr den regelmäßigen Ausbrüchen intensiver Augapfelbewegungen einerseits sowie den tonischen (relativ ruhigen) Unterabschnitten des REM-Zustands andererseits (Hunt 1989, S. 160).

Ursprünglich nahm man wegen der überwiegend visuell ausgerichteten Traumwahrnehmung an, die Traumtätigkeit spiele sich vor allem in der rechten Hemisphäre des Großhirns ab, in der die Bild- und Raumwahrnehmung lokalisiert ist. Untersuchungen ergaben, daß auch die linke Gehirnhälfte, die bei den meisten Menschen die Sprachzentren beherbergt und in der verbal gesteuerte Prozesse ablaufen, im Traum aktiviert wird, daß demnach »Schlaf nicht so sehr durch eine rechtsseitige Dominanz charakterisiert wird, sondern durch eine ungewöhnliche Symmetrie oder einen beidseitigen Ausgleich in der Aktivierung der Hemisphären« (Hunt 1989, S. 170). »Ungewöhnlich« ist diese Ausgeglichenheit gemessen an unserer vorwiegend sprachlich und damit linksseitig orientierten Denktätigkeit im Zustand akiven Wachseins. Jene Patienten, denen man die Verbindung zwischen beiden Gehirnhälften operativ durchtrennt hatte, um epileptische Anfälle zu behandeln, und bei denen deshalb beide Hemisphären unabhängig voneinander arbeiteten, berichteten zwar gleichfalls von bildlichen Traumerfahrungen; deren Inhalte erwiesen sich aber als recht alltäglich und ließen die Lebendigkeit vermissen, die so viele Träume bemerkens- und erinnernswert macht.

Diese Feststellungen legen den Schluß nahe, daß Träume von sprachlichen Konzepten gesteuert werden, daß ihre überraschenden Kombinationen und Überblendungen aber vor allem durch bildhafte Vorgänge ausgelöst werden und über die visuelle Wahrnehmung erfolgen. »Das Bizarre an Träumen ist vorherrschend bildhaft; es entspricht verschiedenen Meßwerten kreativer Imagination im Wachzustand; und es herrscht sowohl in den sehr frühen Träumen von Kindern (längst bevor das narrative Element auftaucht) sowie in den persönlicheren Träumen von Erwachsenen vor. Außerdem steht die frühe Traumentwicklung in der Kindheit (sowie auch gute Traumerinnerung von Erwachsenen) in Verbindung mit visuell-räumlichen, nicht verbalen Fähigkeiten« (Hunt 1989, S. 166). Hunt nimmt an, daß die überraschenden Bildwahrnehmungen die »propositionalen« sprachlichen Strukturen umzulenken fähig seien, daß sie also das irritierende und beunruhigende Moment liefern, das wir mit dem Träumen verbinden. Die Verknüpfung der Traumbilder zu jener Bilderflucht, die dem Traum erst Zusammenhalt verleiht und ihn als Handlungssequenz erscheinen läßt, leistet dann die sprachliche Steuerung. »Träumen entsteht so aus einem Zusammenspiel zwischen der Fähigkeit, propositionale Prozesse des inneren Sprechens in Bildgestaltungen zu übersetzen, und einer spontaneren und intuitiven Bilderzeugung, die wahrscheinlich bizarr und von Natur aus ungewöhnlich ist« (Hunt 1989, S. 172).

Die Traumtätigkeit zeigt in dieser Formulierung unübersehbare Parallelen zu den mentalen Operationen, die sich mit dem Erzählen verbinden: Beide erfolgen grundsätzlich in einer Mischung aus bildhafter Wahrnehmung und sprachlicher Steuerung. Die Bilder ordnen sich zu Bildfolgen, weichen aber von den im alltäglichen sozialen Leben erfahrenen Abläufen ab. Überraschende und vom Standpunkt der Alltagserfahrung nicht zusammengehörende Bilder finden sich ineinander geschnitten, beim Erzählen in Form des ungewöhnlichen, unerwartbaren Ereignisses, in Träumen als »bizarre« Verdichtung und Überblendung. Träume wie Geschichten bieten Handlungsfolgen, die sich aus ihrer Bildlichkeit nicht erschließen lassen: Sie werden verbal verknüpft und gesteuert. Im Gegensatz zum Traum, der sich um den Bezug zur »wirklichen«, also zur sozialen Welt nicht zu kümmern braucht und seine Interpretation dem Traumdeuter überlassen darf, muß sich die Erzählung auf die Strukturen der sozialen Welt einlassen, ihre Sprache den kommunikativen Verständigungsweisen anpassen, ihre Bilder in den Rahmen sozialer Wahrscheinlichkeiten einfügen. Nur so wird sie mitteilbar und kann sich als Erzählung behaupten. Ich könnte auch sagen: Die Erzählung braucht ein Publikum, um zu einer Erzählung zu werden.

Eine vergleichbare Verwandlung setzen wir in Gang, sobald wir einen Traum erzählen. »Träumen zeigt eine natürliche Tendenz, sich den Kriterien einer dramatischen Erzählung anzunähern, und enttäuscht doch zugleich diese Erwartungen« (Hunt 1989, S. 178). Allerdings wird der Traumerzählung noch eine größere Freiheit zugestanden. Zwar müssen wir sie in mitteilbare sprachliche Form kleiden, die eindrücklichen Traumbilder in beschreibende Sätze pressen und haben dabei oft genug den Eindruck, die eigentliche Traumerfahrung schon zu bearbeiten und zu verfälschen. Aber wir unterliegen nicht der Forderung, das Geschehen in eine »kohärente« Folge zu bringen, Handlungen und Ereignisse nach der Wahrscheinlichkeit der sozialen Erfahrung zu konstruieren. Anders als Kinder haben wir gelernt, einen Traumbericht klar von einer Erzählung zu unterscheiden. Es ist diese Bearbeitung nach den Richtlinien unserer sozialen Wahrnehmung, die eine Geschichte von einem Traum unterscheidet. Geschichten sind wohl aus dem Stoff gemacht, aus dem die Träume sind, dieser Stoff muß aber zugeschnitten und eingefärbt werden, bis seine Herkunft fast unkenntlich geworden ist. Je selbstverständlicher er sich der gesellschaftlichen Welt einfügt und doch von der psychischen Innenwelt des Menschen berichtet, die so leicht mit den gesellschaftlichen Normen in Konflikt gerät, desto eindrucksvoller empfinden wir die Erzählung. Die sich in der Geschichte realisierenden psychischen Strebungen können stärker von der persönlichen und individuellen Erfahrung geprägt sein und werden dann nur auf Menschen wirken, die damit vergleichbare Erfahrungen verbinden. Sie können aber auch die Schichten unserer Persönlichkeit berühren, die von C. G. Jung als »archetypisch« bezeichnet wurden, und wir treten dann in die erzählenden Gestaltungen ein, die über Zeiten und Gesellschaften hinweg zu uns reden und die wir der »Weltliteratur« zurechnen.

Es bedarf keiner langen Diskussion, daß unbewußte Motive und Strebungen sich erzählend in die Handlungen und Erfahrungen einkleiden können, die in der sozialen Lebenswelt gemacht wurden, ganz ähnlich wie in der Freudschen Traumdeutung die sogenannten Tagesreste als Baumaterial zur Ausgestaltung des Traumgedankens dienen. Aufregender mag es erscheinen, wenn wir feststellen, daß sich auch der formale Bauplan, dem Erzählungen folgen, in der Traumerfahrung wiedererkennen läßt. Ich habe ausgeführt, daß das unerwartete Ereignis, das im Zentrum jeder Geschichte steht und Geschichtenhaftigkeit überhaupt erst konstituiert, zu verstehen sei als ein Einbrechen unbewußter Phantasien in die geregelte soziale Ordnung, und daß deshalb jede Geschichte durch ein unvorhergesehenes und nicht vorhersehbares »Ereignis« ausgelöst wird. Im Traum erscheint diese Konfrontation vorgegeben in der Verfremdung, die die vertrauten Eindrücke der sozialen und materiellen Umwelt durch die »bizarren« Bildschnitte erfahren, die Träume unserem Wachbewußtsein zugleich so fremd und anziehend erscheinen lassen. Die verbindlichen Bauformen des Erzählens und die Regeln, nach denen eine Geschichte gebildet wird, das Operationsschema der Geschichtengrammatik ebenso wie die Forderung einer stimmigen, kohärenten Verknüpfung der erzählten Handlungen, erwachsen aus dieser Gegenüberstellung, suchen sie in ein einheitliches Ganzes zu integrieren. Die individuell wahrgenommenen Träume dürfen sich damit zufriedengeben, die Gegensätze hart nebeneinanderzusetzen, sie mögen sich oft in unzusammenhängenden Bildern erschöpfen und so auf die dramatische Lösung verzichten. Der Erzähler ist dagegen gehalten, den Gegensatz zu einem Ende zu führen und damit beide Sphären, die der sozialen Erfahrung und die der inneren Strebungen und ihrer Bilder, zu einer Synthese zu verbinden, die Elemente der Innenwelt mit der sozialen Außenwelt zu integrieren. Das heißt, es sind Träume, die die Blaupausen für Erzählungen liefern, Träume sind der Stoff, aus dem Geschichten gemacht werden. Aber um zu Geschichten zu werden, müssen sie das luftige Reich des Träumens verlassen und sich auf dem Boden des sozialen Lebens ansiedeln. Nur so werden sie zu erzählbaren Geschichten und können im gesellschaftlichen Zusammenleben die inneren Regungen ihrer Mitglieder zur Geltung bringen und ihnen soziale Anerkennung verschaffen. Die formalen Strukturregeln, nach denen sich eine Geschichte aufbaut, sind aus der Funktion abzuleiten, die das Erzählen für unsere Lebenstätigkeit ausübt, sind nur unter diesem Gesichtspunkt nachzuvollziehen und verständlich. Erzählungen sind so etwas wie die Veräußerlichung menschlichen Traumlebens. Träumen und Erzählen stellen sich als eng miteinander verwandte und aufeinander bezogene Bewußtseinstätigkeiten dar.

Das Muster der Geburtserfahrung

Aber die formalen Muster, die das Erzählen steuern, könnten sogar noch tiefer reichen. Im dramatischen Aufbau, zu dem nach Jung die Mehrzahl durchschnittlicher Träume neigt, könnte sich ein Erlebnismuster wiederholen, das mit der Geburt geprägt wurde. Zumindest ist es auffallend, daß die vier »perinatalen Matritzen«, nach denen Stanislav Grof die in veränderten Bewußtseinszuständen wiederbelebte Geburtserfahrung ordnet, den Ablauf vorzugeben scheinen, dem jede dramatische Darstellung folgt.

Nachdem er als junger Psychoanalytiker in Therapie und Selbsterfahrung mit LSD zu experimentieren begann, bemerkte Grof, daß das dabei auftretende Material vor die frühkindlichen Erfahrungen, auf deren Durcharbeitung die psychoanalytische Behandlung abzielt, und selbst vor die Geburt zurückreicht und konnte, nachdem der therapeutische Einsatz von Halluzinogenen verboten wurde, die psycholytische Droge durch ein Verfahren ersetzen, das er als »holotrop« bezeichnete und das auf willentlicher Basis zu den gleichen Resultaten führt: Die Verbindung von schnellem Atmen und rhythmischer Musikbeschallung soll das Bewußtsein aus den alltäglichen Bahnen werfen und in Erlebnisschichten führen, die unserem Wachbewußtsein normalerweise nicht mehr zugänglich sind. Die Erlebnisse, die in diesem veränderten Bewußtseinszustand auftreten, ordnet Grof in mehreren untereinander liegenden Schichten an: Nach dem Durchbrechen einer »sensorischen Barriere« würden zunächst verdrängte lebensgeschichtliche Erfahrungen auftauchen.

In einer tieferen Schicht zeigten sich Gestaltungen, die vorgeburtliches Leben und die Phasen der Geburt reflektierten; schließlich könne das Bewußtsein in »transpersonale« Bereiche eindringen, das heißt, Wahrnehmungen machen, die mit keiner lebensgeschichtlichen Erfahrung in Verbindung zu bringen sind. Die aus diesen unterschiedlichen Bereichen stammenden traumartigen Bildsequenzen, die aber anders als Träume mit voller Bewußtheit erlebt und erinnert werden, werden in einer Abfolge wahrgenommen, »deren Grundmerkmale auf eine erstaunlich logische Weise mit anatomischen, physiologischen und biochemischen Aspekten der einzelnen klinischen Geburtsstadien verknüpft sind« (Grof 1987, S. 27). Es ist die innere Dynamik dieser »perinatalen Matritzen«, die an die Strukturen erinnert, die der Dramatik von Träumen, Erzählungen oder Schauspielen zugrunde liegen.

Die erste Matrix stellt dabei sozusagen die Ausgangslage dar, in der der Held in seinen zeitlichen und örtlichen Umständen präsentiert wird. Sie umfaßt das gesamte intrauterine Leben bis zu den ersten Anzeichen der beginnenden Geburt. »Die biologische Grundlage dieser Matrix ist die ursprüngliche symbiotische Einheit des Fötus mit dem mütterlichen Organismus in der intrauterinen Existenz« (Grof 1987, S. 32).

Mit der zunehmenden Einengung seines Lebensraums kurz vor der Geburt, den ersten Wehen und den daraus resultierenden bedrückenden Erfahrungen der zweiten Matrix beginnt die dramatische Verwicklung, die den Helden zunächst vor eine im Wortsinn ausweglose Situation stellt: »Hier wird die ursprüngliche Harmonie und das Gleichgewicht der fötalen Existenz gestört, zunächst durch alarmierende chemische Signale, später durch mechanische Kontraktionen der Gebärmutter. Wenn sich dieses Stadium voll entfaltet, wird der Fötus in periodischen Abständen durch Gebärmutterspasmen zusammengepreßt. Die Cervix ist nicht erweitert und der Weg nach außen ist noch nicht frei« (Grof 1987, S. 37).

Die dritte Matrix, die den eigentlichen Geburtsvorgang wiedergibt, ist von einer ausgesprochenen Dramatik. Mit der Öffnung des Muttermunds setzt die Austreibungsphase ein, das zentrale Moment des Erlebens ist hier der Durchgang durch den Geburtskanal. »In diesem Stadium setzen sich die Gebärmutterkontraktionen fort, doch im Gegensatz zum vorhergehenden Stadium ist die Cervix jetzt erweitert und ermöglicht dadurch eine allmähliche Fortbewegung des Fötus durch den Geburtskanal. Das bedeutet einen gewaltigen Kampf ums Überleben, massiven mechanischen Druck und häufig starken Sauerstoffmangel sowie drohendes Ersticken« (Grof 1987, S. 43 f.).

Es geht jetzt gewissermaßen um die Bewährung des Helden, der in dieser Phase einer Gefährdung auf Leben und Tod ausgesetzt ist und sich kämpfend den Weg durch den Geburtskanal bahnen muß. Seine Geschichte treibt damit dem Kulminationspunkt zu, der mit der »Peripetie« umschlägt in die schließliche Auflösung, die ihn mit der befreienden Grundfärbung der vierten Matrix aus der lebensbedrohenden Verstrickung erlöst, die deshalb unter dem Zeichen von Tod und Wiedergeburt steht: »Auf das Vorwärtstreiben durch den Geburtskanal, das mit einer extremen Steigerung von Angst, Schmerzen, Druck und sexueller Spannung verbunden ist, folgt eine plötzliche Erleichterung und Entspannung« (Grof 1987, S. 53).

Obwohl die Erfahrungen, die in solchen Bewußtseinszuständen auftauchen, eine kaum vorstellbare Breite besitzen, das gesamte eigene Leben, aber eben auch Erscheinungen aus den verschiedensten historischen Epochen und Kulturen oder gar der Erdgeschichte umfassen können, werden die Vorgänge der Geburt selten »realistisch« erlebt, indem man sich in der körperlichen Gestalt eines Fötus erfährt, der von den Kontraktionen der Wehen durch den Geburtskanal gepreßt wird. Die Geburtserfahrungen erscheinen beim Wiedererleben gleichsam in stellvertretende Gestaltungen »übersetzt«, die die Wahrnehmungen des Kindes während der Geburt »symbolisieren«. Es ist, als ob die tief eingeprägte körperliche Erfahrung der Geburt Vorstellungen aus den verschiedensten Bereichen gleichsam »anziehen« würde, um das Erlebnismuster der Geburt zu illustrieren. So geben etwa die transpersonalen Wahrnehmungen, die dem Erfahrungsmuster der dritten Matrix entsprechen, unverkennbar die Dramatik wieder, die der Durchgang durch den Geburtskanal mit sich bringen muß, sofern man dem Kind nicht jede Erlebnisfähigkeit abspricht: »Charakteristische symbolische Themen in diesem Zusammenhang sind entfesselte Naturelemente (Vulkanausbrüche, elektrische Stürme, Erdbeben, Gezeitenwellen oder Wirbelstürme), gewalttätige Szenen aus Kriegen oder Revolutionen und technische Motive (thermonukleare Reaktionen, Atombomben und Raketen). Zu den etwas gemäßigteren Versionen zählen gefährliche Abenteuer, etwa die Teilnahme an einer Jagd oder Kämpfe mit wilden Tieren, die Erforschung gefahrvollen Terrains und die Eroberung von Neuland. Entsprechende archetypische Themen sind Bilder vom Fegefeuer, vom Jüngsten Gericht, große Taten von Superhelden und mythologische Kämpfe von kosmischem Ausmaß zwischen Dämonen und Engeln oder Göttern und Titanen« (Grof 1985, S. 117).

Demnach scheint sich die Geburtserfahrung in veränderten Bewußtseinszuständen vor allem als organisierende Struktur durchzusetzen, nach der lebensgeschichtliches und transpersonales Material angeordnet und nachvollzogen wird. Diese Feststellung nährt den Verdacht, daß dieses grundlegende Erfahrungsmuster auch den Ablauf von Traumerfahrungen bestimmen könnte. Es ist nach vorherrschender Auffassung praktisch aller Systeme der Traumdeutung dem Bewußtsein unzugängliches Material, das sich in Träumen gestaltet und sich darüber dem erinnernden wachen Bewußtsein mitteilt, seien es frühkindliche Erfahrungen in der klassischen Freudschen Psychoanalyse, das Trauma der Geburt bei den pränatalen Psychologen oder eben darüber hinausreichende archetypische Gestaltungen, wie sie Jung postuliert. Faßt man diese Aussagen in ihrer ganzen Breite zusammen, akzeptiert man also, daß Träume alle diese Bereiche des Unbewußten aktivieren und veranschaulichen können, ebenso wie sich das für die Grofsche LSD-Therapie oder das holotrope Verfahren erwiesen hat, dann liegt die Vermutung nahe, daß die Erlebnisfolge der Geburtsphasen in Träumen eine ähnlich strukturierende Rolle spielen könnte, wie das in veränderten Bewußtseinszuständen zu beobachten ist.

Ich habe nun andererseits die Strukturmuster von Erzählungen auf die Traumerfahrungen bezogen und nachzuzeichnen versucht, daß das entscheidende Glied dieser Handlungskette, das unerwartete und ins Leben des Helden einbrechende Ereignis, sich als Verarbeitung der »bizarren« und fremden Traumerlebnisse begreifen läßt, daß die Erzählung auf die Integration dieser Erfahrungen in den Horizont des alltäglichen sozialen Lebens gerichtet ist. Das hieße, daß die Phasenfolge des Geburtserlebens, die zumindest eine große Zahl erinnerbarer Träume zu organisieren scheint, auch die Grundstruktur von Erzählungen prägt, daß der Einbruch des unerwarteten Ereignisses in der Störung vorgebildet ist, die das Kind am Ende seiner vorgeburtlichen Existenz überrascht, daß also das narrative Strukturmuster die tief im Unbewußten verschüttete Geburtserfahrung nachbildet.

Schon Otto Rank hat die Kämpfe, die der Heros der Heldenepen zu bestehen hat, auf die traumatisierenden Erfahrungen des Geborenwerdens bezogen. Dafür spricht, daß die Gegner, denen er in den klassischen Heldenmythen entgegentritt, fast durchweg archetypische Gestalten sind, wie sie auch gerade im Erlebnismaterial der dritten Grofschen Matrix immer wieder auftauchen: Drachen, Schlangen, reißende Raubtiere, teuflische Figuren. Dem entsprechen die unlösbaren Aufgaben, die dem Helden auferlegt werden, beispielsweise das Herakles auferlegte Reinigen des Augiasstalles. Daß er an diesen Aufgaben auch scheitern oder im Erlebnismaterial der zweiten Matrix sich verfangen kann, verbildlichen die Qualen des Tantalus oder des an einen Felsen gefesselten Prometheus. Aber nicht nur in den symbolischen Kämpfen, die die Heldenmythen schildern, scheint sich die Geburtserfahrunge abzubilden, sondern auch das formale Muster dieser Kämpfe dürfte die Erlebnisqualität der Geburt nachbilden: Zum Helden wird der Held, indem er aus einem aussichtslosen Kampf als Sieger hervorgeht, allen Widrigkeiten und Schicksalsschlägen zum Trotz nicht aufgibt, sondern bis zum äußersten gegen seine Widersacher kämpft und am Ende, als der Kampf schon verloren zu sein scheint, durch seinen rastlosen und hartnäckigen Widerstand schließlich die Oberhand behält.

Mit den epischen Gesängen, wie wir sie aus den verschiedenen ritterlichen Traditionen kennen, wandeln sich die titanischen Kämpfe zur erstaunlichen Tatkraft und Durchsetzungsfähigkeit des kriegerischen Helden, der auch gegen eine Unzahl von übermächtigen Feinden zu bestehen weiß, sie mit übermenschlicher Kraft und unerschütterlicher Ausdauer überwindet. Die grundlegende, die Heldenfigur konstituierende Geburtserfahrung wird in die gesellschaftliche Lebenswelt der Sänger und ihrer Zuhörerschaft transponiert, wird sozusagen »verweltlicht« und befördert in dieser Form die Kampfbereitschaft und Wehrfähigkeit dieser Kriegerkasten. Mit der Herausbildung der bürgerlichen Gesellschaft gestaltet sich die gleiche Erfahrungsschicht in der unwahrscheinlichen Ausdauer und dem unerschütterlichen Mut, mit dem die Eroberer rund um die Erde ziehen und sich die Reichtümer aller Länder und Kulturen aneignen, und kehrt in den titanischen Kämpfen zwischen konkurrierenden Industrieunternehmen wieder oder in der Hartnäckigkeit des armen Tellerwäschers, die ihm mit einem Millionenvermögen vergolten wird.

Was bei Sutton-Smith als viertes Konfliktmuster kindlicher Erzählungen erscheint, in dem sich der Held erfolgreich zur Wehr zu setzen und seine Ziele zu erreichen versteht, enthüllt sich aus dieser Perspektive als das abstrakte Modell, das aus der Schicht der Heldenmythen und ihrer literarischen Nachfolger überkommen ist. Unser kulturübliches Schema einer erzählbaren Geschichte scheint demnach, selbst noch in den trivialsten und alltäglichsten Erscheinungsformen, diese tief in unserem Unbewußten verschüttete und doch zugleich menschlichste Erfahrung der Nöte des Geborenwerdens und ihrer Überwindung zu aktivieren. Das abstrakte und formale Organisationsprinzip des Erzählens, das uns gestattet, innere Wahrnehmungen, Vorstellungen und Bilder in eine mitteilbare Sprache zu bringen, erwiese sich unter diesem Gesichtspunkt selbst als Mitteilung einer prägenden, vor aller Sprachfähigkeit gemachten Erfahrung; und vielleicht erklärt die stillschweigende Wiederbelebung dieser Erlebnisschicht die Leichtigkeit, mit der wir Geschichten aufnehmen, und die Lust, mit der wir das tun, jedenfalls dort, wo der siegreiche Durchbruch des Helden gesichert ist wie im endlich erreichten Glück des Märchens oder auch in der trivialen Selbsterhöhung des bramarbisierenden Büroangestellten.

Die Geburt des Menschen umfaßt, auch wo sie unter günstigsten Umständen erfolgt, immer auch schwere und traumatisierende Momente. Daran haben auch die Fortschritte der medizinischen Versorgung wenig geändert, die zwar die Risiken für Mutter und Kind zu reduzieren vermögen, die psychische Situation beider aber gefährlich vernachlässigen. In der einen oder anderen Weise erleidet jeder Mensch das »Trauma der Geburt«, von dem Otto Rank sprach, es gibt sogar gute Gründe, es überhaupt für die Grundlage der Menschlichkeit des Menschen und aller menschlichen Kultur und Vergesellschaftung zu halten. Jüngeren Kindern, die noch offener sind für ihre inneren Wahrnehmungen, sie weniger gegen die Außenwelt absetzen, sich auch noch weniger gegen ihre unbewußten Regungen abschotten, ist diese Erfahrungsschicht sicher noch zugänglicher und wird noch als ebenso »wirklich« betrachtet wie die sinnlich greifbare, hörbare, sichtbare Umwelt. Setzt man voraus, daß Erzählungen ihrer Struktur nach diese Erlebnisschicht aufrühren, daß Ohnmacht und Aussichtslosigkeit des kindlichen Organismus zwischen der zweiten und dritten Matrix reaktiviert werden, dann scheint es nachvollziehbar, warum Kinder so lange Erzählungen von sich geben, deren Helden von hoffnungsloser Unterlegenheit heimgesucht sind und schlicht von ihren Widersachern zermalmt werden. Gleichermaßen nachvollziehbar erscheint dann, daß sie das in so auffallender Weise in ihren Phantasiegeschichten tun, die sehr viel stärker von ihren unbewußten und traumhaften Regungen durchtränkt sind, während ihre zunehmende körperliche und soziale Aktivität ihnen schon allmählich ermöglicht, Lösungen in solchen Erzählungen zu imaginieren, die in der alltäglichen und gesellschaftlichen Umwelt angesiedelt sind. Schließlich erwiese sich die Entwicklung der Konfliktmuster kindlicher Erzählungen, wie sie Sutton-Smith mit den vier *Level* beschreibt, als fortschreitende Verarbeitung und Bewältigung der Hilflosigkeit und des Ausgeliefertseins, die in der Geburtserfahrung erlitten wurden. Auch wenn ich diese Überlegung im vorsichtigen

Konjunktiv stehen lasse, scheinen sie mir doch eine Plausibilität zu haben, die für sich selber spricht.

Daß Kinder den Erfahrungen der eigenen Geburt noch näherstehen, zeigt sich auch an der Häufigkeit und Klarheit, mit der sie Kinderträume zur Darstellung bringen. Es ist beispielsweise kaum möglich, die Grundtönung der zweiten Grofschen Matrix knapper und zutreffender wiederzugeben als der Traumbericht des elfjährigen Jan: »*Ich bin in einer Höhle. Eine Spinne hat den Eingang zugesponnen. Alle Monster greifen mich an. Es gibt keinen Ausweg*« (Rappsilber-Kurth 1989, S. 33). Sieht man davon ab, daß ein Elfjähriger längst über diese Struktur hinausgewachsen ist, dann könnten diese Sätze ebensogut eine kindliche Erzählung des ersten *Levels* wiedergeben. Oder, um ein anderes Beispiel zu geben, der Traum eines Siebenjährigen, der das Konfliktmuster der versuchten Gegenwehr und der Hilfe von außen vorführt und zugleich den unabweisbaren Eindruck macht, von einer Zangengeburt zu handeln:

> *Ich war in einem Stollen mit Gold. Plötzlich fiel ein großer Stein vom Berg, und ich konnte nicht aus dem Stollen raus. Da hab ich mein Werkzeug genommen und habe den Stein aus dem Weg geräumt. Doch hinten fielen wieder Steine und verschütteten das Gold. Dann kam ein Bagger und hat mich auf einen Laster gehoben. Der Laster hat mich in den Fluß gekippt.* (Rappsilber-Kurth 1989, S. 31)

Schöpferisches Träumen

Es gibt nun allerdings auch eine Form des Träumens, die der Vorstellung aller Traumdeutungen, in Träumen artikulierten sich die unbewußten Persönlichkeitschichten, zu widersprechen, und die mit den formalen Traummustern, auf die ich die Strukturen von Erzählungen bezog, nach Belieben umzuspringen scheint: Ich meine den »luziden« oder auch »Klartraum«. »Luzide Träume sind solche, bei denen der Träumende sich bewußt wird, daß er träumt« (Green/McCreery 1996, S. 13). Während auch der luzide Träumer alle typischen Meßwerte zeigt, die den Schlafzustand überhaupt und insbesondere den »paradoxen« Traumschlaf kennzeichnen, die innere Wahrnehmung, abgesehen von den Augapfelbewegungen, vom motorischen System entkoppelt und die Außenwahrnehmung fast vollständig abgeschaltet ist, kann er das Wachbewußtsein teilweise oder vollständig in den Traum hinübernehmen. Es wird ihm nicht nur möglich, sich träumend klarzumachen, daß er träumt, und damit belastenden Traumgestalten entgegenzuhalten, daß sie nichts weiter seien als Träume, sondern er zeigt sich, je nach dem Ausmaß seiner Luzidität, auch fähig, seine Traumwahrnehmungen zu beeinflußen oder gar zu steuern. Dabei beweisen seine Wahrnehmungen die für das Träumen bezeichnende Intensität; sie erscheinen ihm, als ob er sie »wirklich« erlebte. Da sie vom Träumer gelenkt werden können, verlieren Klarträume die bedrückenden Tendenzen, die sonst das Träumen so sehr bestimmen: »So enthalten zum Beispiel gewöhnliche Träume häufig groteske und unangenehme Elemente (…) Ein luzider Traum hingegen kann eine derart angenehme und befreiende emotionale Atmosphäre haben, die gewöhnliche Träume nur selten – wenn überhaupt – mit sich bringen« (Green/McCreery 1996, S. 27). Zwar bleibt diese Fähigkeit dem Normalträumer verschlossen und tritt spontan nur bei wenigen dafür begabten Personen auf, aber sie scheint sich auch über Trainingsprogramme erlernen zu lassen. Aus den hieroglyphischen Mitteilungen, mit denen uns, ob wir sie hören wollen oder nicht, unser Unbewußtes Nacht für Nacht überrascht, wird mit dem luziden Träumen eine vom Träumer gesteuerte nächtliche Selbstunterhaltung. Statt ihnen ausgeliefert zu sein, lernt der Träumende die Traumwahrnehmungen zu beherrschen.

Es ist noch kaum abzusehen, ob und wie weit der luzide Träumer den Stoff seiner Träume nach Belieben zu gestalten vermag oder welchen Gesetzmäßigkeiten die Traumsteuerung gehorcht. Vor allem wäre die Frage zu beantworten, wie weit das Unbewußte weiterhin an diesen Traumgestaltungen mitwirkt und welche Schlüsse aus der Fähigkeit luziden Träumens für die Theorien der Traumentstehung und für die Traumdeutung zu ziehen wären. Es läßt sich allerdings schon festhalten, daß das Eingreifen des Wachbewußtseins in die Traumtätigkeit nahelegt, den Blickwinkel zu verschieben, der die Traumdeutung bislang bestimmte, und davon auszugehen, »daß der Traum weniger eine Mitteilung als vielmehr eine Schöpfung ist« (La Berge 1987, S. 228). Ein Gesichtspunkt, der für unsere Diskussion von Bedeutung ist, denn damit nähert sich die Traumerzeugung noch weiter der Herstellung erzählbarer Geschichten an: Beide unterliegen der bewußten schöpferischen Gestaltung, und als allerdings wesentlicher Unterschied bleibt erhalten, daß die Erzählung auf die Mitteilung gerichtet ist, sich deshalb erst im sozialen Akt des Erzählens realisiert, und damit den Gesetzmäßigkeiten unterworfen bleibt, die ihre Erzählbarkeit gewährleisten. Der luzide Träumer dagegen ist der Regisseur eines Films, den er nur für sich allein dreht und im selben Augenblick einsam genießt; er erinnert damit an den Tagträumer, der noch nicht einmal die Augen zu schließen braucht, um sich sein eigenes Kino im Kopf zu machen.

Das Kino in unserem Kopf

Inneres Selbsterzählen beim Tagträumen

Menschliches Bewußtsein formt sich aus einem seltsam beweglichen Stoff. Was William James (1997) den »Bewußtseinsstrom« nannte, kennt kein gleichmäßiges Fließen und behält nur selten die eingeschlagene Richtung bei. Wo das Bewußtsein sich selbst überlassen bleibt, ohne die Aufmerksamkeit auszurichten, macht es Sprünge, schlägt Haken, fließt rückwärts, kann aber auch verweilen, sich in den eigenen Bildern verlieren und darüber fast vollständig ausblenden, was vor den eigenen Augen geschieht. Nur selten bewegt es sich gleichmäßig vorwärts, wie es das Bild des Strömens andeutet, eher scheint es wie ein Scheinwerfer zu arbeiten, dessen Lichtkegel durch abgedunkelte Räume geistert, die aufblitzenden Gegenstände abtastet, verwundert darauf verweilt oder achtlos darüber hinweggleitet oder gar wie die Lichteffekte in einer Disco nervös auf- und abblitzt.

Diese irrlichternde Beweglichkeit ist uns so selbstverständlich, daß wir sie kaum bemerken. Erst wenn wir unsere Aufmerksamkeit darauf richten, die auf uns einstürmenden Eindrücke, Bilder und Gedanken bewußt registrieren, sozusagen den Schwenks und Pirouetten des Scheinwerfers zu folgen versuchen, nehmen wir die ständig wechselnden Einstellungen wahr. Was dabei sichtbar wird, erinnert an ein Puzzle, das sich aus vielen Elementen zusammensetzt. Die rasche Flucht von Sinneswahrnehmungen, inneren Bildern, Erinnerungen und Gedanken wird aber auch immer wieder unterbrochen von Phasen anhaltender und gerichteter Aufmerksamkeit, sei es, daß wir uns vollkommen einem überwältigenden Sinneseindruck überlassen, uns ganz auf einen Gedankengang konzentrieren,

oder daß vor unserem inneren Auge Handlungen und Bilder vor-
beiziehen, die fast völlig verblassen lassen, was im sinnlichen
Außenraum lockt und fordert. Es sind diese fesselnden Sequenzen
inneren Sehens, die wir als »Tagtraum« bezeichnen.

Was ist ein Tagtraum?

Obwohl alle Menschen tagtäglich in mehr oder weniger tiefe wachbewußte Träumereien versinken, an die sie sich im Gegensatz zum
Nachttraum recht genau erinnern können, haben sich die Psychologen lange nur am Rande mit dem »Wachtraum« beschäftigt. Aus
der Perspektive einer Wissenschaft, die sich vor allem mit den Ent-
gleisungen des menschlichen Seelenlebens und den Wegen, sie zu
beheben, beschäftigte, schienen diese bewußter erlebten, ja oft sogar willentlich gesuchten Träume wegen ihrer Nähe zum Bewußtsein die Einsichten in die Psyche des Träumenden zu verweigern,
die die Entschlüsselung nächtlicher Träume versprach. Selbst in der
psychoanalytischen Behandlung, in der Phantasiebildungen eine
zentrale Rolle spielen, die über spontane Assoziationen und Traumberichte die Innenwelt ihrer Klienten zu erkunden sucht, wird den
Tagträumen keine besondere Beachtung geschenkt. Freud selbst hat
ihnen in seiner »Traumdeutung« nur einige Randbemerkungen ge-
widmet, die das Wachträumen zu einer Art Vorstufe oder Nach-
klang des Nachttraums erklären, und damit eine eingehendere Betrachtung kaum lohnend erscheinen lassen (Freud 1991, S. 485). Tag-
wie Nachttraum drängen demnach auf eine fiktive Wunscherfüllung, aber der realitätsnähere Tagtraum unterliegt auch der stärkeren Zensur durch das »Realitätsprinzip« und wird deshalb als weniger aussagekräftig gewertet.

Die in den USA seit den sechziger Jahren einsetzende Tagtraum-
forschung wandte sich gegen diese eingeschränkte Sicht von Tagtraum und Phantasie. Inzwischen hatte sich allerdings das gesellschaftliche Panorama sehr verändert, »Kreativität« und »divergentes
Denken« waren zu entscheidenden Qualifikationen der ökonomi-
schen und gesellschaftlichen Weiterentwicklung erklärt worden,

Phantasie war zu einer »Produktivkraft« avanciert. Vor diesem Hintergrund ging es nicht mehr darum, die krankmachenden Faktoren zu entschlüsseln, die sich in ausgeprägten Phantasien versteckten, sondern die Wirkungsweise der inneren Vorstellungstätigkeit an unauffälligen Durchschnittsmenschen zu studieren. Untersuchungsgegenstand wurde jetzt der »Normale«, dessen Innenleben über empirische Erhebungen und Befragungen zu erforschen war. Dafür aber benötigte man klare und handhabbare Kriterien, die den Tagtraum von andern Bewußtseinstätigkeiten abzugrenzen ermöglichten und ihn damit quantifizierbaren Untersuchungen zugänglich machten: Man mußte den Tagtraum »operationalisieren«. »Operational kann ein Tagtraum als ein Gedanke oder eine Serie von Gedanken definiert werden, die sich ungewollt dem Bewußtsein einer Person aufdrängen, das heißt, daß keine bewußte Anstrengung gemacht wurde, diesen Gedanken ins Bewußtsein zu bringen, und daß er keinen Zusammenhang mit den Tätigkeiten hat, mit welchen diese Person gerade beschäftigt ist« (Giambra 1989, S. 136).

Dieses Verfahren ermöglichte zwar aufschlußreiche Einblicke in die Fähigkeit unseres Bewußtseins, sich aus der sinnlichen Umgebung zu lösen. Die Definition des Tagträumens als Gedankentätigkeit, die ohne äußere Stimulierung einsetzt, droht jedoch bezeichnende Eigenschaften verschwimmen zu lassen. Ist es sinnvoll, von einem Tagtraum zu reden, wenn mir durch den Kopf geht, was ich im Laufe des Tages noch zu erledigen habe? Wieviel hat diese innere Planung mit dem bewußten und genußvollen Ausphantasieren einer erotischen Begegnung zu tun? Soll unter einem Tagtraum auch die Erinnerung an die unangenehme Szene gefaßt werden, in der ich gestern meinem Chef gegenüber den Mund nicht aufbrachte? Wird sie erst dann zu einem Wachtraum, wenn ich mir nachträglich die passende Antwort zurechtlege, die mir gestern im Halse steckenblieb? Soll jede auch noch so flüchtige Form des Rückzugs in die eigene Vorstellung schon als Tagtraum gewertet werden? Oder sollte darunter nicht besser nur intensives selbstbezogenes Phantasieren gefaßt werden?

Die formale Begriffsbestimmung erscheint nicht recht nachvollziehbar, sobald man die Qualität des Traumeindrucks im Blick hat, läßt sich doch sowohl im alltäglichen Sprachgebrauch wie in der Bestimmung seiner Merkmale der eigentliche Tagtraum recht gut von flüchtigen Phantasien und Einfällen abgrenzen. Gegenüber den Erinnerungssplittern und kurzen phantasierten Bildern, die in unserem Bewußtsein auf- und rasch wieder untertauchen, ziehen wir uns tagträumend über längere Strecken aus der gelebten Umwelt zurück, ein Rückzug, der zwar auch willentlich ausgelöst werden kann, sich aber jedenfalls nicht darauf richtet, Ziele in der Außenwelt zu erreichen. Im Augenblick der Imagination verfolgt der Wachträumer nur die Absicht, sich selbst zu stimulieren. »Dieser Mangel an Realisierungabsicht unterscheidet den Tagtraum letztlich vom Wunsch« (Gohl 1991a, S. 48). Das anhaltende Ausscheren aus dem äußeren Wahrnehmungsstrom, die Konzentration auf wenige, das ganze Bewußtsein besetzende Vorstellungen, erlaubt dem Tagträumer, eine eindeutige Gefühlslage zu erzeugen, wie sie im sozialen Erleben, das fast immer von widerstreitenden Gefühlen begleitet ist, nur in seltenen Sternstunden erreichbar scheint. »Hierzu trägt u. a. eine Ausschaltung oder Eingrenzung des Umfeldes des imaginierten Erlebnisses bei: Äußere Zwänge entfallen, die Konsequenzen des eigenen Handelns brauchen nicht bedacht zu werden« (Gohl 1991a, S. 47).

Die anhaltende Versenkung in die innere Vorstellungswelt hängt schließlich mit einer weiteren kennzeichnenden Eigenschaft des Tagträumens zusammen, der Tatsache, daß der Träumende die Vorstellungsbilder zu zusammenhängenden szenischen Handlungen verknüpft, ohne die sie in Einzelbilder zerfallen und die wachgerufenen Gefühle von dazwischentretenden Vorstellungen oder Eindrücken zerrissen würden. Oder anders ausgedrückt, der Tagträumer bildet einen inneren Film, der es ihm erlaubt, die Aufmerksamkeit von der äußeren Welt abzuziehen oder sie doch so sehr verblassen zu lassen, daß sie sich nur noch in schwachen Linien auf der Leinwand abzeichnet, auf die er die geträumten Handlungen projiziert. Nur weil es auseinander hervorgehende Handlungen sind, nur weil sich die Bilder bewegen, vermag er so lange die andrängenden Sinneswahrnehmungen auszublenden. Die Konzentration auf einzelne statische Bilder, seien es sichtbare Vorlagen oder Visualisierungen, verlangt demgegenüber beträchtliche Willensanstrengung und führt zu meditativen Zuständen, die die persönlichen Gefühle hinter sich lassen.

Visuell operierende Meditationsformen leiten, soweit sie mit offenen Augen erfolgen, dazu an, die Augenrichtung beizubehalten und damit das Hin- und Herlaufen der Blickrichtung, das unsere normale Bewußtseinstätigkeit begleitet, zu unterbrechen. Der Tagträumer scheint sich spontan an diese Regel zu halten. Bei Versuchen, die Jerome Singer durchführte, wurden die Versuchspersonen an Geräte angeschlossen, die Augapfelbewegungen und Hirnströme aufzeichneten, und gebeten, sich einem Tagtraum zu überlassen, der ihnen einen geheimen Wunsch erfülle. In einem zweiten Durchgang sollten sie diesen Wunsch wiederbeleben und dann bewußt unterdrücken. Anders als beim nächtlichen Träumen, das ja von intensiven Augapfelbewgeungen unter den geschlossenen Lidern begleitet ist, zeigte sich, daß Tagträumen mit offenen Augen deren Bewegungen verminderte, eher reflexives Denken sie vermehrte. »Aktiveres objektives Denken war durch eine höhere Augenaktivität gekennzeichnet. Wenn die Teilnehmer berichteten, sie würden innere visuelle Bilder erzeugen, war außer einem einfachen Herumblicken im Raum offensichtlich wenig Augenbewegung zu beobachten« (Singer 1966, S. 89).

In die gleiche Richtung gehen Beobachtungen des Blickverhaltens in Interviews: Die Interviewten neigten dazu, immer dann am Gesicht des Partners vorbeizusehen, wenn sie von Erinnerungen oder inneren Bildern berichteten. Dabei ließen sich Personen, die sehr lebendige und phantasiereiche Antworten lieferten und aufgrund von Testverfahren als erfahrene Tagträumer eingestuft wurden, nach ihrem Blickverhalten von eher nüchternen Beschreibern unterscheiden: Die Tagtraumgeübten blickten an der linken, die nüchternen an der rechten Seite des Interviewers vorbei. Singer spricht die Vermutung aus, die Tagträumer dürften die rechte, die räumlichen und vorstellenden Fähigkeiten beherbergende Hirnhemisphäre, die der linken Körperseite entspricht, bevorzugt nutzen (Singer 1966, S. 94)

Offenbar suchen wir den intensiven Eindruck, den alle visuelle Wahrnehmung auf das »Augentier« Mensch ausübt, nach Möglichkeit zu reduzieren, sobald wir den Blick nach innen richten. Singer nimmt an, beim Imaginieren würden dieselben Gehirnstrukturen und Nervenbahnen benutzt wie beim aufmerksamen Betrachten der physischen Umgebung. »Um eine ausgedehnte Phantasie zustande zu bringen, muß man deshalb oft genug die Augen fixieren und auf die eine oder andere Weise neue Informationen aus der äußeren Welt löschen« (Singer 1966, S. 89). Es ist eine alltägliche Erfahrung, daß mit dem vollständigen Abschalten visuellen Inputs, also mit dem Schließen der Augen, fast automatisch die inneren Bildwahrnehmungen ansteigen. Singer schließt daraus, der innere Gedankenstrom rivalisiere mit der von der Sinneswahrnehmung erzeugten Stimulation und entnehme sein Material den Informationen des Langzeitgedächtnisses (Singer 1978, S. 225). Beide Stimulationsbereiche stünden dem Bewußtsein zur Verfügung, es müsse sich aber jeweils auf einen Bereich konzentrieren.

Diese Formulierung setzt voraus, unsere Tagträume, wie überhaupt jede Art Vorstellungsbilder, würden sich ausschließlich aus den im Laufe des Lebens gespeicherten Sinneswahrnehmungen zusammensetzen. In ähnlicher Weise beschränkte Piaget die hinter dem Spielen stehende Vorstellung auf die Nachahmung gespeicherter Sinneseindrücke. Das ist keineswegs so ausgemacht, wie es klingen mag, auch wenn wir dieser Frage hier nicht ausführlich nachgehen können. Gute Gründe sprechen jedenfalls dafür, daß die menschliche Vorstellungskraft durchaus Bilder zu erzeugen vermag, die keiner erinnerbaren Vorlage entsprechen. Wohl phantasieren viele Wachträume erlebte Szenen weiter, aber daneben stehen eben auch Phantasiegebilde, deren bizarre Bilder und Handlungsweisen ohne erkennbare Vorlagen bleiben, deren Deutung vor ähnlich unlösbare Probleme stellt wie unsere nächtlichen Traumgesichte und die an die Erfahrungen erinnern, die in veränderten Bewußtseinszuständen gemacht werden können.

Tagträumen als verinnerlichtes Spielen und Erzählen

Anders als der Nachttraum, dessen physiologische Begleiterscheinungen schon bei ungeborenen Kindern zu beobachten sind, scheint sich die Fähigkeit, im Zustand des Wachbewußtseins traumartigen Sequenzen nachzuhängen, erst im Laufe der Kindheit auszubilden. Da während des Schlafens die sensorische Wahrnehmung abgeschaltet ist, kann sich die innere Stimulierung im nächtlichen Traum frei entfalten. Wachträume dagegen können erst dort ausgearbeitet werden, wo die Aufmerksamkeit über längere Zeit von den gegenwärtigen Sinneseindrücken abgezogen wird oder diese so weit neutralisiert werden können, daß die inneren Wahrnehmungen die Oberhand gewinnen. Das gelingt dem spielenden Kind zunächst nur, wenn ein Spielgegenstand stellvertretend Eigenschaften anbietet, die mit der Vorstellung vergleichbar sind. Es war Wygotski, der als erster darauf hinwies, daß die Phantasie jüngerer Kinder eine materielle Stütze im Spielgegenstand (oder eigentlich im spielenden Ausagieren) braucht, um eine Vorstellung zu erzeugen. Phantasien bleiben deshalb auf dieser Stufe noch zu flüchtig und müssen über die Spieltätigkeit festgehalten werden; mit dem Abbruch des Spiels bricht auch der innere Film ab, den die Spielenden gleichzeitig inszenieren und betrachten. Die Vorstellungswelt des Wachträumers hat sich demgegenüber von aller äußeren Aktivität abgelöst, kann sich auch ohne jede stützende Tätigkeit gegen die Übermacht der sinnlichen Eindrücke behaupten: Es ist möglich geworden, nur noch still mit den Vorstellungen selbst zu spielen. In diesem Sinn verstand Wygotski Phantasieren als in die Vorstellung verlegtes Spiel: »Die alte Formel, das kindliche Spiel sei Phantasietätigkeit in Aktion, kann man umkehren und sagen: die Phantasietätigkeit bei dem heranwachsenden Jugendlichen und Schüler sei Spiel ohne Aktion« (Wygotski 1973, S. 19). Einen ähnlichen Gedanken hatte schon Freud im Aufsatz »Der Dichter und das Phantasieren« geäußert, wo er anmerkt, wenn der Heranwachsende aufhöre zu spielen, gebe er »nichts anderes auf als die Anlehnung an reale Objekte; anstatt zu spielen, phantasiert er jetzt. Er schafft sich Luftschlösser, schafft das, was man Tagträume nennt« (Freud 1972, S. 215).

Singer lokalisiert den Übergang vom Spielen zum Tagträumen auf die Zeit »irgendwann zwischen sechs und dreizehn« (Singer 1966, S. 149). Es ist sicher nicht zufällig, daß das auch die Jahre sind, in denen Kinder den größten Spaß an Geschichten haben, selbst immer leichter und ausführlicher zu erzählen verstehen, und die man deshalb als das eigentliche »Erzählalter« bezeichnen könnte. Fragen wir nämlich nach, auf welchem Wege die zunehmende Verinnerlichung aktiven Spielens zum fortgesetzten passiven Tagträumen erfolge, bietet sich das Erzählen als das natürliche Bindeglied an. In Wygotskis Perspektive ist die Phantasietätigkeit ja zunächst abhängig vom Ausagieren der Spielhandlung. Die innere Vorstellung gewinnt mit wachsender Spielfähigkeit an Unabhängigkeit, bis sie sich schließlich auch ohne spielende Vergegenständlichung behaupten kann: Das Spiel wird zur reinen Phantasie verinnerlicht. Erzählen stellt aber gegenüber dem ausagierenden Spielen bereits einen Schritt dar, der die Darstellung von ihrer gegenständlichen Ausführung abzieht: Statt des rollenspielartigen Ausagierens werden die Handlungen versprachlicht, die spielerische Wiedergabe wird durch formalisierte, zeichenhafte Gesten ersetzt. Gleichzeitig wächst die Steuerung durch die inneren Vorstellungsbilder, die nun auch einer festen Struktur gehorchen und darüber die sprachlichen und gestischen Zeichen zu organisieren vermögen. Ich möchte deshalb Wygotskis Formel ergänzen: Was nach innen verlegt wird, ist eigentlich nicht das Spiel, sondern die Erzählfähigkeit, die auf den Spielerfahrungen aufbaut und sich ohne sie nicht entfalten könnte. Zumindest ausgedehntes Phantasieren setzt einen inneren Erzähler voraus, der seinen eigenen Erzählungen lauscht. Und erst die Fähigkeit zu erzählen stellt die Muster zur Verfügung, mit denen fortlaufende Handlungen über die Sprache imaginiert werden können; dadurch kann die Aufmerksamkeit über längere Zeit von der Außenwelt abgelenkt und an die inneren Wahrnehmungen gebunden werden. Tagträumen läßt sich in den Worten Singers als individuelle »Selbstunterhaltung durch privates Erzählen mittels

Bildern und Monologen« (Singer/Singer 1990, S. 262) charakterisieren. In diese Perspektive fügt sich dann auch recht gut Singers Feststellung ein, Kinder zeigten etwa ab neun Jahren die typischen Muster des Tagträumens, wie sie auch für Erwachsene kennzeichnend seien. »Der Prozeß der Verinnerlichung ist fast abgeschlossen« (Singer 1983, S. 255).

Als typische Muster erwachsenen Tagträumens unterscheidet Singer drei »Stile«: An erster Stelle nennt er die verbreitetste Form des Tagträumens. Sie suche »sehr lebendige und detaillierte Inhalte mit einer allgemeinen positiven Schattierung zu produzieren und zeichnet sich aus durch die Akzeptanz des Tagträumens und verwandter innerer Erfahrungen«. Einen davon abweichenden Umgang zeigten Personen, die »über viele negativ gefärbte innere Aktivitäten berichten, die häufig fest verbunden sind mit Schuldphantasien und mit Erfahrungen quälenden ›Mit-sich-selbst-beschäftigt-Seins‹. Ein drittes Muster ist charakterisiert durch Furchtsamkeit und Ängstlichkeit, Ablenkbarkeit, Langeweile und flüchtige statt ausführliche Tagträume mit minimal entwickelten Inhalten« (Singer 1978, S. 216).

Die Annäherung an die erwachsenen Tagtraumstile manifestiere sich insbesondere im zunehmenden Auftreten aggressiver Handlungen. »In jüngerem Alter zeigen Kinder weniger aggressive Phantasien, als sie einige Jahre später von Drittkläßlern berichtet werden und bei Erwachsenen deutlich hervortreten. Auch zeigen jüngere Kinder noch keine schuldgeprägten Phantasien, die zusammen mit Aggression den Faktor ›dysphorischen‹ Tagträumens ausmachen« (Singer 1983, S. 255). Die Feststellung erinnert an die Entwicklung der Konfliktmuster, die wir in den spontanen Erzählungen von Kindern verfolgten: Es ist etwa die gleiche Lebenszeit, in der sich immer öfter das Muster durchsetzt, das den Helden zur aktiven und siegreichen Gegenwehr anhält, ein Verhalten also, das die Bereitschaft einschließt, sich aggressiv zur Wehr und gegen die Widersacher durchzusetzen.

Die Freiheit der Selbsterzählung

Beim inneren Selbsterzählen erscheinen die Ausrichtung auf ein Ergebnis und die darauf abzielenden Strukturelemente der Erzählung auffallend aufgeweicht: Die Strukturgesetze des Erzählens, die der Erzähler nur um den Preis verletzen kann, nicht mehr verstanden zu werden, verlieren ihre strikte Gültigkeit, wo Erzähler, Held und Zuhörer miteinander verschmelzen. Der Tagträumer muß sich nicht mehr ausmalen, was er schon weiß. Aber – könnte man einwenden – wieso will er sich dann überhaupt noch erzählen, was er doch schon im voraus wissen muß, so wie der Erzähler seine Geschichte in den wesentlichen Elementen schon im voraus kennt, ehe er dazu ansetzt, sie im Detail auszuführen? Erzähler, Held und Hörer scheinen also doch nicht so unterschiedslos zusammenzufallen. Angebrachter dürfte es sein, davon zu reden, der Träumer vermöge nach Bedarf abwechselnd in jede dieser Rollen zu schlüpfen, sich als Zuhörer zurückzulehnen und abzuwarten, was vor sein geistiges Auge tritt, oder sich in voller Absicht die Szenen herauszugreifen, die er phantasierend umzuerzählen wünscht. In den entspannten Augenblicken, in denen die Wachträume gedeihen, betreten die vorgestellten Bilder und Gestalten die Szene, ohne daß sie bewußt gerufen worden wären: Sie steigen aus dem Vorbewußten oder Unbewußten auf, der Tagtraum startet, wie Bloch es nannte, zu einer »Fahrt ins Blaue« (Bloch 1967, S. 98). Zunächst mag der Träumer nur als Passagier mitsegeln, doch kann er jederzeit das Steuer übernehmen, die Fahrt in die Richtung lenken, die ihm behagt, sie unterbrechen oder gar einstellen. Die bewegliche Lenkbarkeit, die das jeweils gewünschte Ergebnis anzusteuern erlaubt, ohne auf die Widrigkeiten der Außenwelt Rücksicht nehmen zu müssen, macht die attraktive Leichtigkeit dieser Bewußtseinstätigkeit aus, die man mit dem Begriff einer »kompensatorischen Wunscherfüllung« nur recht ungenau erfaßt. Selbst wo die Träume körperliche Bedürfnisse und die sie begleitenden Gefühle auslösen sollen, brechen sie nicht mit der Gewalt zurückgestauter Triebe über den Träumer herein, auch dann noch steht es ihm frei, spontan und spielerisch mit ihnen umzugehen, wie das eine nach ihren Wachträumen befragte Frau zum Ausdruck bringt: »Wenn mir ein schöner Mann in die Phantasie hineingerät, macht mich das unheimlich an, aber wenn er mir dann nicht mehr gefällt, wechsle ich einfach die ganze Situation und es entsteht ein anderer Mann. Es ist so, daß ich dann irgendwie länger rumsuche, bis etwas auftaucht, was mir paßt« (Gromus 1993, S. 146).

Die Fähigkeit zum Wachträumen entsteht aus der Verinnerlichung des Erzählens, die ausgeführte Erzählung setzt die Norm, der die Tagtraumhandlungen nachempfunden sind. Indem der Erzähler sich nicht nur selbst zum Helden macht, sondern sich auch keinem Gegenüber mehr verständlich machen muß, darf er von den Gesetzen des Erzählens abweichen. Als Selbsterzähler kann sich der Tagträumer die Freiheit nehmen, die Gestaltung seines Traums ohne Rücksicht auf einen Zuhörer nach den erwünschten Zielen auszurichten, sie so anzulegen, daß sie die Gefühlslage erzeugt, auf die es ihm ankommt. Deshalb wird er nur so weit von den Verfahrensweisen des Erzählens abweichen, wie das seinen Absichten zugute kommt. Wo er ein Erlebnis nach seiner Fasson zurechtrücken will, wird er sich an die erinnerten Abläufe anlehnen. Wo er eine dramatische Heldentat zur Selbsterhöhung ausmalt, wird er den Gesetzmäßigkeiten folgen, die die Heldenstory erfordert. Wo sich eine gewünschte Gefühlslage auch über idyllische Bilder herstellen läßt, kann er aber auch fast ganz auf ein Handlungsschema verzichten. Wie weit ihm das gelingt, hängt auch von der Tiefe seiner Entspannung ab, denn die Imagination einer Handlung dient ja zugleich dazu, die Aufmerksamkeit in der inneren Wahrnehmung festzuhalten.

Wo die Aufmerksamkeit durch die entspannte Situation schon vom Außen abgekoppelt ist, genügen dann nur wenige eindrückliche Bilder, um alle Wahrnehmung vollständig nach innen zu ziehen.

Oft, wenn ich allein auf einer Wiese liege, kommen mir seltsame Gedanken. Wie schön wäre es auf einer meerumspülten Insel, in deren Mitte herrliche Bäume, wunderschöne Blumen und seltsame Tiere wären. Aber

nicht alleine, sondern mit einem andern Menschen möchte ich dort sein.
Eine Insel, wo man glücklich sein kann und wo die Menschen zueinan-
der keinen Haß, keinen Neid, keinen Krieg und keine Not kennen. (…)
Auf einer Insel, wo man das Rauschen des Baches und das Säuseln des
Windes und die Sprache der Tiere versteht.

Das Wissen, daß die Traumbilder nichts mit der äußeren Realität zu
tun haben, hindert nicht daran, sich ihnen zu überlassen und die
davon aufgerufenen Gefühle zu genießen:

> *Meine Insel gibt es nicht, selbst auf dem Mond nicht und schon gar nicht*
> *auf unserer Erde. Dieses Land gibt es eben nur in den Träumerein eines*
> *13jährigen Mädchens. Und doch kann ich mir so gut vorstellen, wie ich*
> *am Abend am Strand liege und die blutrote Sonne am Horizont lang-*
> *sam versinkt und sich im Meer spiegelt, das still wie ein Spiegel liegt, und*
> *der Wind leise mit meinem Haar spielt. Ich werde rings um mich alles*
> *vergessen und nur das leise Rieseln des Sandes, der durch meine Finger*
> *geht, hören.*
> *Wenn ich so in meine Träumerein versunken bin, dann bin ich beinahe so*
> *glücklich, als ob sie Wirklichkeit wären. Aber dafür wird dann das Zu-*
> *rückfinden in die Welt nur um so härter und nüchterner…*
>
> (Kobi 1963, S. 105)

Jugendliches Tagträumen

Mit dem Eintritt in die Pubertät werden die meisten Jugendlichen,
zumindest ihrem Herkunftsmilieu gegenüber, wortkarg und zurück-
haltend. Die rastlose Spieltätigkeit des jüngeren Kindes hat schon
mit dem Eintritt in die Schule nachgelassen, einige wenige können
ihre Spielfreude erhalten und in darstellendes Spielen überführen,
indem sie sich an Theatergruppen beteiligen oder sich für die Erarbeitung von Videofilmen und ähnlichen Medienproduktionen begeistern. Die meisten jedoch kostet es Überwindung, sich außer im
vertrauten Kreis der Clique spielend zu produzieren: Die ungenier-
te Spielfreude wird den Bedenken geopfert, ob man auch gut genug

wirkt; erst sind die Selbstzweifel zu besiegen, ehe man es wagen kann, sich kritischen Blicken auszusetzen.

Auch der ausgeprägte Spaß am Erzählen und an Erzählungen, der für die Grundschulkinder so bezeichnend ist, geht zurück. Die »Leseratten« füttern ihre Träume mit den Phantasien, die ihnen die Jugendliteratur anbietet. Sie sind sicher – trotz des ausufernden Angebots an Jugendbüchern – nur noch eine Minderheit. War das Verfassen von literarischen Erzählungen oder Dramen noch um 1900 unter den bürgerlichen Jugendlichen verbreitet, so versuchen inzwischen nur noch wenige, sich literarisch zu artikulieren; nur das Tagebuchschreiben hat sich erstaunlich gut gehalten: »Stichprobenhafte Untersuchungen an Jugendlichen in den letzten 30 Jahren haben (...) eine relativ gleichbleibende Rate von über 30 Prozent Tagebuchschreibern ermittelt« (Seiffge-Krenke 1987, S. 17). In der mittleren Adoleszenz steigt der Anteil nach Seiffge-Krenkes Erhebung sogar bis auf 45 Prozent an, darunter finden sich allerdings nur zwölf Prozent männliche gegenüber 63 Prozent weiblichen Jugendlichen. Es sind eher die vielfältigen Angebote der audiovisuellen Medien, die die Lust am Spiel und das Interesse an Erzählungen sättigen, und sie werden nun am liebsten im Kreis der Gleichaltrigen aufgenommen. Der gemeinsame Kinobesuch bekommt deshalb wieder eine Chance, sich gegen das allgegenwärtige Fernsehen zu behaupten.

Was dagegen alle Jugendlichen vereint, ist die Begeisterung für Musik. Mit dem Alter, dem sozialen Milieu und der individuellen Clique mögen die bevorzugten Musikstile wechseln, doch durch das ganze Jugendalter hindurch hält sich die Neigung, im Musikerleben das eigene Lebensgefühl auszubilden und auszudrücken, über die Musik geweckte Gefühle wahrzunehmen und zu genießen. Musik scheint die emotionale Situation der Jugendlichen am genauesten anzusprechen, und es sind auch Versuche, selbst Musik zu machen, für die sie sich am ehesten aktiv engagieren.

Die musikalische Stimulierung unterstützt zugleich auch das jugendliche Tagträumen und damit jene Bewußtseinstätigkeit, die das offene Ausspielen innerer Bilder und emotionaler Impulse sowie das erzählende Mitteilen der eigenen Phantasien und Träume abgelöst hat. Die schwebenden Stimmungen, in die das Musikhören versetzt, die körperliche und geistige Entspannung, die es bewirkt, schaffen mit der verringerten äußeren und der erhöhten nach innen gerichteten Aufmerksamkeit günstige Voraussetzungen für das spontane Erscheinen der inneren Vorstellungen. Dazu kommt ein weiterer Effekt: Singer und Antrobus konnten in Versuchen nachweisen, daß die Konzentration auf visuelle Signale bildhaftes Tagträumen reduzierte, während auditive Signale es nicht behinderten. Umgekehrt verringerten Höreindrücke musikalische Vorstellungen. Selbstvergessenes Musikhören dürfte demnach innere Visualisierungen fördern (Singer 1966, S. 86 f.). Tatsächlich wird in der Untersuchung von Seiffge-Krenke in einem Viertel der Fälle Musikhören als Auslöser von Wachträumen genannt, und in einer Untersuchung, die die von Musik ausgelösten Bewußtseinstätigkeiten erforschte, rangierten innere Bilder vor Gedanken, Gefühlen und körperlichen Empfindungen: »Diese Ergebnisse legen die Interpretation nahe, innere Bilder dürften die beherrschende Form darstellen, auf Musik zu reagieren« (Osborne 1981, S. 133).

In keiner Lebenszeit nimmt das Tagträumen soviel Raum ein wie in der Jugend. Jugendliche hängen in langen Phasen ihren Wachträumen nach und verstehen es glänzend, äußere Aufmerksamkeit zu simulieren und sich doch mit leicht glasigem Blick ihren inneren Romanen zu überlassen. Nach den wenigen verfügbaren Daten dürfte der Höhepunkt etwa um das 17. Lebensjahr herum liegen. Giambra, der Männer im Alter von 17 bis 91 Jahren nach ihren Wachträumen befragte, fand, daß sie zwischen 17 und 23 am meisten tagträumen (Giambra 1976, S. 28). Von Singer befragt, gaben Collegestudenten an, ihre Wachträume hätten ihren Gipfel zwischen dem 14. und 17. Lebensjahr erreicht (Singer 1966, S. 150 f.). Für die Untersuchung von Jugendlichen zwischen zwölf und 17 Jahren stellt Seiffge-Krenke fest: »Die Tagtraumrate der untersuchten Jugendlichen steigt über die gesamte analysierte Altersspanne an und ist bei weiblichen Jugendlichen noch höher als bei ihren männlichen Artgenossen« (Seiffge-Krenke 1987, S. 19).

Dieses ausgedehnte Tagträumen wird verständlich vor dem Hintergrund der Lebenssituation, in der sich Jugendliche befinden. Sieht man von der Geburt ab, dann hat ein Mensch in keinem anderen Abschnitt seines Lebens so tiefgreifende Umwälzungen zu verarbeiten, nie mehr später so radikale Umwertungen seiner Lebensweise und seiner Wertorientierungen vorzunehmen wie in der Lebensphase, die wir als »Pubertät« bezeichnen. Das in der frühkindlichen Entwicklung erreichte Gleichgewicht bricht mehr oder weniger plötzlich zusammen. Die mit der Pubertät einsetzende körperliche Reifung bringt nicht nur neue und bislang ungeahnte Wahrnehmungen und Gefühle mit sich, der Jugendliche begegnet auch veränderten Blicken, die ihn auffordern, das Bild der eigenen leiblichen Existenz, das »Körperschema«, neu zu zeichnen.

Mit den einsetzenden körperlichen Veränderungen und den damit verbundenen neuen Wahrnehmungen und Emotionen stehen die bisher so verläßlichen Gefühle, die menschlichen Beziehungen, in denen sie gediehen, und die Wertorientierungen, die daraus erwuchsen, in Frage. Die inneren wie die sozialen Ausrichtungen sind neu zu definieren, das ganze Gehäuse der eigenen Persönlichkeit muß von Grund auf umgebaut werden. Der Jugendliche muß sich nicht nur neu ausrichten, ein neues Bild seiner Person entwerfen, seine Rolle in seiner Umwelt neu bestimmen, Aufgaben, die sich auch sonst beim Übergang in neue Lebensphasen, wie zum Beispiel der Geburt eines Kindes oder dem Ausbruch chronischer Krankheiten und dergleichen, stellen. Er muß seine unverwechselbare und individuelle Persönlichkeit überhaupt erst konstruieren. Es ist kein Zufall, daß er in dieser Situation zu ausuferndem Tagträumen neigt: Diese Träume helfen ihm, sich selbst zu erfinden; die Konstruktion der eigenen Individualität beginnt in der Phantasie.

Die inneren Umbrüche der Pubertät werden in unseren Gesellschaften kaum von Änderungen der Lebenslage begleitet, sie bringen zunächst keine neuen sozialen Rollen, keine veränderte Darstellung in der gesellschaftlichen Öffentlichkeit mit sich. Das tiefe Bedürfnis, die durchgestandenen Änderungen auch in eigenständige soziale und kulturelle Formen zu gießen, ihnen einen angemessenen, sichtbaren, hörbaren und greifbaren Platz in der Gesellschaft zu erkämpfen, hat die sich von Generation zu Generation wiederholenden Jugendrevolten und Jugendkulturen hervorgebracht, seit sich die Lebensphase einer eigenständigen, vom Erwachsenenalter abgetrennten Jugend Ende des 19. Jahrhunderts herausbildete. Allenfalls als Konsumenten von Modeprodukten, die auf diese Zielgruppe zugeschnitten sind, gesteht unsere Gesellschaft den Jugendlichen eine eigenständige Rolle zu. Tatsächlich bleiben sie in unseren gesellschaftlichen Lebensformen noch lange von der materiellen Versorgung durch das Elternhaus oder andere soziale Einrichtungen abhängig, werden noch Jahre in Ausbildungseinrichtungen verbringen, treten in der Öffentlichkeit als eigenständige soziale Gruppe kaum in Erscheinung. Längst aber haben sie begonnen, sich in ihrer Vorstellung von ihrem »Primärmilieu« zu lösen, sich neue und abweichende Lebenssituationen und Lebensstile auszumalen, die allenfalls in der Clique der Gleichaltrigen zaghaft erprobt werden, größtenteils aber Phantasien bleiben müssen und nur unter Gleichgesinnten genährt und am Leben erhalten werden können.

Es sind vier Themen, die in den jugendlichen Tagträumen besonders hervortreten: die Ablösung vom Elternhaus, die aufkeimende Sexualität, die Erarbeitung eines befriedigenden Selbstbildes und das Vorausträumen in die eigene Zukunft.

Thema 1: Ablösung

Mit den Abenteuerphantasien der späten Kindheit werden die ersten Schritte zur Ablösung aus einem Elternhaus gewagt, das angesichts der umfassenden gesellschaftlichen Angebote an Perspektiven und Möglichkeiten in einer sich ständig ändernden dynamischen Gesellschaft immer als eng und eingeschränkt erfahren werden muß. Die tagträumende Erweiterung des Blicks entzündet sich herkömmlicherweise an den Phantasien, die die Jugendliteratur liefert. Vor allem die trivialen Phantasien, die ein von den Zwängen des bürgerlichen Alltags befreites Leben in den endlosen Weiten der Prärie oder in einem heldenhaften Mittelalter und dergleichen ausmalen, liefern Vorlagen für jugendliche Ausbruchsträume. Die Wirkung Karl Mays auf Generationen von Jugendlichen erklärt sich daraus, daß er die eigenen Tagträume kompromißlos und unermüdlich in seinen Büchern verarbeitete, und es ist alles andere als zufällig, daß seine ersten Erfolge in die Zeit fielen, in der »Jugend« als eine eigenständige Lebensperiode »erfunden« wurde. Heute haben in weiten Bereichen mediale Phantasien die literarischen Vorlagen abgelöst, aber so trivial und banal die von den Jugendlichen benutzten Fiktionen auch ausfallen mögen, darf man doch die vorwärtstreibende Kraft nicht unterschätzen, die solche Träume für die Ablösung und die jugendliche Selbständigkeit haben.

Auch wo sie sich selbständig einen Lebensroman ausphantasieren, bewegen sich die jugendlichen Tagträumer im Banne literarischer oder medialer Trivialität, und gestalten damit doch ihren persönlichen Kosmos, reißen sich vom einengenden Elternhaus los, ziehen mutig in die Welt hinaus, bewähren sich in Heldentaten und malen sich in der Phantasie schon ein eigenständiges und selbstbestimmtes Leben aus. Mit der folgenden Wachtraumserie beglückte sich ein Mädchen zwischen dem achten und zwölften Lebensjahr:

Im Mittelpunkt… stand eine Kindergruppe, die an einem nicht näher bezeichneten Ort in den Alpen ein eigenes Staatswesen aufbaute. Die Gruppe bestand fast ausschließlich aus Mädchen – der einzige Junge spielte keine Hauptrolle – und wurde von der Tagtraumpersönlichkeit der Träumerin und ihrer Freundin Lissa geleitet. Im Gegensatz zu den andern Figuren, die an reale Personen (frühere Spielkameraden/innen der Träumerin) angelehnt gestaltet wurden, war Lissa eine völlig fiktive Person. Im Verlauf der Phantasie wurden dann immer mehr fiktive Personen eingebaut, zu deren Gunsten die ursprünglich »realen« Mitspieler zurücktraten.

Die Inhalte der Geschichten rankten sich um den Aufbau des Landes und des Gestütes, mit dem die Kinder es finanzierten, aber auch um abenteuerliche Geschichten, um Ausreißen und Wiederaufgegriffenwerden, denn nicht alle Eltern fanden sich ohne weiteres mit dem Verschwinden ihrer Kinder ab. Internatsgeschichten wurden aufgegriffen, aktuelle Geschehnisse – Wahlen, Rauschgiftproblematik, Entführungen – als An-

regung für Tagtraumgeschichten benutzt. »*Ich kann das unmöglich alles erzählen… das würde viel zu lange dauern… und alles weiß ich auch gar nicht mehr…*« *Zwischendurch spielte eine Zeitmaschine eine Rolle, um Abenteuer in fernen Zeiten zu erklären. Auch ein magisches Medaillon, das seiner Trägerin Macht verlieh, wenn sie die richtigen Worte kannte, stand eine Zeitlang im Mittelpunkt. (…) Als die Träumerin ca. 15 Jahre alt war und sich die Team-Fantasies endgültig zugunsten der Romance zurückzogen, konstruierte sie eine scheinlogische Geschichte, in der Andrea das Medaillon ins Meer warf, um die Kämpfe zu beenden. Sie ließ es also nicht einfach verschwinden, sondern suchte eine halbwegs plausible Erklärung dafür, es aus der Geschichte zu nehmen.*

(Gohl 1991a, S. 125 f.)

Eine Untersuchung, die Collegestudenten nach ihren früheren Tagträumen befragte, ergab, daß die meisten Jungen und Mädchen zwischen zehn und zwölf Jahren sich in Abenteuer stürzten, in denen sie gemeinsam in einer Gruppe Forschungsreisen machten, Invasionen durchführten oder sportliche Wettkämpfe bestanden, während die 13- und 14jährigen sich Romanzen mit dem Gegengeschlecht ausmalten, ihre eigentliche Berufung entdeckten, Erfindungen machten oder über den Sinn des Lebens nachdachten. »Wir können diesen entscheidenden Wechsel auf die Belange des Jugendlichen und die wachsende Bedeutung zurückführen, die Probleme persönlicher Identität und Intimität einnehmen, sobald wir von den Zehnjährigen zu den 14jährigen übergehen« (Singer/Singer 1990, S. 259 f.).

Thema 2: Sexualität
Die Suche nach persönlicher Intimität tritt aber schon sehr viel früher auf, sie kann sich nur noch nicht offen auf die Bühne wagen. Die erste Sehnsucht nach geteilter Intimität kann zunächst nur weitab von der eigenen Lebenssphäre in den Kulissen literarischer oder medialer Fiktionen Gestalt annehmen. So träumt eine Neunjährige im Amerika der sechziger Jahre noch vom erlösenden Kuß eines Märchenprinzen:

290

Mein liebster Tagtraum besteht darin, daß ich mich manchmal als Prinzessin in einem Palast fühle und wunderschöne Dinge träume. Träume, daß Prinz Charming in den Palast meines Vaters kommt. Ich träume, ich wäre im Garten des Palastes beim Blumenpflücken und eine Hexe würde über mich einen Fluch aussprechen, daß ich weder sprechen noch hören könnte. Deshalb spreche ich manchmal nichts. Die Hexe nimmt mir auch das Gedächtnis, so daß ich mich an nichts erinnere. Deswegen bin ich ständig im Garten beim Blumenpflücken. Die Hexe verkündet, daß ich nicht reden, hören oder erinnern würde, bis mich ein Prinz küßt. Ich bin da beim Blumenpflücken, und die Leute in der Stadt sind besorgt und so was. Und dann kommt eines Tages ein Prinz in den Palast und sieht mich im Garten und kommt zu mir und sagt: »Hallo«, *aber weil ich nichts hören kann, mach ich mit dem Blumenpflücken weiter, und da sah ich den Fuß eines Mannes. Ich schaute auf und lächelte, und er lächelte zurück. Er schaute mich mit leuchtenden und funkelnden Augen an, weil er mich so schön fand. Dann küßte er mich, und ich redete und hörte und erinnerte mich an alles. Er heiratete mich, und von da an lebten wir glücklich zusammen. Es war ein wundervoller Tagtraum.*

(Singer 1966, S. 126)

Dieser erlösende Prinzenkuß wurde in einer Zeit erträumt, als in der Öffentlichkeit noch jede sexuelle Andeutung verpönt und die Rollenverteilung zwischen den Geschlechtern noch unverrückbar schien. Wahrscheinlich würde der gute alte Prinz heute eher gegen den Popstar oder den Helden einer Seifenoper ausgetauscht, würde also der Traumpartner etwas näher an die Lebenssphäre der Träumerin herangerückt. Das Wissen, daß es diesen Prinzen »wirklich« gibt, droht aber eher die Verwirrung zu steigern, denn hier wie da bleibt er eine Gestalt der reinen Phantasie, nur riskiert der Medienstar, nicht mehr deutlich genug als eigene Kreation durchschaut zu werden.

Es gehört zu den wirkungsvollsten Verfahren der Produktwerbung, die Grenze zwischen den Erfahrungen des sozialen Lebens und den inneren Bildern zu verwischen und beispielsweise für die »kostbarsten Wochen des Jahres« das Wahrwerden all der Traumbilder zu versprechen, die das »wirkliche« Leben verweigert. Die jugendlichen Tagträumer greifen die kulturellen und medialen Bildwelten auf, die ihnen ihre Gesellschaft anbietet, sofern sie ihnen eine Stimulierung gestatten, die ihre Entwicklung vorantreibt. In der Zeit des »Wirtschaftswunders« der Bundesrepublik Deutschland lag es für eine Dreizehnjährige nahe, die erlösende Begegnung im unerreichbaren exotischen Traumurlaub zu suchen.

> *Es war eine blaue Sommernacht. Das Meer war spiegelglatt, und der Mond stand klar und silberhell auf dem azurblauen Himmel. Herrlich, dachte ich, muß es sein. Jetzt kam ein laues Lüftchen, und das Meer kräuselte sich. In den Bäumen saßen fremde Vögel. Ich saß in der Haifischbar und konnte mich nicht sattsehen an der exotischen Pracht. Zu den rhythmischen Weisen der Musik tanzten hübsche Mädchen. Ich war die einzige Ausländerin hier. Plötzlich setzte sich ein Wiener zu mir. Es wurde ein herrlicher Abend. Er lud mich ein, mit ihm eine Segelfahrt zu machen; ich schlug es ihm nicht ab. Wir kamen zu steilen Küstenkliffen und Kokospalmen. Ich lag im Boot und sah unentwegt auf die herrliche Pracht der Orchideen, Magnolienbäume und den Sandstrand von Hawaii. Als wir hielten, stand ich vor einer Traumvilla. Mir blieb die Sprache weg, als ich dieses Traumgebilde sah. Es war wie ein Traum und nicht wie eine Villa. Im Garten war ein Schwimmbassin, und unter fremdartigen Bäumen stand eine Hollywoodschaukel. Wir kamen ins Gespräch. Er bot mir Whisky an, und der Abend wurde bis in die Nacht verlängert. Als es 1 Uhr morgens war, wollte ich gehen, doch mein Gastgeber ließ mich nicht fort. Er lud mich sogar ein, in der Villa zu übernachten, ich schlug ihm die Bitte nicht ab …* (Kobi 1963, S. 102)

Kobi, dessen Sammlung dieser Tagtraum entnommen ist, behauptete, daß sich sexuelle Tendenzen in jugendlichen Wachträumen nicht nachweisen ließen, selbst wo ein Liebespartner auftauche, handle es sich nur um ein »›schleierhaftes Wesen‹, dessen Geschlecht nicht genau bestimmt sei« (Gohl 1991a, S. 20). In der noch immer recht verklemmten Atmosphäre im Deutschland der sechziger Jahre wagten die Schüler, deren Aufsätze er auswertete, natürlich nicht, sich anders als schleierhaft auszudrücken, und es ist wohl auch nur aus dieser Zeitstimmung heraus zu begreifen, daß Kobi diese Komponente übersehen konnte oder übersehen wollte. Dreißig Jahre später und in der Rückschau erwachsener Frauen ist es sehr viel leichter, darüber zu sprechen, und ihre Träumereien zielen unmißverständlich auf erotische Stimulierung. »In den Tagträumen von Mädchen«, schreibt Christiane Gohl, »erscheinen nach Angaben meiner Interviewpartnerinnen im Alter von circa zwölf bis dreizehn ein oder mehrere Phantasiemänner, meist erfunden in Anlehnung an einen Film- oder Schlagerstar (auch Tennisspieler haben gute Chancen). Selbst wenn der Geschlechtsakt in diesem Alter noch nicht ausgemalt wird, spielt die Erotik doch schon eine große Rolle, und die sexuelle Komponente kann nicht geleugnet werden« (Gohl 1991a, S. 20). Erleichtert werden die erotischen Wachträume dadurch, daß sie zum überwiegenden Teil im Freizeitbereich angesiedelt werden, in dem die Jugendlichen sich schon sehr selbständig und unter ihresgleichen bewegen.

In einer US-amerikanischen Untersuchung vom Ende der achtziger Jahre, die Studenten nach ihren ersten sexuellen Tagträumen und den Unterschieden zu den späteren erotischen Phantasien befragte, berichteten Jungen etwa für das Alter von elfeinhalb Jahren von ersten sexuellen Tagträumen, während das bei Mädchen erst etwa ein bis zwei Jahre später liege, eine überraschende Feststellung angesichts der Tatsache, daß bei Mädchen die Pubertät etwa um diese Zeitspanne früher einsetzt als bei Jungen. Sie unterschieden sich auch darin, daß Jungen kürzere und sexuell deutlichere Phantasien berichteten und dabei weniger schlechtes Gewissen entwickelten als die Mädchen, was als Auswirkung der hergebrachten Rollenverteilung verstanden wird (Gold/Gold 1991, S. 214). Offenbar setzen Jungen sexuelle Phantasien mehr als Mittel zur Masturbation ein, während Mädchen in ihren ausgeprägteren »Beziehungsromanen« eine mehr ganzkörperliche Stimulierung suchen, in die die Vorstellung körperlicher Attraktivität und zärtlicher Berührung die gesuchte Erregung tragen. Die Entwicklungsrhythmen beider Geschlechter scheinen sich hier beträchtlich zu unterscheiden. »Bei den Männern hat die Phantasie in der Pubertät, bevor sexuelle Erfahrungen gemacht werden, große Bedeutung für die imaginative Einübung künftigen Verhaltens, auch der Masturbation (…) Bei den jüngeren Frauen ist die sexuelle Imagination vor den ersten erotischen Erfahrungen und beim Masturbieren weniger wichtig, gewinnt aber im dritten Lebensjahrzehnt eine wesentlich größere Bedeutung als bei diesen« (Hartmann 1990, S. 50).

Diese Feststellung gilt aber wohl allenfalls als Durchschnittswert. Grundsätzlich – und auch wenn das offenbar zeitlich etwas später erfolgt als bei Jungen – haben auch die erotischen Wachträume von Mädchen die Aufgabe, die sexuelle Begegnung träumend zu erproben, die körperlichen Empfindungen in einer unverfänglichen Weise zu testen und sich auf den »Ernstfall« vorzubereiten.

Auch bevor ich meinen ersten Freund kennengelernt habe, habe ich Selbstbefriedigung versucht. Diese Phantasien sahen damals so aus, daß in der Phantasie immer der Mann auftauchte, in den ich gerade toll verliebt war, also eine ganz reale Person. Ich habe mir immer vorgestellt, wie es wäre, wenn ich mit ihm schlafen würde. Ich habe mir dann das, was ich bisher so gelesen hatte, ausgemalt, und dann diesen Mann in diese Phantasie hineingestopft, daß er mich dann z.B. streichelt oder küßt am ganzen Körper, aber daß ich auch ihn streichelte, z.B. auch seinen Penis. Die Phantasien kamen auch nicht einfach so spontan, sondern ich habe sie absichtlich herangeholt. (…) Diese Phantasien damals, die waren für mich sehr aufregend, und ich habe mich danach immer sehr toll gefühlt.

(Gromus 1993, S. 134)

In einer der ersten Erhebungen weiblicher erotischer Phantasien, die von Barbara Hariton in den USA durchgeführt wurde, berichteten zahlreiche Frauen, erotische Phantasien, die ihnen während sexueller Aktivitäten mit ihren Ehemännern kämen, hätten ihren Ursprung in der frühen Adoleszenz und wären damals in vielen Fällen von Masturbation begleitet gewesen (Singer 1966, S. 156).

Thema 3: Selbstbild
Sich als selbstsichere, erfolgreiche und geliebte Person zu träumen wagen viele Jugendliche zunächst nur über den Umweg stellver-

tretender Phantasiefiguren. Dazu werden enge und bewundernswerte Freunde imaginiert, und für viele haben die ausgedachten Begleiter schon eine lange Vorgeschichte: Denn schon zahlreiche Kinder leben mit eingebildeten Spielgefährten, selbst durch Anthonys Einschlafmonologe sahen wir ja schon den geheimnisvollen Bobo geistern. Wo sie sich zu ständigen Begleitern verfestigen, werden sie wie reale Freunde behandelt und sind in Kinderzimmern recht häufig anzutreffen: »Etwa ein Drittel aller Kinder berichten von imaginären Spielgefährten« (Singer 1966, S. 135). Diese imaginären Freunde können Kinder über eine lange Wegstrecke begleiten, bis sie eines Tages verschwinden, weil sie nicht länger gebraucht werden. Sie beleben vor allem einsame Situationen, stellen sich deshalb wohl häufiger bei Erstgeborenen und Einzelkindern ein.

Sie sind insofern echte Spielgefährten, als mit ihnen gespielt wird, sie direkt angeredet werden und gegenüber Eltern und Erwachsenen über sie wie über anwesende Personen gesprochen wird. Auch in den jugendlichen Tagträumen leben die ausgedachten Freunde weiter, aber nun werden sie zu echten Wachtraumgestalten, die in stiller Phantasie vorgestellt und auch eher geheimgehalten werden. Sie scheinen aber recht verbreitet zu sein, nach Seiffge-Krenke leben 43 Prozent der weiblichen und 36 Prozent der männlichen Jugendlichen mit selbstgezauberten Freunden. Und offenbar geht es jetzt nicht mehr um die Belebung einsamer Stunden, sie stellen vielmehr so etwas wie ersehnte Selbstbilder dar: »Die Ausgestaltung des imaginären Gefährten (...) erinnert an ein ideales Selbst: Die Jugendlichen schildern eine perfekte, sozial begabte, durchsetzungsfähige und einfallsreiche Variante ihrer eigenen Person« (Seiffge-Krenke 1987, S. 20). Und anders als bei den imaginären Spielkameraden der Kindheit scheinen sie kaum mehr fehlende Kontakte im Familien- und Freundeskreis ersetzen zu müssen. »Es sind vielmehr die sozial besonders begabten Jugendlichen, die diese Form der Verarbeitung wählen, Jugendliche also, die über gute empathische Fähigkeiten verfügen und bereitwillig über sich Auskunft geben.« Sie dienen aber auch vielen Tagebuchschreibern als Adressat von Wünschen und Erfahrungen, die vermutlich nicht so ohne weiteres in der Freundesclique oder mit Familenangehörigen erörtert werden können. »Nach unseren Befunden ist der imaginäre Gefährte nur ein Ansprechpartner, und er wird auch keineswegs ersatzweise, sondern in Kombination mit anderen vertrauenswürdigen Partnern in Familie und Freundeskreis angesprochen« (Seiffge-Krenke 1987, S. 27). Die erdachten Freunde dürften ihre Existenz wohl vor allem der Unsicherheit ihrer Schöpfer verdanken, die noch nicht kühn genug sind, sich als selbstsichere Personen zu imaginieren, und deshalb auf die idealisierten Gestalten ausweichen. Selbsterhöhung und Selbstbestätigung sind ja ein zentrales Motiv allen Wachträumens, und pubertierende Jugendliche sind dafür besonders anfällig, werden sie doch in dieser Lebenszeit immer wieder von heftigen Selbstzweifeln verfolgt.

Die vorwärtstreibende, das Selbstbewußtsein stärkende Rolle solcher Tagträumereien tritt besonders hervor, vergleicht man sie mit den Konfliktführungen der spontanen Erzählungen von Kindern, in denen sie sich so lange als hilflos ausgeliefert und unterlegen erfuhren. Es ist offensichtlich die nun vollständig verinnerlichte Struktur des erfolgreichen Helden, der durch Kraft, List oder Geschicklichkeit ans Ziel seiner Wünsche kommt, die diese Tagträume prägt und ihren Träumern mit der Hoffnung auf das glückliche Gelingen ein stabileres und befriedigenderes Bild ihrer selbst zeichnet – mag es auch noch so durchsichtig sein, wie die in Stöckelschuhen an ihren Widersachern vorbeirasende zwölfjährige Fußballkönigin.

Ich bin Fußballspielerin. Es ist Sonntag, und im Stadion findet das Spiel statt. Wir sind in dem Umkleideraum, und der Trainer jeder Partie gibt noch die letzten Anweisungen. Mir klopft unser Trainer noch auf die Schulter und meint: »Hoffentlich bist du wieder so »fit« wie das letzte Mal. Also mach's gut!« Dann geht er. Wir sind fertig und renken uns nur noch die Glieder ein. Unsere Mannschaft ist mit rotem Leibchen und giftgrüner Hose und mit Stöckelschuhen bekleidet. Man muß ja wissen, daß lauter Mädchen über den Verein »Zwischenbrücken« und lauter Buben über den Verein »Donauwiese« herrschen. Schon ertönt der Pfiff zum Anstellen. Schnell noch einen Strich mit dem Lippenstift, und jetzt nichts

wie raus. Ich laufe an jedem Hindernis vorbei geradeaus zum Tor der
Feinde. Der Torhüter steht da wie eine Wildkatze. Ich schieße …

(Kobi 1963, S. 84)

Die Herkunft der Wachtraumtätigkeit aus dem Erzählen zeigt sich
auch an der Thematik der Selbstinszenierung, die ja keineswegs auf
das Jugendalter mit seinen inneren Unsicherheiten beschränkt ist. Es
war bereits ein Thema mancher kindlicher Spiele und wird später
zum Auslöser so vieler Alltagserzählungen werden, in denen sich der
Erzähler zum erfolgreichen Helden einer Geschichte aufschwingt,
die meist im krassen Widerspruch zu den Erlebnissen steht, die sie
zurechtzurücken versucht. Während die auftrumpfende Erzählung
hart am Betrug vorbeischlingert und um so stärker aufgetragen werden muß, je weniger die Zuhörer die Heldentat abkaufen, hat die
stille Selbsterzählung einen eher aufbauenden Charakter, kann sie
doch, in den Worten Jerome Singers, dem jugendlichen Tagträumer
dazu verhelfen, »einen Sinn für Kraft und Selbständigkeit zu entwickeln, nicht nur gegenüber den Eltern, sondern allgemein gegenüber der eigenen Lebenslage« (Singer 1966, S. 161).

Thema 4: Zukunftsmusik

So sehr sie zunächst die eigenen ungenügenden Handlungsmöglich-
keiten kompensieren sollen, verweisen die jugendlichen Tagträume
doch zugleich auf zukünftige, wenn auch in weite Ferne verschobene
Möglichkeiten. Sie wirken wie ein tastendes Vorausplanen und er-
probendes Durchspielen von Lebenssituationen und Verhaltensweisen. Auf sie trifft Blochs Formulierung am genauesten zu, der Tagtraum suche die »Fahrt ans Ende«, denn er repräsentiere den »Ernst
eines Vorscheins von möglich Wirklichem« (Bloch 1967, S. 109).

Tatsächlich konnten Percival Symonds und Arthur Jensen die
Auswirkungen beherrschender Tagträume auf die spätere Lebens-
führung sogar empirisch nachweisen. Sie sammelten im Jahr 1961
die Phantasien von Highschool-Schülern und befragten sie ein Jahr-
zehnt später erneut. »Die beherrschenden Themen in den jugendlichen Phantasien der Versuchspersonen waren herausragende Mu-

ster ihres gegenwärtigen Denkens als Erwachsene. Tatsächlich konnte man von manchen Phantasien sagen, sie seien wahr geworden. Viele berufliche Entscheidungen, die die jungen Erwachsenen trafen, fanden sich zehn Jahre zuvor in ihren Tagträumen vorweggenommen« (Singer 1966, S. 151). Die Jugendlichen spielen in ihren einsamen Fiktionen Möglichkeiten durch, die weit über das hinausgehen, was ihnen ihre Umgebung anbieten kann. Sie können Lebensperspektiven und Einstellungen erproben, die ihr späteres Leben oft tief und manchmal lebenslang bestimmen. Die scheinbar ziellose und übertriebene, nach außen meist verschwiegene innere Vorstellungswelt erweist sich als Werkzeug der Lebensplanung und Lebensgestaltung.

Auch wenn sie in den angeführten Beispielen jugendlicher Tagträume ineinanderspielen, lassen sich doch vier Funktionen unterscheiden, die den Träumenden helfen, sich in ihren Antrieben und Wünschen differenzierter wahrzunehmen und darüber eine selbstbewußte und individuelle Persönlichkeit auszubilden. In den Abenteuerphantasien wird im geschützten fiktiven Raum und ohne die Gefahr, sich allein gelassen und ausgesetzt zu finden, die Ablösung vom Elternhaus geprobt. Zugleich werden in einem ersten Anlauf eigene Lebensmöglichkeiten durchgespielt. Die Romanzen entwickeln die Gefühlslagen, mit denen die ersten Liebesabenteuer bestanden werden, die frühen erotischen Phantasien erkunden die eigenen sexuellen Reaktionen und erleichtern den Schritt in die sexuelle Aktivität. Das quälende Gefühl körperlicher Minderwertigkeit und persönlicher Unterlegenheit, das viele Pubertierende verfolgt, wird tagträumend bearbeitet, indem sie sich als selbstbewußte und selbständige Persönlichkeiten imaginieren. Die unendlich vielen möglichen Lebensentwürfe breiten die auf die eigene Zukunft gerichteten Phantasien vor ihnen aus, werden träumend durchgespielt und auf ihre Brauchbarkeit geprüft.

Diese recht positive Sicht jugendlicher Verträumtheit steht im Gegensatz zu den Vorbehalten, mit denen sie bis vor wenigen Jahrzehnten beargwöhnt wurde. Die Warnung vor den Gefahren ausufernder Phantasietätigkeit, die die Pädagogen seit dem 18. Jahrhundert umtrieb, richtete sich besonders heftig gegen ausgedehntes Tagträumen, da es die Jugendlichen unfähig mache, mit beiden Beinen auf dem Boden der Realität zu stehen, sie vielmehr zur Flucht aus ihrer Lebenswirklichkeit in ein ungreifbares Traumreich verleite und daran hindere, die eigenen Lebensprobleme anzugehen. Kant hatte Wachträume mit dieser Begründung als eine »Gemütskrankheit« bewertet (zit. nach Gohl 1991b, S. 30), und in Hoffmanns »Struwwelpeter« wurde schon den Kleinsten das Schreckbild des Hans-guck-in-die-Luft vor Augen geführt. Hinter den Gefahren des weltvergessenen Träumens aber witterten die Pädagogen das krankmachende und zerstörende Laster der »Selbstbefleckung«. Selbst unter Psychologen galt bis vor wenigen Jahrzehnten zumindest »exzessives Tagträumen« als mögliche Ursache psychischer Störungen. Mit der Aufnahme »kreativer« Fähigkeiten und »divergenten Denkens« in den Katalog der Basistugenden moderner Arbeitnehmer zeitigten dann auch die psychologischen Tests anderslautende Ergebnisse. »Singer und andere Tagtraumforscher stellten bei Hunderten von Versuchspersonen keine Korrelation zwischen der Neigung zum Tagträumen und ›Lebensuntüchtigkeit‹ fest. Im Gegensatz zu der verbreiteten Meinung, daß insbesondere jugendliche Tagträumer/innen dazu neigen, den Bezug zur Realität zu verlieren, ergaben seine Forschungen, daß sie besonders klare Grenzen zwischen Traum und Wirklichkeit ziehen und auch bei anderen Gelegenheiten Fiktion und Realität genau auseinanderhalten« (Gohl 1991a, S. 36).

Mit den von Singer entwickelten Test- und Befragungsmethoden lassen sich Ausmaß, Stil und Flexibilität im Wachtraumverhalten einer Person abschätzen, und bei den mit diesen Instrumenten durchgeführten Untersuchungen zeigten sich auch zwischen den Jugendlichen große individuelle und durch die soziale Lebenslage bedingte Unterschiede. So scheint nach Singers Aussagen ein gewisses Maß an materieller Sicherung und emotionaler Zuwendung die Fähigkeit zum Tagträumen zu fördern, während sie dort, wo grundlegende Lebensbedürfnisse nicht erfüllt werden, eher behindert werden dürfte. Singer geht davon aus, daß Jugendliche mit ausgedehnten und vielfältigen Wachtraumerfahrungen Triebstrebungen besser an die Umwelt anpassen können, weniger rasch zum unvermittelten Ausagieren neigen und insbesondere weniger Aggressivität zeigen. Andererseits neigten Jugendliche, die ihre inneren Phantasien wenig auszudifferenzieren und zu genießen verstünden, dazu, ihre Antriebe unvermittelt und unkontrolliert auszuleben (Singer 1966, S. 154). Voraussetzung für ein zufriedenstellendes Traumleben sei allerdings, daß Elemente der alltäglichen Umwelt in die Wachphantasien integriert werden könnten, sie zugleich auch nicht als unvereinbar mit der eigenen Lebenswirklichkeit erfahren würden, wie etwa bei schwarzen Jugendlichen, deren vom Fernsehen genährte Phantasiebilder sich angesichts des Lebens in den Ghettos zu »Asche im Mund« verwandeln müßten, woraus dann häufig genug die Abkehr von aller Innenwahrnehmung folge (Singer 1966, S. 160). Wo die Jugendlichen dagegen ihre Phantasiebilder in ein erträgliches Verhältnis zur sozialen Realität zu bringen vermögen, seien sie gut vorbereitet, den Schritt ins Erwachsenenleben zu tun. »Die Tagträume des Heranwachsenden sind ein grundlegender Teil seines Wachstumsprozesses. Wenn er es zustande bringt, sich schon zu bewähren und zugleich ein vielfältiges und immer ausgearbeiteteres, aber doch teilweise realitätsgerechtes Tagtraumleben fortzuführen, ist er mit einer bedeutenden Fähigkeit und einem wichtigen Anpassungspotential ausgerüstet und kann damit ins Erwachsenenleben wechseln« (Singer 1966, S. 162).

Lebensbestimmende Visionen

Auch in traditionalen Gesellschaften spielten beim Schritt ins Leben innere Bilder eine entscheidende Rolle, die damit gesuchten Erfahrungen unterscheiden sich jedoch grundsätzlich von der durch Phantasievorstellungen geförderten sozialen Anpassungsfähigkeit, von der Singer spricht. Solche Gesellschaften ließen die Jugendlichen den Wechsel von der Kindheit zum Erwachsenenalter in Übergangs- und Initiationsriten rasch und dramatisch durchlaufen. Allerdings standen den Probanden nicht die vielfältigen, aber eben auch verwirrenden Wege offen, die die Selbstfindung für die Jugendlichen in unserer Gesellschaft so langwierig und schwierig macht. Der äußere Lebensweg, die zugeordneten gesellschaftlichen Verhaltensweisen und Werteinstellungen blieben vorgegeben und überschaubar. Zwar wurden die Initianden auch in geheimgehaltenes Wissen und Werte der Erwachsenengesellschaft eingewiesen, wesentlicher aber kam es darauf an, die eigene innere Natur kennenzulernen, Sinn und Ausrichtung des eigenen Lebens in symbolischen Visionen zu erfahren, die durch Abgeschiedenheit von der Gemeinschaft, durch Trance, Fasten, extreme Schmerzen, Drogen und dergleichen provoziert wurden. Fast überall waren es bewußt gesuchte Imaginationen, die den Initianden in symbolischen Bildern oder Spielen die prägenden Erfahrungen der eigenen Geburt nacherleben ließen, die ihm die eigene Sterblichkeit vor Augen führten und ihn damit in seinen neuen sozialen Status »hineingebaren«. Es waren also so etwas wie erzwungene Halluzinationen, die ihn fast über Nacht in einen reifen Erwachsenen verwandeln sollten. Die in den Pubertätsriten provozierten Visionen präsentierten »irreale«, der Alltagswelt ferne Gesichte, die deshalb als Ausdruck und Darstellung der eigenen seelischen Innenwelt oder – was nur ein andere Bezeichnung dafür wäre – als Erscheinungen der Geisterwelt, also eines »jenseitigen« Kosmos, erkennbar waren und dem Initianden das eigene Unbewußte in symbolischen Gestaltungen vor Augen führten.

Die Tagträume unserer Jugendlichen, auch und gerade wo sie sich in ferne Abenteuer und Landschaften verlieren, richten sich zunächst ganz auf die irdische und gesellschaftliche Realität; sie träumen sich in die Rolle des erfolgreichen Helden, der sein Schicksal meistert, die Widersacher besiegt und die Traumfrau erringt, oder in die unwiderstehliche Prinzessin hinein, malen sich Traumschlösser und unbegrenzten Reichtum aus, begegnen im Traumurlaub unter Palmen und bei untergehender Sonne dem Mann des Lebens. Die Tagträumer erzählen sich Geschichten, die die gleiche Mixtur von gesellschaftlicher Oberfläche und phantastischem Schnitt zeigen, wie wir sie in den spontanen Kindererzählungen beobachten konnten, ja, diese Mixtur erwies sich überhaupt als Rezeptur jeder Geschichte. Auch in dieser Hinsicht erweisen sich jugendliche Tagträume als verinnerlichte Erzählungen.

Unter dieser Oberfläche berühren aber auch die jugendlichen Tagträume, nicht anders, als wir das für Spiele und Erzählungen behauptet haben, prägende »Sinnbilder«, die die tieferliegenden Persönlichkeitsschichten ansprechen; sie haben so etwas wie einen »visionären« Kern. Nehmen wir beispielsweise das Bild einer Insel, die sicher nicht zufällig in den angeführten Tagträumen mehrmals auftauchte. Das einsame, aus dem Meer ragende Eiland verkörpert die ihrer selbst gewisse, sich von ihrer Umgebung absetzende individuelle Persönlichkeit. Zugleich ist es das überschaubare Reich, in dem der glückliche Besitzer nach Gutdünken schalten und walten kann, das er aber zugleich zu gestalten und auf dem er sein eigenes Leben aufzubauen hat, wie das Defoe im *Robinson Crusoe* beispielhaft geschildert hat. Als abgeschlossener, schwer zugänglicher Bereich sei die Insel oft Sinnbild des Besonderen oder Vollkommenen, bestätigt das Symbollexikon und fährt fort, sie erscheine »verschiedentlich – z.B. im Träumen – als erst in der Zukunft zu erreichender Ort der Verwirklichung utopischer Wünsche« (Becker 1992). Diese mitschwingenden tieferen Bedeutungen werden in den Tagträumereien aber überlagert von trivialen Glücksphantasien wie dem Wiener Geliebten in seiner Traumvilla oder dem friedlichen zweisamen Leben auf dem meerumspülten Eiland. Die visionären Kerne müssen sich offenbar hinter trivialen alltäglichen Phantasien verbergen, dürfen sich nicht in der mythischen Fremdartigkeit hervorwagen, die die provozierten Visionen der Pubertätsriten kennzeichnen.

Anders als der Initiand einer Stammesgesellschaft, dessen gesellschaftlicher Lebenslauf in kaum verrückbaren Bahnen vorgezeichnet ist, stehen die Jugendlichen unserer Gesellschaften vor der doppelten Aufgabe, sich ihres inneren Wesens zu versichern und sich zugleich selbst überhaupt erst als gesellschaftliche Subjekte zu konstruieren. Die mit der Initiation erfolgende Selbsterfahrung würde allenfalls nur die eine Seite des Problems lösen. Die Erkundung des eigenen Lebensschicksals kann deshalb nicht in einer kurzen, die eigene Person von Grund auf verändernden Selbsterfahrung erfolgen, sie muß in Gesellschaften, die ihren Mitgliedern keine festgefügten Rollen vorgeben können und wollen, die ihnen erst recht auch keine einheitlichen und verläßlichen geistigen Ausrichtungen bieten, zu einer langen und verwinkelten Reise geraten, einem ständigen tastenden und mit vielen Unsicherheiten belasteten Ausloten der eigenen Fähigkeiten und Möglichkeiten, einem mühsamen und jahrelangen Erkunden der inneren »Sinnbilder«. Statt einer einzigen aufwühlenden und die ganze Person verändernden inneren Erfahrung wird deshalb die eigene Zukunft in immer neuen und sich über viele Jahre hinziehenden Anläufen auszuloten versucht, träumen sich die Jugendlichen in die verschiedensten gesellschaftlichen Rollen und Situationen hinein, erproben ihre Fähigkeiten und Möglichkeiten in der Imagination und suchen dabei zugleich ihre inneren Ausrichtungen zu erkunden und ihre Innenwelt auszudifferenzieren. Was als trivialer Traum von Ruhm, Glück und Erfolg erscheint und sich an den oberflächlich rationalisierten Vorbildern ausrichtet, wie sie von der Massenkultur und den Medien angeboten werden, kann darunter in merkwürdiger Doppelbödigkeit als die Suche nach der inneren Lebensbestimmung gemeint sein und erfahren werden. Auch die ausufernden Tagträume unserer Jugendlichen sind als spontane Versuche zu begreifen, die eigenen lebensbestimmenden Visionen zu suchen und auszuarbeiten.

Tagträumen bei Erwachsenen

Das in der Jugend ausgearbeitete Wachtraumleben begleitet den Erwachsenen durch die gesamte Lebenszeit. Auch die großen individuellen Unterschiede im Umgang mit den eigenen inneren Gestalten, der Raum, den man ihnen zugesteht, und die Bedeutung, die ihnen beigelegt werden, bleiben bestehen, werden aber zugleich den veränderten Lebenslagen und auftauchenden neuen Bedürfnissen und Wahrnehmungsweisen angepaßt. Während alle Jugendlichen zumindest phasenweise heftigen Wachträumen nachhängen, scheinen die individuellen Vorlieben und Unterschiede im Erwachsenenalter eher zuzunehmen und verbindliche Ausagen zum erwachsenen Tagträumen zu erschweren. Dennoch lassen sich einige allgemeine Tendenzen abschätzen.

Es sieht so aus, als würden im Erwachsenenalter die Wachtraumphantasien bewußter gelenkt, und das dürfte mit der besseren Selbstkenntnis und der genaueren Berücksichtigung der eigenen Lebenssituation zusammenhängen. Während jugendliche Tagträume, so unwirklich und unwahrscheinlich sie auch, an der Lebenswirklichkeit ihrer Träumer gemessen, erscheinen mögen, doch letzten Endes auf eine ferne, aber immer mögliche Realisierung gerichtet sind, teilt sich das erwachsene Wachtraumerleben in eine genüßlich akzeptierte »kompensatorische« Linie, die die Außenwelt weitgehend ausblendet, und in eine auf die Beeinflussung dieser Außenwelt gerichtete planende Komponente. Ausgleichende Wachphantasien werden weniger auf zukünftige Realisierung gerichtet, werden eher als Kompensationen für unerfüllte Strebungen akzeptiert und zur Stimulierung erwünschter Gefühlslagen hier und heute eingesetzt. Auf der anderen Seite wirkt eine gegenläufige Tendenz, die die diffusen Zukunftsentwürfe des verträumten Jugendlichen in zielgerichtetes imaginatives Planen wandelt, das die Vorstellungsfähigkeit bewußt nutzt, um in die Außenwelt einzugreifen, sie zu gestalten und zu verändern. Mit wachsendem Lebensalter nehmen dann auch rückschauende Tagträume zu, die lebensgeschichtliche Erfahrungen mit den nachträglichen Wünschen ihrer Träumer versetzen.

Erwachsene gehen demnach bewußter mit den eigenen Wachträumen um und versuchen sie stärker zu steuern. Zwar trifft sicher zu, daß uns Tagträume unaufgefordert beschäftigen (Giambra 1976, S. 28), daß sie überraschend im Bewußtseinsstrom auftauchen; sie können dann jedoch nach Belieben beiseite geschoben, akzeptiert oder in eine gewünschte Richtung gelenkt werden. Sie sind also der Kontrolle des Bewußtseins zugänglich. Sie können aber auch vom Träumer bewußt aufgesucht werden. »Nur 40 Prozent der Versuchspersonen berichteten, ihre sexuellen Phantasien erfolgten spontan. Das bedeutet, daß Phantasien oft willentlich hervorgerufen werden« (Zimmer 1983, S. 41).

Die Feststellung, die Häufigkeit von Tagträumen nehme im Lauf des Lebens kontinuierlich ab (Giambra 1976, S. 28), dürfte allenfalls als statistischer Durchschnittswert zutreffen, der wiederum von den Kriterien abhängt, welche Formen »aufgabenunabhängigen Denkens« man zu den Wachträumen zählt. Am überzeugendsten scheint die Aussage, zwischen dem 24. und 34. Lebensjahr sei die Wachtraumtätigkeit beider Geschlechter rückläufig und steige in den folgenden Jahrzehnten wieder an, entspricht sie doch der starken Wendung nach außen, der Festigung einer beruflichen und gesellschaftlichen Position oder der Gründung einer Familie, die diese Lebenszeit für die meisten Menschen bestimmt, während nach der »Lebensmitte« die Ausrichtung an inneren Wahrnehmungen und Werten wächst. So stellte schon Giambra in seiner großangelegten Studie männlicher Tagträume fest: »Bizarr-unrealistische Tagträume nehmen in den mittleren Altersjahrzehnten zu, sie erreichen im Alter nach 65 Jahren wieder die gleiche Häufigkeit wie bei den 17- bis 23jährigen« (Giambra 1976, S. 28).

Thema 1: Erotisches Tagträumen

Daß Erwachsene sich ausgedehnten erotischen Tagträumen überlassen, haben Nancy Fridays Bestseller gezeigt, aber offenbar unterscheiden sich die Geschlechter in den Zielen und den Zeitrythmen.

Bei den Männern verschwinden die heftigen Masturbationsphantasien der Jugendzeit mit der einsetzenden sexuellen Aktivität der zwanziger Jahre fast vollständig von der inneren Bildfläche und erscheinen erst wieder nach dem 30. Lebenjahr, »vor allem in ihrer kompensatorischen Funktion – ein Prozeß, der vielleicht mit dem größeren Bedarf an physischer Stimulation im mittleren und höheren Alter zusammenhängt« (Hartmann 1990, S. 50). Auch die Schuldgefühle, die sich für manche jüngeren Männer mit sexuellen Tagträumen verbinden, verschwinden mit steigendem Alter, die eigenen Phantasien werden leichter akzeptiert und genossen.

Lust und Umfang sexueller Phantasien scheinen dagegen bei Frauen mit wachsender sexueller Aktivität eher kontinuierlich zuzunehmen und erreichen einen Höhepunkt im dritten Lebensjahrzehnt. »Das hängt wahrscheinlich mit dem späteren und langsameren ›Hineinwachsen‹ der Frau in die Sexualität und der erst später voll ausgeprägten Genußfähigkeit zusammen, bei der die Phantasie eine bahnende und unterstützende Funktion hat. Nach dem 30. Lebensjahr nimmt die sexuelle Phantasie vermutlich durch die größere Genußfähigkeit und Sicherheit wieder etwas ab. Sie wird quasi nicht mehr gebraucht« (Hartmann 1990, S. 50).

Diese Unterschiede haben wohl damit zu tun, daß Männer und Frauen mit erotischen Wachträumen recht unterschiedlich umgehen. Folgt man Freuds Konzepten, so sucht der Tagtraum eine kompensatorische Wunscherfüllung, eine Formel, die zumindest in ihrer popularisierten Version mit einschließt, daß dabei Triebstrebungen in der Phantasie »befriedigt« würden, indem die »reale« körperliche durch eine phantasierte Befriedigung ersetzt wird. Es sind aber vor allem die Männer, die erotische Wachträume als Ersatz für mangelnde sexuelle Kontakte einsetzen oder um ein als unbefriedigend empfundenes Sexualleben zu kompensieren. Männer malen sich sexuelle Begegnungen aus, wenn sie sich einsam, angespannt oder sexuell unbefriedigt fühlen, »während Frauen viel stärker aus positiven Gefühlszuständen heraus, wenn sie zufrieden oder entspannt sind, sexuell phantasieren« (Hartmann 1990, S. 48). Viele Frauen berichten auch von erotischen Phantasien, die während sexueller Aktivitäten auftauchen und die sie bewußt nutzen, um die eigene körperliche Erregung zu steigern. Singer erwähnt dazu die kuriose Geschichte des begeisterten Fans einer Popgruppe, die ihre sexuellen Tagträume mit der Vorstellung bebilderte, sie würde mit dem Bandleader schlafen. In ihrer Begeisterung reiste sie den Auftritten der Gruppe hinterher und begegnete dabei ihrem Traumliebhaber. Aber als sie schließlich mit ihm im Bett landete, mußte sie bemerken, daß sie wieder davon träumte, mit dem großen Star zu schlafen, »denn in Wahrheit unterschied sich der wirkliche Mann, mit dem sie zusammen war, nicht viel von jedem anderen Liebhaber, den sie gehabt hatte« (Singer 1966, S. 165).

Der Begriff der kompensatorischen Wunscherfüllung suggeriert, der Träumende ziele eigentlich auf die äußere Realisierung, die ihm durch die gegenwärtigen Umstände nur verwehrt sei, eine Perspektive, die die menschliche Innenwelt wohl zu unvermittelt auf die äußere Welt bezieht. Der weibliche Umgang mit erotischen Träumen scheint eher auf einen Ausgleich gerichtet zu sein, der die erlebte äußere Situation zu ergänzen und zu bereichern sucht; er drückt also weniger die Unzufriedenheit mit der eigenen Lebenssituation aus. Sehr deutlich tritt das in den Gesprächen hervor, die Christiane Gohl mit Frauen über ihre erotischen Träume geführt hat. »Im Gegensatz zu den verheirateten oder in einer festen Partnerbeziehung lebenden Frauen schwelgen Singles geradezu in Träumen von Partnerschaft und Familiengründung, die weder mit den Wünschen noch mit Probehandlungen verwechselt werden dürfen. (...) Im Gegensatz zu denen der alleinlebenden Frauen sind die Phantasien der in festen Partnerbeziehungen lebenden geprägt von einem Gefühl der Freiheit und Ungebundenheit. Aus diesen typischen Tagtrauminhalten alleinlebender bzw. in Partnerschaft lebender Frauen ergibt sich, daß sie in der Regel ein Gegengewicht zum realen Leben bilden: die karriereorientierte Frau imaginiert das Dasein einer nicht erwerbstätigen Mutter, die Ehefrau sieht sich in der Rolle des verführerischen Vamps« (Gohl 1991a, S. 169).

Die Wachtraumphantasien zielen also offenbar auf einen Ausgleich zum tatsächlich gelebten Alltag, das heißt aber keineswegs, daß diese Träume auf eine tiefe Unzufriedenheit mit der eigenen Lebenssituation und insbesondere mit dem Sexualleben zurückzuführen seien. »Die Frauen, die ich danach befragte«, schreibt Frau Gohl, »erklärten (...), daß sie mit den Protagonistinnen ihrer Tagträume nicht tauschen würden, wenn sich diese Möglichkeit böte« (Gohl 1991a, S. 169). Die ausgleichenden sexuellen Wachträume werden im Gegenteil als genußvolle innere Bereicherung von der Außenwelt abgetrennt und erheben für die Träumerinnen keinen Anspruch auf Realisierung.

Thema 2: Planendes Tagträumen
Die erotischen Phantasien qualifizieren sich durch die romanhaften und erregenden Abenteuer, mit denen sich ihre Träumer stimulieren und auf angenehme Weise die Zeit vertreiben, als echte Tag-

träume. Für »aufgabenunabhängiges Denken«, das ungelösten Problemen nachspürt, läßt sich diese Bezeichnung nicht ohne weiteres reklamieren. Planerisches Durchspielen alternativer Möglichkeiten wird selbst dort, wo es mit bildhaften Vorstellungen arbeitet, deshalb noch nicht zum Wachtraum. Den Unterschied beschreibt ein anschauliches Beispiel, das Frau Gohl nach einer älteren deutschen Arbeit anführt: »Ein Architekt sitzt über den Plänen für eine Sportanlage. Er sieht das fertige Stadion in Gedanken vor sich ...« und bleibt damit ganz im Bereich vorstellender Planung. Dann aber durchkreuzen Folgen von Bildern seine Arbeit; er »malt sich die Eröffnungsfeier aus und sieht sich selbst als Schöpfer dieses Wunderwerks mit stehenden Ovationen gefeiert« (Gohl 1991, S. 38). Indem er in filmartige erzählende Handlungen abschweift, ist er ins Wachträumen verfallen.

In empirischen Untersuchungen werden aber, um sie quantifizieren zu können, alle Abschweifungen als aufgabenunabhängige mentale Aktivität schon zu den Tagträumen gerechnet, unabhängig davon, ob sie Gedanken, Planungen, einzelne verstreute Bilder oder eben dramatisierte Handlungen präsentieren. Tiefere und länger anhaltende Tagträume treten naturgemäß sehr viel seltener auf als die vielen kurzen vorausplanenden Vorstellungen, die ständig unseren Gedankenstrom durchziehen, und zeitigen dann als »statistisch gesichertes« Ergebnis: »Das Lösen von Problemen – neue Einsichten für alte Probleme finden oder Ansätze, wie neue Probleme gelöst werden können – ist der häufigste Inhalt von Tagträumen in allen Altersgruppen, mit Ausnahme der jüngsten, wo Sex etwas stärker überwiegt« (Giambra 1976, S. 28). Eine mehr qualitative Veränderung erwachsener Tagträume glaubt Singer zu erkennen: Statt in die Ferne schweifender ausufernder Traumvorstellungen würden die Wachträume Erwachsener um näherliegende, bescheidenere und damit planbare Ziele kreisen, wie berufliches Fortkommen oder die Gestaltung eines netten Abends im Freundeskreis (Singer 1966, S. 162). Dem widersprächen allerdings die mit höherem Lebensalter eher ausgefeilteren erotischen Tagträume, während jugendliche Masturbationsphantasien konventionellere Muster zeigen. Die Lösung dürfte darin liegen, daß ausgleichende Wachträume stärker von der Alltagserfahrung abgelöst und bewußter als innere Kreationen erfahren, auf der anderen Seite Probleme gezielt über Imaginationen zu lösen versucht werden.

Die intuitiven und vorstellenden Problemlösungen dürften im Erwachsenenalter schon deswegen größeres Gewicht erhalten, weil sie inzwischen in vielen Bereichen der Arbeitswelt als berufliche Qualifikation gebraucht werden. Tagtraumartige Vorstellungen werden immer stärker auch eingesetzt, um anstehende technische und organisatorische Lösungen über vorstellendes Durchspielen der Alternativen zu erkunden. Arbeiteten früher nur die klassischen künstlerischen Berufe des Schriftstellers oder bildenden Künstlers und allenfalls noch die einsamen Erfinder mit intensiven inneren Vorstellungen, haben sich mit der Ausweitung medialer Dienstleistungen oder der Werbung die Berufsgruppen, die unmittelbar mit dem Rohmaterial der Tagträume produzieren, zahlenmäßig vervielfacht und nehmen immer größeren Einfluß auf die gesellschaftliche Entwicklung. Schließlich werden auch sportliche oder andere Hochleistungen systematisch über imaginative Verfahren trainiert, mit denen die Reaktionsfähigkeit geschult und die Leistungsfähigkeit erhöht werden soll. In diesem Zusammenhang wäre nicht zuletzt auch die Verwendung gelenkter Tagträume in der Psychotherapie zu erwähnen. Angesichts dieser Entwicklungen kann die Ausbildung einer sensiblen, beweglichen und lustvollen Fähigkeit zum Wachträumen im Jugendalter geradezu als eine der Grundqualifikationen für künftige Berufstätigkeiten betrachtet werden. Dennoch sollte der Unterschied nicht verwischt werden, der zielgerichtetes imaginierendes Planen vom Tagträumen trennt.

Thema 3: Erinnerndes Tagträumen

Nicht wenige Wachträumen werden durch Situationen ausgelöst, in denen wir nicht die rechten Worte fanden, uns ungeschickt und hilflos benahmen oder sonstwie versagten, und die wir dann nachträglich zurechtphantasieren. Auch hierin zeigt sich die Herkunft des Tagträumens aus dem Erzählen, bestreiten doch Geschichten, die peinliche Erfahrungen zu Heldentaten vergolden, einen beträchtlichen Teil der Alltagserzählungen und können sich mit zunehmendem Alter zu glanzvollen Memoiren zusammenfügen.

Aber es sind beileibe nicht nur die Älteren, die sich in Blochs Worten ausmalen, »was wäre, wenn eine Dummheit unterlassen, eine Klugheit nicht unterlassen worden wäre. (...) Der Traum spielt das Gewünschte auf, wie es hätte sein können, das Rechte, wie es hätte sein sollen. Alles Aufschneiden gehört hierher, auch aller dummer Stolz schlägt in diese Kerbe, und das Gedächtnis, daß die Sache anders war, gibt eitel-wunschgerecht nach« (Bloch 1967, S. 31). Blochs bissige Bemerkungen über die flauen Wunschträume enttäuschter Kleinbürger nehmen nur eine Variante rückschauenden Tagträumens in den Blick. Ebensogut kann das eigene Erlebnismaterial als Steinbruch für eine genüßliche Dämmerstunde ausgeschlachtet werden, ohne sich damit herausputzen oder rechtfertigen zu wollen.

Ich erinnere mich dann an schöne, früher erlebte Situationen, wenn ich ans Meer gefahren bin und in der Sonne gelegen habe und mir dort einen schönen Tag gemacht habe. Manchmal träume ich dort auch von Menschen, die ich dort getroffen habe. Zwei-, dreimal kriegte ich dort Besuch von einem netten Mann (...) Aber ich hol mir dann nicht den Mann in den Traum hinein, mit dem ich dieses erlebt habe, sondern die frühere Situation stelle ich nach und ein neuer Mann, den ich kennengelernt habe oder irgendwo gesehen habe, hole ich in diesen Traum hinein.

(Gromus 1993, S. 128 f.)

Dennoch blickt das Alter naturgemäß öfter und intensiver auf den eigenen Lebensweg zurück, und es liegt in der Natur unserer Erinnerung, daß wir nichts so erinnern, wie es »tatsächlich« gewesen ist, sondern jede Erinnerung im Augenblick des Erinnerns neu schaffen. Und es liegt in der Natur unserer Phantasie, daß sie sich auch in das längst gelebte Leben einmischt. So wie sich der Jugendliche unendlich viele zukünftige Lebenssituationen vor Augen führt, von denen sich nur einige wenige und auch nur annäherungsweise realisieren können, trennt der alte Mensch den Stoff der Erinnerung auf und verwebt seine Fäden zu neuem, farbigerem Leben. Jede Lebenserinnerung stößt auf Einseitigkeiten, die leicht zu Stolpersteinen des Rückblicks werden: Jede Entscheidung, die wir getroffen haben, bedeutete, eine andere Möglichkeit auszuschließen, jeder Weg, der eingeschlagen wurde, verbaute einen anderen Weg, den wir gleichfalls hätten gehen können. Die versäumten Gelegenheiten drohen dann den rückschauenden Blick zu verbittern. Im tagträumenden Erdichten alternativer Biographien lassen sich die verpatzten Chancen doch noch nutzen, darf sich ein Wesenszug realisieren, der im gelebten Leben zu kurz kam, und eine erfüllte Ganzheit der eigenen Person anvisiert werden, die kein Leben je erreicht, so reich und erfüllt es auch verlaufen sein mag. Vor allem sind es die Kreuzwege, die dazu verführen, sich auszumalen, was geworden wäre, hätte man damals eine andere Richtung gewählt. »Ein Mann Ende fünfzig berichtet, daß er seit einiger Zeit sich häufig an seine Jugend erinnere und sich alle möglichen Szenen, Dinge, Erlebnisse nicht etwa so ›vorstelle‹, wie sie tatsächlich stattgefunden hätten, sondern sich ›ausmale‹, wie sie hätten stattfinden können und wie sein Leben dann ganz anders verlaufen wäre« (Stern 1947, S. 197).

Der Tagtraum zwischen Wachbewußtsein und nächtlichem Traum

Bloch hat den Tagtraum als bewußtseinsnahe und auf eine mögliche Realisierung gerichtete Form gegen den Bilder der Vergangenheit aufarbeitenden, deshalb rückwärts gewandten und regressiven Nachttraum abgesetzt. Zugleich wies er auf die Erhaltung des bewußten Willens hin, denn »das wache Traumhaus (wird) mit lauter selbstgewählten Vorstellungen eingerichtet, während der Einschlafende nie weiß, was ihn hinter der Schwelle zum Unterbewußtsein erwartet« (Bloch 1967, S. 98 f.). Er hat wohl, vor allem, um sich gegen die Freudsche Gleichsetzung von Tag- und Nachttraum abzusetzen, eine scharfe Grenze zwischen diesen beiden Bewußtseinsweisen gezogen. Nach allem, was wir heute abschätzen können, wohl zu Unrecht; sie liegen sehr viel enger beieinander, beeinflussen sich wechselseitig, gehen gar ineinander über. Schon in der von

Jung behaupteten »prospektiven« Funktion des Nachttraums findet sich Blochs Grundgedanke wieder, der Tagtraum weise auf mögliche Wirklichkeit voraus.

Die neuere Traumforschung rückt Tag- und Nachttraum noch näher zusammen. Die REM-Perioden des nächtlichen Träumens liegen zwar in den ersten Stunden weiter auseinander und folgen in den Morgenstunden rascher aufeinander, summieren sich aber zu einem Durchschnittswert von circa 90 Minuten. Interessanterweise wurde in einer Untersuchung von Kripke und Sonnenschein ein ähnlicher Rhythmus für intensive Wachtraumphasen festgestellt, und zwar ohne wesentliche Abweichungen im kontrollierten, mit Meßinstrumenten arbeitenden Laborversuch wie bei den Aufzeichnungen, die die Versuchspersonen von ihren Wachtraumaktivitäten anfertigten: In beiden Fällen tauchten tiefere Wachtraumphasen in zyklischen Abständen auf, die zwischen 72 und 120 Minuten variierten, und sich im Schnitt auf 90 Minuten einpendelten. Diese Beobachtung spricht dafür, »daß Phantasietätigkeit sowohl im Schlaf wie im Wachzustand mit der gleichen Periodizität moduliert wird« (Broughton 1986, S. 473). Die ständige Oszilllation des wachen Bewußtseinsstroms zwischen äußerer und innerer Stimulierung scheint also von einem periodischen und fast vollständigen Rückzug in die Innenwelt unterlegt zu sein, der sich nicht nur gegen die allgegenwärtige Sinneswahrnehmung des Wachzustands behauptet, sondern auch die Ruhephasen des nächtlichen Tiefschlafs durchzieht. Sicher stellt unser Bewußtsein ein sehr plastisches und bewegliches Material dar; die periodischen Rückzüge auf sich selbst lassen sich willentlich verschieben, anhalten oder ausdehnen, sie scheinen aber doch so etwas wie ein notwendiges Gleichgewicht zur Außenorientierung darzustellen.

Auch in ihren formalen Erscheinungsweisen bleiben die Übergänge zwischen Tag- und Nachttraum fließend. Zwar hält sich der Wachtraum im allgemeinen eher an die Strukturen und Wahrscheinlichkeiten der sozialen Erfahrung, aber er kann sich auch in den unrealistischen Formen zeigen, die wir von den nächtlichen Imaginationen kennen. »Bizarre Elemente sind keineswegs nur ein

Begleitmerkmal von Träumen, sondern sie fließen auch in vielfältiger Weise in die Phantasien im Wachen ein. In den Phantasien traten in zwei von drei Berichten ungewöhnliche Inhalte auf, wie unwirkliche Szenerien, außergewöhnliche Fähigkeiten und merkwürdige Gestalten« (Strauch/Meier 1992, S. 209). Auf der anderen Seite kann auch der Nachttraum gelegentlich in banaler Alltäglichkeit daherkommen, sich in trivialen, keine Deutung fordernden Wiederholungen von Tageserlebnissen erschöpfen. Immerhin kann der Tagträumer seine Stellung als beherrschender Held seiner Imaginationen einigermaßen sicher behaupten, während wir Nachtträume oft nur als Beobachter erleben. Aber das scheinen nicht mehr als Nuancen, die sich aus der größeren Bewußtseinsnähe des Wachträumenden und dem Charakter des Tagträumens als einer verinnerlichten Selbsterzählung verstehen und die beider Verwandtschaft nicht beeinträchtigen: »Träume und Wachphantasien sind psychische Aktivitäten, die nicht unmittelbar auf die Außenwelt bezogen sind, sondern mit Vorstellungen und Gedanken eine innere Realität schaffen. Diese gemeinsame Ausgangslage führt zu Übereinstimmungen in der Ausgestaltung und Erscheinungsweise von Traum und Phantasie« (Strauch/Meier 1992, S. 210).

Darum können nächtliche Traumerfahrungen nähergebracht und verständlicher gemacht werden, indem die erinnerten Traumhandlungen, und seien es auch nur Bruchstücke und Andeutungen, wachträumend weiterphantasiert und vervollständigt werden. Die Jungsche Traumdeutung benutzt diese Möglichkeit mit der Technik des »Amplifizierens« (Jacobi 1987, S. 87 f.). Die relative Bewußtseinsnähe erlaubt aber auch, auf die interpretierende Ausdeutung zu verzichten und allein auf die Rückwirkung der spontan auftauchenden Bilder und Handlungen zu vertrauen, wie das David Epstein mit seiner Wachtraumtherapie vorgeschlagen hat (Epstein 1985).

Im umgekehrten Verfahren scheint es sogar möglich, über tagträumendes Imaginieren Inhalte und Ausrichtungen nächtlicher Träume zu beeinflussen. Jedenfalls wird das von den Senoi berichtet, einem steinzeitlich lebenden Stamm in Malaysia, der eine bewundernswerte Kultur der Traumbehandlung entwickelte. In einer materiellen Kultur lebend, die ihnen am Tag nur zwei Stunden Arbeit zur Sicherung des Überlebens abverlangt, beschäftigen sich die Senoi tagtäglich mit ihren Träumen, erzählen sie sich gegenseitig und suchen Traumgesichte, die den Träumer belasten, zu beeinflussen und umzuformen. Als eine Form der Beeinflussung empfiehlt man, Alpträume durch bewußt gelenkte Tagträume in eine befriedigende Form zu bringen, offenbar mit Erfolg. Jedenfalls schreibt eine Beobachterin, viele Senoi hätten ihr berichtet, »daß Inhalte aus den Tagträumen tatsächlich sehr schnell in den Nachttraum aufgenommen werden und den erwarteten Traumzielen oft sehr nahe kommen« (Cramer 1982, S. 66 f.).

Ein wichtiger Unterschied darf dennoch nicht verwischt werden: Wachträume stehen zwischen den nächtlichen Traumerfahrungen und den Zuständen vollständigen Wachbewußtseins, und sie können als so etwas wie Mittler zwischen ihnen betrachtet werden. Sie stehen nach beiden Seiten offen, können die soziale Welt in das Traumgebilde hereinnehmen, ohne sie so grundlegend zu verformen und zu verfremden, wie das nächtliche Träume tun. Zugleich versetzen sie die Welt der äußeren Erfahrung mit den Gefühlen und Bildern, die aus dem Unbewußten aufsteigen, in denen sich verdrängte Lebenserfahrung, Prägungen des vorsprachlichen Kindes und der vorgeburtlichen Existenz oder auch noch tiefer lagernde archetypische Gestaltungen artikulieren. Sie vermögen darum der auf die soziale Alltagswelt ausgerichteten Ich-Persönlichkeit in einer ihr verständlichen Sprache von den tieferen Persönlichkeitsanteilen zu berichten und sie in eine Gestaltung zu bringen, die mit der sozialen Welt vereinbar ist. Sie tun dies jedoch auf eine Weise, die die widerstreitenden Elemente leichthin nebeneinandersetzt, sich von dem Zwang freimacht, sie in einer in sich geschlossenen Erzählung zu verknüpfen. Dieser Unterschied zu den strengeren Formgesetzen, die die Spielhandlung und die Erzählung bestimmen, soll uns Anlaß zu einigen weiterführenden Schlußbetrachtungen geben.

Mythen und Medien

Anmerkungen zur Trivialität

Die Formen, in denen Kinder zu spielen und zu erzählen beginnen, berichten uns nicht nur, wie sich diese schöpferischen Fähigkeiten im Lauf der Kindheit ausbilden. In der Weise, wie sie entstehen und sich weiterentwickeln, machen sie zugleich verständlich, welche Funktion sie in unserer Lebenstätigkeit ausüben. Ich habe am Beispiel ihrer Entfaltung in der Kindheit zu zeigen versucht, daß Spielen und Erzählen Formsprachen zur Verfügung stellen, die darauf ausgerichtet sind, das Material der gesellschaftlichen und sinnlichen Erfahrungen mit den psychischen Wahrnehmungen zu verbinden und sie darüber sichtbar und mitteilbar zu machen. Die Gestaltung, in der sich die beiden in der menschlichen Wahrnehmung widerstrebenden Bereiche verbinden, erzeugt einen dritten Bereich, in dem sie beide nebeneinander bestehen können, in dem sie sich ergänzen und an jene »Einheitswirklichkeit« anknüpfen, von der alle menschliche Erfahrung ausgeht.

Daß sie eine Verbindung eingehen, bedeutet nicht, daß sie zusammenfallen. Es ist eher so, daß sie wie in zwei Schichten übereinandergelegt werden, dabei durchaus unterscheidbar bleiben und sich gegenseitig beleuchten. Oder um den Vergleich weiterzuführen, scheint es, als ob dieses dem sozialen Leben entstammende Material durchsichtig würde und darunter den Blick freigäbe auf den seelischen Hintergrund. Es sind die Gesetzlichkeiten dieser Formsprachen selbst, die beide Sphären unserer Wahrnehmung in ein ausgewogenes Verhältnis zu bringen verlangen, weil sie anders keine mitteilbare und anschaubare Gestalt gewinnen. Spielen und Erzählen stellen Formsprachen dar, die dem Bewußtsein anders nicht zugängliche Wahrnehmungen und Bilder in eine bewußtseinsfähige Gestalt überführen, und insofern sprechen sie eine »Sprache der inneren Welt«.

Die Neigung des Tagtraums zum Trivialen

Als inneres Vorstellungsspiel und verinnerlichte Selbsterzählung teilt der Wachtraum grundsätzlich diese Eigenschaften, weicht aber doch in einer Hinsicht davon ab: Die aufgeweichten narrativen Strukturen machen den Tagtraum flüchtiger und »leichtfertiger«, seine Bilder werden durchlässiger für die Eingebungen des psychischen Untergrunds, lassen einen Spielraum für Brüche und Widersprüche, die einem Mitspieler oder Zuhörer nicht zuzumuten wären. Sie können darum Regungen und Vorstellungen aufnehmen, die dem Zwang zur narrativen Formalisierung noch nicht gewachsen und darum noch nicht erzählbar wären, und besitzen doch schon annähernd eine der gesellschaftlichen Welt verpflichtete Wahrscheinlichkeit, die nur noch genauer ausgearbeitet werden muß, um zu einer mitteilbaren Erzählung zu werden. Tagträume liefern deshalb den »natürlichen« Rohstoff für mündliche, literarische oder mediale Erzählungen. Weil Tagträume nur mit wenig zurückgefahrener Bewußtheit erlebt und registriert werden, bleiben sie dem ich-bestimmten Bewußtsein zugänglich, bleiben erinnerbar und mitteilbar, ohne das quälende Gefühl, sie schon im Augenblick des Erzählens zu verfälschen und zu verfehlen, das die Traumerzählung so unbefriedigend macht. Als verinnerlichte Selbsterzählungen bewahren sie eine narrative Form, die in die formalisierte sprachliche Erzählung zurückgeführt werden kann.

Die Leichtigkeit, mit der sich die imaginierten Bilder und Handlungen tagträumend in die Erfahrungen des sozialen Lebens einpassen, macht die Tagtraumhandlung aber auch für die umstandslose Verquickung der widerstreitenden Bewußtseinsschichten anfällig. Die Formgesetze des Erzählens setzen den allzu einfachen Lösungen Widerstand entgegen, zwingen zur genaueren Bearbeitung der gegensätzlichen Elemente, die eine Erzählung zu verbinden sucht.

Der Tagtraum kann sich ungestraft darüber hinwegsetzen, sich vorschnelle und banale »Lösungen« ausdenken, die den tagträumenden Selbsterzähler zufriedenstellen: Tagträume gleiten, wie manche zitierte Beispiele zeigten, leicht ins »Triviale« ab.

Was literarische Trivialität ausmacht, darüber konnten sich die Literaturwissenschaftler nie recht verständigen. Eine ältere, von einer normativen Ästhetik geprägte Position wertete sie als »ästhetisch wertlose Massenlesestoffe« und erklärte ihr Auftreten mit einer Leserschaft, deren Bildung nicht ausreichte, sich die Produktionen der »schönen Literatur« zu Gemüte zu führen. Die neuere gesellschaftsbezogene Betrachtung versteht das Auftreten trivialer Lesestoffe als natürliche Erscheinung der Expansion des Buchmarkts und der Erschließung neuer Leserschichten und versucht ihre Produkte unvoreingenommen zu betrachten. Der Markt ist aber keine neutrale Instanz, sondern wird von gesellschaftlichen Interessen gelenkt, dem Profitinteresse einerseits, den gesellschaftlichen Kontrollinstanzen andererseits, in deren Zusammenspiel über die massenhaft verbreitete Literatur gesellschaftliche Wertnormen propagiert werden. Sie gelangt deshalb zu der durchaus wertenden Schlußfolgerung, triviale Produktionen unterschieden sich dadurch von der gesellschaftskritischen und utopischen Literatur, daß sie der »Konservierung etablierter Herrschaftsstrukturen und -normen« dienten, wodurch sich die Trivialliteratur als »regressive Konformliteratur« entlarve (Wilpert 1989, S. 970 f.).

Beide Gesichtspunkte ließen sich in der Feststellung zusammenführen, die triviale Gestaltung würde die Gegensätzlichkeit der beiden Erlebnissphären einebnen, indem sie die Fiktivität des Erzählten unkenntlich zu machen sucht, um sie unvermittelt als gesellschaftliche Realität darzustellen. Die inneren Bilder stehen der sozialen Lebenswelt nicht mehr fremd gegenüber, die Aufgabe des Erzählers liegt nicht mehr darin, sie zu verbinden und in ein Gleichgewicht zu bringen. Das soziale Leben wird kurzerhand in eine fremde und attraktive Lebenswelt versetzt, seine Anforderungen und Normen darüber geadelt und bestätigt. Die Fiktivität des Erzählten, die auf seine Herkunft aus den seelischen Bildwelten hinweist, wird verwischt und erscheint als längst in unbestimmter Ferne realisierte Tatsächlichkeit.

Das Einbrechen innerer psychischer Wahrnehmungen in die gesellschaftliche Erfahrung, an dem sich das Erzählen und jede einzelne Erzählung entzünden, erscheint nun geradezu auf den Kopf gestellt: Es sind nicht mehr die inneren Bilder, die die Gültigkeit der gewohnten sozialen Welt in Frage stellen und mit ihr ins Verhältnis zu setzen sind. Die sozialen Normen und Zwänge kommen nun in exotischer Verkleidung über den Leser, dem sie sich als seine ureigenen Phantasien aufzudrängen suchen. Sie bestimmen gleichermaßen das erlebte Außen wie das wachträumende Innen; der Gegensatz zwischen beiden Sphären wird gewaltsam aufgehoben zugunsten des Gesellschaftlichen.

Dieses Verfahren führen uns beispielhaft die weitschweifigen literarischen Tagträume Karl Mays vor, der das Wertesystem eines sächsischen Kleinbürgers am Ende des 19. Jahrhunderts in die Weiten der amerikanischen Prärie, die Schluchten des Balkans oder das wilde Kurdistan verpflanzt, und damit historisch am Beginn einer folgenreichen Entwicklung steht. Nicht nur die Science-fiction-Hefte, Ärzteromane oder der größere Teil der für Kinder produzierten Literatur folgen dieser Machart, sie bezeichnet zugleich die Grundlinie aller massenmedialen Unterhaltung. Verfuhr Karl May seiner Arbeitsweise nach noch wie ein Handwerker, industrialisiert sich die Herstellung, sobald sich die neuen arbeitsteiligen Produktionsverfahren des Films, des Comic oder des Fernsehens durchsetzen, die bald auch auf das Handwerk des Schreibers abfärben, der für die massenhafte Herstellung trivialer Lesestoffe oder Drehbücher heute in vielen Bereichen nur noch als Zulieferer festgelegter Teilarbeiten gebraucht wird.

Die Fremdheit des Mythischen

Die Machart trivialen Erzählens tritt deutlicher hervor, konfrontiert man sie mit der Erzählweise, die den äußersten Gegensatz zur Trivialität bezeichnet: dem Mythos. Die mythische Erzählung spielt insgesamt in einer eigenartig fremden Sphäre, die darauf verweist, daß eben nicht von der gesellschaftlichen Welt die Rede ist, sondern die seelische Innenwelt erzählend nach außen gekehrt wird. Nur die Vorlagen für die Symbolhandlungen und -gegenstände sind der alltäglichen Erfahrung entnommen, weil sie anders nicht darstellbar und erzählbar wären. Darum erscheint der Mythos, an den Wahrnehmungen des sozialen Lebens gemessen, insgesamt fremd und unheimlich, und zwar nicht nur für unsere »entmythologisierten« Gemüter. Es ist die Unvereinbarkeit mit der gesellschaftlichen Lebenswelt ihrer Hörer, die die mythische Erzählung ebenso wie das mythische Ritual charakterisiert, das die Erzählung im symbolischen Spiel nachstellt. »In jedem Fall ist das Zeitalter, in das uns der Mythos befördert, von unserem eigenen sehr verschieden; tatsächlich ist es eine Zeit, die jedes Menschen Gesichtskreis überschreitet, und deswegen sind die mitgeteilten Ereignisse und Wirklichkeiten buchstäblich ganz und gar anders als die Tatbestände, von denen Menschen in ihrem Alltagsleben betroffen sind« (Eliade 1987, S. 262). Im Strukturschema unserer Geschichten findet sich diese Fremdheit oder der Einbruch des Seelischen sozusagen schon reduziert auf das störende Ereignis, das erzählend mit der sozialen Lebenswelt zu versöhnen ist.

Das Verhältnis zwischen der alltäglichen und der mythischen Erzählung erinnert an die Unterscheidung, die Jungs Traumtheorie zwischen den auf die Alltagsprobleme bezogenen »kleinen Träumen« und jenen, die er als »Große Träume« qualifiziert, macht, weil sie die archetypischen Gestaltungen nicht ins Gewand der vertrauten Alltäglichkeit kleiden, sondern in verwirrender Fremdheit vorführen. »Sie verwenden nämlich zahlreiche Mythologeme, die das Leben des Heros, d.h. jenes größeren Menschen halbgöttlicher Natur charakterisieren. Hier gibt es gefährliche Abenteuer und Bewährungsproben, wie sie in Initiationen vorkommen. Es gibt Drachen, hilfreiche Tiere und Dämonen. Wir begegnen dem alten Weisen, dem Tiermenschen, dem verborgenen Schatz, dem Wunschbaum, dem Brunnen, der Höhle, dem ummauerten Garten, den Wandlungsprozessen und Substanzen der Alchemie usw., lauter Dinge, die sich nirgends mit den Banalitäten des Alltags berühren. Der Grund hierfür ist, daß es sich um die Verwirklichung eines Persönlichkeitsteiles handelt, der noch nicht war, sondern erst im Begriff ist zu werden« (Jung 1967, S. 334). Es sind Traumgesichte, die sich der Eingemeindung in die gesellschaftliche Welt hartnäckig widersetzen, sich kaum in die regelmäßigen Rückzugsphantasien einschleichen und dennoch, wo sie gesucht werden, sich auch dem tagträumenden Auge erschließen. Es war der Sinn der Initiationsriten und ihrer oft schmerzhaften Praktiken, solche »großen«, lebensbestimmenden Visionen zu provozieren.

Kindern liegt diese mythologische Erzählweise gerade dort noch nahe, wo sie zu erzählen beginnen und deshalb die Integration innerer Bilder in die alltägliche Wahrnehmung noch nicht beherrschen. Im Alter von drei oder vier Jahren können Kinder gelegentlich erstaunliche Mythen hervorbringen, die ihre körperlichen Empfindungen und seelische Vorstellungen unkontrolliert von sozialer Wahrnehmung in den Fiktionsraum einer Erzählung projizieren. Ich erinnere mich, daß meine Tochter im Alter von zweieinhalb Jahren ohne jedes Vorbild einen Schöpfungsmythos kreierte, indem sie plötzlich berichtete, wie sie lebte, als sie noch ganz allein auf der Welt war: Die Welt sei damals nämlich noch ganz eben und langweilig gewesen, und sie selbst habe in einer Höhle unter der Erde gehaust. Dann aber habe sie Steine gesät, und daraus seien die Berge gewachsen, und die Welt wäre dadurch schon viel lustiger geworden. Aber noch schwerer sei es gewesen, das Meer und die Bäche zu machen, denn dazu mußte sie so lange, lange trinken und das Getrunkene wieder ausspucken, bis endlich alles Wasser im Meer und in Seen und Bächen zusammengelaufen sei. Und das habe ja so lange gedauert und habe ihr so viel Arbeit gemacht, bis sie das Wasser für das ganze Meer und all die vielen Bäche getrunken und wieder ausgespuckt hätte.

Nicht sehr viel anders hatte schon der »Erdmacher« im Weltschöpfungsmythos der Winnebago-Indianer die Meere geschaffen, indem er einsam auf der Erde sitzend nachdachte, was er tun könnte. »... und endlich begann er zu weinen. Tränen flossen aus seinen

Augen und fielen hinab unter ihn. Nach einer Weile schaute er unter sich und erblickte etwas Schimmerndes. Was da schimmerte, waren verborgene Tränen, die hinuntergeflossen waren und die gegenwärtigen Wasser bildeten. Als die Tränen hinunterflossen, wurden sie zu den Meeren, wie sie jetzt sind« (Müller 1970, S. 271).

Hinter den spontanen Mythenbildungen von Kindern wirken offenbar die gleichen Kräfte, die auch die weltumfassenden Mythologien hervorgebracht haben. »Die Mythen sind wie die Träume Früchte der menschlichen Einbildungskraft. Ihre Bilder werden zwar der materiellen Welt und ihrer vermeintlichen Geschichte entnommen, sind aber demnach doch wie die Träume Offenbarungen der tiefsten Wünsche, Verlangen und Ängste, Möglichkeiten und Konflikte des menschlichen Willens – hinter dem wiederum die Energie der Körperorgane als treibende Kraft steht« (Campbell 1992, S. 65).

Das aufgeklärte europäische Denken hat den Mythos und alles Mythische grundsätzlich mißverstanden, indem es die eigene einseitige Ausrichtung auf die Faktizität jenen Kulturen und Epochen unterstellte, deren Mythen es sammelte und studierte. Mythologische Erzählungen mußten in dieser Sicht als hilflose und abergläubische Interpretationen unverstandener Naturvorgänge erscheinen, während das eigene wissenschaftliche Denken die wahre Natur der Dinge beschrieb. Die Interpreten konnten sich damit einerseits ihres eigenen überlegenen Weltbilds versichern und zugleich die irritierenden Momente des Mythischen ausblenden, die sie mit den Gestalten ihres eigenen Unbewußten konfrontiert hätten. Die vergleichende Mythologie verdankt ihre Entstehung gerade der Notwendigkeit, das »Törichte, Wilde und Absurde« wegzuerklären, und man ging diese Aufgabe zunächst innerhalb der eigenen kulturellen Überlieferung an, indem man »die schändlichen Abenteuer ehebrecherischer, blutschänderischer, mörderischer, grausamer und menschenfressender Götter« (Detienne 1985, S. 16) der Antike behandelte und nach dem trivialen Muster als Schilderungen des äußeren gesellschaftlichen Lebens mißverstand, die auf einen primitiven, unzivilisierten Gesellschaftszustand oder seine Zerrüttung schließen

ließen. »Wenn Unwissenheit und Leidenschaften wuchern, wuchert auch die Mythologie« (Detienne 1985, S. 17).

Als sich in einigen Bereichen eine neue Wertschätzung mythischer Bilder entwickelte, verfiel man in das andere Extrem und behauptete, Mythen und Märchen würden die Hörer auf eine »innere Bühne« (Bühler/Bilz 1971, S. 103) versetzen; jede Verbindung mit der historischen und gesellschaftlichen Umwelt, der sie entstammen und deren Lebenswelt sie ihre Symbole entnahmen, wurde übergangen. Man bestätigte damit nur in der Umkehrung das europäische Mißverständnis, »mythische Metaphern als Hinweise auf nackte Tatsachen zu interpretieren« (Campbell 1992, S. 65).

Es macht das Wesen des Mythologischen aus, daß es auf etwas verweist, das hinter den Erscheinungsweisen der erfahrbaren Welt liegt, und die Mythenerzähler blieben sich immer bewußt, daß sie nicht von der sinnlich erfahrbaren Welt sprechen, daß ihre Erzählungen Versuche sind, von etwas zu sprechen, von dem anders nicht gesprochen werden könnte. Im Gegensatz zum Trivialen, das die gesellschaftliche Oberfläche in den Vordergrund rückt, zielt der Mythos von vornherein auf den unbewußten Hintergrund der Erzählung. Nicht die Unwissenheit ihres »naiven« Denkens macht den Unterschied aus, sondern daß die Mythenerzähler die subjektive Innenwelt als gleichberechtigte menschliche Erfahrung neben der sinnlichen Wahrnehmung der »objektiven« Außenwelt auffaßten. Fiktionen waren nicht wahllose Erfindungen, sondern berichteten von einer anderen, ebenso wirklichen und wirksamen Wirklichkeit. Die »profane« Erzählung, mit deren Funktion und Entstehung ich mich beschäftigt habe, steht zwischen dem Mythischen und seiner trivialen Leugnung: Die seelischen Bilder können sich nur noch dort behaupten, wo sie sich in das Material der sinnlichen und gesellschaftlichen Erfahrung einfügen, sich durch das Medium gesellschaftlicher Wahrscheinlichkeit legitimieren.

Die Bilder der mythologischen Erzählung und ihre Rituale stiften Gemeinschaft und festigen sie, indem sie die inneren Bilder ihrer Mitglieder koordinieren: Das Individuum schwingt sich sozusagen auf die kulturelle »Oszillation« seiner Umwelt ein. »Somit ist die Mythologie ein Steuerungssystem, bringt einerseits die Gemeinschaft in Übereinstimmung mit einer intuitiv gewußten Naturordnung und führt andererseits mit Hilfe seiner symbolischen erzieherischen Rituale die einzelnen durch die unvermeidlichen psychophysischen Wandlungsstufen des Menschenlebens – Geburt, Kindheit und Jugend, Erwachsenenzeit und Alter, die Befreiung durch den Tod« (Campbell 1992, S. 24).

Die kulturellen Symbolwelten des Mythos stellen aber nicht beliebige soziale Verhaltensregeln auf, sie knüpfen an die überindividuellen archetypischen Bilder an, die in jedem einzelnen schon lebendig sind und nur kulturell überformt werden. Deshalb werden mythische Bilder in immer neuen Variationen gestaltet und verändert, wie wir das etwa auch an den künstlerischen Darstellungen christlicher Themen beobachten können. Als mündliche Erzählung oder gespieltes Ritual behauptet der Mythos keine ein für allemal festgelegte Wahrheit, sondern steht der individuellen Ausgestaltung offen. Die mythischen Bilder und Handlungen stellen eine Art Folie dar, in deren Grenzen jeder die eigenen seelischen Bilder ausformen kann. Dem diente auch die knappe und wortkarge Textgestalt der heiligen Erzählungen.

Die Steuerung der Innenwelt durch die Massenmedien

Auch die trivialen Erzählungen der Massenliteratur und die neuen technischen Massenmedien suchen die menschliche Innenwelt auszugestalten und sie zu steuern. Sie tun das aber auf eine Weise, die sich von der kollektiven Ausrichtung durch den Mythos grundlegend unterscheidet.

Schon mit dem ausgeführten Wortlaut des schriftliterarischen Erzählens, noch mehr in der verschiedene Sinne gleichzeitig ansprechenden medialen Wiedergabe wird der Spielraum, den die mündliche oder spielerische Wiedergabe dem Zuhörer zubilligt, um den Preis einer immer präziseren Reproduktion eingeengt. Anstelle der knappen, offenen Diktion konfrontieren sie den Leser, Hörer oder Betrachter mit einer festen, detailliert ausgeführten und unverrückbaren Gestalt und versuchen damit, zumindest der Tendenz nach, die Eigentätigkeit des Publikums zu behindern. Die durch die offene Erzähl- oder Spielweise angeregten inneren Bilder können ohne weiteres als Erscheinungen einer selbstgeschaffenen Vorstellungswelt begriffen werden, und damit kann wahrgenommen werden, daß jeder Teilnehmer seiner eigenen seelischen Tiefe begegnet. Die Machart der medialen Produktionen, die auf eine umfassende und alle Sinne überwältigende Darstellung zielen, versucht daran zu hindern, sie als gemachte Artefakte aufzufassen, die sich dem Betrachter als Steinbruch für die eigene Vorstellungswelt anbieten: Sie suchen eine Wirklichkeit zu suggerieren, die sich, wie fiktiv auch immer sie sein mag, als Schilderung einer wenn auch noch so fernen äußeren und sozialen Wirklichkeit aufdrängt.

Auch daß Mythen nach durchschaubaren Mustern schematisch konstruiert sind, erleichtert den Rückbezug auf die eigene Vorstellungswelt, und auch hier geht das triviale Verfahren den umgekehrten Weg. Jede Folge einer Groschenromanserie oder einer Seifenoper suggeriert, eine individuelle und wirklichkeitsgetreue Handlung zu erzählen, tatsächlich wird sie nach schematisierten Schnittmustern als Serienware produziert und deshalb aus Versatzstücken und »Klischees« montiert, die sich als solche nicht zu erkennen geben möchten. Es charakterisiert ja insgesamt die modernen Massenmedien wie die Trivialliteratur, daß sie ihre Fiktivität zu verstecken suchen, daß sie in die menschliche Innenwelt eingreifen, sie aufnehmen und umformen und doch die Illusion zu erzeugen versuchen, die Traumgestalten, die sie in der Vorstellung ihrer Konsumenten wachrufen, seien Realitäten eines irgendwie gearteten gesellschaftlichen Lebens. Weil der seelische Hintergrund und seine Bilder hinter scheinbarer Faktizität versteckt werden, kann er dann um so wirkungsvoller unterhalb des betrachtenden Bewußtseins angesprochen und zur Steuerung des Betrachters genutzt werden.

Daß mit den modernen Massenmedien, als deren erster Vertreter die Trivialliteratur zu betrachten ist, die menschliche Innenwelt der Sphäre des Gesellschaftlichen untergeordnet und daran ausgerichtet wird, liegt in der inneren Logik der europäischen Kulturentwicklung, die mit der Entstehung wissenschaftlichen Denkens nur noch die äußere, »objektive« Welt anzuerkennen bereit war und deshalb alle innere Wahrnehmung zum Reflex sinnlicher Erfahrung erklärte. Innere Gestaltungen mußten sich als Bestandteil dieser »wirklichen« Außenwelt ausweisen, um anerkannt zu werden, und diesem Zwang verdanken letzten Endes die modernen Medien ihre Existenz. Während die menschliche Innenwelt für vorhergehende Kulturen eine gleichberechtigte Erfahrung neben Natur und Gesellschaft darstellte, Träume und Phantasien deshalb so »wirklich« genommen werden konnten, daß in manchen Indianerstämmen sogar Visionen verkauft wurden (Mails 1972, S. 130), werden sie mit der europäischen Neuzeit dem Unwirklichen zugerechnet: Träume werden Schäume. Erst wo sie in der literarischen und medialen Gestaltung zu einem sichtbaren, hörbaren, tastbaren Produkt werden, werden sie wieder als Teil der äußeren Wirklichkeit erfahren und dürfen sich Gehör verschaffen. In ihrer Form als faßbare und handelbare Produkte können sie zugleich in den Kreislauf von Produktion und Distribution eingehen und damit ihre ernstzunehmende Wirklichkeit und Wirksamkeit beweisen.

In zweifacher Hinsicht bearbeiten literarische wie massenmediale Produktionen die Bilder des Wachtraums: Um massenhaft konsumierbar zu werden, müssen sie an verbreitete Tagträume anknüpfen, sie aufbereiten und in eine wirksame dramaturgische Form bringen. Andererseits sprechen sie damit wiederum die Wachträume ihres Publikums an, liefern ihnen Anlässe, Figuren und Handlungsmuster, die tagträumend weitergesponnen und ausphantasiert werden, wie das auch die zitierten Tagtraumberichte zeigten, und verstärken damit die Tendenz, sich auf triviale und gesellschaftskonforme Vorstellungen einzuengen.

Daß die Massenmedien über die triviale Darstellung die Reichweite menschlicher Innenwelten zu kontrollieren und zu kanalisieren versuchen, hängt allerdings nicht an den Möglichkeiten, die die neuen Techniken, allen voran die audiovisuelle Wiedergabe, zur Verfügung stellen. Die trivialität der Darstellung geht vielmehr auf

325

die gesellschaftlichen und wirtschaftlichen Bedingungen zurück, unter denen die entsprechenden Medienprodukte hergestellt und verbreitet werden. Dort, wo Produzenten vom trivialen Muster abweichen, wo sie in den Formsprachen dieser Medien zur künstlerischen Gestaltung zurückfinden, suchen sie die Dimension der mythischen Fremdheit wiederzugewinnen, die nicht an das gesprochene Wort gebunden ist, auch wenn sie sich über die Jahrtausende darin manifestierte. Dann kann in Kafkas Erzählung Die *Verwandlung* der Büroangestellte eines Morgens aufwachen, sich in einen hilflos auf dem Rücken liegenden Käfer verwandelt finden und uns in diesem Bild mehr über die innere Situation des Helden mitteilen als lange Beschreibungen seines Büroalltags. Oder wir finden uns in Tarkowskis Film *Solaris* auf einem fernen Planeten wieder, dessen lebendes Plasmameer die phantastische Eigenschaft besitzt, menschliche Innenbilder zu materialisieren, und uns mit einem mythischen Bild darauf stößt, daß wir unsere inneren Gestalten nur dort ernst zu nehmen bereit sind, wo sie uns als materialisierte Wiedergänger entgegentreten. Die abenteuerliche Reise zum fremden Planeten führt in den Lichtjahre entfernten menschlichen Innenraum zurück, den wir so viel naheliegender und einfacher erforschen und ausleuchten könnten: indem wir spielen, erzählen und phantasieren.

Literatur

Das Verzeichnis enthält nur die im Text erwähnten oder zitierten Titel.
Zitate aus fremdsprachigen Titeln wurden vom Verfasser übersetzt.

Applebee, Arthur M.: *The childs concept of story. Ages two to seventeen*, Chicago 1978
Auwärter, M./Kirsch,E.: *Die Generierung fiktionaler Realität im kindlichen Handpuppenspiel*, in: Soeffner, H.G. (Hg.): Beiträge zu einer empirischen Sprachsoziologie, Tübingen 1982
Becker, Udo: *Lexikon der Symbole*, Freiburg 1992
Bloch, Ernst: *Das Prinzip Hoffnung*, Band 1, Frankfurt 1967
Boueke, Dietrich/Schülein, Frieder/Büscher, Hartmut/Terhorst, Evamaria/Wolf, Dagmar: *Wie Kinder erzählen. Untersuchungen zur Erzähltheorie und zur Entwicklung narrativer Fähigkeiten*, München 1995
Botvin, Gilbert J./Sutton-Smith, Brian: *The Development of Structural Complexity in Children's Fantasy Narratives*, Developmental Psychology 13 (1977), S. 377–388
Brazelton, T. Berry/Cramer, Bertrand G.: *Die frühe Bindung. Die erste Beziehung zwischen dem Baby und seinen Eltern*, Stuttgart 1991
Brazelton, T. Beery/Tronick, Edward/ Adamson, Lauren/Als, Heidelise/Wise, Susan: *Early mother-infant reciprocity*, in: Parent-Infant-Interaction, Ciba Symposium 33, Amsterdam 1975
Bretherton, Inge: *Representing the Social World in Symbolic Play: Reality and Fantasy*, in: Bretherton, Inge (ed.): Symbolic Play, Orlando 1984
Britton, James: *Learning to use language in two modes*, in: Smith, M./Franklin, M. B.(eds): Symbolic Functioning in Childhood, New York 1979
Britton, James: *Die sprachliche Entwicklung in Kindheit und Jugend*, Düsseldorf 1973
Broughton, Roger: *Human Consciousness and Sleep/Waking-Rhythms*, in: Wolman, B.B. (ed.): Handbook of States of Consciousness, New York 1986
Bruner, J. S./Sherwood, V.: *Early rule structure: The case of »peekaboo«*, in: Harre, R. (ed.): Life sentences 1976
Bruner, Jerome S.: *Actual Minds, Possible Worlds*, Cambridge/Mass. 1986
Bruner, Jerome S.: *Wie das Kind sprechen lernt*, Bern 1987
Bruner, Jerome S.: *Sinn, Kultur und Identität*, Heidelberg 1997
Bruner, Jerome S./Lucariello, Joan: *Monologue as Narrative Recreation of the World*, in: Nelson, Katherine (ed.): Narratives from the crib, Cambridge/ Mass. 1989
Bühler, Charlotte/Bilz, Josephine: *Das Märchen und die Phantasie des Kindes*, München 1971

Bühler, Karl: *Die geistige Entwicklung des Kindes*, Jena 1918

Castaneda, Carlos: *Die Lehren des Don Juan*, Frankfurt 1999 (30. Aufl.)

Campbell, Joseph: *Die Mitte ist überall. Die Sprache von Mythos, Religion und Kunst*, München 1992

Chamberlain, David: *Woran Babys sich erinnern. Die Anfänge unseres Bewußtseins im Mutterleib*, München 1990

Cramer, Gerda: *Traumzeit im Dschungel*, Psychologie heute H. 1 (1982), S. 62–69.

Despret, J. Louise: *Dream in children of preschool age*, The psychoanalytic study of the child 3/4 (1949), S. 141–180

Detienne, Marcel: *Die skandalöse Mythologie*, in: Schlesier, Renate (Hg.): Faszination des Mythos, Frankfurt 1985

Dieckmann, Hans: *Träume als Sprache der Seele. Einführung in die Traumdeutung der Analytischen Psychologie C.G. Jungs*, Stuttgart 1972

Dijk, Teun A. van/Kintsch, Walter: *Cognitive Psychology and Discourse: Recalling and Summarizing Stories*, in: Dressler, W. V. (ed.): Current Trends in Textlinguistics, Berlin 1978

Ehlich, Konrad (Hg.): *Erzählen im Alltag*, Frankfurt 1980

Ehlich, Konrad/Wagner, Klaus R. (Hg.): *Erzählerwerb*, Bern 1989

Einsiedler, Wolfgang/Bosch, Elke: *Bedingungen und Auswirkungen des Phantasiespiels im Kindesalter*, Psychologie in Erziehung und Unterricht 33 (1986), S. 86–98

Eliade, Mircea (Hg.): *Encyclopedia of religion*, Bd. 10, Stichwort »myth«, London 1987

Epstein, Gerald: *Wachtraumtherapie*, Stuttgart 1985

Fatke, Reinhard: *Kinder erfinden Geschichten*, in: Duncker, L./Maurer, F./Schäfer, G. E. (Hg.): Kindliche Phantasie und ästhetische Erfahrung, Ulm 1993

Fatke, Reinhard: *Phantasiegeschichten*, in: Fatke, R. (Hg.): Ausdrucksformen des Kinderlebens, Bad Heilbrunn 1994

Fein, Greta G.: *Play and the Acquisition of Symbols*, in: Katz, L. (ed.): Current Topics in Early Childhood Education, Bd 2, Norwood 1977

Fein, Greta G.: *Pretend Play in Childhood: An Integrative Review*, Child Development 52 (1981), S. 1095–1118

Fein, Greta G.: Toys and Stories, in: Pellegrini, Anthony D. (ed.): *The Future of Play Theory*, New York 1995

Fein, G. G./Apfel, N.: *Some preliminary Observations on Knowing and Pretending*, in: Smith, M./Franklin, M.B. (eds): Symbolic Functioning in Childhood, Hillsdale 1979

Fenson, Larry/Ramsay Douglas S.: *Decentration and Integration of the Childs Play in the Second Year*, Child Development 51 (1980)

Foulkes, D./Pope, R.: *Primary visual experience and secondary cognitive elaboration in stage REM*, Perceptual and Motor Skills 37 (1973), S. 107–118

Foulkes, David: *Children's Dreams*, in: Wolman, Benjamin B (ed.): Handbook of dreams, New York 1979

Foulkes, David: *Kinderträume: Spiegelbilder der Entwicklung*, in: Psychologie heute (Hg.): Die Werkstatt der Seele, Weinheim 1988, S. 45–58

Freud, Sigmund: *Der Dichter und das Phantasieren*, in: Ges. Werke Bd. 10, Frankfurt 1972

Freud, Sigmund: *Formulierungen über zwei Prinzipien des psychischen Geschehens*, in: Studienausgabe Bd. 3, Frankfurt 1975

Freud, Sigmund: *Metapsychologische Ergänzungen zur Traumlehre*, in: Studienausgabe Bd. 3, Frankfurt 1975

Freud, Sigmund: *Die Traumdeutung*, Frankfurt 1991

Freudenreich, Dorothea (u. a.): *Rollenspiel: Rollenspiellernen für Kinder und Erzieher*, Hannover 1976

Galda, Lee: *Narrative Competence: Play, storytelling and story comprehension*, in: Pellegrini, A./Yawkey, T. (Eds): The development of oral and written language in social contexts, Norwood 1984

Garvey, Catherine: *Spielen*, Stuttgart 1978

Garvey, Catherine: *Communication and the Development of Social Role Play*, in: Forbes, D. L./Greenberg, M. T. (eds): Childrens Planning Strategies, San Francisco 1982

Giambra, Leonhard M.: *Tagträume, »Nachbrenner« des menschlichen Verstandes*, Psychologie heute, H.11 (1976)

Giambra, Leonhard M.: *Daydreaming About the Past, The Time Setting of Spontaneous Thought Intrusions*, Gerontologist 17 (1977), S. 35–38

Giambra, Leonhard M.: *Task-unrelated-Thought Frequency as a Function of Age: A Laboratory Study*, Psychology and Aging 4 (1989), S. 136–143

Gohl, Christiane: *Liebe, Lust und Abenteuer*, Pfaffenweiler 1991 (= 1991a)

Gohl, Christiane: *Tagträume: Liebe, Lust und Abenteuer*, Psychologie heute H. 4 (1991), S. 30-35 (= 1991b)

Gold, Steven R. /Gold, Ruth G.: *Gender differences in first sexual fantasies*, Journal of Sex education 17 (1991), S. 207–16

Green, Celia/McCreery, Charles: *Träume bewußt steuern. Über das Paradox vom Wachsein im Schlaf*, Frankfurt 1996

Grof, Stanislav: *Geburt, Tod und Transzendenz*, München 1985

Grof, Stanislav: *Abenteuer der Selbsterfahrung*, München 1987

Gromus, Beatrix: *Weibliche Phantasie und Sexualität*, München 1993

Groos, Karl: *Der Lebenswert des Spiels*, in: Scheuerl, Hans (Hg.): Theorien des Spiels, Weinheim 1975

Haiding, Karl: *Von der Gebärdensprache der Märchenerzähler*, Folklore Fellows Communications Nr. 155, Helsinki 1955

Hamburger, Andreas: *Der Kindertraum und die Psychoanalyse*, Regensburg 1987

Hartmann, Uwe: *Phantastischer Sex*, Psychologie heute, H. 6 (1990), S. 45–51

Hassenstein, Bernhard: *Das Spielen der Tiere*, in: Kurzrock, R. (Hg.): Das Spiel, Berlin 1983

Hausendorf, Heiko/Quasthoff, Uta M.: *Ein Modell zur Beschreibung von Erzählungen bei Kindern*, in: Ehlich, Konrad (Hg.): Erzählerwerb, Bern 1989

Hausendorf, Heiko/Quasthoff, Uta M.: *Sprachentwicklung und Interaktion*, Opladen 1966

Hickethier, Knut: *Die Pause beim Erzählen – Vom Erzählen und Zuhören*, in: Merkel, Johannes/Nagel, Michael (Hg.): Erzählen – Die Wiederentdeckung einer vergessenen Kunst, Reinbek 1982

Hudson, Judith A./Shapiro, Laureen B.: *From Knowing to Telling: The Development oft Children's Scripts, Stories and Peronal Narratives*, in: McCabe, Alyssa/ Peterson, Carol (eds): Developing Narrative Structure, Hillsdale 1991

Huizinga, Johan: *Das Spielelement der Kultur*, in: Scheuerl, Hans (Hg.): Theorien des Spiels, Weinheim 1975

Huizinga, Johan: *Homo ludens. Versuch einer Bestimmung des Spielelements in der Kultur*, Basel 1944

Hunt, Harry T.: *Dreams. Memory, Imagination and Consciousness*, New Haven 1989

James, William: *Die Vielfalt der religiösen Erfahrung*, Frankfurt 1997

Jacobi, Jolande: *Die Psychologie von C.G. Jung*, Frankfurt 1987

Jung, Carl Gustav: *Vom Wesen der Träume*, in: C.G. Jung: Gesammelte Werke Band 8, Zürich 1967

Jung, Carl Gustav: *Über die Archetypen des Kolletiven Unbewußten*, in: C.G. Jung: Gesammelte Werke Bd. 9/1, Olten/ Freiburg 1976

Jung, Carl Gustav: *Kinderträume*, herausgegeben von Lorenz Jung und Maria Meyer-Grass, Jung-Seminare Bd. 1, Olten/Freiburg 1987

Jung, Carl Gustav: *Theoretische Überlegungen zum Wesen des Psychischen*, in C.G. Jung: Welt der Psyche, Frankfurt 1985

Kaiser, Nora: *Persönlichkeit, Traum und Phantasie. Eine experimentelle Untersuchung von 11- bis 13jährigen Kindern*, Diss. Zürich 1997

Kaplan, Bernhard: *Symbolism: From the Body to the Soul*, in: Smith, M./Franklin, M.B. (eds): Symbolic functioning in childhood, Hillsdale 1979

Kardorf, Ute: *Wünsche in der Nacht*, Freiburg 1973

Karlinger, Karl (Hg.): *Italienische Volksmärchen*, Düsseldorf 1973

Katzenberger, Hedwig: *Der Tagtraum*, Basel 1969

Kendon, Adam: *Gesture and Speech*, in: Wiemann, John M./Harrison, Randall P. (eds.): Nonverbal Interaction, Beverly Hills 1983

Kobi, Emil: *Tagträumen bei Kindern und Jugendlichen*, Stuttgart 1963

Kossolapow, Lina: *Die Bedeutung des Rollenspiels in der vorschulischen Erziehung*, in: Kochan, Barbara (Hg.): Rollenspiel als Methode sprachlichen und sozialen Lernens, Kronberg 1977

Kripke, Daniel F./Sonnenschein, David: *A Biological Rhythm in Waking Fantasy*, in: Pope, Kenneth/Singer, Jerome L. (eds.): The stream of Consciousness, New York 1978

LaBerge, Stephen: *Hellwach im Traum. Mehr Selbsterkenntnis und Selbstbestimmung durch bewußtes Träumen*, Paderborn 1987

Labov, William/Waletzki, Joshua: *Erzählanalyse. Mündliche Versionen persönlicher Erfahrungen*, in: Ihwe, Jens (Hg.): Literaturwissenschaft und Linguistik Bd. 2, Frankfurt 1973

Leondar, Barbara: *Hatching Plots: Genesis of Storymaking*, in: Perkins, D./Leondar, B. (eds): The Arts and Cognition, Baltimore 1977

Lüthi, Max: *Volksmärchen und Volkssage*, Bern 1991

Magee, M. A./Sutton-Smith, B.: *The Art of Storytelling: How do Children learn it?* Young Children 38 (1983), S. 4–12

Mails, Thomas E.: *The mystic warriors of the plains*, New York 1972

Mahler, Margret S./Pine, Fred/Bergmann, Anni: *Die psychische Geburt des Menschen*, Frankfurt 1980

Mallon, Brenda: *Children dreaming. Pictures in my pillow*, London 1987

Mancuso: *The Acquisition and Use of Narrative Grammar Story*, in: Sarbin, T. R. (ed.): Narrative Psychology, New York 1986

Maranda, Elli K./Maranda, Pierre: *Structural Modes in Folklore and Transformational Essays*, Den Haag 1971

McCune-Nicolich, Loraine: *Toward symbolic functioning: Structure of Early Pretend Games and Potential Parallels with Language*, Child development 52 (1981), S. 785–97

McNeill, David/Levy, Elena: *Conceptual Representations in Language Activity and Gesture*, in: Jarvella, R. J./Klein, W. (eds.): *Speech, Place and Action*, Chichester 1982

McNeill, David: *So You Think Gestures Are Nonverbal?*, Psychological Review 92 (1985), S. 350–371

McNeill, David: *Iconic Gestures of Children and Adults*, Semiotica 62 -1/2 (1986), S. 107–128

Meltzoff, Andrew N./Moore, M. Keith: *Imitation of Facial and Manual Gestures by Human Neonates*, Science 198 (1977)

Merkel, Johannes: *Die Naivität des Hörers*, in: Merkel, Johannes/Nagel, Michael (Hg.): Erzählen – Die Wiederentdeckung einer vergessenen Kunst, Reinbek 1982

Merkel, Johannes: *Scheherezad und ihre Schwestern*, Nachwort zu: Merkel, Johannes (Hg.): Löwengleich und Mondenschön. Orientalische Frauenmärchen Bd. 2, München 1991

Merkel, Johannes (Hg.): *Das Mädchen als König*. Orientalische Frauenmärchen Bd. 2, München 1991

Merkel, Johannes: *Von der Kunst, Skelette zu beleben*, Nachwort zu: Merkel, Johannes (Hg.): Die Liebe der Füchsin, Geistergeschichten aus dem alten China, München 1988

Metz, Christian: *Semiologie des Films*, München 1972

Miller, Peggy/Garvey, Catherine: *Mother-Babe-Role Play*, in: Bretherton, Inge (ed.): Symbolic Play, Orlando 1984

Miller, Peggy/Potts, Randolph/Fung, Heidi/Hoogstra, Lisa/Mintz, Judy: *Narrative practices and the social construction of self*, American ethnologist 17 (1990) S. 292–311

Miller, Peggy/Sperry, Linda L.: *Early Talk about the Past: The Origins of Conversational Stories about Personal Experience*, Child language 15 (1988), S. 293–315

Molinari, S./Foulkes, D.: *Tonic and phasic events during sleep*, Perceptual and Motor Skills 29 (1969), S. 343–368

Nelson, Katherine (ed.): *Narratives from the crib*, Cambridge/Mass. 1989

Nelson, Katherine: *Monologue as the representation of real-life-experience*. In: Nelson, Katherine (ed.): Narratives from the crib, Cambridge/Mass. 1989

Nelson, Katherine: *Ereignisse, Narrationen, Gedächtnis: Was entwickelt sich?*, in: Petzold, Hilarion (Hg.): Frühe Schädigungen – Späte Folgen?, Paderborn 1993

Nelson, Katherine: *Erinnern und Erzählen: Eine Entwicklungsgeschichte*, in: Petzold, Hilarion (Hg.): Die Kraft liebevoller Blicke, Paderborn 1995

Neumann, Erich: *Das Kind. Struktur und Dynamik der werdenden Persönlichkeit*, Fellbach 1980

Neumann, Erich: *Ursprungsgeschichte des Bewußtseins*, Frankfurt 1984

Neumann, Erich: *Der schöpferische Mensch*, hg. von Gerhard M. Walch, Frankfurt 1995

Ninio, Anat/Bruner, Jerome S.: *The achievement and antecedents of labelling*, Journal of child language 5 (1978), S. 1–15

Ornstein, Robert E.: *Die Techniken der Meditation und ihre Bedeutung für die moderne Psychologie*, in Naranjo, Claudio/ Ornstein, Robert E.: Psychologie der Meditation, Frankfurt 1988

Osborne, John W.: *The Mapping of Thoughts, Emotions, Sensations, and Images as Responses to Music*, Journal of Mental Imagery 5 (1981), S. 133–136

Paivio, Allan: *Images in Mind*, New York 1991

Papousek, H./Papousek, M./Harris, B.J.: *The Emergence of Play in Parent-Infant Interactions*, in: Görlitz,D./Wohlwill, J. F. (eds): Curiosity, Imagination and Play, London 1987

Papousek, Mechthild: *Origins of reciprocity and mutuality in prelinquistic parent-infant »dialogues«*, in: Markova, Ivana/Graumann,Carl/Foppa, Klaus (eds.): Mutualities in dialogue, Cambridge/Mass. 1995

Parmentier, Michael: *Strukturen der kindlichen Vorstellungswelt*, Frankfurt 1989

Person, Ethel S.: *By Force of Fantasy*, New York 1995

Perzy, Alfred: *Was Kinder träumen*, Erziehung und Unterricht 128 (1978), S. 364–370

Piaget, Jean: *Nachahmung, Spiel und Traum*, Stuttgart 1975

Pitcher, Evelyn Goodenough/Prelinger, Ernst: *Children tell Stories: An Analysis of Fantasy*, New York 1963

Polanyi, Livia: *Conversational Storytelling*, in: Van Dijk, Teun (Hg.): Handbook of discourse analysis, vol. 3, London 1985

Quasthoff, Uta M.: *Die Konstitution der konversationellen Erzählung*, Folia linguistica 11 (1977)

Quasthoff, Uta M.: *Erzählen in Gesprächen*, Tübingen 1980

Quasthoff, Uta M.: *Zuhöreraktivitäten beim konversationellen Erzählen*, in: Schröder, Peter/Steger, Hugo (Hg.): Dialogforschung, Jahrbuch 1980 des Instituts für deutsche Sprache, Düsseldorf 1981

Quasthoff, Uta M.: *Der Erwerb der kommunikativen Fähigkeiten am Beispiel kindlichen Erzählens*, Linguistische Arbeiten und Berichte 20, FU Berlin 1984

Quasthoff, Uta M.: *Sprachliche Formen alltäglichen Erzählens*, in: Erzgräber/ Groetsch (Hg.): Mündliches Erzählen im Alltag – Fingiertes Erzählen in der Literatur, Tübingen 1987

Rank, Bernhard: *Wege zur Grammatik und zum Erzählen*, Hohengehren 1995

Rank, Otto: *Der Mythos von der Geburt des Helden*, Leipzig/Wien 1909

Rank, Otto: *Das Trauma der Geburt*, Frankfurt 1988

Rappsilber-Kurth, Dora (Hg.): *Ein Traum, den ich nicht vergessen kann*, Tübingen 1989

Rath, Rainer: *Mündliches Erzählen unter Kindern*, in: Erzgräber/Groetsch (Hg.): Mündliches Erzählen im Alltag – Fingiertes Erzählen in der Literatur, Tübingen 1987

Rath, Rainer: *Zur Legitimation und Einbettung von Erzählungen in Alltagsdialogen*, in: Schröder, Peter/Steger, Hugo (Hg.): Dialogforschung, Jahrbuch 1980 des Instituts für deutsche Sprache, Düsseldorf 1981

Ratner, Nancy/Bruner, Jerome S.: *Games, social exchange and the acquisition of language*, Journal of Child language 5 (1978), S. 391–401

Riseborough, M. G.: *Physiographic Gestures as Decoding Facilitators: Three Experiments Exploring a Neglected Facet of Communication*, Journal of Nonverbal Behavior 5 (1981), S. 172–183

Rubin, Shelley/Wolf, Dennie: *The Development of Maybe: The Evolution of Social Roles into Narratives Roles*, in: Winner, E./Gardner, H. (eds.): Fact, Fiction and Fantasy in Childhood, San Francisco 1979

Sachs, Jacqeline/Goldman, Jane/Chaille, Christine: *Planning in pretend play*, in: Pellegrini, A./Yawkey, T. (eds): The development of oral and written language, Norwood 1984

Sacks, Harvey: *Das Erzählen von Geschichten innerhalb von Unterhaltungen*, in: Kjolseth, R./Sack, F. (Hg.): Zur Soziologie der Sprache, Opladen 1970

Saez, José Luis: *Teoria del cine*, Santo Domingo 1974

Scarlett, W. George/Wolf, Dennie: *When It's Only Make-Believe: The Construction of a Boundary Between Fantasy and Reality in Storytelling*, in: Winner, E./Gardner, H.(eds.): Fact, Fiction and Fantasy in Childhood, San Francisco 1979

Schiller, Friedrich: *Briefe zur ästhetischen Erziehung des Menschengeschlechts*, in: Friedrich Schiller: Ausgewählte Werke Bd. 6, Stuttgart 1950

Seiffke-Krenke, Inge: *Psychische Konstruktionen bei Jugendlichen: Der imaginäre Gefährte*, Zeitschrift für Entwicklungspsychologie und Pädagogische Psychologie 19 (1987), S. 14–31

Seitelberger, Franz: *Zum Entstehen und Geschehen des Bewußtseins*, in: Albertz, Jörg (Hg.): Das Bewußtsein, Berlin 1994

Sinclair, Hermina: *The Transition from Sensory-Motor Behavior to Symbolic Activity*, in: Bloom, Lois (ed.): Readings in Language Development, New York 1978

Singer, Jerome L: *The inner World of Daydreaming*, New York 1966

Singer, Jerome L (ed.): *The child's world of Make – believe*, New York 1973

Singer, Jerome L: *Phantasie und Tagtraum*, München 1978

Singer, Dorothy G./Singer, Jerome L.: *The House of Make-Believe*, Cambridge/Mass. 1990

Snow, Catherine E.: *The development of conversation between mothers and babies*, Journal of child language, 4 (1977) S. 1–22

Spitz, René A.: *Vom Säugling zum Kleinkind*, Stuttgart 1967

Stadler, Thomas (Hg.): *Lexikon der Psychologie*, Stuttgart 1998

Stein, Nancy L./Trabasso, Tom: *What's in a Story: An Approach to Comprehension and*

Instruction, in: Glaser, Robert (ed.): Advances in Instructional Psychology, New Jersey 1982

Stern, Daniel N.: *Mother and Infant at Play: The Dyadic Interaction Involving Facial, Vocal, and Gaze Behavior*, in: Lewis, M./Rosenblum, L. A. (eds.): The Effect of the Infant on its Caregiver, New York/London 1974

Stern, Daniel N.: *Mutter und Kind. Die erste Beziehung*, Stuttgart 1979

Stern, Daniel: *Crib Monologue from a Psychoanalytic Perspective*, in: Nelson, Katherine (ed.): Narratives from the crib, Cambridge/Mass. 1989

Stern, Daniel: *Die Lebenserfahrung des Säuglings*, Stuttgart 1992

Stern, Erich: *Zur Psychologie und Psychopathologie der Träumereien*, Schweiz, Zeitschrift für Psychologie 6 (1947), S. 187–214

Stewart, Kilton: *Dream Theory in Malaysia*, in: Tart Ch. T. (ed.): Altered States of Consciousness, New York 1972

Stork, Jochen: *Die seelische Entwicklung des Kleinkindes aus psychoanalytischer Sicht*, in: Die Psychologie des 20. Jahrhunderts. Band 2: Freud und die Folgen (1), Zürich 1976

Strauch, Inge/Kaiser, Nora: *Die Selbstrepräsentation in Träumen und Wachphantasien von 9 bis 11jährigen Kindern*, in: Traum und Gedächtnis, 3. Internationale Traumtagung, Münster 1995

Sutton-Smith, Brian: *Das Spiel bei Piaget – eine Kritik*, in: Flitner, Andreas (Hg.): Das Kinderspiel, München 1973

Sutton-Smith, Brian: *The Importance of the Storytaker: An Investigation on the Imaginative Life*, Urban Review 8 (1975), S. 82–95

Sutton-Smith, Brian: *Children's Play: Some Sources of Play Theorizing*, in: Rubin, K. H. (ed.): Children's Play, San Francisco 1980

Sutton-Smith, Brian: *The Folkstories of Children*, Philadelphia 1981

Sutton-Smith, Brian: *The Origins of Fiction and the Fictions of Origin*, in: Bruner, E. M. (ed.): Play and Story. The Construction and Reconstruction of Self and Society, Washington 1983

Sutton-Smith, Brian: *Children's Fiction Making*, in: Sarbin, T. R. (ed.): Narrative Psychology, New York 1986

Sutton-Smith, Brian/Botvin, Gilbert/ Mahoney, Daniel: *Developmental structures in fantasy narratives*, Human Development 19 (1976), S. 1–13

Taylor, Gordon Rattray: *Die Geburt des Geistes*, Frankfurt 1985

Tillhagen, Carl-Hermann: *Taikon erzählt Zigeunermärchen*, München 1979

Tucholsky, Kurt: *Gesammelte Werke* Band 3, Reinbek 1972

Wagner, Klaus R.: *Erzähl-Erwerb und Erzählungs-Typen*, Wirkendes Wort 36 (1986)

Wagner, Klaus R./Steinsträter, Christiane: *Individuelle Profile beim Erzählerwerb*, in: Ehlich, Konrad/Wagner, Klaus R. (Hg.): Erzählerwerb, Bern 1989

Watson, Malcolm W./Fischer, Kurt W.: *Development of Social Roles in Elicited and Spontaneous Behavior During the Prescool Years*, Developmental Psychology 16 (1980), S. 483–494

Weinrich, Harald: *Tempus*, Stuttgart 1977

Weir, Ruth Hirsch: *Language in the crib*, Den Haag 1970

Werner, Heinz/Kaplan, Bernhard: *Symbol Formation*, New Jersey 1984

Wilber, Ken: *Das Atmanprojekt*, Paderborn 1990

Wilpert, Gero von: *Sachwörterbuch der deutschen Literatur*, (7. Aufl.) Stuttgart 1989

Wolf, Dennis Palmer/Rygh, Jayne/Altshuler, Jennifer: *Agency and experience: Actions and states in play narratives*, in: Bretherton, Inge (ed): Symbolic play, Orlando 1984

Wygotski, L. S.: *Das Spiel und seine Rolle für die psychische Entwicklung des Kindes*, Ästhetik und Kommunikation 11 (1973)

Wygotski, L. S.: *Denken und Sprechen*, Frankfurt 1976

Zimmer, Dirk/Borchardt, Elke/Fischle, Corinna: *Sexual fantasies of sexually distressed and nondistressed Men and Women*, Journal of sex and marital therapy 9, H. 1 (1983), S. 38–50

Zinober, Brenda/Martlew, Margaret: *The development of communicative gesture*, in: Barrett, M. (ed.): Children's single-word speech, 1985

Jonathan Cole

Über das Gesicht

Naturgeschichte des Gesichts und unnatürliche Geschichte derer,
die es verloren haben

Das Gesicht gilt als »Spiegel der Seele«, Inbegriff von Individualität
– und ist doch überraschend wenig erforscht. Dabei spielt kein Kör-
perteil für die Kommunikation mit anderen eine so entscheidende
Rolle: Mehr als Worte und Taten entscheidet oft ein Blick ins Gesicht, ob wir einander trauen oder uns lieber aus dem Wege gehen.
»Gesichtlos« zu sein, gar das »Gesicht zu verlieren« ist deshalb eine
Vorstellung, die uns zutiefst erschreckt.

Genau hier setzt der englische Neurophysiologe Jonathan Cole an,
um dem Geheimnis des Gesichts auf die Spur zu kommen. In der
Tradition seines Mentors Oliver Sacks untersucht er in einer Mischung aus Wissenschaftsreport, Erzählung und verblüffenden Fall-
geschichten die biologische Evolution des Gesichts und die Mecha-
nik des Mienenspiels ebenso wie Ausdruck und Wahrnehmung von
Gefühlen, die bewirken, daß etwa Ärger, Glück, Angst, Trauer und
Überraschung über alle kulturellen Grenzen hinweg wiedererkannt
werden.

»Ein brillantes Buch über das komplexe Verhältnis von Persönlichkeit und äußerem Erscheinungsbild und dessen Herkunft – ein
neuer und origineller Ansatz.«
Frankfurter Rundschau

300 Seiten mit Abbildungen, gebunden

Verlag Antje Kunstmann

Hans-Volkmar Findeisen/Joachim Kersten

Der Kick und die Ehre

Vom Sinn jugendlicher Gewalt

Die »böse Jugend« macht Schlagzeilen. Von den jugendlichen Neo-
nazis in den neuen Bundesländern zu den Drogenkids vom Hamburger Hauptbahnhof, von Skins und Hools zu »Türkenrambos«
und dem Treiben in »Russendiskos« – eine scheinbar nicht abrei-
ßende Kette von Gewalttaten läßt den Ruf nach drakonischen Maßnahmen immer lauter werden. Doch die apokalyptischen Medien-
szenarien verdecken, daß in Cliquen, Gangs und Peer-groups Werte
und Normen herrschen, die dem gesellschaftlichen Mainstream keineswegs fremd sind.
In Nahaufnahmen ganz unterschiedlicher Jugendszenen erkunden
die Autoren den Kollektivcharakter vieler Straftaten und untersuchen in Reportagen aus Südafrika, Chicago, Japan und Australien
andere Formen des Umgangs mit jugendlichen Gewalttätern.
»Ein Buch gegen Hysterie, ein Buch, das öffentliche Aufregung
nicht beruhigen, aber zur Besinnung bringen will. Spannend, ja er-
mutigend – wei es Auswege zeigt.«
Heribert Prantl, Süddeutsche Zeitung

256 Seiten, Broschur

Verlag Antje Kunstmann

© Verlag Antje Kunstmann GmbH, München 2000
Umschlaggestaltung: Michel Keller, München
Satz + Typografie: Frese, München
Druck und Bindung: Clausen & Bosse, Leck
ISBN 3-88897-238-8
1 2 3 4 · 03 02 01 00